世紀の

司法大改悪

弁護士過剰の弊害と法科大学院の惨状

鈴木秀幸

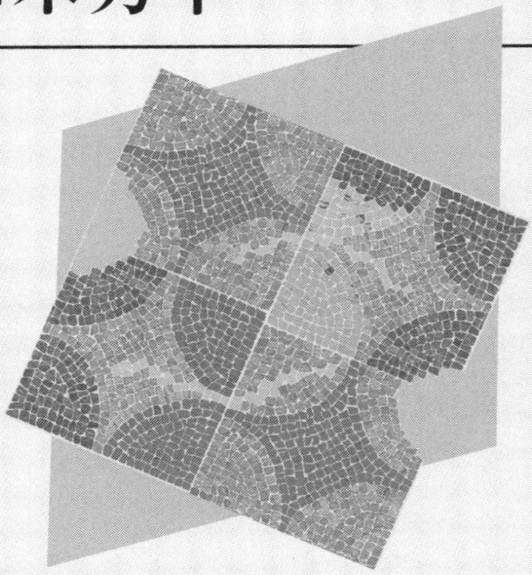

花伝社

世紀の司法大改悪——弁護士過剰の弊害と法科大学院の惨状

目　次

V　法科大学院制度の大罪

VI　予備試験に関する意見書　136

VII　予備試験の制限の憲法及び閣議決定違反　141

XII　全国紙の社説の妄想と空論　184

XIII　法曹養成制度改革顧問会議の別世界の議論　195

注　248

資料 1

資料 2

まえがき

本書の出版に追われながら、しばしば、「司法改革」(1990年から現在まで)に対して弁護士を破壊するものだと徹底的に批判をし、そのために世代の違う2人のジャンヌダルクと呼ばれた女性弁護士、大阪でありながら、昭和40年代から司法問題の研究を続けてきた学者タイプの大先輩の弁護士、それに地元の人格者の同僚と真面目な新人に加わって貰い、2012年4月に『司法改革の失敗』を花伝社から出版した時のことを思い浮かべた。それほど前ではないのに、昔のことのように思える。その理由は、その時の出版の目的について、「過去の一時代の記録を含めて本書を世に出すことにしたのは、今回の司法改革について、史実にもとづく正しい歴史を残す必要と責任を感じたからである。次の世代の人々から問われ、かつ、背中を押された。資料編『日弁連史に刻まれなかった資料の幾片』を綴ったのは、明確に反対者の存在を歴史に刻まなければならないと考えたからである」(同書の序論17頁)と述べたように、1987年からの改革の動きを、戦前と戦後の改革に触れながら書いたからである。当時は、「過去の出版物でも司法改革の素晴らしさを喧伝する書物は多数存在したが、司法改革という政策の誤りと失敗について、歴史的な経緯をたどり、論理立て、体系的に記述された書物は、私の知る限り存在しなかった」(同書の共著者武本夕香子弁護士の「あとがき」)。

「司法改革」に対しては、法科大学院発足4年目の2007年から、地方の弁護士会から司法試験合格者数の見直しの決議が出始め、2008年には、司法改革の破綻的状況(弁護士過剰と人材の劣化)が誰の目にも明らかになり、鳩山邦夫法務大臣を始めとする心ある政治家が危機感を露わにした。しかし、2009年から2012年にかけて、名前が覚えられないくらいに、それぞれ異なる名称を付した研究会、ワーキングチーム、フォーラム、検討会議が発足しては、消えた(この点が御前会議とは違う)。民主党政権下に総務省の政策評価（２年間）が行われ、政党も意見や提言を繰り返し発表していた。それほど、「司法改革」は、実際の社会とは別世界の妄想であった。

2013年６月の『司法崩壊の危機』の出版は、「司法改革」を根本的に見直すことが期待された法曹養成制度検討会議の審議が、現状認識が甚だしく不十分で、危機感を欠き、同年４月の中間取りまとめが、「法曹需要は今後も増加すると予想される」と指摘したうえで、「法曹有資格者」の活動領域拡大を最重要課題であるとする内容であったからである。手段にすぎない法科大学院制度を擁護することを最大の目的とする考え方を示した。危機意識は法科大学院にだけ向けられた。

そのため、この取りまとめは、現場の我々弁護士の事実認識や気持ちだけではなく、若い法曹志願者の気持ちとも全く齟齬をきたし、我が国の司法を衰退させ、有能な人材を排除する提言と考えざるを得なかった。そのため、この取りまとめを批判する運動を強め、政党などの提言及び現場の新聞記者の報道を期待し、最終取りまとめが改善されることを願って、各分野の第一人者に集っていただいた研究会の成果を緊急に出版した。

ここでやっと、本書のことであるが、まだ説明しておきたいことがある。今は、2013年９月発足法曹養成制度改革推進会議の下に設置された推進室と顧問会議が、同月24日の第１回会合から2014年12月16日の第14回まで会議を重ね、また、文科省の中央教育審議会法科大学院特別委員会も審議を続け、更に、主要な政党が2014年４月と６月に提言を発表した状況である。一方、司法改革の末期的症状を憂えて、地方の数多くの弁護士会及び全国の弁護士有志のグループが、司法試験合格者数の減員、予備試験制限反対及び給費制復活を求める運動を展開している状況である。

しかし、これまでの情勢では、司法試験合格者数は、年間1500人程度の減員にとどめられ、予備試験は、合格者数を現在（約350人）以上増加させないという運用上の対応という制約を設けられ、給費制の復活は門前払いに近く、限られた項目の微々たる支給に限られる。そして、縦方向のダブルスクール批判については、法学部３年プラス法科大学院２年のエリートコースを設けることなどが予想される。

これに対し、弁護士に対するアンケート調査結果では、適正な司法試験の年間合格者数に関する設問に対し、1000人以下とする回答が総計約80％を占め、1500人以上の回答は10数％に過ぎない。また、法科大学院修了を司法試験の受験要件にしていることについて、反対の回答が60～70％を占め、予備試験の制限についても、反対の回答が60％以上である。給費制の復活は、90％賛成である。

本書『世紀の司法大改悪』の出版は、私の情勢認識とこれに対する絶望に近い危機感を伝えようとするものである。序論で「司法改革の現状に対する問題提起」として簡潔にまとめたので、ここだけでも、まずお読みいただきたいと思う。

本書は、弁護士像、司法、裁判所のあり方を論じ、司法改革の歴史についても触れた。しかし、一番の特徴は、弁護士の詳細な需給状況、収入と所得の激減状況、弁護士過剰の弊害、法曹の質の劣化及び法曹養成制度適正化に関して、弁護士に事実と意見を質問したアンケート調査結果及び様々な意見書を数多く、幅広く掲載した内容になっていることである。

出版が緊急なことで、不十分ではあるが、法曹人口と法曹養成制度のあり方を考え、今の司法の危機を回避するために必要な論議と資料を提供したいと思ったのが、本書の出版の動機である。

司法は、経済的に自立し、独立した精神の自由主義者により担われ、正義と人権を重視する文化領域であり続けなければならない。弁護士と日弁連は、司法の論理の尊重と司法の独立の必要性を説き、それらを守り抜き、その大切さを次の世代に繋げる責任がある。その責任を自覚し、困難であっても、見識をもって訴え続ける人たちが存在する。私は、その人達に敬意と友情の気持ちを強く抱いて来た。そのために少しでも役立つことを願って、拙くとも、それを本という形で表すことにした。

2014年12月

鈴木秀幸

序論　司法改革の現状に対する問題提起

司法改革失敗の危機的状況

法科大学院が、優れた人材に敬遠され、逃げられ、さらに３割を越える退学と留年を出していては、話にならないのではないか。弁護士の分野は、国民が安心して、どの弁護士に頼んでもいいという、信頼できる、かつ、相手方にとっても適正な弁護士制度である必要はないのだろうか。弁護士集団自らが、自分達の職務環境を守ろうとせず、弁護士を使う側の論理ばかりを優先させたのでは、弁護士の質も職業的魅力も著しく低下してしまい、優れた人材が集まらず、弁護士集団が劣化し、志と誇りを失い、信用されなくなるのは当り前ではないか。

これらの結果を招いた根本原因は、「司法改革」という極端な政策により造り出された大幅な弁護士過剰であると考えねばならない。司法改革は、公正で厳格な司法試験及び評価の高かった司法修習制度を大きく傷つけた。弁護士人口は、司法制度改革審議会が発足した1999年に１万6731人であったが、2014年に３万5045人となり、15年間で約2.1倍に急増した。その間の2008年３月末（前年12月に法科大学院第１期生が登録）に２万5000人になった時点から、人口過剰が顕在化し、既に１万人の過剰人口を抱えている。

日弁連の2014年の調査で、2013年分の弁護士の平均所得は、1999年より約47%減少し、平均907万円（中央値600万円）に落ち込んでいる。今後、更に何割か減少する。しかも、所得格差が拡大している。国税庁の弁護士の2013年分の事業所得の統計によると、上位約７％の弁護士の事業所得平均値が7011万円である一方で、下位93%の弁護士の事業所得の平均値は487万円というひどい格差である。年間400万円以下の者が事業所得の確定申告者の35%を占めている。弁護士事務所の経営悪化が進み、弁護士の経済的自立を危うくしている。

それにもかかわらず、「司法改革」において、大きく判断間違いを犯した人々が、その司法改革を誠実に正しく総括することをしていない。司法改革を論ずるに適しているとは思えない人々が、現在、第二次司法改革と言うべき改革を推し進めている。これまで、この「司法改革」を審議し、意見書を取りまとめた有識者会議などの方式は、司法の独立及び弁護士自治を侵害するものであったのではなかろうか。今回の法曹養成制度改革推進会議も、司法試験の合格者数の減員は、せいぜい2016年から1500人程度の提言にとどまり、逆に予備試験合格者の人数制限（350人）を実施する。今後、司法試験の合格レベルが下がり続け、有名大学の法科大学院が生き残ろうとし、学生と修習生が借金を増やし続けることになる。

法科大学院中核論の大罪と理不尽な要求

司法改革以前の法曹養成制度は、法学部、司法試験、司法修習及びOJT（オン・ザ・ジョブ・トレーニング、研修的勤務先）という平均10年を越える養成過程が敷かれ、高い評価を受けていた。法科大学院を中核とする法曹養成制度は、これまでの貴重な法曹養成過程を批判し、一発試験ではなく、「プロセス教育」と称して、戦後改革の成果である日本的「法曹養成過程」と弁護士制度を大きく破壊し、かつ、全く志願者側の都合を無視して法曹への門戸を狭めた。

未だに、法科大学院側は、司法試験の合格レベルを下げて合格率を引き上げよ、弁護士が仕事を拡大させよ、そうすれば法科大学院志願者が増加すると要求している。しかし、そのための前提として、入学者の質の低下及び弁護士過剰を解決することが絶対的条件となるが、この二つは、ともに全く解決不能事で、空論である。法科大学院側の要求は、人材の劣化と弁護士過剰及びそれらの弊害に目を瞑る理不尽で利己的な要求である。

弁護士過剰下の合格者1500人提案がもたらす危機の深刻化

14年前、日本弁護士連合会（日弁連）執行部と司法改革を推進してきた人々が、弁護士需要の実態を無視し、一般会員の多くが司法改革は弁護士が急増するだけであると反対していたにもかかわらず、それに耳を傾けず、急遽、2000年11月の日弁連臨時総会で、年間合格者3000人とロースクール構想の追認を求めるような強引な決議をした。その後も、何年間も司法改革の破綻を目にしながら、日弁連執行部は、2012年3月にも、一般会員の多くが年間合格者1000人以下の要求をしていることが明らかなのにもかかわらず、法科大学院制度に配慮し、実情を無視し、ピーク時に弁護士人口が6万3000人に達する、合格者数の高止まりと言うべき1500人を提言した。

政府の法曹養成制度検討会議は、2013年6月に合格者3000人を撤回したが、今後も弁護士需要が増えるという間違った認識を示したうえで、法曹資格を取得した者でもなく、弁護士でもない者までを「法曹有資格者」と称し、その者の活動領域の拡大を唱え、多すぎる合格者数を維持しようとする内容の、危機感を欠く無責任な取りまとめを行った。

同年9月発足の法曹養成制度改革推進会議も、2年間は司法試験合格者を2000人から減員しない方針をとり、その間に法曹人口調査を行うとした。そして、学者グループに依頼して、需要が拡大しないことについて弁護士側の原因を探る目的かのような、実態にそぐわない「法律相談者を対象とするアンケート調査」を行った。また、日弁連に法曹有資格者の就職先の拡大に努めさせ、結局のところ、法科大学院入学者が2016年には1500人近くに落ち込むのに、司法試験の合格者の減員を1500人程度にとどめ、弁護士人口過剰政策を継続しようとしている。

日弁連の提言が合格者1500人であるため、2014年4月の自由民主党、公明党及び民主党の提言も、2016年までに1500人程度に減員するにとどめるために、危機の回避に全く結びつかない。20を越える弁護士の地方単位会が参加する「法曹人口問題に関する意見交換会」の議論も、法律事務所の経営悪化の危機的状況を訴えること及び一般会員の気持ちを汲み上げることに欠けている。国会議員からは、合格者の減員を求めるのならば、具体的に合格人数とその根拠を明らかにし、今後の法曹養成制度のあり方も示すことを求められているのに、その対応ができていない。

法科大学院の志願者が12分の1以下に減少し、法科大学院入学者も4

分の１近くに減少し、しかも、2008 年度以後、退学者は毎年度 500 人を越えている。この状況の変化を無視して合格者 2000 人とか 1500 人を続けたのでは、合格レベルが落ちることは当然である。合格者を 1500 人に減員しても、計算上は弁護士が将来６万 3000 人（現在３万 5000 人、その 1.8 倍）になる。これでは、優れた人材が集まらず、職業として成り立たない弁護士や生活に追われる弁護士があふれ、弁護士から被害を受ける依頼者や相手方が多数出ることは明らかである。この期に及んで、単に２年後の合格者 1500 人案だけでは、無責任な提言である。

既に法科大学院入学者の質が落ち、大幅に人口過剰に陥っている業界であるから、年間の司法試験合格者を、多くとも、法曹の自然減の 500 人に、「法曹有資格者」の 200 人、その他 100 人の合計年間 800 人程度にしなければ、ますます、法曹の質が劣化し、経済もひどくなる。

それにもかかわらず、今後、一体、誰が、いつ、どのようにして、早期に合格者年間 1000 人以下、更に 800 人に減員する政策を打ち立てるのであろうか。法曹養成制度改革推進会議の推進室と顧問会議のメンバーに対し、「司法改革」の結果の現状認識と見識を問う。

合格者 1000 人以下を求める減員運動の課題

東京・大阪の弁護士会の派閥と司法改革推進派が、日弁連執行部を握り続け、法科大学院出身者が弁護士の 40％程度を占める時代である。今、司法試験合格者 1000 人以下の減員運動は、思想的にも、実践的にも、正念場にさしかかっている。

企業と消費者が弁護士を安価に使うために弁護士過剰政策がとられた。弁護士を大増員し過剰にすることを正当化してきた理念及びイデオロギーに対峙し、それを正しく批判し、「司法改革」の総括を要求しなければ、危機的状況を抜け出せないはずである。一般の会員の大半の事実認識と意見を排斥し、綺麗事を言って済ませ、司法改革という偽善と俗欲にまみれた見苦しい歴史を正当化し、それを繰り返すことに手を貸すことをしてはつまらない。司法試験合格者減員運動は、まず次の三点を踏まえなければならない。

第一に、弁護士大増員政策を是正すべき根本的理由を、志願者の激減自体やOJTの不足ではなく、弁護士過剰と法律事務所の経営悪化がもたらす人為的な災害と弊害であるとすることである。弁護士3万5000人は既に大幅な過剰であるにもかかわらず、OJT不足（研修先不足）論の合格者減員は、1500人でも構わないことになり、1000人以下の減員に結びつかない。この程度の減員では、学生達の職業選択の場面の市場原理によって、人材の劣化と法科大学院の特権化の方が先に来ることになる。合格者1500人案は、合格レベルの著しい低下を放置し、全く先見性のない後追いの政策にすぎないことをすぐに露見させることになる。

第二に、予備試験の制限は絶対に許されてはならないことであるが、その理由は、志願者の減少という量的な問題ではなく、国家の資格試験制度における不平等・不公正という基本的な性格の問題である。驚くべきことだが、実態としては、既に予備試験の合格者数制限が行われている。

第三に、「法曹有資格者」の問題に関し、司法試験に合格したが、司法修習を経ないために法曹資格がない者や、弁護士登録をしない者を「法曹有資格者」と称して活動領域の拡大を図ることの要否と功罪を議論し、企業や行政に所属する弁護士登録者や未登録者が、自主独立の弁護士制度を後退させ、破壊しないような手立てを確立しなければならない。

弁護士の職務の独立性と適正の確保の必要性

弁護士が過当競争に晒されて弁護士の事業性が危うくなれば、公共性を保つことはできなくなる。会員が要求し、法曹養成制度改革推進会議の推進室が「弁護士の経済基盤に関する状況」を調査項目の一つに掲げたにもかかわらず、日弁連は、2009年分より後、自らでは、弁護士の経済問題の調査を拒否し、弁護士の経営悪化の実態に目を瞑ってきた。

やっと日弁連は、2014年8月、推進室の方針に従って調査を行い、10月に所得が半減している調査結果を発表したが、2014年版『弁護士白書』（11月末発行）に掲載せず、依然、2009年分までの掲載である。

弁護士法第1条、在野法曹及び自主独立の弁護士像を保持し、弁護士の職務の独立性と適正さを確保するためには、職能団体である日弁連は、会員の経済的自立の保障を求める姿勢を貫かねばならないはずである。しかし、これまで日弁連がやったことは、プロフェッションを自認しながら、安価で従属的な労働を会員に提供させることを目的とした「司法改革」を自ら提唱したことだった。それだけでなく、弁護士の破壊と闘わず、妥協を繰り返したことも間違いであった。顧客優先の論理と市場万能論では、戦後の司法改革（1945年9月から1949年6月まで）が獲得した法曹の対等性及び弁護士の自主独立という貴重な成果を失い、専門家の存在価値を失わせ、弁護士は、むしろ社会に有害な存在になる。弁護士過剰がもたらす「依頼者べったり」の事態は、「法の支配」と矛盾する。

司法改革の再構想の必要性

我が国においては、未だに国民の「個の確立」が不十分であると言われ、司法は依然として「裁判官の独立」も不十分であり、権利救済に消極的で、存在価値が低い。それゆえ、国民が裁判所と捜査機関を利用することが増加せず、弁護士を大幅に増加させればすぐに過剰となり、弁護士の価値を保てなくなるのである。

「司法改革」の大幅な弁護士不足、飛躍的な需要拡大及び法科大学院による法曹の質の向上などの謳い文句は、もともと根拠がなく、それを否定する逆の資料が多くあり、全く事実に反していた。法科大学院は法曹養成の中核と言うが、所詮、資格取得目的の学校であることから免れられない。

そうであるならば、素直に引き返すことを考え、司法改革を再考し、再改革を行わなければならない。加えて、この間の負の遺産を解消する手立てをとらねばならない。法科大学院の多数の廃校、予備試験の制限、司法試験年間合格者1500人程度の減員、法曹有資格者の活動領域の拡大及び弁護士業務の改善という方策では、決して、司法崩壊を食い止めることはできない。司法改革問題を審議する人々が、司法の理念と役割に理解を欠き、現場の声を聞かず、経済を無視し、わずかな想像力をも持ち合わせないのであれば、弁護士破壊の後追いをするだけの提言になる。

弁護士自治の危機と回復方法の基本

「司法改革」において、日弁連は、「この機を逃したら100年間、法曹一元制は実現しない、絶好の機会である」と会員に説明し、20世紀とは連続しているのに、やたらと、「21世紀の弁護士像」を囃し立て、裏付ける資料もなく司法試験合格者3000人を積極的に認め、法科大学院創設もほとんど議論せずに決定した。今また、法律事務所の著しい経営悪化を隠そうとし、予備試験の制限及び組織内法曹有資格者制度の問題を広く会員の間の論議に付さず、適正な合格者数及び法科大学院の改廃について会員の意向を反映させようとしない。自治組織であれば、執行部の直属機関ばかりを増やすのではなく、単位会からの委員選任と単位会照会及び会員アンケートなどによって分る会員の一般的な意思に依拠し、方針を決定しなければならない。しかし、日弁連は、法科大学院のために予備試験の制限を求めたうえで、司法試験の合格者数を1500人案で決着しようと考えていると言わざるを得ない。

司法試験合格者削減及び法曹養成の見直しを求める会員有志の運動は、「司法改革」に批判的な立場の多くの会員の意見を反映させるものでなければならない。このままでは、2016年までに合格者を1500人に減員するだけの結果となる。至急、2015年7月に予定されている法曹養成制度改革推進会議の取りまとめへの批判と働きかけを強め、2017年以後の合格者1000人以下の減員を実現するための調査、研究、広報などの活動に取り組まなければならない。

これらが行われないために、現在、日弁連は、弁護士自治、強制加入制及び高額な会費（月額、普通会員1万4000円、特別会員5000円、これとは別に単位会の会費が概ね3～4万円）を疑う会員を増加させ、会員に対する求心力を失い、会員は、自らの法律事務所と生活の行く先のみに関心を向けているのである。

Ⅰ　弁護士の理念（弁護士像）と弁護士人口論

1　弁護士像と弁護士人口政策をめぐる対立

（1）我が国の司法は、国民にとって利用価値が低く、永く閉塞状況にある。しかし、その根本的原因は、弁護士の不足にあったのではなく、官僚制の司法による裁判の消極性とともに低額な司法関連予算（裁判所予算、法律扶助費、国選弁護など）による貧弱な司法基盤である。

我が国の弁護士の集団は、1990年3月までは、在野法曹として、官僚司法体制と一体化することなく、「憲法の番人」「人権の砦」としての役割を果たさない裁判所を批判し、官僚司法と人質刑事司法などに対する根本的改善を求め、また、裁判所予算及び扶助費などの増額を要求してきた。

在野法曹としての弁護士は、職務上は依頼者におもねることなく独立して適正に事件処理をする弁護士像に依拠し、この弁護士像を保持するためには、それなりの職務環境が必要であるとしてきた。この戦前からの在野法曹と自主独立の弁護士像は、決して「依頼者に寄り添う弁護士像」（依頼者べったりの弁護士）や清貧の弁護士像をアピールする、限定的、党派的なものではなかったのである。

（2）ところが、司法改革をめぐる1990年代の論争において、「市民のための大きい司法論」及び新自由主義にもとづく規制緩和的司法改革が打ち出された。そのために、これまでの、自立して在野法曹としての精神を保持できる程度の適正な弁護士人口政策を維持するのか、新たに「市民のため」と称する消費者（顧客）優先主義、規制緩和と市場主義万能論によって弁護士を安価に調達できる過剰供給政策をとるのか、という二つの立場の間で厳しい対立が生じることになった。

この弁護士のあり方に関する政策論争の根本には、我が国の弁護士と弁護士制度のあり方として、どのような弁護士像を基本とし、どのような職務環境と人材を確保するべきかについて、思想的な違いがある。

しかし、弁護士という職能団体としては、弁護士法第１条において基本的人権擁護と社会正義の実現が使命だと定めている弁護士像を基本におき、特に、全員加入制のもとでの弁護士像としては、保守派、リベラル派、護憲派、人権派、在野弁護士派といった、政治的、個人的信条を越えたものを掲げる必要がある。その中で、いわゆる人権活動家や弱者のために役立つ弁護士になりたいと思う若者が存在することは貴重なことであり、そのような弁護士が多く存在し得る政策をとる必要がある。しかし、弁護士の業務としては、企業や各種団体の法的需要にも応じる必要があり、弁護士一般がそのことにより収入を得ているというのが実態である。

弁護士の仕事の実態は、事件によって強者の代理人であったり、弱者の代理人になったりするという特徴がある。弁護士像としては、多数者と少数者、強者と弱者のいずれの代理人をつとめる場合にも、社会的正義と人権擁護を目指すという弁護士として共通の価値観があるとしなければならない。弁護士の通常業務において、公共性（社会正義の実現と人権擁護）があり、多数者及び強者側の代理人が果たす役割についても、その重要性を十分に位置づけなければならない。

このように、弁護士像の基本は、戦後の司法改革で獲得した弁護士法第１条の、基本的人権の擁護と社会正義の実現という弁護士の使命にとどめるべきである。この弁護士像に普遍的な価値を認め、依頼者が強者であれ弱者であれ、「依頼者に寄り添って権利を守る」という弁護士像では狭すぎると考えるべきである。このような意味において、弁護士は「敷居が高い」ことが要求される。

（３）規制緩和と市場原理が強調されたのは、弁護士の世界だけではない。1970 年代以降、世界的に投資家と消費者に追い立てられた企業が、規制緩和をして競争力を高めることに追われる羽目に陥り、企業の社会性を希薄化させ、従業員を犠牲にし、専門家の職務の独立性と適正を奪う事態を深刻化させてきた。このような事態は、資本や企業及びマスコミによる国民に対するイデオロギー（新自由主義）操作によるところが大きいが、消費者の多くが労働者であるという二面性を見失い、消費者としての目先

の利益を優先させたからでもある。（※１）

1990年代の司法改革においても、経済界のみならず、消費者団体、労働組合、有識者及び政党が、一方的に大幅な弁護士増加を求めた。その結果、国民の所得が減少し、弁護士に対する需要（消費）が伸びない状況において、弁護士の大幅な供給過剰の状況が国家的政策として遂行された。

このような規制緩和と市場原理が社会を支配する事態は、労働者及び専門家を窮地に陥れ、そのために、全体としては、また長期的には、多くの国民自らの生活や利益に反する事態が生じることになり、国家財政も逼迫する。

人々は、これらの結果と原因を十分に認識し、再び生活と文化を守るために、適正な規制を行う政治への転換に務めなければならない。今、新自由主義に対する市民、労働者及び専門家などからの批判が強くなりつつあり、既に司法改革の破綻も明らかになった。日弁連が、ボランティア的な人権活動家論によって、弁護士を安価に調達するための弁護士過剰政策に与してきたことは、逆に弁護士のアイデンティティを喪失させるものであった。このままでは、今後、ますますその傾向を強めることになる。

（４）今回の司法改革については、1969年に臨時司法制度調査会意見書が公表され、それ以来、この臨司意見書を日弁連と一緒に批判する運動を担ってきた研究者が、司法改革の議論の最中の1995年に一斉に新自由主義と規制緩和の司法改革を批判する論考を発表し、弁護士が事業性（経済的基盤）と公共性を喪失する事態になるとして警鐘を鳴らした。代表的な意見として、次のものがある。

渡辺洋三氏（東大名誉教授）は、今回の司法改革は、現在の司法官僚制について全く批判せず、立法・行政と異なる司法の存在理由と司法の公共性を減殺しようとするもので、司法解体をめざす司法民活路線だと批判した。（※２）

小田中聰樹教授（東北大学）は、狙いは弁護士を増加させ、競争原理によって弁護士業務の変質（プロフェッションからビジネスへ）、即ち企業のニーズに応え企業への忠誠度を深めさせるとともに、弁護士の経済的基盤を沈下させ、任官希望者を増加させ、選別を強化し、「安上がりな司

法」と法曹全体を統制することを狙っていると指摘した。(※3)

本間重紀教授（静岡大学）は、「弁護士は二面的である。公共的であると同時に事業者的である」「弁護士サービスをめぐる市場は自己完結性を持たない。弁護士サービスの質は司法によって決まる」「弁護士に対する横からの攻撃、競争を利用した共同の破壊という新しいタイプの攻撃が、いま始まったのではないかというのが私の理解である」と指摘し、規制緩和的司法改革を強く批判し、弁護士大量増員策が弁護士集団に対する攻撃であると指摘した。(※4)

２　法曹の質、経済的自立、適正な弁護士人口政策

（１）弁護士が、弁護士法第１条の弁護士像を保持するためには、職務の独立性と適正さを確保する必要があり、そのためには高い質の人材の確保と経済的自立の保障が不可欠である。そのため、職能集団として弁護士会の最も根本的な意義は、会員の経済的、職権的条件を守ることであり、日弁連の執行部は、会員のためにそれに努めることである。

この弁護士のあり方の根本問題については、既に大野正男氏が、「弁護士をプロフェッションとして考える場合、それが一定の経済的条件によって支えられているということである。……職業倫理が経済的利益追求をこえて成立するのは、その職業が一定の経済的条件をみたしている場合に限られるのである。したがって、弁護士の歴史を個々の英雄的な弁護士を通じてのみみるのでないならば――それらの英雄的弁護士が社会的に重要な職業像を形成したことを少しも否定するものではないが――弁護士という職業階層の形成・発展にとって、その経済的条件は不可避の要素となろう」と指摘している。(※5)

そして、弁護士の職務の独立性の確保のためには、例えば、国が研究や活動に対する補助金制度を設けて税金を充てるという方法が適当でない以上、適正な弁護士人口政策が不可欠である。また、低額すぎる法テラスの弁護士の報酬（通常の約３分の１で、事務所を持つ弁護士にとって全く採算がとれない）を適正化しなければならない。更には、弁護士の仕事としては、反市場原理と言うべき「悪貨が良貨を駆逐する」傾向にある弁護士

業界においては、「無料相談」や「着手金無し」を謳い文句にする宣伝合戦を禁止して、広告宣伝の規制と報酬規程を復活させ、経済的保障体制をとる必要がある。このような方法をとる以外に弁護士倫理を守る手立てがないと考えねばならない。

事実、これまで、我が国において弁護士という職業を選択する者の多くは、社会から高い評価を受けながら、独立し自由に自らの人生観に合致させて生きることのできる自由業と思って、法曹を志望している。もともと弁護士は自由主義の経済的に自立した職業であって（※6)、それであってこそ、優秀で有能な人材が集まり、高い存在価値を持ち、社会的評価を受けてきた。我が国の弁護士集団は、弁護士の自己改革ばかりを強調せず、我が国の弁護士の活躍してきた実績を説明し、それを誇り、守るべきであった。

そして、このような弁護士像を叶える質を保つために一番に必要なことは、優秀で有能な人材を法曹界に集め、職務環境を保障することである。そのことにより、利用者に対して、安心してどの弁護士にも頼める弁護士制度を維持することができる。そのため、教育と就労の格差を生じさせたり、弁護士濫造を行ったりしてはならないのである。

（2）今回の司法改革において、司法試験に対する受験勉強と知識偏重という批判とともに、にわかに、法学部出身者ではないというだけの「多様な人材」の確保と養成の必要性が強調された。そこで、改革後の現在の法曹養成制度において、法曹に供給される人材の問題がどのように変わったのかということを点検しなければならない。

今回の司法改革は、厳選されていない大勢の者が自己負担で法曹養成のプロセス（法科大学院）を通過すべきであるとする法科大学院制度を創設した。しかし、経済的問題で、公平な自由な市場と言えなくなった。

このような司法改革的人材論に対して、以前よりも「豊かな人材」が確保されなくなったと曖昧な批判をするだけではなく、どのような人材が排除されたり、確保されなくなったりし、逆に、どのような人材が有利に扱われたり、増加したりしたのかという実態及び人材面と就職面、営業面において公正・公平でないことをはっきりと指摘しなければならない。

今回の司法改革以前は、司法試験の志願者は、自分の実力と努力で司法試験に合格し、普通に働けば何のハンディもなく弁護士としてやって行けることを予想し、そのため、多くの優秀な者や人権感覚の豊かな人材が法曹になることを目指した。しかし、既に現在、弁護士を志願する者の多くが、弁護士になった場合の就職先と顧客の獲得の見通し（親や縁故のある人の地盤、人脈）があるか否かを考えねばならなくなっている。そのために、司法試験合格者の中に、弁護士、他の士業及び社会的な有力者（顔がきく）など、客商売に有利な層の子弟が多くなり、（あまりに、最近、弁護士の二代目誕生が目立つ）いわゆる弁護士業のビジネス化と世襲化が進んでいることを直視しなければならない。

（３）法曹資格の取得のあり方としては、実力さえあれば多額の金をかけず、思想信条と経歴を問われず、必要とされる専門的学力と判断力だけが試験される制度でなければならない。ところが、法科大学院創設に際し、急に「国民の社会生活上の医師としての役割に必要な能力の習得と人々の喜びや悲しみに深く共感しうる豊かな人間性の向上」という理念が掲げられた。にわかに弁護士を医師に似せて考えるようになり、更には、高度専門教育の大学院課程であるにもかかわらず、基礎教育の初歩に立ち戻るような理念を持ち出したのである。しかし、これは、法科大学院の前後の課程である法学部と司法修習の制度を軽視して、法科大学院制によって、人材不足と劣化のまま、弁護士を大量に濫造することであった。

しかし、法科大学院には、医学部のような附属病院があって、医師がそろっているわけではない。医師と附属病院のようなものが整っているのは、司法修習制度である。また、「人々の喜びや悲しみに深く共感し得る豊かな人間性の向上」は、教育課程としては高度専門教育より前の段階のことであり、逆に悪用される危険性もある。むしろ、そのような格好をとることよりも、法学部の入試において、社会科の全ての教科を必須にする方が価値がある。日本史、世界史、政治と経済という基礎的な教養をしっかりと学習していない者が、法学部生となり、法曹になっていくことの方が恐ろしいことである。

また、医師と患者に似せて、「依頼者に寄り添う弁護士」などの弁護士像も、これだけでは法と正義の司法の世界にふさわしくない。

（４）司法改革運動において、日弁連執行部と左派の中の執行部寄りの司法改革推進派の人達の中に、共同事務所の経営者的立場の弁護士が多くいた。彼らは、利用者と同様に、弁護士を使う側の立場に立って、一般の会員に対し、「これまでの弁護士は特権階級だ」と批難し、「弁護士はサラリーマン並みの所得でいい」と立派なことを言い「弁護士の所得が下がったから企業や官庁に就職するようになっていいことだ」、「政治家やマスコミが、弁護士が食えない話は取り合えないと言っている」と主張した。

しかし、彼らが、これらの主張をしている間に、弁護士過剰によって弁護士が社会的評価と経済的な有利さなどの職業的魅力を失い、優秀で有能な人材が法科大学院及び法曹界に来なくなってしまったのだ。更には、弁護士が余裕をなくし、弁護士法第２条に定める深い教養を保持し、幅広い知識人としての役割を果たすことができなくなった。弁護士の後継者達は、質を劣化させ、公共性を後退させている。現在、法科大学院志願者が激減したことや、「豊かな人材」が確保されなくなった事態をはるかに越えて、人材の劣化という深刻な問題が生じていると言わねばならない。

これらの弁護士を変質させる問題は、裁判官と検察官の給与が一般公務員より高額であること、また、医師や大企業のエリートサラリーマンも高給取りであることを批判することに結びつき、更に、研究者、ジャーナリスト、文化芸能関係者など科学文化活動をする者及びそれらの非権力的団体を弱体化させ、自由と民主的な社会の発展を阻害することになっていくであろう。

３　弁護士制度改革の誤謬の本質

そこで、改めて今回の弁護士制度改革の本質が何であったのか、という問題をはっきりさせなければならない。司法改革による危機的な状況は、司法改革は正しく、単なる弁護士の急増の歪み（OJT 不足論）にすぎないのか、それとも供給過剰策による専門家の安価な従属的労働を調達しようとしたことが司法改革の目的であったのか、この点を正しく理解しなければならない。

今回の我が国の司法改革は、アメリカがコモンローの法制下で、法学部制度がなく、ロースクールだけが過剰に存在し、社会は極端な保険制度と訴訟社会になっていて問題が生じていることを考えずに、アメリカの対日構造協議の要求を受け入れ、アメリカの真似をしたものである。（資料2の15）

日本では、財政措置を伴った職業環境の改善（官僚司法制の廃止、法律扶助の抜本的な拡充、国選弁護費用等の適正化、弁護士の職務の権限強化と拡大）が同時並行的に行われることがなく、弁護士の大量増員策だけが単独に行われた。加えて、法学部が存在するにもかかわらず、法科大学院を重ねるという時間と金がかかる政策をとり、逆に司法修習の期間半減と給費制を廃止した。

しかし、我が国のように、弁護士を多く必要としない社会が、急激に多く必要とする社会に変わるはずがない。それにもかかわらず、日弁連執行部のように、「需要予測のないまま、弁護士人口を急増したことによって歪みを発生させた」などという評価にとどめるのは、犯した間違いを曖昧にするものである。

今回の司法改革は、公共性を求められる弁護士に対し、その事業性を無視し、質を犠牲にして量を求めた。自由競争により質が高まるという神話や、弁護士は市民に奉仕すべきであるとする精神主義的考え方にもとづき、大幅な弁護士過剰供給を行い、専門家を安価に従属労働に調達することを狙ったものと捉えなければならない。

このような弁護士大量増員の本質を、司法改革推進派の人々のように、財界の新自由主義者たちと同床異夢で、同じではないと言って、ごまかしてはいけない。間違いなく、弁護士を安価に調達しようとする点で同床同夢の者が、司法改革の弁護士激増策を推進したのである。そして、この「司法改革」は、企図した通り、弁護士の大幅な供給過剰を生み出し、不人気な法律事務所にも多くの新人が「雇ってくれ」と殺到した。しかし、弁護士の意識変化と「弁護士の貧困化と格差拡大」が進行し、暗いトンネルを抜け出す展望を失っている。法科大学院志願者の激減と人材の劣化も甚だしい。法学の研究と研究者養成も危機的であると指摘されている。

4　職能団体の憲法・弁護士法的理念からの左右の逸脱

（1）司法にとって最も肝心なことは、弁護士について、質が高くなると言って市場原理で追い立てることではなく、司法が、日本国憲法が定めた独立した司法と裁判官によって担われていることである。そのため、司法改革としては、「絶望の裁判所」（※7）及び「戦前の暗黒司法を引き継ぐ検察・警察」などを根本的に改革し、「憲法の支配」を実現することが一番に大切なことである。

1990年代半ばに、静岡大学の本間重紀教授が、「弁護士のサービスは自己完結を持たず、その質は司法によって決まる」と指摘した通り、弁護士だけでは、司法機能を果たすのに大きな限界があることを前提としなければならない。今回の司法改革で最も欠けていることは、この裁判所の改革である。また、糾問的な捜査の抜本的な改革である。

そして、弁護士に関する適正な政策としては、できる限り、憲法による裁判官の身分保障と同様、職務の独立性と適正を保障することである。その中心的な課題は、弁護士人口の需給バランスを維持し、法律事務所の安定した経営を確保することである。

逆に、弁護士が司法官僚に対抗する在野法曹像を放棄し、職能団体の自覚を失って、「市民のための司法」という市民の受けを狙ったキャッチフレーズを使い、市民のためとか、身近なとかの情緒的な弁護士像を展開することは、弁護士の職務の独立性と適正さを破壊する。新自由主義者と人権活動家らが唱えるように、利用者の要求ばかりを聞いていては、公共性と事業性を両立させなければならない職能集団が崩れてしまう。これは、前から分かっていたことであった。

（2）1990年代の日弁連の「司法改革」路線は、司法全体の改革ではなく、弁護士の「自己改革」を中心とする内容に変質して行った。この時流の中で、2013年に出版された司法改革推進派の弁護士の書物に述べられているように、「数多くの大衆的裁判闘争を担ってきた弁護士集団である自由法曹団も、司法の民主化のための抜本的な改革が必要であるとして、判事補制度の廃止と法曹一元、国民の司法参加、司法予算の大幅拡大などと共に抜本的な制度改革を支える法曹人口の大幅な拡大を提言（1998年

10月〈21世紀の司法の民主化のための提言案〉している）」（2013年5月出版の『法と実務 vol.9 ——司法改革の軌跡と展望』日弁連法務研究財団編、商事法務、174頁）という状況に変化して行った。

即ち、自由法曹団は、1988年の団総会で法務省の司法試験改革案に反対する議案を採択し、法務省案は弁護士を大幅増員し経済基盤を切り崩し日弁連を変質させるものであると批判した。ところが、自由法曹団の司法改革推進派の人達が、1990年4月に登場した中坊公平氏以後の日弁連執行部を支え、その中の有力な人たちが弁護士会の執行部や司法改革担当部署を担った。1994年12月から2000年11月の法曹人口・法曹養成問題の4回の日弁連臨時総会において、執行部案を支持する発言をした者の多くは、自由法曹団員であった。ついに、1998年10月の団総会で「21世紀の司法の民主化のための提言」を採択し、弁護士人口の大幅な増員が必要であるとして、今回の司法改革を容認することを正式に表明し、路線転換をしたのである（『司法改革の失敗』2012年、花伝社、46～47頁、161～163頁の注39～41）。

1990年代の司法改革の時期、日弁連の執行部派は、東京・大阪の派閥及び全国規模の団体などの組織の力（人脈、機関紙などの宣伝力、選挙資金、集票力など）により、更に外部の力も借りて、選挙及び総会などにおいて、組織を持たない多数の一般会員の意思を踏みにじり、会内民主制を形骸化させながら支配を続け、日弁連を変質させた。1964年の臨時司法制度改革審議会意見書に反対してきた日弁連の司法問題対策委員会や法務省の1987年発足の法曹基本問題懇談会に反対する日弁連の法曹養成問題委員会を取り潰して行った。そして、一般会員に「自己改革」を強い、「市民の司法」の実現という熱狂の中で、弁護士大量増員路線を暴走した。そのために、日弁連に内部対立を生み、弁護士集団の分断をもたらした。

2001年6月の司法制度改革審議会の意見書は、弁護士集団の分断に成功した産物である。

そして、この意見書を実現するために、2001年11月、社民党を除き、共産党を含めて、全政党が賛成して司法制度改革推進法を成立させた。この時代は、規制緩和による司法改革ファシズムというべき状況であった。

しかし、日弁連の百万人署名運動の要求項目及び上記の自由法曹団の提言の中の要求項目のうち、実現したのは、法曹人口、それも弁護士人口の大量増員のみであった。

その当然の結果として、弁護士集団は危機に陥り、日弁連は、会員に対する求心力を失って行ったのである（会員には「司法改革の言葉さえ聞くのも嫌だという雰囲気が蔓延している」、2013年3月、大阪弁護士会「検証司法改革」1頁目の本部長代行の挨拶文）。

（3）ここで、今を理解するために重要なことであるので、日弁連の司法問題に関して、藤井日弁連執行部までの批判路線から、1990年4月の中坊以後の協調路線に方向転換して行った経緯を概観することにしよう。

法務省が1987年に法曹基本問題懇談会を発足させ、それに合わせて、日弁連が法曹養成問題委員会を発足させた。同委員会と藤井英男日弁連執行部が協力して、法務省の弁護士批判、合格者の若年化と大幅増員要求と戦い、合格者700人の増員までを認めるにとどめた。

これに対して、中坊司法改革路線は、内部的には民主制と専門委員会制を無視し、トップダウンで方針を決定するという政変（クーデター）を起こし、また、外部において反対派を孤立させるために有識者審議会という罠を仕掛けることを選択し、労働組合、消費者団体、経済界及びマスコミとの関係を重視した。マスコミがしきりに弁護士バッシングを繰り返し、日弁連はそれを容認した。そして、専門家として地道に果たすべき実際の需要状況を知らせる責任を置き去りにして、中坊日弁連執行部以後の路線は、合格者大幅増員（弁護士大量増員）、修習期間短縮、給費制廃止に向かった。法曹養成問題委員会の1990年5月～1994年6月までのアンケート調査、単位会照会などにもとづく意見書（※8）を全く無視し、逆に、法務省と最高裁と協調する方針をとった。この司法基盤整備を伴わない弁護士大幅増員に対して、1975年2月の日弁連の第1回直接選挙により同年4月に日弁連会長をつとめた辻誠氏（※9、資料2の11－1）、1988～1989年度の日弁連会長をつとめた藤井英男氏（※10、資料2の11－2と11-3）及び1973、1974年度の日弁連事務総長の松井康浩氏（後述の※13参照）らが強く反対し、専門委員会である法曹養成問題委員会、弁護士の有志が需給の調査をし、会員の意思をアンケート調査をして確認したうえで、強く反対した。

司法改革推進派は、会員に対するアンケート調査を拒否するようになり、規制緩和的司法改革に抵抗する司法問題対策委員会の廃止、法曹三者協議の軽視、法曹養成問題委員会の廃止を行い、実現本部や推進本部ばかりを発足させ、改革に熱狂し、暴走していった。

（4）この日弁連の会内民主主義に違反した執行部及び直属の司法改革推進本部の独走に対し、1994年7月、「法曹人口問題を考える中弁連有志の会」が、日弁連全会員に往復はがきで日弁連執行部の司法試験合格者1000人案についてアンケート調査を実施したところ、回答率37％で、反対77.1％、賛成16.5％であった。そこで、日弁連の旧司法問題対策委員会及び法曹養成問題委員会の委員も加わって反対運動を起こすことにし、1994年10月、全国の弁護士の有志約1200人による臨時総会招集請求を行い、名古屋の弁護士グループが起案した詳細な議案書を提出した。（※11）そして、1994年12月21日の臨時総会（第1回）において、「5年間合格者を800人にし、その間に需要と司法基盤整備の状況を検証して計画を作成する」という関連決議（※12、資料2の10－1）を満場一致で採択するという成果を得たのである（関連決議の提案者・辻誠元日弁連会長、仲介者・藤井英男元日弁連会長、前田知克日弁連法曹養成問題委員会委員長）。

ところが、このことについて、その後20年近く経ち、「司法改革」の破綻が明らかになると、『司法改革の軌跡と展望』（2013年5月、日弁連法務研究財団発行）を執筆した司法改革推進論者達は、司法改革失敗の原因を自分達の間違いだったとは認めず、1000人増員の反対派に日弁連が足を引っ張られて孤立し、もっと大幅な増員路線を決定することができず、そのために他から批判され、日弁連が孤立してしまい、逆に合格者3000人という大増員が行われてしまったという言い訳を述べ始めた。

弁護士が孤立を恐れていては情けないが、司法改革は、推進派自らが言い張った通り、2000年には合格者3000人計画と法科大学院を勝ち取ったのではないか。ところが、その後の展開としては、一度も合格者3000

人計画が実施されず、合格者2000人で弁護士が大幅に過剰となり、そのために法科大学院の志願者が5分の1以下に激減した。10年も経たずに3000人計画は破綻したのではないのか。これは司法改革の大失敗であり、改革推進派の責任であって、決して反対派の責任ではないはずである。

当時、日弁連は、いくら情勢が悪いために譲歩しなければならなかったとしても、また、勝つ見込みがなくても、1997年10月の日弁連臨時総会で決定した「司法試験合格者1000人、修習期間1年6ヶ月」という執行部案を絶対に引っ込めずに、また、裁判官と弁護士の比率を1対10以下にすることの要求を撤回すべきではなかった。それが、後世のための戦いであり、現場の専門家としての責任であった。

（5）ところが、1998年2月に前記の1994年12月の臨時総会の関連決議にもとづいて発足した日弁連の司法基盤改革人口問題基本計画等協議会（1996年4月～1998年2月）が、合格者1000人のA案（班長・今井敬彌）と合格者1500人のB案（班長・斎藤浩）を併記した意見書をまとめた。B案は、被疑者弁護確立に弁護士を2倍にする必要があることを理由とするものであるが、およそ政治的なもので、全く誤りであった。

そして、前記の通り、自由法曹団が、1998年10月に弁護士大量増員容認の総会決議を行い、日弁連の司法改革実現本部が司法審発足（1999年7月）直後の同年8月に「合格者1500人、1500人以上も十分に検討すべきである」とする報告書を作成し、中坊司法審委員が2000年2月に法曹人口を5万人に、8月には合格者を3000人にすべきであると言い出し、これに佐藤幸治、中坊公平、連合、消費者及び学者が賛成し、経済界、裁判官、及び検察官が反対した。そのような情況において、自由法曹団員が過半数を占める久保井一匡日弁連執行部が、日弁連臨時総会が同年11月1日に予定されていたにもかかわらず、直ちに記者会見で合格者3000人を容認する発表をしたのである。このように、日弁連は司法試験合格者の大量増員に向かって暴走したのである。

（6）結局のところ、1990年代の司法改革論議の中で、ビジネス派、左派及び人権派の中から唱えられたイデオロギーが、我が国の戦後の司法改革を大きく後退させ、欧州の福祉型社会からアメリカの規制緩和の競争社会（新自由主義）へ転換することに手を貸し、我が国の弁護士を司法の大改悪の道連れにしたと言わざるを得ない。

日弁連は、1997年以後、急遽、法曹一元の実現のためだと称して弁護士の大量増員と法科大学院の創設を唱えるようになったが、司法審で早々と採用されないことが決められ日弁連が司法試験合格者3000人と法科大学院制度を認めた以後、法曹一元の要求は全く影を潜めてしまった。

今また、安倍内閣の集団的自衛権の閣議決定のやり方と同じように、日弁連執行部は、会員アンケートの調査結果を無視し、会員の多くが反対であるにもかかわらず、予備試験の制限を唱え、危険な「法曹有資格者」の活動領域の拡大政策を無条件で懸命に行い、暴走している。

（7）今回の司法改革では、国家予算が拡大する中で裁判所の予算は削減され、民事・行政裁判では、法曹一元制（※13）はもとより、裁判員裁判のように国民が参加する裁判も全く認められず、官僚裁判官制度が堅持され、裁判所の利用価値が低く抑えられ、簡略・拙速な審理のみ推し進められる結果となった（※14、資料2の14、16）。刑事分野では、人質司法と調書裁判が改善されず、刑事陪審制度を拒否されて裁判員制度（資料2の17）が導入され、更に現在、全面可視化が否定され、司法取引など捜査の大改悪が行われようとしている。加えて、2003年に設置された下級裁判官指名諮問委員会は、裁判官の10年の再任期に1割以上の裁判官の再任拒否を可能にし、官僚司法による裁判統制を強め、在野法曹の弱体化もあって、法曹一元化と逆方向に進んでいる。（資料2の19）

今後、これらの司法改悪とも戦い、正しい司法改革の再改革をしなければならないが、日弁連は、そのような考え方を持ち合わせていない。

5 日弁連の職能団体としての歴史的誤謬と総括の必要性

（1）もともと、憲法上、行政は司法のあり方について口を出す権限がない。行政府の中にこのような審議会を設置するのは、司法の独立を侵すもので憲法違反、そうでなくとも極めて不適当である。（『世界』2000年3月号での小田中聰樹、宮本康昭との座談会「いまなぜ司法改革なのか」の枝野幸男氏の発言。この座談会で、小田中氏が今回の司法改革の危険性を説き、枝野氏がこの時期の司法改革の危険性を指摘しているのに対し、宮本氏は弁護士の大幅増員の必要性と公益活動の義務化を強調し、決定的な対立を示していることが、今回の司法改革の本質をあらわしている。)

ところが、司法改革において、日弁連執行部は、司法の外に設けられた審議会や諸団体との結び付きを強め、司法試験合格者などに関する1994年12月から2000年11月までの4回、日弁連臨時総会において、一般会員の反対を押し切って、経済界とアメリカ、労組連合、消費者集団、政党などの要求に迎合し、「市民」のための司法と称する顧客優先の弁護士像を唱えた。

そして、結局のところ、過当競争を強いる新自由主義と「同床異夢だ」と言い、また、闘わずに妥協に妥協を重ね、弁護士大量増員政策を無条件で受け入れた。その結果、自ら弁護士の経済的基盤と弁護士法第1条のための活動基盤を崩すことになった。

当時の弁護士の危機感は、前述の1994年12月の日弁連政策総会の関連決議にあらわれていた。続いて、1996年11月開催の第16回日弁連司法シンポジウムの基調報告においても、「弁護士は冬の時代を迎える」と強く警鐘が鳴らされた（資料2の12)。(※15)

司法改革推進の執行部は、一般会員の意思を軽視し、会員を指導する側の者のように振る舞い、未だにその傾向は続いている。

これでは、弁護士会の求心力が低下し、会員が委員会活動に参加しなくなり、日弁連会長選挙の投票率が低下するのも当然の結果である。自治組織でありながら、投票率が既に50%程度に落ち、今後更に40%前後に落ち込むことになるであろう（※16)。2012年の衆議院選挙の小選挙区の投票率は戦後最低の59.32%（20代37.89%、30代50.10%）であったが、2014年12月の衆議院選挙の投票率は52.66%と大幅に低下した。日弁連会長選挙は、その一歩先を歩んでいる。

（2）日弁連と弁護士会の求心力が地に堕ちる事態となれば、「市民のための司法改革」などお題目にすぎなくなる。弁護士自治が形骸化し、懲戒制度が変わらなくても、既に弁護士自治は危機的状況にある。全員加入制の弁護士の職能集団としては、リベラル派と保守派が違和感を持つような、人権活動と奉仕活動を中心に置く弁護士像によって会員を束ねることは無理であり、団体として力を発揮できない。

このような弁護士像の強要は、思想的には、「いつか来た道」の1990年代の「司法改革」の道である。渉外事務所や自由法曹団の事務所は、新人確保のために合格者の大幅増員は都合がいいと考え、司法改革を推進した。それらの人と団体は、誠実に総括をしないわけにはいかないはずである。

（３）「弁護士の危機は、弁護士の助けを必要とする国民にとっても危機である」と指摘される懸念もあるが、弁護士が人を「助ける」となると、イギリスで発展したリーガル・エイド（法的支援）や、古代ローマにおいて税金で賄われた護民官のほか、最近の日本司法支援センター（法テラス）との関係が問題になる。しかし、既に弁護士の現状は、「助け」を国民に与えることが困難な状況に追い込まれているだけでなく、逆に、弁護士過剰が国民に対し大きな弊害と被害（弁護士業務の従属、不適正な業務、不祥事）を及ぼし、それが深刻化している。

（４）これは、日弁連執行部と司法改革推進派が、弁護士は特権階級のギルドであるから自己改革が必要であると言い、世間の評判を気にし、一般会員を犠牲にし、人気を得ることを優先させた政治的路線の結果である。職能団体であるはずの日弁連執行部が、「市民のための司法」だとして、「血を出せ、汗を出せ」と自己改革を求め、会員に負担と犠牲を強いることばかり行い、会員を守ろうとしてこなかったことは、上に立つ者として致命的なことであった。日弁連は、古事記の仁徳天皇の聖帝の世と真逆の世界である。（※17）日弁連は、司法改革において、外部の圧力に幾度も意見を変え、職能団体の責任者として外部の者に対し、現場の実情を説明する責任を果たさず、むしろ間違った情報を提供してきた。この自治組織が犯した政治的な誤りは取り返しができないほど大きく、その責任は重い。

このように、司法改革推進派は、法の支配のため、市民のため、人権のためなどと大義を掲げて善行と勇ましさを競ってきたが、そのことの愚を悟り、「地獄への道は善意で敷き詰められている」（又は「善意がファシズムへの道を清める」、或る社会思想家が紹介したロシアの諺）と言われてきたように、善意と熱狂が大きな過ちを犯したことを自覚するべきである。立派な人間像が語られ、それを耳にする時代こそ危険である。その時代こそ、実際には言葉と違う現実が進行し、危機の時代を迎えることになったのである。

司法改革を推進した責任者は、司法改革そのものがこの深刻な状況を政策的に作り出したことを真剣に総括しなければならない立場にある。

６　利用者団体、マスコミ、政党、弁護士団体の政策転換の必要性

（１）2008年以後2013年までに、国会議員の会の意見書、自民党の提言及び民主党政権下の総務省の政策評価などが相次いで出されるようになり、公明党も2013年６月に意見書をまとめた。司法制度改革推進法に賛成した政党は、どの政党も間違いを正しく総括する責任がある。

（２）消費者団体、労働者団体、マスコミも同様である。マスコミも、必ず現場にあたり、対立する意見を双方から聞き、歴史と事実を踏まえた報道をしなければならないのに、それを行わず、1987年法曹基本問題懇談会及び1990年の中坊日弁連執行部の頃から急に弁護士集団を高額所得の特権集団と批難し、弁護士バッシングを繰り返した。

（３）また、1998年10月に弁護士の大量増員に賛成する総会決定をしていた弁護士の任意団体の自由法曹団も、総会決定を変更することが必要である。そのため、メンバーは、組織の方針変更に努めなければならない。

（４）このような状況にあるとき、司法の独立と弁護士の地位向上を獲得した戦後の司法改革の実現に努めた弁護士層は、戦前の暗黒時代を経験し、在野法曹を自認した自由主義の弁護士達であり（資料２の８、26）、その中でも特に国会議員の弁護士の力が大きかったことが思い出される。

現在、国会議員から、司法改革の手直しをするのに、日弁連が一番の障害であるという発言がなされている。日弁連の執行部が、司法改革を総括し、政策転換を行わないのに、国会議員に対し、戦後の司法改革と同じような働きをするのを期待することは、かなり難しいと考えねばならない。

（５）しかし、法曹養成制度改革推進会議が、2015年７月に適正な法曹人口と法曹養成制度を打ち出さなかったら、完全に「引き返せぬ地点」を

越えることになる。司法改革を批判し、同推進会議の顧問会議を十分に監視し、司法に理解のある保守とリベラル層の意見を十分に生かし、司法改革の熱狂を鎮め、暴走を止め、弁護士過剰と法曹の劣化の実態を明らかにするとともに、法曹養成制度の適正化構想を作り上げなければならない。

図表１　司法試験合格者増員と法曹養成制度改変の年表

1947	3.26	裁判所法制定　4.6 公布　5.3 施行　戦後の統一修習制度（給費制）開始
1949	5.30	弁護士法制定　9.1 施行
1954	4	青年法律家協会発足
1962	9	内閣・臨時司法制度調査会発足
1964	8	臨時司法制度調査会意見書発表
	9	日弁連・臨司対策委員会発足
1967	5	日弁連・臨司意見書批判採択
1967		自由民主党・青法協攻撃、偏向判決批判
1969		自由民主党・司法制度調査会設置
1970		最高裁・青法協攻撃
1971		宮本裁判官再任拒否、新任拒否、修習生罷免
1973	12	日弁連第１回司法シンポジウム
1974		日弁連「司法白書」発行
	6	日弁連・司法問題対策委員会発足
1975		法曹三者協議会発足
1986	9	第 11 回司法シンポジウム
1987	3	法務省・法曹基本問題懇談会発足
1987	4	日弁連・法曹養成問題委員会発足
1988	3	法曹基本問題懇談会意見書発表
	4	藤井英男日弁連会長就任、事務総長大石隆久
1989		日米構造協議開始
1990	4	中坊公平日弁連会長就任、事務総長井田惠子
	10	法曹三者協議会で司法試験制度改革に関する基本合意 （1991 年 600 人翌年から 700 人、条件付丙案）
1991	4	司法改革組織体制検討委員会発足
	6	法曹養成制度等改革協議会発足
1992	4	阿部三郎日弁連会長就任、事務総長堀野紀
	6	司法改革推進本部発足
1993		日米包括経済協議
1994	4	土屋公献日弁連会長就任、事務総長稲田寛
	6	経済同友会「現代日本の病理と処方」
	7	法曹人口問題を考える中弁連有志の会発足
	10	法曹人口問題を考える日弁連有志の会発足
	11.15	米国の対日年次改革要望書（合格者倍増）要求（～ 2008）
	12	政府・行政改革委員会

	12.21	法曹人口と養成制度に関する日弁連臨時総会（第１回） 臨時総会請求の会員有志議案と日弁連執行部議案が対決 （５年間 800 人の関連決議採択）
1995	11.2	法曹人口等の日弁連臨時総会（第２回） （修習期間２年堅持して 1999 年から 1000 人）
	11.13	改革協意見書（中期的に 1500 人、修習期間短縮）発表
	11.22	米国の対日年次改革要望書（合格者 1000 人）
1996	4	鬼追明夫日弁連会長就任、事務総長小川信明
	4	日弁連・司法基盤改革人口問題基本計画等協議会発足
	6	司法改革推進センター発足
	11.15	米国の対日年次改革要望書（約 1500 人）
	11.29	第 16 回司法シンポジウム「法曹のあり方と法曹人口」
1997		修習期間短縮反対全国弁護士連絡会発足
	10.15	法曹人口等の日弁連臨時総会（第３回） （請求側の修習２年堅持案と 1998 年から 1000 人修習１年６か月の執行部案と対決）
	11	法曹三者協議（1000 人、中期的 1500 人、期間１年半）
	11.7	米国の対日年次改革要望書（1998 年４月１日から 1500 人以上）
	11	弁護士法一条の会発足
	12	行政改革会議の「最終報告」
1998	2	日弁連基盤協（Ａ案 1000 人、Ｂ案 1500 人）
	4	小堀樹日弁連会長就任、事務総長寺井一弘
	5	日弁連・法曹養成センター発足
	10.7	米国の対日年次改革要望書（遅くとも 2000 年４月１日から 1500 人以上）
	10.26	文科省大学審議会の中間報告に専門職業人養成の専門大学院設置提言
	11.6	第 17 回司法シンポジウム「法曹一元の実現に向けて」
1999	1	憲法と人権の日弁連をめざす会発足
	4	京都大学の法科大学院のシンポ（各大学で続々開催）
	4	司法改革実現本部発足
	7.27	司法制度改革審議会第１回会合
	10.6	米国の対日年次改革要望書（1998 年４月１日から 2000 人以上）
2000	2	日弁連「法曹一元制度の実現に向けての提言」
	3	日弁連「陪審制度の実現に向けての提言」
	4	久保井一匡日弁連会長就任、事務総長三羽正人
	5	法科大学院構想に関する検討会議発足（日弁連参加）
	8	司法審で中坊委員 3000 人提言、法科大学院構想採択、久保井日弁会長容認発言
	10.12	米国の対日年次改革要望書（自民党司法制度調査会提言のフランス並み）

	11.1	法曹人口等日弁連臨時総会（第４回） 「国民が必要とする数を質を維持しながら確保するように努める」として事実上3000人以上の増員と法科大学院容認案を可決
	11	日弁連第18回司法シンポ「法曹一元・陪参審の実現」
	12	日弁連・法科大学院設立運営協力センター発足
2001	4	司法改革実現本部再発足
	6.12	司法審意見書、2003年に法科大学院設立、2010年頃3000人
	6	米国の中間報告「2010年頃までに3000人をアメリカに約束」
	10.14	米国の対日年次改革要望書（3000人）
2002	3.19	司法制度改革推進計画の閣議決定
	4	本林徹日弁連会長就任、事務総長大川真郎
2003	7	裁判の迅速化に関する法律制定
2004	4	梶谷剛日弁連会長就任、事務総長山岸憲司
	4	日弁連・弁護士報酬規定廃止
	10	司法改革総合推進会議
2006	1	最高裁・過払請求認容判決
	4	平山正剛日弁連会長就任、事務総長明賀英樹
2007	2.13	愛知県弁護士会、3000人増員計画の見直し意見書
	7	京都弁護士会意見書「3000人を見直し」
	9.4	鳩山法相、閣議後の記者会見で「3000人は多すぎる」発言
	10	現行60期司法修習の修了
	10.12	中国弁連定期総会「司法試験合格者数を適正水準まで削減を求める決議」
	10.19	中部弁連定期総会「3000人見直し決議」
	11	新60期司法修習の修了（２期分の就職問題発生）
	12.15	埼玉弁護士会総会「調査・検証が完了まで1000名の決議」
2008	1.25	鳩山法相、記者会見で3000人閣議決定の見直し
	2	日弁連会長選　宮﨑、高山
	2.23	仙台弁護士会「年間3000人の変更を求める決議」
	3	日弁連法的ニーズ法曹人口調査検討PT報告書
	3.25	政府規制改革計画改定で前倒しと更なる増員の文言削除
	4	宮﨑誠日弁連会長就任、事務総長丸島俊介
	5.15	千葉県弁護士会定期総会「当面1500人決議」
	7.4	東北弁連定期総会、「3000人程度とする政策の変更を求める決議」
	7.10	兵庫県弁護士会、3000人即時見直し緊急提言
	7.18	日弁連理事会、緊急提言と法曹人口問題検討会議発足
	8.6	大阪弁護士会臨時総会「合格者数の適正化を求める決議」
	8.8	愛媛弁護士会臨時総会「3000人見直し決議」

	11.14	四国弁連「3000 人見直し決議」
	12.13	日弁連・法曹養成検討会議発足
	12.26	群馬弁護士会「1500 人決議」
2009	1.13	東京弁護士会意見書「2100 ～ 2500 人の範囲内」
	2.27	山形県弁護士会決議「当面 1500 人決議」
	2.27	金沢弁護士会会長「3000 人見直し声明」
	3.18	日弁連理事会、法曹人口５万人、2100 ～ 2200 人提言
	5.23	埼玉弁護士会「４～５年かけて年間 1000 人決議」
	5.30	栃木県弁護士会「当面 1000 人程度に減少」
	6.17	千葉県弁護士会「日弁連の３月提言を批判する決議」
	10.16	中部弁連定期大会「早期に 1000 人に削減決議」
2010	2	法曹養成に関する研究会「法曹養成制度に関する意見書」提出
	3.23	兵庫県弁護士会「1000 人決議」
	4	宇都宮健児日弁連会長就任、事務総長海渡雄一
	5	日弁連・法曹人口政策会議発足
	11.19	新潟県弁護士会「当面 1500 人決議」
	11.20	長野県弁護士会「４万人達成後 1000 人決議」
2011	2.10	横浜弁護士会「当面 1500 人決議」
	2.10	千葉県弁護士会「1000 人以下決議」
	3	日弁連「まずは 1500 人にまで減員し、更なる減員は検証」
	3.27	日弁連理事会「相当数減員」
	3.31	第一東京弁護士会「1500 人が多数意見だが、当面 2000 人」
	5	内閣・法曹の養成に関するフォーラム発足
	6.3	静岡県弁護士会「1500 人以下決議」
	6.5	法曹人口問題全国会議発足（弁護士の有志）
	9.14	大分県弁護士会「1000 人決議」
	10.4	沖縄弁護士会「1500 人以下決議」
	11.14	四国弁連「早期に 1000 人決議」 日米経済協調対話
	11.29	札幌弁護士会「段階的に 1000 人決議」
2012	2.10	佐賀県弁護士会「早急に 1000 人決議」
	3	日弁連「法曹人口政策に関する提言」
	4	山岸憲司日弁連会長就任　事務総長荒中
	4	総務省　法曹人口及び法曹養成制度の改革に関する政策評価
	5	法曹養成フォーラム「論点整理取りまとめ」
	6	愛知県弁護士会「受験資格の撤廃決議」
	7	日弁連司法改革実施対策 WG「これからの司法像に関する基本的提言」

	7	日弁連「法科大学院制度の改善に関する具体的提言」
	7	日弁連　法曹養成制度改革実現本部設置
	8	法曹養成制度関係閣僚会議、法曹養成制度検討会議発足（第１回）
2013	1.18	九州弁護士連合会「第８回法曹養成制度検討会議に関する声明」
	2.8	千葉県弁護士会「法科大学院を中核とする法曹養成制度」の見直しを求める決議（受験資格の撤廃、修習期間２年復活、給費制復活）
	2.23	埼玉弁護士会「法曹養成に関する決議」（受験資格の撤廃、受験回数制限の撤廃、給費制の復活）
	2.23	仙台弁護士会「法曹の質を維持するために司法試験合格者数の減員を求める決議」
	2.25	九州弁護士連合会「第 10 回法曹養成制度検討会議に関する声明」
	2.26	宮崎県弁護士会「司法試験合格者数の適正化を求める意見書」 （3000 人の閣議決定を見直し、漸増へ修正）
	3.18	愛知県弁護士会「適正な司法試験合格者数に関する決議」（1000 人以下）
	3.27	札幌弁護士会「法曹養成制度の抜本的改革を求める決議」 （受験資格の撤廃、前期修習など修習期間と給費制の復活）
	3.28	富山県弁護士会、日弁連理事会決議を引用
	4.25	静岡県弁護士会「検討会議の中間的取りまとめに関する会長声明」
	4.26	京都弁護士会「3000 人撤回と大幅減少を求める会長声明」
	5.7	第二東京弁護士会「検討会議・中間的取りまとめに関する会長声明」
	5.8	広島弁護士会、栃木県弁護士会　パブコメ提出
	5.9	千葉県弁護士会　会長声明、大阪弁護士会　パブコメ提出 大阪弁護士会「当面減少させ、急増から漸増への転換を」
	5.10	愛知県弁護士会意見提出書、沖縄弁護士会　パブコメ提出
	5.13	札幌弁護士会、第一東京弁護士会、長野県弁護士会、長崎県弁護士会、福岡県弁護士会 金沢弁護士会、山梨県弁護士会　パブコメ提出
	6.25	宮崎県弁護士会「1000 人決議」
	6.26	法曹養成制度検討会議取りまとめ
	7.19	山口県弁護士会「1000 名程度決議」
	7.26	三重弁護士会「1000 人以下会長声明」
	8.3	法曹人口問題に関する意見交換会発足
	9	法曹養成制度改革推進会議、法曹養成制度改革顧問会議発足
2014	2.28	山形県弁護士会「1000 人決議」 山梨県「合格者の大幅な減少を平成 26 年度から実施を求める」
	4	村越進日弁連会長就任　事務総長春名一典
	4.19	青森県弁護士会「1000 人決議」
	5.23	三重弁護士会「1000 人決議」
	5.31	福島県弁護士会「1500 人決議」
	12.2	奈良弁護士会「1000 人以下」

Ⅱ　弁護士の公共性と事業性

1　弁護士激増政策の根本的な誤謬と再構想の必要性

（1）司法試験の年間合格者数は、1990年まで約500人であったが、順次増加され、1999年に1000人となった。弁護士需要の実際からすれば、司法試験の合格者は年間1000人で足りたことは明らかである。

日弁連が2000年3月に実施した会員対象の弁護士業務の経済的基盤に関する実態調査において、「法曹人口の増加の問題が検討されていますが、司法試験の毎年の合格者は何名程度が適当だと思われますか」という質問（問42）に対し、会員の回答は、1000名未満35.8％、1000名程度39.8％であった。「1000名以下の回答が75.6％を占め、その他の回答は、1200名程度4.7％、1500名程度11.6％、2000名程度5.0％、3000名程度1.3％、3000名以上1.8％である。平成12年3月当時の結果ではあるが、日弁連及び司法制度改革審議会での3000名との意見との間には大きな隔たりがある。経営形態別にみると、収入共同、親弁において1200ないし1500名程度と考えている者の割合が比較的高いこと（収入共同32.9％、親弁25.0％）が目にとまる」と報告されている。しかし、日弁連執行部は、すぐに調査結果を公表することをせず、公表したのは、司法審が終わって1年半も経った2002年12月であった。（※1）

この間の2000年8月に日弁連執行部及び司法制度改革審議会は、司法試験合格者が年間3000人必要だとし、我が国には法学部が存在するにもかかわらず、無い国かのように法科大学院制度創設の方針を決定した。

司法改革をめぐって、1990年代に激しく対立した時期に、法学部と重複する法科大学院創設と弁護士大量増員を主張した人々が、それらを正当化するために、司法改革の理念やイデオロギーとして、数多くのスローガンを唱えた。

「法の支配」「社会の隅々に存在する弁護士像」「２割司法から大きい司法へ」「法曹人口が外国より極めて少ない」「規制緩和による自由競争による質の向上」「市民の司法実現のための弁護士自己改革」「社会生活上の医師」「市民に奉仕する弁護士像」「弱者に寄り添う弁護士」「弁護士は特権階級」「弁護士はギルド集団、食えない話は取り合わない」「資格を取れば一生食えるのはおかしい」「弁護士増加は法曹一元制の条件整備」「玉砕戦法はとれない」などである。当時、弁護士であった者は、よく耳にしたスローガンである。

日弁連は、これらの考え方を自ら言い出し、他が主張するのに対して反論をせず、認める姿勢をとった。

しかし、まず、司法改革の基本的な理念として、「法の支配」と「規制緩和（市場原理）」の二つの理念が掲げられたが、この二つには基本的な違いがある。その違いが無視され、本来対極にあるものが、あたかも同じ理念のように語られ、規制緩和による事後救済のために弁護士需要が増加する、そのために弁護士の増加が必要であると叫ばれた。

もともと、我が国の司法の閉塞状況を改善するためには、裁判と捜査・検察という官僚司法を一番先に改革対象にしなければならなかった。しかし、逆にそれらを要求してきた弁護士側を批判する世論操作が行われ、逆に弁護士の方が「司法改革」の標的とされた。そして、この「司法改革」は、それに賛成する者が立派な人とされ、反対する弁護士が悪者にされ、善悪が逆さまの狂気の時代を作った。（※２）

（２）この司法改革の弁護士大増員政策を転換することを求めて、司法試験の合格者数を減員して適正な弁護士人口を要求するならば、まず、根本問題として、なぜ、これらの大増員論の理念やイデオロギーが唱えられ、戦後の司法改革で獲得した自主独立の弁護士制度を、破壊するような弁護士大量増員策がなぜ行われたのかを理解する必要がある。

司法改革を推進した勢力（職能団体としての日弁連の執行部とその支持勢力自身が、間違いなく推進勢力であった）とその狙い（司法改革の正体）及び惹起される結果（弊害）を正確に把握したうえで、これらの弁護士激増の理念やイデオロギーに対峙し、理論的な批判を加え、実践的には、被害と弊害を訴え、抗議と抵抗の運動を続け、彼らにこそ、総括と反省を求めなければならない。

そのうえで、すみやかに我が国の司法と法曹養成制度の再構想をして、司法再改革を提案することになる。そうしなければ、「引き返せぬ地点」を越え、我が国の司法は大きく変容してしまうことになる。

この司法改革の再構想を行う際、再び誤ってはならないことがある。法曹のあり方の制度設計としては、無償や低い就労条件であっても働くことを苦にしない立派な人間を基準（善意の強調と英雄主義）にするのではなく、普通の人間を基準とすること、小規模な法律事務所を基準にしなければならないこと、需要に見合った供給体制にすること及び財政措置を欠いてはならないことである。この４点は、司法改革の失敗の大きな原因であるから、これらを正したうえで、再設計しなければならない。

２　適正な弁護士人口を保持する必要性の根拠

（１）「司法改革」の法曹大量増員策は、狙い通り、弁護士だけが大幅に過剰となる状況を作り出した。この状況を是正するために、司法試験合格者を大幅に減員するには、実態として弁護士が既に大幅に過剰であること、法律事務所の経営が悪化していること、そのために種々の弊害（国民に与える被害）が発生していること、今後ますます経営が悪化し、不祥事が多発すること、そして、このような事態を避けるには合格者を大幅に減員するしか有効な対策がないことを明らかにする必要がある。更に、弁護士の所得の減少は、給費制復活問題の貸与金返済能力の有無の判断にも欠かせない議論である。

弁護士大量増員論に立ち向かうには、「弁護士の危機」や「さまざまな弊害」と抽象的に訴えるだけでは、訴える力と運動の求心力が不十分である。危機及び弊害の内容をあいまいにせず、余すことなく明確にし、戦前の歴史と、弁護士過剰と経営悪化が進んでいる深刻な現況を指摘し、率直に意見を表明しなければならない。

そして、弁護士人口適正化のための合格者削減論においては、既に弁護士が大幅に過剰であるから、原則として、自然減相当の合格者数500人程度を打ち出すことになる。ただ、一気にこれを実現した場合の法科大学院側と法曹志願者側の影響に配慮して、相当期間内に1000人以下に削減し、その後も合格者数を年々削減して行く方針をとることになる。

弁護士の適正弁護士人口論及び経済的自立論は、1990年代の前半から、日弁連執行部の弁護士の大幅増加と修習期間短縮を容認する弁護士自己改革路線に対し、強く反対の意思表示をしてきた弁護士らが唱えてきたことであり、歴史の教訓である。この考え方は、司法改革後も、2007年10月と2009年10月の中弁連の定期大会の決議、2011年6月発足の全国の弁護士有志の法曹人口問題全国会議の基本方針、2013年3月の愛知県弁護士会の臨時総会の決議及び2013年12月の同会司法問題対策委員会の意見書などで表明されたものであり、他の単位会の1000人以下決議の多くも、同趣旨である。

（2）ところが、最近、同じ合格者の減員を求める立場から、弁護士の過剰、経営悪化及びそれらの弊害を主張することをせず、単に、次の世代が勤務しながら研修する機会（OJT、オン・ザ・ジョブ・トレーニング、研修的勤務）の不足ないし欠如があるとし、そのために法曹の質が低下していることを強調し、合格者減員を要求すべきであるとする考え方が登場してきた（2011年3月の日弁連執行部の「法曹人口政策に関する緊急提言」及び2013年12月の10単位会の法曹養成改革推進会議に対する「申入書」などの立場）。

この考え方は、弁護士過剰、経営悪化及びその弊害を言わずに合格者の減員を実現しようとして、OJTの不足といった言い方をしている。しかし、弁護士供給過剰の弊害は、一部のOJT不足の若手弁護士の質の低下に限定される問題ではなく、大半の弁護士事務所が経営悪化に陥り、質を低下させていることにある。かえって、法曹の質が低下する中で、むしろ外形上は、これまで比較的よく修習生が就職できたと考えるべきである。

（イ）OJT（研修的勤務）必要論は、司法修習制度、OJTを資格付与条件とする制度論及びOJT受け入れ義務化論及び「法曹有資格者」の活動領域拡大論などとの関係を十分に考える必要があるが、それはさておくとして、このOJT不足（研修的勤務先の不足）を根拠とする合格者数削減論は、削減の幅を司法修習修了者のうちのOJT不足の人数を基準として決めることになる。

そのために、平成25年12月の司法修習修了者（66期）2043人のOJT不足の人数について、法科大学院側から、「2014年4月までに任官も弁護士登録もしていない者は122人に留まる。その中には、企業などへの就職者も入る。弁護士として単独開業した者は54人と推測されている。そうすると、新人法曹のほとんどは、何らかの職場を得ていると推測できる」という指摘を受ける（後藤昭・青山学院法科大学院教授、『法律時報』2014年8月号10頁）。それほどには少ない数ではないが、未登録者と普通の勤務形態（イソ弁）でない弁護士の総数は、350人程度である（※3）。

日弁連は、2014年7月～8月に、65期及び66期について詳細な調査（資料1の4）を行ったが、問題は、すぐ独立した弁護士、非正規雇用の弁護士及び他の分野に就職した者などから、回答が得られない傾向にあることである。このアンケート調査結果（回収率27.4％）では、現在の就業形態について、独立開業61名、6.2％、事務所内独立採算68名、6.9％の回答である（合計129名、13.1％）。回収率100％に換算すると、65期と66期で合わせて507名、1期当り約250人である。この250人に未登録者約100人（66期は、2014年4月18日現在113名、7.1％）を加算すると、約350人である。

OJT不足の減員論では、減員幅は1期当り350人程度となり、「2016年までに合格者1500人」提言の減員を行ったことになる。しかし、誰もが食って行かなければならない以上、法律事務所の質や条件が悪くとも又は法曹以外の分野でも、何とか職を得るものであるから、弁護士過剰状態を是正するほどの大きな数値にならない。

また、若手弁護士のOJT不足論は、OJT不足の根本的原因と、その原因を解消することが不可能であることを説明していないが、それらを説明しなければならないはずである。更に、合格レベルがこれだけ低下すると、全員就職は無理なことになる。

（ロ）OJT論は、もともと2年間の統一司法修習制度の必要性を根拠づけたり、逆に1990年代は、勤務弁護士制度があるとして修習期間短縮の正当化に使われてきた話である。

ところがOJT不足を理由とする合格者減員の要求は、弁護士過剰や経営悪化を訴えずにOJT不足の方を強調することから、なぜ弁護士や弁護士会がOJTを引き受けないのかと責任を問われてしまう。というのは、OJTは、司法修習と違って制度上義務付けられておらず、逆に禁止されてもいないからである。そのため、弁護士会は、会員が激増しているのに会費を値下げしないため、生じた余剰の会費を新人研修などの費用に回したり、従前のOJTに代わる新しい方法をとることになる。

（ハ）このOJT不足減員論は、1990年代の弁護士人口（＝合格者数）の議論においては、２年間の司法修習があったこと及び弁護士が過剰ではなかったことから、全く登場しておらず、最近になって言い出された議論である。弁護士の多くは、弁護士過剰により経営の悪化が進み、その主要な原因である大量の合格者数を削減するべきだと考えているが、それを反映させることをしない考え方である。

加えて、このOJT不足減員論を正当化するために、司法試験合格者減員運動を担う弁護士の一部からも、運動論として、「一致点で共闘する」という「全員一致主義」が唱えられた。しかし、この論法は、安保理の拒否権のように、少数意見が多数意見を拒否することを認めるという少数支配を正当化する。このような状況は、意見が一致しているのではなく、単に、本来譲るべき少数派が強硬なために、一時的におとなしい多数派が譲歩させられる状況が生じるだけのことである。「全員一致主義」は、大多数の意見に少数派（例外）が譲歩するという前提がなければ成り立たない。

一致点共闘の論法により、弁護士達はOJT不足を合格者減員要求のほぼ唯一の理由にして、合格者減員論を押し通すことになったが、説得力を欠き、1500人減員論を打破するまで到ることができなくなった。

しかし、間違った意見が、多数決により決められるのは仕方がないことであるが、少数者の不十分な意見で決定されてしまうことは、余りに不合理である。このような意見は、必ずや思想的・理論的正当性に問題を生じさせ、長続きせず、早晩説得力を失うことになる。司法試験合格者の供給過剰は、OJT不足だけではなく、もっと重大な「様々な弊害」を生じさせるからである。本質的な問題を避けず、少なくとも10年先にも通用する議論（最低限の普遍性）をしなければならない。

合格者減員運動において、多数派工作のために、合格者1000人以下の単位会決議が、合格者1500人決議などに歩調を合わせるような路線をとることを強いられるのであれば、「合格者1000人以下決議」にもとづく運動が、その使命を果たせるわけがない。多くの一般会員の意思をないがしろにして、「司法改革」を批判できずに体制化してしまい、1500人案が決定されていくだけである。完全に現実の後追い政策である。

（ニ）また、このOJT不足減員論は、弁護士の経済問題を取り上げないが、その理由として、政治家やマスコミの「弁護士が食えないから合格者を減らせという話は取り合わない」という批判を考慮するからだという。しかし、それは、もはや一部の政治家に限られることである。多くはその逆で、もし政治家やマスコミが考えているように弁護士が食えて余裕があるならば、合格者減員要求に説得力はなく、弁護士側も減員を要求しないはずである。弁護士過剰と法曹養成の惨状を目のあたりにして、弁護士に余裕がなくなったから、「食えないから合格者数を減らす話は取り合わない」と反論する政治家やマスコミは減少した。それに甘んじて弁護士自らが経済的苦境を訴えずに、代わりに多くの政治家がそれを言い、助けてくれると期待するのは、虫のよい話であって、あり得ないことである。もともと、このような批判や反論に引き下がっては、司法改革推進派の思うつぼであり、いつまでも「弁護士の所得の平均値は、弁護士全体では1600万円」、「6年目の弁護士が平均1000万円」と新聞に書かれ、現実と著しく乖離する認識を持たれ続けられるだけである。

国会議員の大半は、弁護士の実状を知らないので自ら言い出せる立場にはなく、また、有権者に対して、「弁護士が食えないこと」を訴えても選挙の票に全く結びつかないと考える。しかし、経済問題は、生活と仕事の根本であり、人の心には十分に響き、腹におさまることではないだろうか。弁護士は、国会議員のみならず、マスコミ関係者に対して、十分に需給のアンバランス及び所得の激減について説明をする必要と責任がある。「なぜ、弁護士は食えなくていいのか。食えない弁護士制度をなぜ作るのか。

優秀な人が来なくなっていいのか。無理に食おうとして様々な弊害が発生するが、それを避けるべきではないのか」と問い、逃げずに実態を説明しなければならない。

司法改革を推進した者たちは、未だに弁護士には高額所得者が多いと誤解しているのか、新自由主義、勤労奉仕論を支持しているためか、あるいは自分の間違いを認めたくないためか、いずれかである。いずれにしても、弁護士の経済問題及びそれが及ぼす影響から目を背けていては、弁護士の事業性が崩れ、公共性が失われる。改革推進派には、偽りを正し、司法改革を反省し、司法の崩壊を回復する社会的責任がある。

（ホ）更に、OJT 不足減員論には、司法改革推進派の立場から滅私奉公的な弁護士像を唱えてきたこと及び日弁連の 1500 人提言に加担したことに対する配慮がうかがえる。実際、弁護士の事業性を軽視する考え方や、弁護士を安価に都合よく使いたい弁護士層が存在し、彼らが唱える合格者減員理由は、OJT 不足のみである。

しかし、まずもって弁護士過剰による法律事務所の経営悪化を指摘し、世間の高額な弁護士の所得という認識を改めさせなければ、自分自身に危機感を持つ一般会員の気持ちと大きく乖離することになる。組織の上に立つ者達が、泥をかぶることをせず、弁護士は高額所得者というマスコミの悪宣伝を放置し、現場の人間が本当に困っていることを汲み上げようとしないのでは、弁護士過剰の影響を受けて経営悪化している層の心が離れるばかりである。日弁連は、会員に対する組織の求心力を失う。

弁護士会が多くの会員が本当に困っていることを取り上げない方が、取り上げることよりも、なぜ困ったことの解消に役立つと考えるのか、余りに政治的で理解困難である。素直に一般の会員の多数の意見を反映させるべきである。弁護士ギルド論や特権階級論の批判に立ち向かわず、一般会員の意思及び法曹を目指す層の気持ちを尊重しないのは、間違いである。

（ヘ）この司法試験の合格者数の削減の理由に利用される OJT 不足は、決して法曹の質の低下や「弁護士の危機」の根本的な原因ではない。OJT 不足自体は、それが何らかの方法で改善されたとしても、弁護士過剰及びそれによる弊害は解消せず、むしろ悪化すると考えなければならない。

司法試験の大量合格者の濫造問題は、単にOJT不足の若手弁護士が国民に被害を及ぼすという弊害にとどまるような生やさしいものではない。若手弁護士は、食うために必死であるというが、5年後には平均35歳で若手とはいえなくなり、一般の弁護士の仲間入りをする。その一般の弁護士が、需要の縮小、弁護士過剰、経営悪化、公益活動の縮減、不適切な職務、不祥事の多発という事態に陥っている。弁護士という職業自体が危ないのである。今や、これらの事実と弊害の危機的状況を指摘し、自分達の仕事と収入を確保するため、合格者削減を強く要求しなければならない。
（ト）若手の弁護士に不安感があり、その原因は、学力、修習（期間短縮と給費制廃止は、日弁連が了解したこと）及びOJT不足であるとする意見もあるが、そうではなく、「即独」による不安、OJTを終えて独立した後、やっていけるのかという不安、すなわち、仕事や収入の不足に対する不安が一番大きいのである。しかもこの不安感は、若手弁護士に限られるものではなく、一部の弁護士を除き、既に多くの弁護士が共通に持っていることである。

この問題を若手弁護士だけの問題とせず、自分と自分達の問題として、弁護士の仕事と経済危機の実態を、客観的資料をもって国会議員、審議会、マスコミ、研究者及び国民に訴えなければならない。これを避けていたのでは、現場を一番に知る職能集団としては無責任であり、結局、国民に迷惑を及ぼすことを放置することになる。

このような弁護士の現実を無視する態度は、法科大学院関係者が、司法試験の合格率の引き上げ（合格レベルを下げること）及び、弁護士に対し仕事拡大（事件の掘り起し）の自助努力を要求し、弁護士過剰の業界に更に大量に卒業生を送り込むことに汲々としていることと同罪である。

3　「弁護士の経済基盤に関する状況」の調査の必要性

（1）法律事務所の経営悪化の問題については、2013年9月に発足した法曹養成制度改革推進会議の事務局である推進室が、同年11月に、次頁の法曹人口調査の視点・考慮要素として「現在の需要」と「将来の需要・潜在的需要」に分けたうえで多くの項目を掲げた（Ⅰ需要の項)。その次に、「弁護士の経済基盤に関する状況」という項目を掲げ取り上げている（Ⅱ質の確保・法曹の供給の項）。

そのため、アンケート調査を拒否していた日弁連執行部も、売上と所得を調査せざるを得なくなり、2014年7月～9月に全会員に対するアンケート調査と65・66期に対するアンケート調査を実施した。（資料１の４）

過去の日弁連調査及び国税庁の統計と比較するためには、売上・所得が弁護士活動によるものか、それ以外か、また、事業所得か給与かを区別して調査する必要がある。更に、弁護士の経済基盤の深刻な実態を明らかにするためには、アンケート調査について、国税庁の統計のように詳細な集計を行い、必ず所得格差が分かるようにしなければならない。

適正な合格者数減員を根拠づけるためには、弁護士過剰と経営悪化を把握することが不可欠である。普通の弁護士の法律事務所の経営状況が、弁護士過剰の状況の最も明確で客観的な指標となる。

（２）推進会議の推進室は、若手弁護士のOJTの状況について、学生数、修習状況、研修状況などの項目の最後に掲げられている「いわゆる即独弁護士数」で扱おうとしている。前述の通り、アンケート調査などで「即独」「ノキ弁」及びOJTが不可能な就職先環境などの実態を把握することは難しく、OJT不足の状況について統計的に明らかにできる数は限られることを考えに入れておかなければならない。

（３）続いて、推進会議の推進室は、同年12月に次々頁以下の研究者による「法曹人口調査検討体制」を敷いた。2014年4月以後、調査を始め2015年3月に「取りまとめ」を行ない、翌月から推進会議の顧問会議が検討に入り、弁護士人口及び司法試験合格者数につき、意見を取りまとめることが予定されている。しかし、本書のⅢ章の注２に記載した通り、1993年から2010年までに数多くの調査が実施されており、また、弁護士を対象とするアンケート調査も数多い。問題はこれらの調査結果について、司法改革推進派の弁護士、有識者及び研究者等が、正しい評価をせず、間違った情報を提供したことである。再び同じ誤ちを犯す可能性は高い。本書の資料を十分に取り入れなければならない。

第3回　法曹養成制度改革顧問会議（平成25年11月12日開催）

法曹人口調査の視点・考慮要素例（案）

要素1　需要

⑴　**現在の需要**

○　裁判所事件申立件数
○　企業内・自治体内法曹有資格者数
○　法テラス（法律扶助）利用状況
○　法律相談件数
○　渉外案件需要の状況
○　ＡＤＲ利用状況

⑵　**将来の需要・潜在的需要**

○　ニーズ調査（事件数の動向及び法テラスの活動等）
○　活動領域拡大状況
○　隣接法律職の活動領域の状況

要素2　質の確保・法曹の供給

○　大学法学部の学生数
　法科大学院の受験者数
　法科大学院の学生数
　司法試験合格者数
　司法修習の状況（いわゆる二回試験合格者数を含む。）
　弁護士の研修等の状況
　いわゆる即独弁護士数
○　弁護士の経営基盤に関する状況

要素3　対比的観点

○　外国法曹（隣接業種を含む。）の人口
○　各国内の隣接法律職を含む法曹の対人口比

要素4　均衡的観点

○　新規に法曹となる人の数
　法曹を引退する人の数
○　特定地域における法曹人口の分析
○　需給の増減速度
○　司法アクセス改善状況

要素5　公益的業務等

○　プロボノ状況の変化
○　国選弁護、消費者・福祉等事件への対応等

第4回 法曹養成制度改革顧問会議（平成25年12月9日開催） 資料4－1

法曹人口調査検討体制

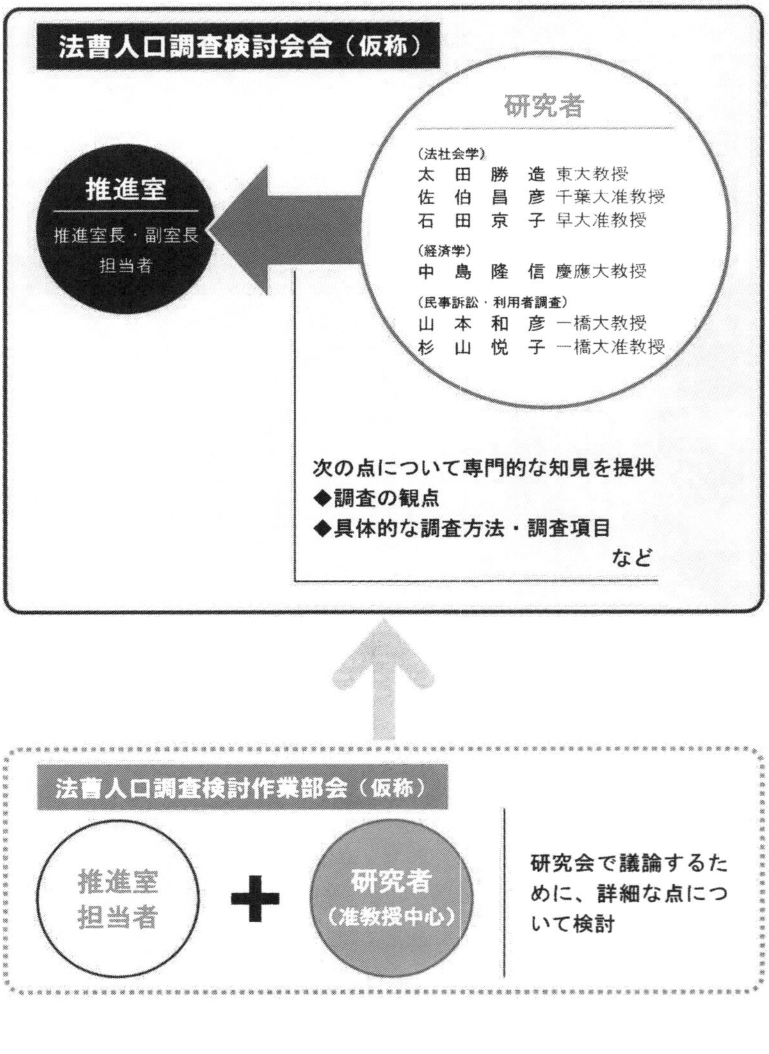

資料8

第8回　法曹養成制度改革顧問会議（平成26年5月23日開催）

法曹人口調査

需要調査について

[位置付け]

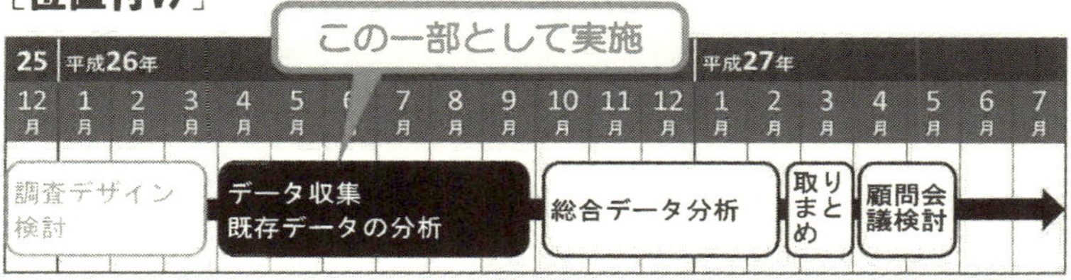

[概　要]

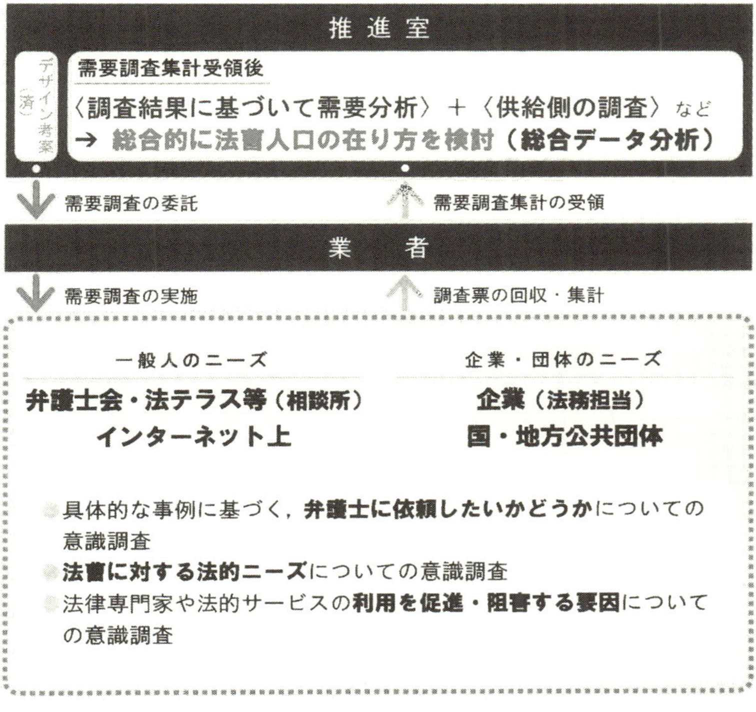

要　　望　　書

法曹人口問題に関する意見交換会　御中

平成２６年5月１０日

愛知県弁護士会司法問題対策委員会
委員長　　鈴　木　秀　幸

司法試験合格者数の減員を実現するために努力されていることに対して感謝を申し上げます。

当会は，平成２５年3月１８日の臨時総会の決議及び同年１２月２７日の司法問題対策委員会の意見書により，「司法試験合格者数を年間１０００人以下に減員すること」を求めていますが，その主たる理由の骨子は，下記の通りです。

そのため，今後，法曹人口問題に関する意見交換会が中心となり，意見の取りまとめや調査等の活動をされる場合には，是非，下記の意見及び調査を取り入れていただくことを要望致します。

記

弁護士人口は，既に大幅に過剰な状況にあり，法律事務所の経営が年々悪化しているが，未だにそれらを改善する有効な方策が立てられていない。そのために，法曹資格の価値が著しく低下し，法曹を目指す優秀で有能な人材が大きく減少している。

弁護士が，弁護士法第１条の弁護士の使命を遂行するためには，職務の独立性と適正さを確保する必要がある。そのためには，職業的環境として，弁護士の供給と需要が均衡するように司法試験の年間合格者数を１０００人以下に減員し，弁護士の経済的自立が保障されなければならない。

職能団体として，弁護士の需給の不均衡，そのために生じる弊害及び「弁護士の経済基盤に関する状況」（法曹養成制度改革推進室の調査項目の一つ）を強く訴える必要があり，早急に，それらを客観的に裏付ける資料の収集及び調査を行い，それらを提示する必要がある。

Ⅲ　弁護士過剰政策と各地の司法試験合格者減員要求

1　法曹基本問題懇談会と法曹養成制度等改革協議会　1987年3月～1995年11月

今回の弁護士の大量増員策は、法務省が1987年に法曹基本問題懇談会を発足させて、司法試験及び弁護士のあり方などを取り扱うとしたことが（※1)、発端である。法曹基本問題懇談会は、法務省が、1987年（戦後の司法改革から約40年後、1962年の臨時司法制度調査会の発足から25年後）に、当時のバブル経済の影響を利用し、戦後の司法改革の見直し及び1964年の臨時司法制度調査会意見書の実施をする目的で、外部委員を重視した構成で設置した会であった。そこでは、司法試験の合格者の若年化及び弁護士のビジネス化など法曹養成と弁護士のあり方が議題とされた。

この法務省の動きに対し、日弁連の藤井英男執行部（1988年4月～2000年3月）は、従来からの日弁連の路線を踏襲し、司法基盤の整備と司法試験合格者年間700人を主張した。

ところが、1990年4月に日弁連会長に就いた中坊公平氏（大阪）は、司法問題に全くかかわってこなかった生き方をしてきたにもかかわらず、東西対立の解消、アメリカの対日構造改革要求及びバブル経済に浮かれた弁護士の意識を上手に利用して、トロイの木馬のような手で、これまでの日弁連の司法問題に関する路線を強引に転換した。弁護士が「自己改革」をすべきであるとして、弁護士は「在野法曹」などと言わず、サービス提供者に徹することを強調し、弁護士の大幅増員を打ち出した。そして、法務省及び最高裁と協調して「司法改革」を推進することに舵を切った。そのために、1990年4月以後、「司法改革」をめぐって日弁連内で激しい議論が行われることになった。

法務省、最高裁及び日弁連は、1991年6月に、いわゆる有識者、特に弁護士を利用する側の組織の幹部の多くを委員とした法曹養成制度等改革協議会を設置し、司法試験、法曹養成及び法曹人口について審議することにした。同協議会の1994年11月及び12月の会合において、法務省が、司法試験合格者1500人以上（～3000人）、司法修習期間の短縮、給費制の廃止、懲戒制度改革を提言した。これは、弁護士を官僚司法に協力すべき民間業者と見なし、裁判官と検察官と同じに扱うという特別扱い（特権）を縮小ないし剥奪しようとする考えである。

この改革協議会は、1995年11月に意見書を作成する際、中期的には司法試験合格者を1500人程度にし、修習期間を大幅に短縮するという多数意見と、合格者1000人、修習期間2年堅持の日弁連の意見を併記した。

司法試験の年間合格者数は、1991年に600人に増員されて以後も増員が続き、1998年に800人（53期、翌年4月入所、修習期間1年6ヶ月に短縮）、1999年には1000人になった。これで、終わるべきだった。

2　司法制度改革審議会　1999年7月～2001年6月

（1）政府が、1999年7月、司法試験合格者1500～3000人、司法修習期間1年以下、給費制廃止及びロースクール創設を実現するために、司法制度改革審議会（以下、司法審という。会長・佐藤幸治、弁護士委員は中坊公平氏のみ）を設置した。戦後、このような審議会は、1961年に設置された臨時司法制度調査会以来2回目である。そして、この司法審は、2001年6月12日、法曹需要の増大の要因については「枚挙にいとまがない。法曹人口の大幅な増加を図ることが喫緊の課題である」とする意見書を発表した。

この意見書には次の様に書かれている。「今後、国民生活の様々な場面における法曹需要は、量的に増大するとともに、質的にますます多様化、高度化することが予想される。その要因としては、経済・金融の国際化の進展や人権、環境問題等の地球的課題や国際犯罪等への対処、知的財産権、医療過誤、労働関係等の専門的知見を要する法的紛争の増加、法の支配を全国あまねく実現する前提となる弁護士人口の地域的偏在の是正（いわゆるゼロ・ワン地域の解消）の必要性、社会経済や国民意識の変化を背景とする国民の社会生活上の医師としての法曹の役割の増大など、枚挙にいとまがない。これらの諸要因への対応のためにも、法曹人口の大幅な増加を図ることが喫緊の課題である。司法試験合格者数を法曹三者間の協議で決定することを当然とするかのごとき発想は既に過去のものであり、国民が必要とする質と量の法曹の確保・向上こそが本質的な課題である」。前年の８月の司法審の会合で、中坊委員が司法試験の年間合格者数を3000人にすると言い出し、日弁連としては、2000年11月に臨時総会が予定されていたにもかかわらず、日弁連の久保井一匡会長は、事前に2000年８月記者会見で、司法改革の熱狂の中で合格者3000人を容認する発言をするという異常なことが発生した。そのようなことがあって、法科大学院を創設し、司法試験合格者を年間3000人以上に増加させ、弁護士を大幅に増員することを提言したものである。

司法審の提言は、具体的に、司法試験合格者を2002年に1200人、2004年に1500人、2010年に3000人を達成することを目指し、2018年に実働法曹人口５万人となることを要求し、しかも、法曹の数は社会の要請に基づいて市場原理によって決定され、3000人は早期に達成すべき目標であって上限ではないと述べ、完全に新自由主義の立場を表明した。

この司法審意見書にもとづく司法制度改革推進計画が2002年３月に閣議決定され、同年以後、司法審意見書通り、合格者数が大幅に増員されて行った。法科大学院は2004年に68校、翌年に６校が開校した。また、司法修習期間は、2006年の新60期から１年間に短縮され、前期修習が廃止された。司法試験合格者数は、2007年には年間約2100人、2008年は約2200人となった。しかし、その後、合格者を増員できる状況ではなくなった。そして、2011年11月司法研修所入所の新65期2063人の司法修習生から給費制も廃止されて貸与制に移行された。

（2）しかし、もともと司法審意見書が述べていることは事実ではなく、大幅な弁護士需要を予想させる資料や法曹人口５万人提言の根拠はなく、むしろ、それを否定する資料ばかりであった（※２）。

司法改革推進派の大きな弁護士需要があるという見方は、それを否定する資料を無視したり、資料の間違った評価や計算にもとづいたりしたものであり、司法試験合格者年間3000人計画は、明らかに現場を無視した弁護士破壊の無謀で無責任な提言であった。それを、日弁連の司法改革推進派は、中坊氏と一緒になって自ら率先して唱えたのである。

（３）その後に更に、聖域なき構造改革を唱える小泉内閣時代に、内閣府に置かれた規制改革・民間開放推進会議（議長・宮内義彦オリックス会長）の司法改革問題の専門ワーキンググループ（座長・鈴木良男旭リサーチセンター社長）が、2005年７月、法務省に対して司法試験合格者3000人の前倒しを要求し、合格者年間9000人案を提案し、この要求と提案がそのまま上記の推進会議の答申とされた（但し9000人という具体的数値は削除して）。それをそのまま、2006年３月に「規制改革・民間開放推進３ヶ年計画」として閣議決定している。新自由主義の規制改革イデオロギーが、弁護士制度を破壊し、資格制度自体を大きく変容させることを狙ったものであることがよく分かる。2008年３月まで、規制改革会議の答申とそれを受けた閣議決定が繰り返された。

（４）しかし、結局のところ、弁護士に大きな需要があるという言説は、弁護士を大増員するための、また、法科大学院をつくるための口実にすぎなかったのである。更には、何故、そのようなことを行いたかったのかを考えねばならない。加えて、市場原理との関係も整理し直さなければならない。

３　法曹養成フォーラム等　2009年〜2012年５月

（１）司法審の意見書以後初めて、2009年発足の「法曹養成に関する研究会」（佐藤幸治、佐々木毅他３名）が、2010年２月に法務大臣に対し、法曹像を、「紛争解決者」から「課題解決者」に転換すべきであるとし、課題解決者の活動領域の拡大を唱える「法曹養成制度に関する意見書」を提出した。また、2009年に法務省と文部科学省が発足させた「法曹養成制度に関するワーキングチーム」も、2010年７月に法曹養成の「検討結果」をまとめた。

この研究会とワーキングチームが、審議機関の設置を求めたことにより、2011年５月に内閣府に「法曹の養成に関するフォーラム」（座長・佐々木毅）が設置され、2012年5月に「論点（取りまとめ）」を作成した。

この三つの組織の意見は、司法審の「弁護士の活動領域の拡大」及び「弁護士資格付与条件の緩和」という意見を越えて、法曹像の転換によって法曹の増加と法曹の活動領域の拡大を唱えるものであった。この動きは、「司法改革」が第2ステージに入ったことを意味し、現在の「法曹有資格者」の活動領域拡大論につながっている。

一方、この流れとは違う検討作業として、民主党政権下の2010年から、総務省が法曹人口及び法曹養成制度改革に関する政策評価の調査を開始し、2012年4月に司法審の意見を見直す必要があることを指摘した「政策評価書」を発表した。

（2）法曹人口は、司法試験合格者年間3000人を続けると、約40年後に、法曹人口が約12万5000人になる。2000人でも8万5000人になる。1500人でも、6万8000人になる。司法審意見書の前の1999年の合格者は1000人であったが、それを続けていただけでも弁護士人口が3万7000人となり、実際の弁護士需要に足りたのである。当時、合格者1000人の3倍の「合格者3000人」という司法審の提言にかかわった者は、実に途方もなく大きな政策の誤りであった。このことについて、誠実に総括し、関係者と社会に対する責任を明らかにせざるを得ないはずである。

なお、2012年3月までの司法改革に関する経緯の詳細については、『司法改革の失敗』鈴木秀幸等5名の共著、花伝社、2012年4月発行を参照されたい。

4　法曹養成制度検討会議　2012年8月～2013年6月

（1）次に、上記の法曹養成フォーラムの「論点（取りまとめ）」を引き継ぐ形で、法曹養成制度検討会議が2012年8月に発足した。この検討会議は、深刻な危機にある我が国の弁護士制度と法曹養成制度を抜本的に改革する方途を見出し、司法の危機を打開しなければならないはずであった。ところが、2013年6月26日に発表された「法曹養成制度検討会議取りまとめ」は、「司法試験の年間合格者数を3000人程度とすることを目指すべきとの数値目標を掲げることは、現実性を欠く」とした。

しかし、依然として、「法曹需要は今後も増加すると予想されるので法曹人口を引き続き増加させる必要があることに変わりはない」と述べている。そして、法曹の役割については、「基本的人権の擁護と社会正義の実現」（弁護士法第１条）に代えて「法の支配」を置き、「法曹像の転換」を提唱する。そして、法科大学院制度擁護の立場をとり、「法曹有資格者」構想と「共通到達度確認試験」制度を提言した。

この提言は、司法試験の合格者を直ちに減員することを打ち出さず、司法の土台が潰れ、司法が変質して行くことを追認し、司法試験及び法曹養成を法曹に特化したものではなくするように変更するものであると言わざるを得ない。

（２）この検討会議の法曹需要が増加しているという意見は、過去12年間の状況の推移からすれば、完全に間違った事実認識である。

そして、「法曹有資格者」の活動領域の拡大という提言は、法科大学院創設と司法試験合格者年間3000人以上を提言した1990年代後半の「司法改革」の本質を露わにした、いわば第二次「司法改革」の中心的なもので、甚だ危険な提言と考えねばならない。この「法曹有資格者」構想は、予備試験に制限を設けること及び司法試験の合格率を高めることとともに、合格者数を減員しないで済むようにして法科大学院を存続させることを意図したもので、司法試験合格者が弁護士登録をせずに弁護士の業務を行えるようにすることを狙い、これまでの独立型の弁護士制度の別枠を作ろうとしている。これは、新しい非独立型の弁護士制度となり、非弁活動禁止規定及び強制加入制度の適用除外とされ、そうなると、日弁連が唯一の在野の法曹団体ではなくなる恐れがある。

（３）このような恐れがあるにもかかわらず、日弁連は、この法曹有資格者構想について、単位会及び会員の意見を聞かず、推進する立場をとり、我々の会費を使って熱心に活動し、若い人に宣伝をしている。

しかし、司法問題に深くかかわってきた弁護士の有志の法曹人口問題全国会議が、2013年７月に実施した日弁連全会員に対するアンケート調査において、「問３　司法試験に合格しても法曹にならず他の分野に就職すればよいから、合格者を多くするという政策について」、賛成4.1%、反対

90.2％、わからない5.7％という回答結果であり、弁護士の圧倒的多数の人が反対している。

（なお、法曹養成制度検討会議の審議と取りまとめ、及びその批判検討の詳細については、『司法崩壊の危機』鈴木秀幸等6名の共著、花伝社、2013年6月発行を参照されたい）。

5　法曹養成制度改革推進会議　2013年9月～2015年7月

（1）法曹養成制度検討会議が、上記の第二次「司法改革」と言うべき提言について具体的方法を策定しなかったので、それを行うために、政府は、2013年9月17日の閣議において、法曹養成制度改革推進会議（議長・菅義偉官房長官、内閣官房が庶務を担当し、その下で制度改革の方策と立案をする実務組織として設置された法曹養成制度改革推進室が審議を主導する体制）を設置した。

この推進会議の下に、法曹養成制度改革推進の施策に係る重要事項を検討し、意見を求めるために法曹養成制度改革顧問会議（座長・納谷廣美、弁護士・大学基準協会会長・前明治大学学長）が置かれた。また、法曹有資格者の活動領域の在り方については、法務省に有識者会議を設け、その下に、法務省と日弁連が共同で、海外展開、企業、国・地方自治体・福祉等の三分科会の検討体制を敷いている。

2015年7月までに結論を出す予定とされ、「顧問会議」は2013年9月から2014年12月までの間に既に14回の会議を行い、有識者会議の「分科会」は、法務省と日弁連が共同で検討作業を進めるとされ、2013年10月以後、分科会が開催されている。

既に、2014年の司法試験から、受験回数制限を5年で5回に緩和し、短答式試験を三科目に減らす司法試験法の改正方針が決められている。

（2）また、法曹養成制度改革推進室は、2013年11月の顧問会議に「法曹人口調査の視点・考慮要素例（案）」を提出し（Ⅱ章末尾の資料）、調査を行うとした。

その「要素Ⅱ　質の確保・法曹の供給」の項目の中に、「弁護士の経済基盤に関する状況」という項目を立て、調査を行うとしている。

（3）もともと、優秀な人材が法曹を志願し、弁護士の職務の独立性と適正さを保つこと、すなわち法曹の質を確保するためには、弁護士の需給状況の実態と弁護士事務所の経営状況（弁護士の経済的自立）が最重要のファクターであるから、「弁護士の経済基盤に関する状況」として、具体的に弁護士の売上と所得の状況が取り上げられることになったのである。

日弁連は、これまで10年毎の弁護士の経済的基盤及び2年毎の「弁護士センサス」を調査してきた。ところが、2010年分以後、「弁護士センサス」を実施しなくなったので、一番新しい調査が2009年分となる。そのため、その後の急激な経済悪化を反映しておらず、2009年以後に使える資料は、後述の国税庁の統計及び単位会や有志の会員アンケートだけであった。日弁連は、上記の法曹養成制度改革推進室の調査方針の決定まで、弁護士の経済基盤に関する調査を行って法律事務所の経営悪化を問題にしないとしてきたが、上記の推進室の調査要請を受けて、やっと2014年7月から9月にかけて「弁護士実勢調査」を実施し、10月に単純集計結果を公表した。（資料1の3）加えて、法曹人口の調査のために大学研究者の検討委員会（太田勝造等研究者6名）が置かれた。

6　弁護士と地方単位会の合格者減員要求

弁護士の急激で大幅な増員政策については、1990年以後の司法改革の議論のときから会員の多くが反対し、研究者も批判していた（※3）。司法審の意見書以後、2006年10月に司法修習修了者が1500人規模になった。

そこで、早くも翌2007年2月に愛知県弁護士会が「3000人見直し」決議を行い、2007年には京都弁護士会、中国弁連、中弁連、仙台弁護士会が同様の意見書や決議を採択し、埼玉弁護士会が「1000人」決議をした（本書Ｉ章の図表1の年表参照）。

2008年3月には、日弁連の2000年の総会決議にもとづいて発足した日弁連の調査機関である法的ニーズ・法曹人口調査PT（2000年の日弁連総会決議にもとづいて発足した弁護士業務総合推進センター内に設置）でさえ、調査報告書で、主に2006年までの諸データにもとづき、今後5年間で需要が飛躍的に増大する見込みはなく、ましてや、10年後に5万人の弁護士人口を吸収するニーズを予測できないとした。この報告書は、実質上、2007年3月末日の弁護士2万3000人程度で飽和状態にあることを裏付ける内容であった。

2008年3月末の時点で、弁護士人口が2万5000人となり、既に弁護士の仕事と収入が減少し、弁護士の需給バランスが崩れ、弁護士過剰の状況に陥っていた。2008年には、6つの弁護士会及び2つのブロック会が3000人計画の見直しや合格者1500人の決議を行った。

そして、2009年5月から2013年3月までの間に、合格者1000人または1000人以下決議が、埼玉、栃木県、中弁連、兵庫県、長野県、千葉県、大分県、四国弁連、札幌、佐賀県、愛知県で行われた。2013年6月以後、宮崎県、山口県、三重、山形県、青森県、奈良で行われた。これまで、15単位会と2つのブロック会が合格者「1000人」又は「1000人以下」の決議等を行っている。（本書の図表1年表参照）。既に2013年4月末日の弁護士3万5045人が大変な弁護士過剰であることは、現場の共通認識である。

7　日弁連の二つの提言（合格者2000人と1500人）

（1）司法試験合格者3000人は、元日弁連会長中坊公平氏が2000年8月に司法審において唱えた提案であり、歴代の日弁連執行部がこれを支持してきた。（※4）

日弁連の宮﨑誠執行部は、2009年3月18日の理事会において、法曹人口5万人計画を維持するが、司法試験合格者数年間2100～2200人を据え置く旨の提言をした。

次に、宇都宮健児執行部が、2012年3月15日の理事会において、「法曹人口政策に関する提言」を理事会で採択し、既に大幅な弁護士過剰でありながら、「司法試験合格者数をまず1500人にまで減員し、更なる減員については法曹養成制度の成熟度や現実の法的需要、問題点の改善状況を検証しつつ対処していくべき」であるとして、「弁護士人口を漸増する」ことに切り換えることを提言した。これに対し、日弁連司法改革実施対策ワーキンググループは、2012年2月に反対の意見書を提出し7月にも、

司法改革を全く反省しない信じ難い内容の意見書を提出している。（※５）

（２）この宇都宮執行部が、合格者1000人の提言をしなかったことは、支持者と一般会員の期待を裏切るものであり、歴史的にも間違いを犯した。この間違いが、現在の弁護士の合格者減員運動の困難な状況を作り出している。司法試験合格者を年間1500人程度に減員するだけでは、未だ弁護士人口の激増路線（ピーク時約６万3000人）であり、弁護士過剰を解消することを全くできない。現在の法科大学院の修了者の激減を考えると、完全に「高止まり」案であった。年間1000人以下、それも500人に近い合格者に制限することが必要である。そのような施策がなければ、現場での弁護士過剰は加速度的に深刻になり、弁護士の職業的魅力は低下するばかりであり、優秀な人材が来ず、法曹の質が落ちている事態を回復することができない。

（３）司法試験の合格者数を大幅に減少しなければ、当然、無理な需要拡大をしなければならなくなる。そのような無理を重ねることよりも、供給激増の蛇口を締めることが先に行われるべきである。

それにもかかわらず、合格者の大幅な減員をしないのは、法科大学院を擁護するためである。そして、これは現在の司法試験に合格しても法曹にならず、「法曹有資格者」として法曹以外に就職する者を増やすという政策に結び付いてきている。

依然として、その後の山岸憲司日弁連執行部及び村越進日弁連執行部も、司法改革の反省もなく、危機感にも欠け、直ちに無条件で合格者1500人を実現することを否定している（2013年３月の日弁連理事会の「日弁連、法曹人口政策に関する提言」にさえ違反）（※６）。法科大学院存続に熱心な立場をとって、予備試験の受験資格制限を主張している。また、「法の支配」論を支持する立場から、合格者数の大幅な減員を主張せず、就職難の対策として「法曹有資格者」制度に率先して協力している。

８　最近３年間の司法試験合格者数と合格点

2012年９月の司法試験合格者数は、日弁連の1500人減員提言すら全く聞き入れられず、2102人であった。そして、2013年６月の法曹養成制度検討会議の取りまとめは、前記の通り、3000 人目標は撤回すべきであるとしたものの、今後の数値目標は設けないことにし、2013 年 9 月の司法試験合格者数も 2049 人であった。

法曹養成制度改革推進会議の推進室は、2013 年 11 月、新しい数値目標が決定されるまで、現在の合格者数を減員しない方針を表明したが、2014 年 9 月の司法試験合格者数は 1810 人に減員された。この 1810 人への減員については、合格者減員要求があったからではなく、例年並みの合格点では合格者は 1655 人にとどまるので、合格点を 10 点下げてこの人数にしたという説明である。この 2014 年の合格点は、2013 年の合格者 2049 人の合格点より 26 点も低いレベルであり、質より量を選択したと言える。しかし、司法試験の点を取りやすくし、実質的に合格水準を切り下げて合格者数を確保することは、後述の通り、今年が初めてではなく、相当前から行われていたことだと考えざるを得ない（※７）。

図表２　司法修習修了者進路別人数

修習修了（期）	修了者数	裁判官	検察官	弁護士	その他
1949（1）	134	72	44	18	
1950（2）	240	106	54	78	2
1955（7）	236	67	59	109	1
1960（12）	291	81	44	166	
1965（17）	441	72	52	316	1
1970（22）	512	64	38	405	5
1975（27）	543	84	38	416	5
1976（28）	537	79	74	376	
1977（29）	487	72	50	363	
1978（30）	463	78	58	325	
1979（31）	465	64	49	350	
1980（32）	454	64	50	336	
1981（33）	484	61	38	378	7
1982（34）	499	62	53	383	1
1983（35）	483	58	53	370	2
1984（36）	436	58	50	325	3
1985（37）	447	52	49	343	3
1986（38）	450	70	34	342	4
1987（39）	448	62	37	347	2
1988（40）	482	73	41	367	1
1989（41）	470	58	51	360	1
1990（42）	489	81	28	376	4
1991（43）	506	96	46	359	5
1992（44）	508	65	50	378	15
1993（45）	506	98	49	356	3
1994（46）	594	104	75	406	9
1995（47）	633	99	86	438	10
1996（48）	699	99	71	521	8
1997（49）	720	102	70	543	5
1998（50）	726	93	73	553	7
1999（51）	729	97	72	549	11
2000（52）	742	87	69	579	7
2000（53）	788	82	74	625	7
2001（54）	975	112	76	771	13
2002（55）	988	106	75	799	8
2003（56）	1,005	101	75	822	7
2004（57）	1,178	109	77	983	9
2005（58）	1,187	124	96	954	13
2006（59）	1,477	115	87	1,223	21
2007（60）	2,376	118	113	2,043	102
2008（61）	2,340	99	93	2,026	122
2009（62）	2,346	106	78	1,978	184
2010（63）	2,144	102	70	1,714	258
2011（64）	2,152	98	70	1,853	464
2012（65）	2,080	92	72	1,781	546
2013（66）	2,034	96	82	1,743	570
2014（67）	1,973	101	74		
2015（68）					
2016（69）					

弁護士は３月末現在（53 期以後は翌年３月末）の登録者数。2013 年は 2014 年４月 18 日現在。60 期～ 62 期は９月及び 12 月終了、63 ～ 64 期は８月及び 12 月修了、65 期以降は 12 月修了時点。「その他」は、修了直後の人数。

図表３　司法試験合格者数と法曹人口

	司法試験合格者					修習修了者		弁護士	裁判官	検察官
	旧試験		新試験		旧・新合計	旧・新試験		実数	定員	定員
	期	人数	期	人数		期	人数			
1946								5,737	1,232	668
1950	5	269				2	240	5,827	1,533	930
1955	10	264				7	236	5,899	1,597	1,000
1960	15	345				12	291	6,321	1,687	1,044
1965	20	526				17	441	7,082	1,760	1,077
1970	25	507				22	512	8,478	1,838	1,132
1975	30	472				27	543	10,115	1,905	1,132
1980	35	486				32	454	11,441	1,956	1,173
1981	36	446				33	484	11,621	1,970	1,173
1982	37	457				34	499	11,888	1,976	1,173
1983	38	448				35	483	12,132	1,983	1,173
1984	39	453				36	436	12,377	1,992	1,173
1985	40	486				37	447	12,604	2,001	1,173
1990	45	499				42	489	13,800	2,017	1,173
1995	50	738				47	633	15,108	2,058	1,229
1996	51	734				48	699	15,456	2,073	1,270
1997	52	746				49	720	15,866	2,093	1,301
1998	53	812				50	726	16,305	2,113	1,325
1999	54	1,000				51	729	16,731	2,143	1,363
2000	55	994				52	742	17,126	2,213	1,375
2000	—	—				53	788	—	—	—
2001	56	990				54	975	18,243	2,243	1,443
2002	57	1,183				55	988	18,838	2,288	1,484
2003	58	1,170				56	1,005	19,508	2,333	1,521
2004	59	1,483				57	1,178	20,224	2,385	1,563
2005	60	1,464				58	1,187	21,185	2,460	1,627
2006	61	549	60	1,009	1,558	59	1,477	22,021	2,535	1,648
2007	62	248	61	1,851	2,099	60	2,376	23,119	2,610	1,667
2008	63	144	62	2,065	2,209	61	2,340	25,041	2,685	1,739
2009	64	92	63	2,043	2,135	62	2,346	26,930	2,760	1,779
2010	65	59	64	2,074	2,133	63	2,144	28,789	2,805	1,806
2011	—	6	65	2,063	2,069	64	2,152	30,485	2,850	1,816
2012	—		66	2,103	2,103 (58)	65	2,080	32,088	2,850	1,839
2013	—		67	2,049	2,049 (120)	66	2,034	33,624	2,880	1,847
2014	—		68	1,810	1,810 (163)	67	1,973	35,045	2,912	1,835
2015	—		69			68				
2016										

弁護士数及び検察官定員は、各年３月末日現在のもの
裁判官定員は、各年４月１日現在のもの
1995年以降の検察官数は、実数である可能性が高い
2012年以後、司法試験合格者に予備試験からの者が含まれる。() の内の人数。

図表４　弁護士人口将来予測

司法試験合格者数を 2014 年 1800 人、2015 年 1600 人とし、2016 年以後を 4 つのケースで予測する。
生存率は、29 歳と 74 歳の中間の 52 歳の生存率の概数を採用した。

1. 2016 年から司法試験合格者 800 人が続く
　均衡時 :800 人× 45 年間（29 歳から 74 歳）× 0.93（生存率の概数）
　=3 万 3480 人 -5000 人（裁判官と検察官の数）=2 万 8480 人
　ピーク時 :2001 年 10 月からの 800 人超過分 1 万 2694 人を加算し、4 万 1174 人
2. 2016 年から司法試験合格者 1000 人が続く
　均衡時 :1000 人× 45 年間× 0.93-5000 人 =3 万 6850 人
　ピーク時 :2004 年 10 月からの 1000 人超過分 9904 人を加算し、4 万 6754 人
3. 2016 年から司法試験合格者 1500 人が続く
　均衡時 :1500 人× 45 年間× 0.93-5000 人 =5 万 7775 人
　ピーク時 :2007 年 12 月からの 1500 人超過分 4882 人を加算し、6 万 2657 人
4. 2016 年から司法試験合格者 2000 人が続く
　均衡時 :2000 人× 45 年間× 0.93-5000 人 =7 万 8700 人
　ピーク時 :2000 人超過分 697 人を加算し、7 万 9397 人

司法試験合格者数別の超過人数の計算

2016 年からの司法試験合格者数	800 人	1000 人	1500 人	2000 人
	超過人数			
2001 年 10 月	200	0	0	0
2002 年 10 月	200	0	0	0
2003 年 10 月	200	0	0	0
2004 年 10 月	400	200	0	0
2005 年 10 月	400	200	0	0
2006 年 10 月	700	500	0	0
2007 年 10 月	700	500	0	0
2007 年 12 月	1,200	1,000	1,000	500
2008 年 10 月 12 月	1,350	1,350	850	350
2009 年 10 月 12 月	1,550	1,350	850	350
2010 年 10 月 12 月	1,350	1,150	650	150
2011 年 10 月 12 月	1,200	1,000	500	0
2012 年 12 月	1,200	1,000	500	0
2013 年 12 月	1,200	1,000	500	0
2014 年 12 月	1,000	800	300	-200
2015 年 12 月	800	600	100	-400
合計（人）	13,650	10,650	5,250	750
合計× 0.93（生存率）	12,694	9,904	4,882	697

Ⅳ　弁護士人口の適正化論（司法試験合格者 1000 人以下）

1　弁護士過剰

1　弁護士人口激増、志願者激減と質の低下

（1）司法試験の年間合格者数は、1990 年まで約 500 人であったが、1991 年に約 600 人となり、以後 100 人程度ずつ増員され、1999 年に約 1000 人となった。司法制度改革審議会が発足した 1999 年の３月末の弁護士人口は１万 6731 人で、合格者年間 1000 人を続ければピーク時に弁護士が３万 7000 人程度となり、十分に需要に足りることが予想された。ところが、2001 年６月の司法制度改革審議会の意見書は、法科大学院を造り、2010 年頃に合格者を 3000 人にすることを提言した。

知るべきは、歴史である。我が国において弁護士に対する大幅過剰政策がとられたのは、今回の司法改革が最初ではない。大正後期から昭和初期にかけて、９年間で約 3000 人から約 6500 人に激増されたことがある。その頃の状況がどのようであったのか。「従来の弁護士論は、すべて弁護士の職務の重要性、その使命の意義から説きおこす倫理的要素が強いものに限られていたが、昭和初頭の弁護士の実情は、そのような倫理的側面のみからの要請では解決しがたい経済的状況に置かれていたのであり、そして、このことが、満州事変以後、太平洋戦争にかけての弁護士階層の無力化を招来する直接的な原因となるのである」と指摘されている（※１）。

また、この文献では、1929 年には弁護士会の幹部も遅まきながら動かざるを得なくなり、全国の弁護士に生活調査のアンケートを送り実態調査したところ、回答率約 65％で、純収入で生活費を賄えないとする回答が約６割（4167 人のうち 2436 人）に達していた。更には、その後弁護士集

団は団結してこの窮状に立ち向かうことができず、バラバラであり、その中で大きな所得格差があり、一方で一部の弁護士が精鋭化して政治闘争に走ったと指摘されている。

実に、今回の司法改革の様相に酷似しているのではないか。現在、この85年前と同じことが起きていると言っても過言ではない。今回の司法改革によって作り出された弁護士過剰が原因で、目に見えて法律事務所の経営が悪化し、所得格差が拡大しているが、日弁連と多くの単位会の執行部は、会員のことを考えず、これに立ち向かおうとしていない。集団的自衛権と原発の反対運動だけではなく、それを支える弁護士層の大半が、非常に心配している「弁護士の危機」に対し、最大限の取り組みをせず、放っておいては上記の戦前の状況を繰り返すことになる。

（2）弁護士人口の需給バランス状況及び各単位会の弁護士の過不足状況について、適当か、不足か、過剰か、いずれなのかという事実認識の問題は、法曹人口と法曹養成に関する議論の原点であると言える（※2）。

既に、就職難が表面化した2007年度時点までの各種の統計的数値、アンケート調査及び研究会などの資料や報告において、弁護士不足の地域や分野をほとんど確認することができないほどに弁護士が充足し、逆に弁護士人口が需要を上回る弁護士過剰時代を迎えたことをはっきりと窺い知ることができた。

この2007年12月は、法科大学院1期生の新60期が職に就いた年であり、この期が弁護士登録を終えた2008年3月末の時点で弁護士人口は2万5000人となり、弁護士人口過剰時代に入った。6年後の2014年3月末に弁護士登録者数は3万5045人にまで激増した。司法審発足の1999年から15年間で2.1倍の増加である。

（3）司法試験の合格者が激増しているのに、合格レベルは下がっていないなどと言うことができるのであろうか。

法曹の質の低下をもたらす最大の原因は、弁護士過剰による経済基盤の喪失である。そのために、合格者増加と志願者減少による合格レベルのダウンによる質の低下については、それほど問題にして来なかった。

しかし、いまや、自民党、民主党及び国会議員の有志の意見書などが指摘しているように、最近の法科大学院入学者や司法試験合格者の質の低下を検討の対象にせざるを得ない深刻な事態にある。

2004年4月の法科大学院の入学志願者は、Ⅴ章で述べる通り、実人数は4万9000人程度であった。2007年の実人数は2万3000人程度、2008年は1万8000人程度、2009年は1万5000人程度、予備試験のない最後の年の2010年に1万3000人程度であったと思われる。

そして、2011年の法科大学院受験者の実人数は7249人となり、更に3年後の2014年には4091人まで減少した。この人数は、第1回目の2004年の4万9000人と比較すれば12分の1であり、2007年の2万3000人と比較しても約5分の1に激減している。

ところが、新司法試験の合格者は、2007年1851人、2008年から2013年までの6年間、2000人越えを続け、全く減員をしていないのである。誰が考えても、この間に合格基準が切り下げられ、合格レベルが著しく低下していると考えざるを得ない。合格点が余り変わらないならば、問題と採点が易しくなっただけのことである。

この司法試験合格者のレベルの低下を回復させるためには、少なくとも2007年頃を基準にして、法科大学院修了者の司法試験合格者の数をこれまでの2000人から5分の1の400人程度に近づけて行かなければならない。その際、司法試験の受験浪人が溜まっていること及び法科大学院進学熱が冷めて冷静になっていることを考慮しなければならないという意見もあるが、逆に、優れた人材の割合はもっと急激に低下している可能性が高いことも考慮しなければいけない。

以上と同じ考え方と思われるが、法科大学院の受験者が2万人を下回った2008年に、自民党の「法曹のあり方を考える若手国会議員の会」が、自民党司法制度調査会に対し、修習生のレベル低下と各地の弁護士会の事情の無視を懸念し、合格者を1200～1500人に減員すべきである旨の提言を申し入れ、更に、同年12月には、自民党の「法曹の資質について考える会」が、適正な合格者数は、せいぜい現在の半分の1000人である旨を提言している。

これらの提言からすれば、2008年の司法試験受験者が約1万8000人から2014年の4091人と4分の1以下に減少していることから、法科大学院修了組については1000人～1500人の4分の1以下、250人～400人に近づけなければならないことになる。

法曹養成と法曹人口を考える国会議員の会は、2013年6月の提言で「そもそもわが国の法曹需要とは、わが国が目指すべき国家像や隣接法律専門職の活動などを勘案して考えるべきものである。それらの観点に則って法曹の需要を見極めるまでは、当面500人以下を目安にするべきである」と述べている。

一方、予備試験の受験者は、2014年に1万0347人に増加しているから、法科大学院組と予備試験組の合格率が均衡に向かうことをみながら、予備試験組の司法試験挑戦者を5倍くらいにして、司法試験合格者が400人くらい出るようにすべきである。そして、司法試験合格者を二つの組の各400人、合計800人程度にして、人材の多様化及び将来の活躍を追跡してみるといい。なお、法科大学院又は予備試験の受験者の実人数は2010年以後は1万3000人～2000人程度が続いていると推計される。

このように、法科大学院の志願者が激減しているのに、司法試験合格者を少しの減員にとどめる状況を続けるならば、今後も、弁護士過剰、優秀な法曹志願者数の激減、司法試験合格レベルの低下及びOJT不足という負の連鎖が続き、司法が劣化する。

2　裁判事件と裁判所予算の減少

（1）裁判事件の量と質は、我が国の弁護士需要の一番基本的な指標となる。弁護士人口と裁判事件の関係について2003年と2013年の11年間を比較してみると、弁護士人口（毎年3月末）が1万9508人から3万3624人と72％増加したのに対して、裁判所の民事・刑事の総事件数は、611万5202件から361万4242件（2012年379万8121件、2011年405万9778件）へと41％減少し、このうち民事・行政事件についてみると352万500件から152万4018件（2012年170万7709件、2011年198万5305件）へと57％減少している。また、刑事事件についてみると163万6719件から105万727件（2012年109万8990件、2011年110万5822件）へと 36%減少している。

弁護士の裁判関係の需要の最も指標になる地裁民事第一審通常訴訟事件（ワ号）数をみると、ピーク時であった 2009 年の 23 万 5508 件から 2013 年 14 万 7390 件（2012 年 16 万 1313 件、2011 年 19 万 6363 件）に 37%減少した。このうち、いわゆる過払金事件を除くと地裁民事第一審通常訴訟事件は 2013 年 8 万 9869 件であり（『弁護士白書』2014 年版）、弁護士人口が 8500 人～1 万人であった 1970 年以前の事件数にまで減少している。

専門分野の裁判事件数も、労働事件が少し増加しただけで他の分野では一様に減少している。破産事件（新受）も 2003 年の 25 万 4281 件から 2013 年 8 万 1136 件（2012 年 9 万 2554 件、2011 年 11 万 0454 件）に 68%減少している。

刑事裁判事件も、地方裁判所の終局総人員が 203 年の 8 万 0223 件がピークで、2013 年 5 万 2229 件（2012 年 5 万 6734 件）に減少し、簡易裁判所も 2005 年の約 1 万 4549 件から 2013 年 8109 件（2012 年 8340 件）に減少している。

家事事件は、2003 年の 68 万 3716 件から年々少しずつ増加して、2013 年の 91 万 6409 件（審判 73 万 4228 件、調停 13 万 9593 件、人事訴訟 1 万 594 件、その他 3 万 1983 件）へと 34%増加している。しかし、増加しているのは審判事件だけである。弁護士が受任することが多い夫婦関係調整調停事件は 6 万 1244 件から 5 万 0582 件へと約 17%減少し、人事訴訟事件も、1 万件前後（2013 年 1 万 594 件）が続き、遺産分割調停事件が、1 万 112 件（2006 年）から 1 万 2878 件へ 27%増加しているだけである。

なお、地裁の民事通常訴訟事件の 2013 年の新受件数は、弁護士一人当り 42 件（前年 50 件）、家事調停は 40 件（前年 44 件）と少ない（但し、弁護士の受任事件数ではない）。

（2）裁判所の予算をみると、2006 年の 3331 億円から 2014 年 3110 億円（2013 年 2988 億円）と 7 %程度減少し、国家予算に占める割合は 0.42%から 0.324%（2013 年 0.323%）まで下がっている（本章末の図表 5）。全く司法改革のスローガンであった「大きな司法」になっていない。

裁判官不足と弁護士過剰の事実は、裁判官数と弁護士数の割合をみる。

1965年頃までは1対4であったものが、現在では1対12までに拡大し、10年後には弁護士が約4万5000人となり、1対15になることが予想される。このような裁判官と弁護士の人数割合は、世界の先進国の中で最悪で、他の国と比較して一番に少ないのが裁判官である。日本の裁判官一人当りの国民数は4万3240人で、フランスの3.8倍、ドイツの約10.9倍で、日本は非常に裁判官、裁判事件及び裁判所予算が少ない。

国民の裁判利用件数が少なくて、弁護士の裁判外業務もそれほど増加していないことから、弁護士ばかり増やしたら、すぐに過剰になることは誰でも分かることである。

（3）日弁連の弁護士実勢調査（2014年7月～9月実施）によれば、現在取り扱っている事件の件数は、平均値33.89件（中央値25.00件）である。そのうち裁判所事件は、平均値16.20件（中央値12.00件）で、全事件の約半分である。全事件のうち、刑事事件は平均1.08件、家事事件は平均値4.71件（中央値3.00件）である。

今回のデータを過去のものと比較すると、中弁連の1988年の中弁連シンポジウム会員アンケートによれば、担当している裁判所事件は、件数の少ない名古屋弁護士会が平均38.2件、件数の多い福井弁護士会が平均62.8件であり、中間の金沢弁護士会が56.5件である。裁判上の業務は全業務の割合の平均値が65～70％であった（※3）（その当時の日弁連の業務対策シンポジウムの資料でも、大半の弁護士は、仕事量の60～80％が裁判上の事件であった）。

また、1996年11月の日弁連第16回司法シンポジウムのときの会員アンケート調査によれば、弁護士1人当りの裁判所利用事件の件数は平均33.6件であった（※4）。

現在の弁護士人口は1988年の約280％に増加し、現在、弁護士の取り扱っている裁判所事件数平均16.20件は、上記の金沢弁護士会の56.5件を基準とすると、1988年の28％程度に減少し、1996年の48％に減少している。

（4）なお、我が国の裁判所の規模は小さく、事件も少ない。司法改革は、この「小さな司法」の原因を、弁護士が少ないからだと考えて、弁護士を大幅に増加させることを考えた。しかし、弁護士人口の増加だけで、弁護士及び裁判所の需要が増加することはなく、「大きな司法」が実現するはずがない。

我が国の国民は、あまり真実や正義にこだわることなく、「和を尊び、争いごとを嫌う」として、手間、費用及び体面を天秤にかけて、むしろ弁護士や裁判所を利用しない方を選択することが多い。また、紛争を適正に審理し、事実を正しく認識したうえで妥当な判断を下すためには相当な時間と情熱を必要とし、対象利益と釣り合う（訴訟経済）ことが不可能なほど、費用がかかる事件の方が圧倒的に多いといえる。しかも、刑事事件は警察が処理するが、弁護士利用者は自己負担である。法テラスの支援金も貸付制で、極めて低額である。裁判をすることに金と時間がかかるために、少額事件を中心に、事件にならないことが多い（８割程度が事件にならない）。もしこれが無料であるならば、ある程度増加するであろうが、誰がその費用を負担するのかという大きな問題がある。弁護士自身が、自分の事件について、割が合わないと考え、ほとんど放っておくのである。法律研究者も同様であろう。社会に発生している紛争と裁判所利用事件の間には、大きなギャップがあり、このことを無視すると、中坊氏の実態無視の「２割司法」論になる。

（５）そのうえ、我が国の裁判所は、国民の権利救済に不熱心で、裁判所の都合のみ優先させ、審理の簡略化、迅速化を図るばかりである。二度と裁判所に来るなと言っているようなものだ。それでは国民の裁判所の利用が遠ざかるのは当然であり、「頼りがいのある司法」「司法国家」などおよそ期待できない。これが「司法改革」後も続いている我が国の司法の現状である。

そして、このような現状が改善される見通しは全く立っていない。むしろ、裁判所外の紛争処理機関（ADR）の利用などが勧められているが、それほど利用が増えていない。最高裁判所が、根本的に裁判官制度と裁判の改善に消極的であるために、司法の改善は難しい。裁判官の待遇もひどく下げられた。仮に裁判所の改善が進められたとしても、長期間かかり、国民の司法の利用増大をもたらすのは更に先のことである。およそ現在の弁護士過剰の解消に結びつくようなものではない。

3　顧問の需要状況

（1）日弁連のこれまでの「実勢調査報告書」の顧問契約に関するアンケート調査結果は、顧問先を持つ弁護士は、1989年に85.7%、1999年に80.6%、2009年に63.5%と減少傾向を続けてきた。

2013年の日弁連調査でも顧問先を持つ弁護士は55.0%に減少している。顧問契約が全くない回答が42.7%である。顧問契約の数については、5件未満43.3%、5～10件未満21.9%、10～15件未満11.6%、以上合計で76.8%を占める。顧問契約の数も、顧問料も減少傾向にある。

（2）日弁連が2006年4月、証券取引所の上場企業及び生損保会社の1741社に対するアンケート結果では、回答者の98.2%が既に顧問弁護士を雇っていると回答している。また、日弁連が2006年12月と2007年6月に実施した中小企業ニーズ調査では、合計63%が「顧問は必要ない」と回答し、「必要性は感じるが探し方が分からない」という回答が3.4%に過ぎない。

4　法律相談センターの相談件数の激減、法テラスの需要

（1）法律相談センターは、2013年現在、全国に249箇所設置されている。そのうち日弁連のひまわり基金法律事務所は113箇所に設置されたが、そのうち48事務所が普通事務所に転換し、2事務所が廃止され、現在63事務所である。弁護士ゼロ支部は無くなり、弁護士が1人の支部も1箇所（松江地裁の隠岐の西郷支部）に過ぎない。過払金返還事件及び破産事件がますます少なくなり、経営が赤字となる法律相談センターや公設事務所が増加している。今後、日弁連の会費で穴埋めをする金額が増大する。

（2）弁護士会が関与している全ての法律相談件数の推移をみると、総数のピークが2009年の年間66万8396件で、減少傾向にあり、2013年度は60万8679件である（弁護士3万人が担当するとして、一人当り約20件、半日4回分の仕事量でしかない）。そのうち、弁護士会の有料法律相談は、ピークの2004年の約25万件から2013年の7万8748件と30%に

まで激減している（愛知県弁護士会では2002年の1万8900件から、2012年9433件に減少）。最近、弁護士会の法律相談センターにおいては予約の相談者が少なくなり（例えば、6コマのうち1～2件）、予約が全くない日も多く、弁護士の派遣キャンセルが相次いでいる。

（3）弁護士が著しく過剰になれば、弁護士会等の法律相談が少なくなるのは当然である。法テラスの法律相談援助は、ピークの2011年度が28万389件、2012年度は27万1554件、2013年度27万3594件である。代理援助は2012年10万5019件、2013年10万4489件である。両方とも頭打ちである。

（4）このように、2014年度の弁護士会の有料法律相談は7万8748件、弁護士会・その他の無料法律相談20万8672件で合計28万7420件である。これに対し、法テラスの法律相談が27万3594件とほぼ同じ件数になっている。

弁護士会と法律事務所の法律相談体制と日本司法支援センター（法テラス）の財政をみると、我が国の司法の病理が浮き彫りになり、「司法改革」が何であったのか、その本質が分かる。弁護士会の取り組みは、弁護士会の会員からの会費が利用され、法テラスは国費が使われるが、法テラスの2014年の運営費は146億6070万円にとどまる。

法テラスから各弁護士に支払われる25事業年度における報酬は、民事法律扶助事業経費約168億円、委託支援事業経費約21億円、国選弁護士確保事業経費約125億円の合計314億円である。この金額の中には、弁護士会が支払っている委託費、弁護士以外の者に支払われる金が含まれる。従って、概ね弁護士総売上に貢献している金額は、300億円程度である。この金額は弁護士の総売上の約7000億円の4.3％程度である。

（5）弁護士の法テラスの仕事に対する報酬は、旧弁護士報酬規程の3分の1程度に抑えられていて、法律事務所を自分で持つ弁護士は採算が取れない。

2014年の日弁連調査結果の弁護士の年平均売上2402万円（所得907万円）を基準にして考えると、弁護士のタイムチャージは、年間1800時間とすると1時間当り1万3333円となる。

しかし、法テラスの1件当りの時間と報酬の平均値の概算は、国選刑事事件は20時間で報酬12万円、破産事件は20時間で13万円、離婚事件は30時間で20万円と想定し、上記の三種類の事件を各1事件担当した場合、所要時間合計70時間、報酬合計45万円となり、時間単価は約6500円となる。

法テラスの仕事に対する弁護士報酬が低額過ぎることを説明するために、仮定の話を示すが、一人の弁護士が、法テラスの仕事ばかりやるとして、1年間に、刑事事件40件、破産事件40件、離婚事件6件（合計86件）程度のペースで受任すると、所要時間は合計1780時間、売上は1120万円（月額90万円）を手にすることになる。この売上は、前記の日弁連調査の弁護士一人当りの年平均売上2402万円の約46％である。しかし、受任する事件が20～30時間で終わらず、数倍かかる事件が必ず1割以上ある。そうなると、大変に忙しいペースとなる。それでも、この月額90万円の売上では、自宅事務所か、事務所を数人で使う方法でないと、事務所の経費が賄えない（実際は、法テラスの代理援助事件は年間10万件であるから、1万人程度の弁護士に割り振られたとして、年間1人10件にすぎない）。（図表7）

法テラスについては、「民業圧迫」という批判があるが、実は、法テラスから弁護士が仕事を紹介されるのであるから、民業圧迫問題は、法テラスの弁護士報酬の基準が低額に過ぎることにある。この弁護士報酬のコストダウンが、今回の司法改革の本質であった。法テラスの弁護士報酬相場を、少なくとも早期に2倍に引き上げることを要求すべきであり、日弁連には会員のために、それを努力する義務がある。

（6）旧弁護士報酬規程の弁護士報酬金額であっても高いが、それは当然なのだ。その最大の理由は、物ではなく人の問題を扱い、事案毎に相手もいて、裁判所で判断を受けるため、弁護士が量産体制を組めないからである。弁護士や裁判所を利用する費用について国庫による援助体制がなく、「市民」が全て負担する制度のもとでは、市民の事件は増えなくても不思議ではない。

弁護士報酬の金額については、このような事情があるが、支払う側にとって弁護士報酬は高い。特に給与所得者や年金で暮らす人が高額に感じていることを、弁護士は知っている。しかし、上記の法テラスの仕事の低額な報酬相場によると、弁護士の売上は月額90万円（年間1080万円）となり、これまでのように法律事務所を持つことが全くできない。売上が2倍の月額180万円（年間2160万円）になって、所得が760万円（経費率65％）となり、やっと事務所と生活が維持できる。

2008年までの弁護士の平均売上額は、概ね上記の3倍の月額270万円（年間3240万円）あり、所得が1450万円程度（経費率55％）であった。この金額は、病院の勤務医、大手商社、マスコミ、金融業、有力なメーカーなどの給与所得などと同程度である。それが、現在、所得が900万円と激減している。

更に、確認しておく必要があることは、弁護士の所得格差である。事業主である弁護士の所得は、一般の給与や年金よりも格差が大きく、その平均像としては、上記の平均値の5～6割である。

5　大手企業の法務・渉外の弁護士需要

我が国の弁護士が海外に展開する必要性が盛んに唱えられているが、既に企業の海外移転は目新しいことではない。海外展開は、まず渉外事務所が進出することになるが、国内経済の空洞化が言われて久しく、渉外系や企業法務系の法律事務所の弁護士数はあまり増えておらず、リーマンショック以後は採用が著しく減少し、所属する弁護士の数は2011年4月時点で合計1659人に過ぎない（※5）。増加率も弁護士会全体の平均よりやや低いくらいである。リーマンショック以後、これらの事務所ではリストラが行われ、新規採用も半減しているような有様で、今後修習生の就職先の受け皿として期待することは困難である。

6　企業内弁護士、任期付公務員

（1）日弁連は、2006年10月に組織内弁護士採用動向調査を実施したが、調査結果は、今後の採用予定合計は「108名から232名」に過ぎず、年平均21名～46名であった（国内企業3795社、外資系企業457社、自治体

849機関、官庁46省庁)。

また、日弁連は、2009年11月に上場企業、生損保及びマスコミなどに採用動向調査を実施し、1196社の回答を得たが、既に企業内弁護士を採用している企業は47社（約4％)、未採用の97％が顧問弁護士及び法務部で足りているとの回答であった。

それでも、企業内弁護士の総数は、2001年6月の64人から2012年6月771人、2013年6月953人、2014年6月1179人に急増している。これは、弁護士過剰による影響である。

法曹資格者が急増し、弁護士業界自体が不況となれば、従属労働で労働条件が低くても企業に就職せざるを得ず、企業内弁護士が増えるのは当たり前のことである。この現象を弁護士の活動領域拡大として積極的に評価すべきであろうか。企業内弁護士の仕事は、弁護士の仕事と競合する部分がある。既に弁護士である者が業務拡大をする話ではなく、その逆である。

（2）2～3年の任期付公務員の弁護士（日弁連に登録）は、2005年は60人、2013年6月時点で、中央省庁等に107人、地方公共団体に44人、合計151人と少ない。別に弁護士登録をしていない人もいる。法曹資格を有する公務員が増加すれば弁護士の仕事と競合する部分がある。

（3）我が国の法学部修了者は、これまで平均年間約4万人であり、合計約200万人が社会に輩出され、実社会において適材適所に役割を分担してきた。また、近時、「法曹有資格者の活動領域の拡大」が狙っている就職先の企業や国及び地方自治体は、経営及び財政を悪化させており、既に弁護士に対する顧問料の支払を抑える状況で、法学部新卒者と競合する新規の「法曹有資格者」を採用する余地は多くないと思われる。

司法改革推進派が、1990年代に「2割司法」（8割が潜在）と言い、弁護士が大幅に不足していると言い、経済界と市民のために「大きい司法」をめざすべきであると主張した。しかし現実は、まともな需要は減少し、弁護士がそれ以外の事件も扱うようになり、今回の「法曹有資格者」の活動領域拡大の強調も、弁護士大量増員策を維持するための口実に使われている要素がある。

7　司法修習修了者の就職状況の悪化

（1）弁護士業界の大不況によって雇用条件が著しく低下しているが、それにもかかわらず、司法修習生の一括登録時点における弁護士未登録者数は、2011年12月に400人（22％）に増え、2012年12月に546人（31％）、2013年12月に570人（34％）、と増加している。2014年12月18日の67期の弁護士登録者は1248人で、昨年より38名少ない。翌年1月末までにその約半分が登録し、3月末までに多くが登録を終えるが、100人余（約6％）は未登録である。

今後も、一括登録時点の未登録者が増え続けることが予想される。但し、企業に就職する者が年間約200人となり、未登録のまま企業や官庁に就職する者が出てきている。そのため、この初年度未登録者の中に、企業就職弁護士がいる。

（2）弁護士登録をした者であっても、広告宣伝と低賃金に依拠して営業を拡大している事務所にしか就職できなかった者、給料をもらわず事務所の一角に机だけを借りて自分の仕事をする事務所内独立採算（ノキベン、軒先弁護士）、事務所への就職ができず最初から1人又は同期と独立する「ソクドク」（即時独立弁護士）等の適切なOJTを欠く勤務形態が広がっている。

日弁連の2014年7月～9月の調査（資料1の4）によると、独立開業6.2％、事務所内独立採算6.9％、合計13.1％（約250人相当）である。このOJT不足の就業者と未登録者は、合計350人程度である。なお、弁護士登録取消し件数の事由別では、2004年から2013年にかけて、死亡は175人から191人と微増であるのに対し、請求は91人から345人に激増し、取消し事由別割合で32.0％から61.2％になっている（弁護士白書2014年69頁）。請求による登録取消の中に、経済的理由が多く含まれていると思われる。

（3）適切な弁護修習及びOJT体制が十分に敷かれるためには、「司法改革」以前のように、修習生より受け入れ先の法律事務所の方が数的に上回っていなければならない。それが、現在は、余りに修習生が多すぎて、受け入れ側の絶対数が完全に不足している。

その根本的な原因は、弁護士の供給過剰と仕事不足である。「司法改革」の予想と違って、先輩弁護士であっても仕事が減少している状況である。従って、マスコミが報道している、修習生から直ぐに独立した新人弁護士に仕事が少ないことは、当然のことである。

但し、司法試験の合格レベルが低く、司法修習生の質が低いとなると、全員が法律事務所に就職できると想定することには無理があることも事実である。最高裁判所は、修習生の300番以下は採用しないと言い、大手渉外事務所が予備試験合格組を奪い合っている。大手渉外事務所以外の法律事務所では、昔はなかったことであるが、出身校及び司法試験などの成績の提出を要求されることが当たり前になっている。その中で、二代目など、縁故で就職できる者は有利な世界ができ上がっている。

８　弁護士隣接業種の過剰人口の存在

我が国の法曹人口を議論するには、数多い弁護士の隣接士業の存在を考慮する必要があるが、それが全く不十分であった。我が国の弁護士の隣接士業は、2013年版弁護士白書によれば、弁理士9644人（2013年３月31日現在）、司法書士２万979人（同年４月１日現在）、税理士７万3725人（同年３月31日現在）、行政書士４万3126人（同年４月１日現在）、社会保険労務士３万7784人（同年３月31日現在）、土地家屋調査士１万7269人（同年４月１日現在）、以上合計20万2527人である。そのほか、公認会計士は２万4964人（同年３月１日現在）である。

どの隣接士業も、ひどく人口過剰である。本来、1990年代の司法改革の議論が始められた時期に、日弁連は、他の士業と連携してそれぞれが適正な人口を守ることに努めるべきであったが、それを行わず、むしろ法科大学院を作る際には、将来的な士業の一元化などが語られたのである。

９　我が国の人口と経済の動向

我が国の人口は、2007年から連続的に自然減となっていて、2013年の死亡数は127万人、出生数は103万人である。人口分布は、18歳人口が1992年度の約205万人から2012年度の約120万人に減少（40％減）し、総人口と高齢化は、2010年の1億2800万人、高齢化率24.1%から、2060年8674万人、同40%と大きく変化することが予想されている。

また、九州弁護士連合会の2013年2月25日付の「第10回法曹養成制度検討会議に関する声明」が指摘しているように、法曹人口の議論をするには、我が国の人口だけではなく、国民所得、国家財政、事業所数、GDP、貿易収支、経営収入、海外の事業活動など、経済的基盤が縮小している問題も考慮しなければならない。

一般の弁護士は、低中位の層と中小企業を顧客とすることが多いが、これらの顧客層は、ここ10年でかなり所得を減少させていて、弁護士の利用と支払額が減少していると思われる。民間給与所得者の平均年収は、1997年の467万円をピークに2011年は409万円まで減少した。2013年の正規雇用者の平均年収が473万円、民間給与所得者の平均年収が413万6000円、非正規雇用者の平均年収は168万円である。非正規雇用者は2012年に2000万人を越え、雇用者全体の38%に達している。

10　公認会計士と医師の人口

参考までに、公認会計士と医師の年間合格者数を述べると、公認会計士試験の合格者数は、2001年まで1000人以内（2001年961人）であったが、その後2005年に1308人となり、四半期決算指導の特需や経営者団体が企業内会計士の採用を増やすと発言したことから、2006年3108人、2007年4041人、2008年3625人と急増された。しかし、2年でひどい過剰状態となり、2013年には1178人まで大幅に削減されている。

また、医師数は、1996年末の24万908人から2012年末の30万3268人と16年間で25.9%（年平均1.62%）の増加であり、医師国家試験合格者数は1996年に7930人、2012年も7688人で、この間の合格者数は約7000人と約8400人の間で変動しているだけである。現在の年間合格者数は、2012年末時点の医師数約30万人の約2.5%にすぎない。医師集団は、医師の質を確保するために医学部の定員や大学数を多くできないとしているからである。但し、2010年、厚生労働省の「必要医師実態調査」の結果、病院の医師不足は15%であるとして医学部の入学定員を少し増加させたので（※６）、今後は、年間合格者数が１割程度増えることが予想される。この程度の合格者数でも、一部の病院の勤務医不足を除いて開業医は既に過剰気味で、10年後には医師過剰がひどくなるとされている。利用者側の一方的な要求を受け入れたのでは、職業集団の在り方が危うくなる。

これに対し弁護士は、最近の６年間だけでも、2007年３月から2014年３月までの７年間という短期間に、２万3119人から３万5045人に増え、その増加率は実に52％（年平均7.37％で、医師数の増加率1.62％の約4.5倍）である。これは、医師とともにプロフェッションと言われてきた、弁護士という職業の破綻を予想すべき異常に高い増加率である。

11　会員に対するアンケート調査結果

（１）今回の司法改革が始まった1988年以後、弁護士の仕事の現場の状況と意識に関する会員アンケート調査は十数回行われている（※７）。しかし、その結果は、全く無視されたか、あるいは正しく評価されてこなかった。日弁連は、1994年以後、一度の例外（2000年の経済基盤調査の一項「適当な司法試験年間合格者数」）を除いて、司法改革関連の事項について会員に対するアンケート調査を回避してきた。その理由は、会員アンケートを実施すれば、日弁連の方針と会員の意思が大きく違うことが明らかになるからであるという、自治団体としてはあり得ないような理由である。

弁護士の仕事量の増減傾向、所属単位会の弁護士の過不足及び妥当な年間司法試験合格者数について、2006年11月から2013年８月までの間に８回にわたって、愛知県弁護士会、関東十県会、法曹人口問題全国会議、中弁連が会員にアンケート調査を実施している。既に2008年の時点で弁護士過剰であったと言える（図表８）。

そのうち、最近行われた2012年１月の愛知県弁護士会（※９）、同年10月の中弁連（※８）、2013年７月の法曹人口問題全国会議（資料１の１、資料１の５−６）の三つの会員アンケート調査では、「合格者1000人以下」の回答が約65～85％（1500人の回答10～14％、2000人の回答３％）である。所属弁護士会の弁護士過剰の回答が約79～84％（不足の回答1％）である。仕事量の減少の回答が約62～68％（増加の回答約4～8％）という結果になっている（図表8）。

（2）最新の2014年8月～9月の中弁連アンケート結果（回答率22.1％）において、所属弁護士会の現在の弁護士人口の充足状況について、「過剰」59％、「少し過剰」22％（以上合計81％）、「需給均衡」8％、「少し不足」1％、「不足」0％である。適正な司法試験の年間合格者数について、「500人」16％、「800人」20％、「1000人」43％（以上合計79％）、「1500人」11％、「2000人」2％、「2000人以上」1％である。仕事量の増減傾向については、「少し減少」29％、「大幅に減少」26％（以上合計55％）、「変化なし」21％、「少し増加」11％、「大幅に増加」2％である（資料1の2－1）。

仕事量の増加の回答が合計で10％を越えている理由は、弁護士歴10年未満の者の人口が多く回答者数も多くなり、その中で「増加」の回答が20％前後を占めているからである。それでも、弁護士5～10年未満の者の増加の回答は18％に過ぎず、減少の回答は52％である。弁護士歴10年以上の者の増加の回答は9％以下で、減少の回答は80％近い。（資料1の2－2）

弁護士大量増員より前の時代の弁護士の仕事や収入は、最初の10年間（30歳台）で大きく伸び、その後の10年間（40歳台）も働き盛りと言われ、更にその後の10年間（50歳台）も仕事が減少しなかった。ところが、2014年8月実施の中弁連の会員アンケート調査結果によると、現在、様相が著しく変わり、弁護士歴5年未満を除き、弁護士歴5年以上の全ての層の人において、圧倒的に所得減少の回答が多い。はっきりと弁護士の経済危機を裏付けている。

12　弁護士3万5000人飽和説の誤り

弁護士過不足の状況に関する認識問題として、現在の弁護士人口3万5000人程度は過剰状態なのか、「ほぼ飽和状態」なのか、不足かは重要である。もし、3万5000人で需給バランスがとれているなら、これまでの弁護士人口の議論との関係において、日弁連執行部の1998年の合格者

1500人提言及び2012年の合格者数1500人提言が、それほど間違ったものではなくなる。むしろ、合格者1000人以下という反対派の意見の需要予想が少なすぎたか、少なくとも合格者増加のテンポが遅すぎたことになる。

弁護士3万5000人飽和説は、2012年3月の宇都宮会長のもとで決議された合格者年間1500人提言との整合性に配慮するからだと思われるが、弁護士需要に関する各種の資料やアンケート調査結果（※９）を踏まえ、上記の会員対象のアンケート調査を尊重すれば、このような現状認識にはならない。弁護士が不足する過疎地があるから過剰ではないという理由は、もはや使えない。また、この説は、司法試験の年間合格者を1000人に減員することを要求しているが、合格者1000人でもピーク時に弁護士は4万7000人程度になる。３万5000人飽和説は、ほかのことを優先し、現在の弁護士過剰の認識を欠き、一般会員の危機感を十分に受け止めていないと言わざるを得ない。

2　弁護士過剰による法律事務所の経営悪化

1　日弁連の弁護士の売上と所得の調査結果

（1）弁護士の売上と所得の推移は、弁護士の需給状況を客観的に最もよく表している（図表６）。

日弁連の10年毎の「弁護士業務の経済的基盤に関する実態調査」において、弁護士の所得が1989年に1544万円（中央値1103万円）、1999年に1701万円（中央値1300万円）、2009年に1471万円（中央値959万円）であった（※10）。そのため、最近までマスコミは、弁護士の所得が1600万円であると紹介し、高額な所得を理由に合格者の減員を要求するのは業界のエゴであると主張してきた。『弁護士白書』も、2011年版及び2012年版まで、1999年と2009年という同じ古い調査結果を掲載し、新しい調査が行われていない（なお、上記の日弁連のデータは、回答率が、たとえば2009年17%のアンケート調査にもとづき、所得が高額な人に偏っているので、実際よりも少し高い金額になっていると言われてきた)。そのためか、弁護士白書の2013年版は、上記の古いデータを削除し、全く弁護士の経済状況の資料が掲載されていない。ところが驚くべきことに、2014年に、再び古いデータのみを掲載し、次に述べる新しい2013年分のデータを掲載していない。

（2）もともと、司法改革を推進してきた日弁連執行部、高額所得の弁護士、人権擁護活動を謳う共同事務所などの弁護士は、大幅な弁護士過剰と法律事務所の経営悪化を訴えることに否定的であり、弁護士の経済がひどく悪化しているのに、2010年分以後の調査をすることを拒否してきた。しかも、国税庁統計年報を重要な資料とすることについても、給与の低い若い弁護士の増加及び不正確な所得申告などを理由にあげて拒否してきた。しかし、弁護士の税務署への申告態度が急に変わったわけではないので、十分に実態の傾向を反映していると考えねばならない。

このように、日弁連執行部は、終始一貫、緊急に弁護士の経済的基盤の実態調査の実施を否定する姿勢をとってきた。この姿勢は、これまでの「司法改革」の議論において、大幅な弁護士増員の必要性を否定するような資料を意図的に無視してきたことと同じである。

（3）ところが、法曹養成制度改革推進会議の推進室が2013年11月に「弁護士の経済基盤に関する状況」を調査事項に掲げたため、調査を否定してきた日弁連も、遂にその調査に協力せざるを得なくなった。そこで、2014年7月29日～9月19日に全会員を対象にし、「弁護士実勢調査」を実施した。（資料1の3）

この日弁連の2014年調査の結果によれば、2013年分の弁護士としての活動による収入は、平均値2402万円（中央値1430万円）であり、所得は、平均値907万円（中央値600万円）である。（図表7）

これを過去の調査と比較すると、1999年の収入は、平均値3793万円（中央値2800万円）、所得の平均値1701万円、中央値1300万円であったから、14年間で所得がほぼ半減し、かつ、格差が拡大したことになる。また、2009年分の所得額と2013年分の所得額を比較した場合に、4年間で平均値が38.4％減少し、中央値が37.4％減少し、年平均約9.5％減少したことになる（但し、2009年分の統計は、弁護士としての活動による収入や所得に限っていない)。

この弁護士の所得の激減状況について、日弁連執行部は、2014年の調査の説明文の中で、「5年未満の弁護士が5%増加した」ことを強調するが、この若手5%の増加は、所得半減の中で、平均値を2%も下げない程度の影響があるだけに過ぎない。

一方、日弁連は、前述の通り、弁護士白書の2014年版で、再び2006年から2010年の調査の「弁護士センサス結果」を掲載し、2010年調査(2009年分)で、収入が平均値3304万円(中央値2112万円)、所得の平均値1470万円(中央値959万円)であることを公表している(176頁)。

日弁連は、何故、2011年以後の「弁護士センサス」を調査していないのか。加えて、2014年版の弁護士白書に、2010年調査より約38%減少している2014年の調査結果を全く掲載していないのは何故か。司法改革の惨状と行く末を覆い隠そうとする、許し難いやり方であると言わざるを得ない。今回のアンケート調査を『自由と正義』に掲載すると説明しているということであるが、過去にあったように、掲載を遅らせるようなことがあってはならない。

2　国税庁統計の弁護士の売上と所得の状況

(1)国税庁統計年報における弁護士の事業所得の確定申告(事業主弁護士と勤務弁護士の事業所得)の状況について、まず2012年分を簡単に検討し、次に最新の2014年版統計で2013年分の申告を少し詳しく見ることにする(図表6「弁護士の売上と所得」)。

(2)国税庁の2013年版統計により、2008年分と2012年分の弁護士の事業所得の申告を比較すると、この4年間で弁護士が約6500人増加しているが、確定申告をした弁護士の数が2万3470人から2万8116人へと4年間で4646人の増加にとどまる。それでも事業所得の申告者が約20%増えているので、事業所得の総額は増加してもいいはずだが、3299億円から2699億円に約18%も減少しているのだ。そのため、一人当りの事業所得の平均値が4年間で年間1406万円から960万円に激減(約32%減)するという危機的な事態が生じているのである。

しかも、注意が必要なことは、この平均値は上辺だけの数値で、弁護士間の所得格差により極端に歪められた数値であることである。即ち、弁護士間の所得格差がひどく、上記の国税庁の統計から推計すると、上位7.4%のグループが全弁護士の事業所得の52%を占め、一人当りの事業所得の平均値が年間6745万円であるのに対し、残る92.6%のグループは、全弁護士の事業所得の48%にとどまり、一人当りの所得の平均値は年間501万円である（※11）。自治団体のメンバーで、同じ資格の職人的仕事の働き手の間で、驚くべき所得格差が生じている。

また、過剰による「弁護士の貧困化」の実態としては、主たる所得が事業所得で、事業所得が400万円以下の弁護士が9198人（弁護士全体の33%）である。（※12）

（3）次に、国税庁の2014年版統計により、2008年分の申告と2013年の申告を少し詳細に比較すると、5年間で弁護士人口が2万5041人から3万3362人へ33%増加する中で、「確定申告をした者」が2万3470人から2万8263人へ20%しか増加していない。特に2013年分は147名の増加にとどまり、異変と言うべき事態である。そして、「確定申告をした者」の所得金額（注・事業所得に限るが、弁護士としての活動による所得に限らない）の総額が3299億円から2656億円に19%減少している。

また、確定申告した者が弁護士全体の94%から84%に下がり、「申告納税のある者」も1万1716人から9851人に減少し、逆に、前年より業績が下がって「還付申告をした者」が、1万1604人から1万7845人に急増している。

弁護士の確定申告をした者の一人当りの事業所得の平均値は、2008年1406万円、2009年1187万円、2010年1075万円、2011年996万円、2012年960万円、2013年940万円と5年間で約33%減少している（なお、確定申告をした者に限らず、給与所得者と無申告者を含めた弁護士全体の平均値は、この金額よりも1割以上低額になると推定される）。

事業所得の中央値も、2008年900万円、2009年800万円、2010年700万円、2011年650万円、2012年600万円、2013年600万円と約33%減少している。

これらの数値の変動の全てが、現在、弁護士の経営悪化が大変な勢いで進行していることを示している。これは、もはや所得の低い若い層が増加したという人口構成の変化で説明できるような事態ではなく、主たる所得が事業所得である中堅以上の弁護士が経済的危機に直面していることを裏付けている。

（４）それでも、以上の統計上の数値について、普通の弁護士の間では、所得金額としては意外に多い金額だと感じる。その原因を国税庁の統計から探ると、驚くべき弁護士の所得格差が原因であることが分かる。（資料２の22）

以前にも、弁護士には公務員やサラリーマンにはない平均値と中央値の間の大きな開きがあったが、所得分布状況から推計作業をしてみると、2013年分の所得の平均値940万円が実態とかけ離れた上辺だけの高額にすぎる金額であることが明らかになる。数少ない高額所得者が平均値を極端に引き上げているのである。実態は、弁護士大増員により、多数を占める中間層及び低所得層が所得を大幅に減少させてきているのである。

即ち、国税庁の2014年版統計によると、サラリーマンには存在しない、3000万円超～10億円以下の高所得者層が、確定申告者２万3362人の6.9%の1961人いる。この上位6.9%のグループの所得の合計額が、推計で1374億9200万円となり、確定申告者全体の所得総額2656億8100万円の51.8%を占め、一人当りの所得は7011万円である（※13）。そして、平均値940万円は、上位36.1%に該当する。

残る２万6302人（確定申告者の93.1%）の事業所得の合計額は1281億8900万円（48.2%）にすぎず、そのため、一人当りの所得は487万円となる。（※13）この主な所得が事業者の弁護士の93%を占める弁護士の平均事業所得は、全体の中央値600万円より100万円以上低いという異常さである。このように所得格差が極めて大きく、弁護士の平均所得は、サラリーマンと比較できなくなっている。サラリーマンの平均給与と比較するならば、上記の93%の弁護士の平均値487万円という金額を採用するべきである。

（５）更に、国税庁の統計によると、70万円以下の所得の者が、2008年に2661人（11％）であったのが、2013年に4521人（16％、2012年は5508人で20％）に増加している。このうち、主たる所得が事業所得の者が4456人、主たる所得が他の所得の者は65人にすぎない。従って、日弁連執行部は、この70万円以下の者が非常に多い理由を事業所得の少ない勤務弁護士が多いからだと説明しているが、それは間違っている。そのうえ、主たる所得が事業所得の者で70万円超400万円以下の層が合計3690人である。

要するに、確定申告者2万8263人のうち9950人という約35％の者が、事業所得が400万円以下である。そのほとんどが、主たる所得が給与所得である勤務弁護士ではない事業主の弁護士である。

このように、国税庁の統計を分析すると、事業者である弁護士の所得が大幅に減少していて、見えにくい「弁護士の貧困化」と言われる実態が明らかになる。

（6）同一資格の職能集団において、なぜ、このような10倍を超える大きな所得格差が生じているのか。それは、大企業、渉外系の法律事務所は、不動産の証券化業務とM＆A、更には上場企業の非公開化業務、新たな上場などでも極めて高額な収益を得ていることが大きいが、根本的には、社会における大きな経済格差が原因だと思われる。

弁護士の売上（その中から半分ほどの経費を負担する）は、大手の渉外事務所のパートナー弁護士のタイムチャージが４～８万円である。これに対し、マチ弁と言われる普通の法律事務所は、時給換算すると１～２万円である。更に、家庭裁判所の週１日勤務の弁護士の調停裁判官は、時給換算で4000円程度であり、法テラスの家事事件の弁護士報酬にはもっと安いものもある。法曹資格者の過剰により、勤務弁護士の労働条件が悪化（年間600万円から400万円に減少）していることも所得格差の原因となっている。

一部の極めて高額な所得層の存在が、世間に誤解を与え、大増員要求の一因になったと言える。これらを改善することも、弁護士の自己改革を中心とする司法改革で唱えたのであるから、重要な改革対象とすべきであったはずである。

弁護士過剰及び顧客層の格差拡大による弁護士間の極端な所得格差は、弁護士という仕事（職人的プロフェッション）に似つかわしくなく、弁護士自治の担い手の経済構成として望ましくない。また、高額所得の弁護士に対して、あまりに高額な報酬を支払っている、渉外法務系の大手事務所に依頼する経済界から、弁護士増員及び法曹有資格者の企業内弁護士の確保の要求が出る事態となっている。

（7）次に、勤務弁護士であるが、日弁連の2014年の調査では、勤務弁護士の割合は20.9％である。主に給与所得であるが、事業所得もある。逆に、勤務弁護士でなくとも、給与所得を計上する場合もある。給与所得は、上記の事業所得の確定申告の統計に含まれず、給与所得一般の統計の中に入れられている。そのため、総所得としては、事業所得に給与所得及び雑所得を加算することになるが、事業者の弁護士の給与所得は少額である。

なお、日弁連の2009年の弁護士経済基盤調査では、平均所得の内訳は、事業1091万円、給与368万円、雑55万円である。給与所得の割合が多いのは、勤務弁護士が多くなったこと、少数であるが高額の給与所得者がいること及び源泉率の関係で事業所得の給与扱いがあることなどが原因である。

2013年分に関する日弁連の2014年の調査は、主たる所得が事業所得の弁護士の給与と、給与所得者の給与と区別していないので、給与所得の全体の状況が分からない。

（8）そして、このまま年間約4％（※14）のペースで弁護士が増加すると、司法審が設置された1999年と比較して、20年後の2019年には弁護士人口が約2.5倍になるが、業界全体の売上は年間7000億円程度で、ほとんど増加しないことが予想される。従って、2019年分の所得は、弁護士間の所得格差を拡大しつつ、6年前の2013年分より2割程度減少し、事業所得の平均値が750万円、中央値が500万円程度となり、事務所の維持が困難になることが予想される。

もしも、以上の推定よりも弁護士の売上が多くなるようなことがあったとしたら、弁護士が、自分の生活のために「法制度の攪乱者」となり、ブラックビジネスと割り切って稼ぐという状況が進んだと考えるべきである。

弁護士は誰しも、地獄への階段について想像力を鍛える必要がある。

このような職業的環境は、弁護士が食わんがために仕事と売上の確保に懸命になり、それでも事務所を維持できないという事態に陥ることを意味する。更には、不祥事多発との関係で言うと、信用だけで高額な預り金を保管する立場にある弁護士という職業に似つかわしくなく、預ける者にとっては危険になる。また、これまでの高額な会費の維持も無理である。

（9）一方、医師の平均年収は、厚生労働省の「医療経済実態調査」によれば、2010年度において、開業医が多い診療所の院長2750万円、病院の院長は、民間2865万円、国立1982万円、公立2100万円、病院の勤務医は、民間1550万円、国立1468万円、公立1540万円である。

また、大幅な過剰政策を是正し、適正規模の弁護士人口政策を求める弁護士集団に対してギルドの権利擁護と批判してきたマスコミ関係者及び大卒エリート社員の多い企業は、正規の採用者数を減少させながらも、普通の弁護士の所得（平均700万円）と比較してはるかに高額な給与を維持している。テレビ局が、40歳1400万円、50歳1700万円程度であり、大手新聞社の朝日・読売・日経なども40歳1200万円、50歳1500万円程度である。大手の商社及び広告代理店も同程度である（※15）。

3　法律事務所経営悪化の原因と影響

（1）1990年代の司法改革の論争において、元日弁連会長中坊氏が、「まず弁護士が自己改革せよ」「弁護士報酬はお布施だ」「金権弁護士を法で縛れ」「マスコミの意見が世論だ」と発言し、日弁連は「市民に身近で利用しやすい司法にする」という決議をした。そして、中坊氏と一緒になって市民の司法を強調する弁護士が、「弁護士の所得はサラリーマン並みでいい」「弁護士が増加すればそれだけ人権派の弁護士も多くなる」「自由法曹団の法律事務所に弁護士が来るようになる」と述べた。

また、マスコミも「弁護士の平均所得は1600万円だ、就職難も額面通り受け取れない」「業界利益優先の現れだ」「数を制限すると、質が悪くても食いっぱぐれない」「競争相手を増やしたくないと言うのは身勝手だ」「競争で質が高くなる」「ギルド的利益擁護を唱える弁護士に、国民の人権を擁護してもらわなくてもいい」と弁護士バッシングを行って、弁護士の大幅な増員を唱えた。

この中坊流の規制緩和、新自由主義の司法改革論に対し、反対する側からは、弁護士が職務の独立性と適正さを保ち、弁護士過剰の弊害を生まないためには、弁護士需要に見合うように弁護士の適正人口を維持し、法律事務所の経済的自立を確保する必要があると反論した。

しかし、当時は、「司法改革」を唱える人が良い人で、「適正な弁護士人口」を主張する人が悪者にされ、司法試験合格者3000人が国策となった狂気の時代であった。そして、その約20年後、未だに日弁連が「司法改革」を総括していないために、この対立が現在も続いている。

（2）司法は、経済的利益だけではなく、精神文化を取り扱い、その中で弁護士という職業には、公共性と事業性という二面性のあることが、研究者から指摘された（※16）。ところが、司法改革においては、サービス提供ばかりが強調され、事業性を無視した自滅的な主張が展開された。更には、公益活動についても公務的な活動が強調される一方、弁護士の職務に内在する独立性と適正さの重要性が見逃された。

そして、現在、弁護士過剰によって弁護士の職業的魅力が著しく低下し、更に言えば、弁護士が職業として成り立たない状況さえも発生している。この弁護士過剰（供給過剰と需要不足）による経済状態の悪化が、法曹の志願者数を激減させ、質を低下させる根本的な原因となっている。この状態が、優れた人材を法曹から遠ざけていると考えなければならない。他に有利な就職先がある者は、大幅な過剰人口を抱え、将来の暗い分野に参入しようとはしない。弁護士の所得の激減により優秀な人材の法曹志願者が減少し、出身階層に偏りが生じ、法曹の質が低下することになることは当然の成り行きである。経済問題と人材問題は、司法修習の質の低下及びOJT不足より前の段階の根本問題であり、OJTの保証や「法曹有資格者」の職域の拡大では全く解決しない。

3　弁護士過剰の弊害と適正な弁護士制度

1　弁護士過剰の弊害

（1）弁護士に関する人口政策は、弁護士の職務の公共性を確保するために、供給と需要の均衡をとり、弁護士の事業性を保証するものでなければならない。

弁護士人口は、司法修習生1500人が法曹になった年の翌年の2007年3月末に2万3119人となり、法科大学院の第1期生が法曹になった年の翌年の2008年3月末に2万5041人であった。その頃から司法修習生の就職難が目立ち始めたが、その後も合格者を毎年2100人程度を続けたため、弁護士が毎年1600人程度増加し、2014年3月には3万5045人となった。そのため、現在、弁護士過剰による法律事務所の経営悪化と司法修習生の就職難が、危機的状況になった。

我が国の弁護士が、このような弁護士過剰による深刻な経営難に陥ることは、今回が初めてではない。弁護士は大正9年の3082名から昭和4年の6409名に急増（この時も、試験制度の変更による「弁護士資格の実質的引下げによる増員」）されたことがある。昭和4年に日本弁護士協会がアンケート調査を行ったところ、有効回答者4167名のうち2436名が純収入が生活費に不足すると回答し、また、収入格差が著しく大きいことが分かった。「弁護士団体は、弁護士急増による経済問題について、まとまって有効な対応をすることができなかった」「過剰弁護士は社会を攪乱し、法律と司法の信用を傷つける。弁護士には家主が家を貸さない。米屋からも酒屋からも鼻つまみにされる」「社会に正義を培う抱負も経倫も涸渇して、月々、否、日々の生活に追われる弁護士が、どうして人の風上に立てようか」などと当時の論文が指摘している（※17）。

（2）弁護士の仕事のあり方としては、無理に事件を掘り起こさず、むしろ相談者を説得し、自らの力で解決することを勧め、できるだけ事件にすることを抑える方が望ましい場合が多いが、収入を得るために事件にしてしまう。

業者と顧客は二者の関係にあるために、業者は顧客との関係で終わる。

しかし、弁護士の場合は、依頼者のほかに、請求などの相手方になる者との関係が生じ、三者の関係になる。これが弁護士の仕事の特徴である。この特徴が、社会での弁護士不信を醸成する。弁護士過剰により弁護士が無理に「食おうとする」とき、標的にされた第三者が大変な迷惑を蒙ることになり、弁護士が悪しき隣人となり、社会的信用度が地に堕ちる。

現在の弁護士人口3万5000人は大幅な過剰状況にあり、その程度は「弁護士の経済的環境が厳しくなっているため、人権擁護活動や弁護士会活動に参加困難である」というマイナスをはるかに越えて、優秀で有能な人材が集まらなくなり、弁護士の不適切な業務、報酬の過大請求及び様々な非行及び品位を落とす行為などが繰り返されることになる。(※18)

弁護士過剰は、弁護士業務のあり方に深刻な悪影響を与える。法曹の質の問題として、法的な知識や技量の低下にとどまらず、弁護士の職務の独立性と適正さを失わせる。通常の業務の適正・妥当な法的処理を困難にし、人権活動など公益活動を行う余裕を奪っている。

(3) 最近、弁護士の間で、「到底勝訴を見込めないような事案を訴訟提起する例が増えた」、「法律の常識に反した無理な主張が多く見られるようになった」、「遠方から弁護士が来ることが多くなった」、「不必要なほど多くの書面が提出される」、「代理人が本人に従属して和解が難しくなった」、「細かい事件が増えた」という話をよく聞くようになった。

これは、事件の筋を見極める能力の低下との関係も考えられるが、弁護士人口が急増した結果、事務所の経営が苦しくなってきたことを反映している。つまり、法律事務所の経営状態が悪化しているために、事件を漁り、奪い合い、無理に事件にしたり、依頼者の無理な要求を抑えなかったり、濫訴と濫応訴が頻繁に起き、また、依頼者を引きつけるために必要以上に闘争的な姿勢を示す傾向がみられるようになっている。

(4) 弁護士業界が、遅くとも2009年以後、過当競争の時代に入っているので、宣伝と営業に金と時間を割かなければ経営が成り立たない状況(悪貨が良貨を駆逐する世界)が発生している。弁護士が、プロフェッションとしてのプライドを失い、ビジネスマン、セールスマン、商売人と化し、セールスマンになることを要求され、事務所内部では従属関係を強め、外に向けては商売人集団に成り下がり、「依頼者べったり」の弁護士が多くなる。「お抱え弁護士」（※ 19）「傭兵」などと蔑称される。

適正さに問題のある仕事が行われ、倫理的な質の低下が生じ、金銭問題を多発させる。人権の擁護者であるはずの弁護士が、人権の侵害者に成り下がり、今や、「ブラック企業」の背後に仕えるブラック弁護士が存在すると言われるようになった（※ 20）。

その原因は司法改革の弁護士過剰政策がもたらした弁護士の貧困化であると指摘されている。弁護士の預り金横領事件も後を絶たない。弁護士が品位あるプロフェッション集団とはほど遠い存在になって行き、弁護士自治の基礎的条件を失う。

（５）弁護士が、相談料や着手金の無料を謳い、自分を売り込むだけの宣伝による顧客獲得競争が目に余り、弁護士の社会的信用を大きく傷つけている。現在、弁護士から広告料を得て仕事を斡旋する商売が驚くほど増加し、それに弁護士が有料で登録している。これでは、弁護士の社会的評価が低下し、志願者が減少するのは当然である。

インターネット上の弁護士紹介サイトの「弁護士ドットコム」に約7000 人の弁護士が登録しており、弁護士に仕事を仲介するという業者も頻繁に宣伝している。

（６）司法改革が論じられた 1990 年代に、「弁護士が増えればそれだけ人権派の弁護士が増える。それだけ人権が擁護される」とか、「自分の収入のことを言う弁護士に、人権活動をして貰わなくてもいい」などと威勢のいい発言が相次いだ。しかし、司法改革以後、弁護士の中で、広範囲で多種多様な人権活動を担う層が薄くなり活動力が落ちている。現に、弁護士会では、仕事に結びつかない委員会への参加者が限られ、人数も減少している。弁護士会が会員に対する求心力を失いつつある（若い弁護士の関心が薄くなっている。勤務弁護士が「勤務時間中」に委員会に出席しにくくなっている）。

弁護士の仕事は、普段から人権擁護活動の性格を持つことが多いが、時に権力の支配を受けずに権力と対峙して、その横暴と誤りを正すことに努めなければならない立場に立たされる。その時、経済力を奪われていては、これらの社会的責任を果たすことが難しくなる。

護憲と人権擁護を目的とする青年法律家協会の新入会員が少なくなり、修習生全体における割合としては、昭和30年代、40年代の20分の1以下に激減している。全てではないが、合格者増加で新人獲得ができるようになったと喜んでいた自由法曹団系の事務所も、経営が悪化し、友好団体との結びつきを強め、経営努力をするように檄を飛ばしている状況である。

弁護士過剰の深刻な事態を迎えないためには、早期に適正な弁護士人口政策に転換させる以外にない。

2　弁護士に対するアンケート調査の結果

弁護士過剰の影響について、「司法試験合格者1500人増員の影響に関する設問」(1996年11月の第16回日弁連司法シンポジウムにおける弁護士のあり方と弁護士人口に関する会員アンケート）及び「司法試験合格者2000～3000人増員の影響に関する設問」(2000年9月の名古屋弁護士会の弁護士人口に関する会員アンケート）が、早くに調査をしている。回答の多数意見をまとめると、大幅な合格者増加は、「過当競争となり、職務の公共性・独立性が損なわれ、倫理と業務の質が低下し、国民の信頼も低下し、濫訴・不適切な業務が増加し、人権・公益活動が低下し、勤務弁護士の採用数はそれほど増加せず、企業内弁護士が増加し、共同化・専門化が進む」という結果である。

また、2009年10月の中部弁護士会連合会定期大会の適正な弁護士人口政策を求める決議のための会員アンケートにおいては、「弁護士需要を上回って弁護士が供給されることは、国民にとって良いことだと思いますか、悪いことだと思いますか」という設問に対し、「悪い」83%、「どちらとも言えない」12%、「わからない」３%に対し、「良い」は１%にすぎないという結果である。

更に、2013年7月の法曹人口問題全国会議の日弁連会員に対するアンケート調査の「需要を上回る弁護士供給は国民に良いことか」の設問に対し、悪いの回答79.3%、良いの回答3.6%であった（資料１の１）。

弁護士過剰が弁護士と利用者及び国民との関係に与える影響は、広く深いが、すぐには表面化しにくい性質である。しかし、弁護士自らが、弁護士過剰の国民に対する弊害を大変に心配しているという事実を、警鐘として重く受け止める必要がある。

3　弁護士自治及び弁護士不祥事

（1）弁護士が職務を遂行するうえで必要な基本的環境について、弁護士集団の意思が尊重されるのでなければ、弁護士自治の崩壊又はその形骸化を避けられない。今回の司法改革が、各種の協議会や審議会の形式をとって弁護士集団を攻撃し、集団を変質させ、実質上、弁護士集団の意見を押さえつけたことは、弁護士自治、ひいては司法の独立を侵害するものであったと考えねばならない。そして、この弁護士自治の抑圧によって得られた制度によって生み出される結果（弊害）が、社会に広く行き渡ることにならざるを得ない。弁護士自治は、弁護士の懲戒権の帰属の問題だけではない。

弁護士の職務上の過誤は、不注意や技能不足を原因とするが、現在、それとは別の性質の弁護士の不祥事が多発している。若手弁護士からは、中堅以上の弁護士の方が多く預り金横領事件を起こしているという声があがっているが、報酬問題は、新しい弁護士にも多い。弁護士の不祥事の多発は、売上げの大幅な減少と削減困難な固定費と無関係ではない。この両者の関連性は、今後、もっと深くなるであろう。

（2）しかし、弁護士会は、会員の経済悪化に関連する不祥事対策として、司法試験合格者の減員以外に効果的な対策をとることは困難である。そのためにも、司法試験の合格者を大幅に減員することを最優先の課題としなければならない。

そのうえで、弁護士会は、会員の経営難や無資力化による財産犯に関しては、弁護士自治を正しく捉え直さなければ、立ち往生することになる。

弁護士自治は、法務省の懲戒権を否定するが、刑罰権をも否定する治外法権ではない。横領事件について、普通の財産的犯罪として捜査機関に取り扱って貰うことを制限するものではない。会員の財産犯に対しては、すみやかに一般の刑事事件として告発することにして、弁護士会は国民に対し、不祥事は事前予防が困難であり、多くは事後的に懲戒で対応せざるを得ないことを正直に説明しなければならない。（※ 21）

そうしないと国民に嘘の説明を繰り返していることになる。司法改革の失敗を認めたくないために、国民に対し、弁護士大量増員の弊害を訴えないのは、二重の罪を犯すことになる。

4　国民にとって適正な弁護士制度

弁護士の人口政策は、国民にとって何が適正で良い弁護士制度かを踏まえたものでなければならない。利用者は、弁護士を選ぶとき、出来上がった仕事を並べられた状態で選択できない。また、ほとんどの利用者は弁護士に何度も依頼するわけではなく、初めての弁護士に当たっても安心して任せられる資格制度にしておくことが大切である。また、相手方にされた場合に不当な裁判を起こされる心配が少ない制度にしておくことも重要である。

質が高くなると言って、過剰供給により市場原理を適用することは、むしろ悪貨が良貨を駆逐する弁護士業界には向かない。専ら人目を引く宣伝広告と職員の低賃金に依拠して業務拡大を図る弁護士にとっては、合格者の増加による就職難は有利である。内容を伴わない激しい顧客獲得競争は、プロフェッションとしての質を高めない。逆に弁護士の品格を落とし、弁護士過剰による経営の悪化と法曹の質の低下をもたらす。業界は劣化し、利用者や国民のためにはならない。

更に、念頭に置くべきことは、弁護士過剰による経営の悪化は、弁護士のプロフェッションとしての自立を奪い、専門性、倫理性、教養と見識の劣化をもたらし、法制度の改変に積極的に対応する余裕を奪うことになるために、国民にとって、これまで享受してきた大きな価値を失うことである。弁護士激増政策は、弱者のためにならないばかりか、むしろ弱者いじめの状況を生むと警告せざるを得ない。

司法改革は、弁護士制度の根幹を決めるにあたって、現場を担当してきた職業集団の意見をギルドの利益擁護であると言って批難し、耳を傾けず、想像力を欠き、取り返しのつかない誤りを犯したのである。弁護士が、プロフェッションとして専門能力を発揮し、公共性と批判の精神を保持して社会に発言し、理性と知性をもって知識人としての役割を果たし続け、また、後進を養成することが可能な環境を回復しなければならない。

4　司法試験合格者年間1000人以下に減員する必要性

1　日弁連の方針転換の必要性

（1）弁護士過剰により、法曹の人材の劣化及び経済面の悪化という司法の土台が崩される状況に陥り、司法の機能が低下している。この司法崩壊の危機に直面して、「司法改革」を総括し、これまでの間違った審議方式を根本的に改め、客観的資料を尊重し、現場の事情を十分に調査し、意見を尊重し、それを踏まえた政策を立案し、緊急に適切な対応をとらなければならない。

まず、日弁連は、これまでの「司法改革」において、「市民のための改革」「弁護士の自己改革」と称して、理念という「空想」にもとづき、経済抜きの議論に陥り、会員の経済的自立、弁護士職務の独立性と適正さ（法曹の質）を守らず、根拠のない需要拡大を想定し、ひたすら弁護士大増員路線を走ってきたことについて、その誤りを誠実に総括する必要がある。

そして、「法曹有資格者」制度に無条件で賛成するのではなく、また、法曹養成制度改革推進会議の推進室が指摘した多くの法曹人口調査事項について、単位会に根ざした司法シンポジウムなどを行う必要がある。国税庁の統計、今回の日弁連及びこれまでの会員アンケート調査などをも十分に参考にして、また、弁護士過剰の実態（法律事務所の経営悪化）と弁護士過剰による弊害を明らかにし、更には、司法試験の合格レベルの低下を指摘し、各方面に隠すことなく繰り返し説明し、合格者1000人以下の減員を主張しなければならない。

（2）このように、日弁連には、弁護士過剰による社会的弊害を回避できないと訴える社会的責任がある。ところが、日弁連執行部は、法科大学院の統廃合、司法試験合格者数1500人への減員、予備試験の制限、経済支援の四つの課題を「一体として検討されなければならない。この方針に基づいて対外的な働きかけを行ってきた」と主張している。この主張は、合格者数を1500人に減員することですら、関係機関等に対し無条件で要求するものではなく、予備試験の制限その他の施策と一体でなければ減員すべきではないという趣旨である。2013年3月の日弁連の1500人提言とも矛盾している。

このように、日弁連執行部は、未だに法科大学院中核論を優先させ、合格者1500人の線すら守ろうとしていない。日弁連は、予備試験の制限を認めず、合格者1000人以下にし、修習期間2年と給費制復活を掲げるべきである。

日弁連執行部は、法科大学院の志願者の激減と質の低下をどのように考えているのであろうか。後述するように、数年後に、留年せずに法科大学院を修了する者が年間1000人程度に減少するのである。

2　司法試験合格者の1500人案と1000人以下案の違い

2007年以後、弁護士の間で合格者増員の見直しの要求が出され、2008年以後、法務大臣及び自民党の国会議員からも、合格者3000人の見直しや合格者を1000人に削減する提言がなされるようになった。弁護士人口は2008年3月に2万5000人を越え、弁護士過剰の状況となり、その弊害が大きくなった。それが放置されて間もなく7年近くになるが、今や危機的状況にある。

弁護士人口政策としては、これ以上増加させないことが必要であり、合格者2000人も1500人も五十歩百歩である。速やかに司法試験合格者数を1000人以下にし、更にその後に800人程度にする必要がある。

司法試験合格者数を1000人にした場合でも、約25年後には法曹人口は5万2000人（弁護士4万7000人）程度に達する計算になるのである。この時、仮に、企業内弁護士が現在の約5倍の5000人程度雇用されていたとしても、それを除く弁護士人口は4万2000人である。極めて過剰である。約40年先には、弁護士人口は3万7000人程度で均衡するが、我が国の人口も減少し、弁護士過剰が続く。その時に不足なら、増加させればよいだけである。

なお、司法試験合格者数が2000人の場合、日弁連の試算（2014年版弁護士白書）によれば、法曹人口（そのうち弁護士が95％程度を占める）は8万5284人（そのうち弁護士7万7523人）に達し、合格者数を1500人にした場合でも、法曹人口が6万3784人（そのうち弁護士5万7098人）に達する。しかし、この日弁連の試算は、70歳になった弁護士は全員が登録を抹消することを前提としているもので、実際には70歳以降も弁護士の業務を行うものが少なくないので、更に大きな人口になることが予想される。

3　国の責任

法曹養成制度改革推進会議は、これまでの我が国の法曹養成制度と弁護士制度を尊重することが必要であり、法曹養成制度検討会議の中間的取りまとめに対するパブリックコメントを全て集計して発表し、法学部生、法科大学院生、司法修習生から十分に事情と意見を聞き、国税庁の弁護士の所得統計を資料として、弁護士の仕事と収入に関するアンケート調査結果及び企業、国、地方自治体等の弁護士需要に関するアンケート調査などにより、弁護士需要の実態を把握し、実需にもとづいて弁護士人口政策を採用すべきである。

それまでの間にも、弁護士の大幅な過剰とその弊害を悪化させないために、速やかに司法試験合格者の大幅な減員による適正化策を打ち出すべきである。それが、弁護士、司法の利用者及び国民に対する責任である。

法務省の司法試験委員会は、2014年の司法試験合格者を1810人に減員したが、まず2015年には、1500人以下に減員すべきである。その後、毎年段階的に大幅に減員し、速やかに1000人以下にし、更に800人程度にすべきである。そのようにしなければ、弁護士過剰も司法試験の合格者の質も、全く取り返しのつかないことになる。

図表５　裁判所予算

	予算額（千円）	対国家予算比（％）
1947	533,007	0.25
1948	2,001,189	0.42
1949	4,212,688	0.57
1950	4,834,316	0.73
1951	5,874,139	0.74
1952	7,062,681	0.76
1953	8,268,128	0.80
1954	8,697,255	0.87
1955	9,176,320	0.93
1956	9,503,619	0.87
1957	10,670,796	0.90
1958	11,129,033	0.83
1959	12,433,933	0.82
1960	13,833,933	0.78
1961	16,958,927	0.80
1962	18,636,205	0.73
1963	21,196,372	0.69
1964	23,959,742	0.71
1965	27,827,303	0.74
1966	31,557,261	0.70
1967	34,345,463	0.66
1968	37,781,954	0.64
1969	42,385,868	0.61
1970	48,894,810	0.60
1971	58,997,770	0.61
1972	70,457,925	0.58
1973	84,833,891	0.56
1974	91,440,440	0.48
1975	123,644,701	0.59
1976	137,159,931	0.56
1977	147,806,170	0.50
1978	162,246,822	0.47
1979	173,764,198	0.44
1980	180,102,206	0.41
1981	188,054,299	0.40
1982	198,193,026	0.42
1983	199,650,892	0.39
1984	209,544,522	0.41
1985	218,392,283	0.42
1986	229,790,264	0.42
1987	235,547,066	0.42
1988	240,847,032	0.42
1989	248,841,410	0.41
1990	257,403,727	0.39
1991	267,512,060	0.38
1992	277,672,580	0.38
1993	283,898,974	0.39
1994	288,319,798	0.39
1995	295,047,940	0.42
1996	305,285,978	0.41
1997	310,787,900	0.40
1998	310,228,613	0.40
1999	318,406,357	0.39
2000	318,655,895	0.38
2001	319,785,378	0.39
2002	317,103,560	0.39
2003	317,831,163	0.39
2004	315,627,056	0.38
2005	325,948,805	0.40
2006	333,106,391	0.42
2007	330,394,123	0.40
2008	327,580,849	0.39
2009	324,732,707	0.37
2010	323,178,496	0.35
2011	320,021,993	0.35
2012	315,029,000	0.35
2013	298,878,000	0.32
2014	311,058,000	0.32
2015		
2016		

図表６　弁護士の売上と所得の推移と推計

1　国税庁の弁護士の納税申告の統計（事業所得）

	2006	2007	2008	2009	2010	2011	2012	2013	2014
弁護士人口（3 月末）	22,021	23,119	25,041	26,930	28,789	30,485	32,088	33,624	35,045
確定申告をした者			23,470	25,533	26,485	27,094	28,116	28,263	
所得金額（億）			3,299	3,030	2,847	2,698	2,699	2,656	
申告納税額のある者	9,118	10,029	11,716	11,275	10,622	10,115	10,012	9,851	
所得金額（億）	2,175	2,566	2,534	2,197	1,988	1,794	1,725	1,620	
還付申告をした者			11,604	13,458	15,225	16,344	17,361	17,845	
所得金額（億）			705	782	830	860	909	968	

＊弁護士の給与所得は、統計上、一般の給与の所得に算入され、給与所得には職業別の統計が存在しない。

2　国税庁統計にもとづく売上と所得（事業所得）の平均値と中央値の推計

	2006	2007	2008	2009	2010	2011	2012	2013	2014
売上総額推定（億） 所得÷（1－経費率）			7,498	6,886	6,778	6,745	6,920	6,989	
売上平均値（万） 売上総額÷確定申告者数			3,195	2,697	2,559	2,489	2,461	2,473	
所得平均値（万） 所得総額÷確定申告者数			1,406	1,187	1,075	996	960	940	
所得中央値（万） 国税庁統計所得			900	800	700	650	600	600	

＊売上総額推定は、表 1 の確定申告をした者の所得金額（億）に経費を加えた数値である。計算式は、売上＝所得÷（1－経費率）。経費率は、日弁連 2009 年分確定申告に関する経済的基盤調査報告書にもとづく数値は 56% である。日弁連の 2014 年 7 月～ 9 月調査の 2013 年分の経費率は 62% である。この 5 年で経費率が 56% から 62% に上昇しているので、推定値として、経費率を 2010 年 58%、2011 年 60%、2012 年 61% として売上額を推定する。

＊所得平均値は、所得総額÷確定申告をした者としたが、給与所得者を含む弁護士全体では、1 割程度低くなる。

＊事業所得平均 940 万円は、現場の感覚と隔たりを感じる。その原因は、著しい所得格差があるためで、2013 年分は 3000 万円超の 6.9% の層が事業所得総額の 51.8% を占め平均 7011 万円である。一方、93.1% の 3000 万円以下の層の事業所得総額は 48.2% しかなく平均 487 万円である。また事業所得が 400 万円以下の者は確定申告をした者の 35.2%（9950 人）を占める。2012 年分より、格差が拡大している。

＊事業所得の中央値は、国税庁統計の所得階級別人員数を加算し、全体の半数に達した所得額をみると分かる。

3　国税庁統計と日弁連調査の弁護士の売上，所得

太字の数字は統計上の数値、他は推定値

	1999	2008	2009	2010	2011	2012	2013	2014	2019
弁護士人口（3月末）	**16,731**	**25,041**	**26,930**	**28,787**	**30,485**	**32,088**	**33,624**	**35,045**	42,500
確定申告した者		**23,470**	**25,533**	**26,485**	**27,094**	**28,116**	**28,263**		34,000
全体の売上総額（億）									
国税庁統計		7,498	6,886	6,778	6,745	6,920	6,989		7,000
日弁連調査	5,900	—	8,400	—	—	—	8,076		
売上の平均値（万）									
国税庁統計		3,195	2,697	2,559	2,489	2,461	2,473		2,060
日弁連調査	**3,793**	—	**3,304**	—	—	—	**2,402**		
売上の中央値									
日弁連調査	**2,800**	—	**2,112**	—	—	—	**1,430**		
国税申告の所得総額（億）		**3,299**	**3,030**	**2,847**	**2,698**	**2,699**	**2,656**		2,660
所得の平均値（万）									
国税庁統計		**1,406**	**1,187**	**1,075**	**996**	**960**	**940**		750
日弁連調査	**1,701**	—	**1,471**	—	—	—	**907**		750
所得の中央値（万）									
国税庁統計所得		**900**	**800**	**700**	**650**	**600**	**600**		500
日弁連調査所得	**1,300**	—	**959**	—	—	—	**600**		500

＊日弁連調査の1999年分と2013年分は弁護士としての活動によるものに限られ、2009年分はその限定がない。

＊国税庁統計の弁護士の所得は、事業所得である。日弁連の数値は事業所得と給与所得である。

＊2019年の国税庁の予想値は、確定申告した者を予想弁護士人口42,500人（合格者2000人）の80%の3万4,000人とし、売上総額を2012年と同額、経費率62%と計算した。2019年の日弁連調査の予想値は人口増に反比例計算をした。

図表７　弁護士の仕事と報酬の例

（2013 年度の収入と所得の平均値から推定）

（単位：万円）

	顧問	相談	事件の規模				
経済的利益		0.5 ～ 1	100 以下	300	500	1000	5000
利益に対する着手金・報酬の割合			30%	25%	20%	15%	10%
着手金			15	37.5	50	75	250
成功報酬			15	37.5	50	75	250
着手金・報酬合計の平均			22.5	56.25	75	112.5	375
顧問・相談・処理件数	3	120 件	20 件	10 件	5 件	4 件	1 件
合計	120	70	450	562.5	375	450	375
	2212						
総収入（売上）	2402						
所得	2402 × 0.38 ＝ 907						

（注）日弁連の 2014 年 8 月の調査結果によれば、2013 年の収入の平均値 2402 万円（中央値 1430 万円）、所得 907 万円（中央値 600 万円）である。平均値は、弁護士の平均像としては、経済的にはかなり上位に位置する。

1. 顧問　　1 件当り月額 1 ～ 5 万円、3 件で月額 10 万円（年間 120 万円）

2. 相談　　件数としては、事務所 8 割、弁護士会等の法律相談 2 割程度。1 件 5000 円～ 1 万円（平均 7000 円）

3. 報酬の割合　　概ね 2004 年までの日弁連の弁護士報酬等基準規程に準拠

4. 着手金・報酬合計の平均　　成功報酬を得られる事件と得られない事件と半々と想定し、成功報酬をならして 2 分の 1 で計算した

5. 件数　　相談を年間 100 件、受任を 40 件、処理期間を平均 1 年
簡単な事件、国選弁護、少額事件は件数は多いが単価が低い

6. 年間労働時間　　1800 時間（1 時間当り約 1 万 3333 円）＋委員会活動 200 時間

7. 所得　　総収入の 38%

8. 弁護士の所得の格差　　高所得者は、顧問料が多い、時給制で 5 万円以上と高い、事件規模が大きい、人を雇用している

9.2013 年収入と所得　　日弁連の 2014 年の調査で、平均値 402 万円、中央値は 1430 万円

10. 法律事務所の維持費生活費　　弁護士 1 人事務員 2 人の事務所の経費月額 120 万円と生活費の合計で、年間売上が 2200 ～ 2400 万円必要、(注）裁判所予算を裁判官の数で除すと、裁判官 1 人当り約 8500 万円かかっている。

図表８　弁護士の需給と過不足に関するアンケートの実施状況

2006年11月	相談と受任の件数の増減傾向について	増　　加	12.7%	愛知県弁護士会
		減　　少	32.9%	愛知県弁護士会の全会員
		変わらない	34.7%	
	妥当な司法試験合格者数は年間何人か	1000人未満	22.5%	
		1000人未満	32.4%	
		1500人	27.7%	
		2000人	10.8%	
		3000人	0%	
2007年10月	相談と受任の件数の増減傾向について	増加	12.8%	関東十県会
		減少	42.0%	関東十県の全会員
		変わらない	37.1%	
	妥当な司法試験合格者数は年間何人か	1000人未満	22.0%	
		1000人未満	32.7%	
		1500人	29.7%	
		2000人	7.6%	
		3000人	1.4%	
2009年7月	相談と受任の件数の増減傾向について	大幅に増加	2%	中部弁護士会連合会
		少し増加	7%	中部6県全会員
		変わらない	32%	
		少し減少	34%	
		大幅に減少	10%	
		大変不足	1%	
		少し不足	7%	
	所蔵している弁護士会での弁護士の過不足について	適正	17%	
		少し過剰	44%	
		大変過剰	14%	
		わからない	13%	
		800人未満	14%	
		800人未満	10%	
		1000人	41%	
	妥当な司法試験合格者数は年間何人か	1500人	24%	
		2000人	5%	
		2500人	1%	
		3000人	1%	
2011年8月	相談と受任の件数の増減傾向について	増加	3.9%	日弁連法曹人口問題会議
		減少	69.8%	日弁連の全会員
		変わらない	16.1%	
		わからない	7.4%	
		500人以下	11.6%	
		501～800人	20.9%	
	妥当な司法試験合格者数は年間何人か	801人～1000人	45.1%	
		1001人～1500人	14.2%	
		1501人～2000人	1.9%	
		2001人～3000人	0.8%	

2012 年 1 月	相談と受任の件数の増減傾向について	大幅に増加	1.3%	愛知県弁護士会司法問題対策委員会 愛知県弁護士会の全会員
		少し増加	2.8%	
		変わらない	13.9%	
		少し減少	37.9%	
		大幅に減少	24.0%	
		わからない	17.6%	
	所属の弁護士会における弁護士の充足状況	不足	0.2%	
		少し不足	0.4%	
		バランスがとれている	3.8%	
		過剰	48.8%	
		少し過剰	30.1&	
		わからない	14.3%	
	妥当な司法試験合格者数は年間何人か	1500 人に減員し、更なる減員については検証しつつ対処する	27.4%	
		1500 人に減員し、段階的に 1000 人以下にする	27.0%	
		1000 人に減員し、更なる減員については検証しつつ対処する	38.5%	
2012 年 10 月	相談と受任の件数の増減傾向について	大幅に増加	2%	中部弁護士連合会 中部 6 県全会員
		少し増加	6%	
		変わらない	22%	
		少し減少	40%	
		大幅に減少	22%	
		その他	8%	
	所属の弁護士会での弁護士の過不足について	大変に不足	0%	
		少し不足	1%	
		適正	9%	
		少し過剰	44%	
		大変に不足過剰	35%	
		わからない	11%	
	妥当な司法試験合格者数は年間何人か	500 人	12%	
		800 人	16%	
		1000 人	48%	
		1500 人	14%	
		2000 人	3%	
		2500 人	0%	
		3000 人	1%	
		わからない、その他	6%	

2013年7月	相談と受任の件数の増減傾向について	大幅に増加	1.8%	法曹人口問題全国会議 日弁連全会員
		少し増加	6.6%	
		変化なし	9.9%	
		少し減少	28.3%	
		大幅に減少	39.6%	
		わからない	13.7%	
	所属の弁護士会での弁護士の過不足について	不足	0.3%	
		少し不足	1.0%	
		需要均衡	5.4%	
		少し過剰	21.7%	
		過剰	62.1%	
		わからない	9.5%	
	妥当な司法試験合格者数は年間何人か	500人	17.8%	
		800人	26.3%	
		1000人	39.4%	
		1500人	10.0%	
		2000人	2.8%	
		わからない	3.8%	
2014年8～9月	相談と受任の件数の増減傾向について	大幅に増加	0.9%	中部弁護士連合会 中部6県全会員
		少し増加	11.5%	
		変化なし	20.6%	
		少し減少	29.1%	
		大幅に減少	25.9%	
		わからない	11.9%	
	所属の弁護士会での弁護士の過不足について	不足	0%	
		少し不足	1.1%	
		需要均衡	7.9%	
		少し過剰	22.2%	
		大幅に過剰	59.2%	
		わからない、その他	9.6%	
	妥当な司法試験合格者数は年間何人か	500人	16.1%	
		800人	20.5%	
		1000人	42.8%	
		1500人	10.9%	
		2000人	1.5%	
		2000人以上	0.8%	
		わからない、その他	7.5%	

V　法科大学院制度の大罪

1　日本の法科大学院の惨状と合格水準の切り下げ

（１）法科大学院の創設が2004年４月であったため、前年の2003年５月に第１回法科大学院全国統一適性試験が行われ、初年度の2004年に68校に5767人（定員5590人）が入学し、2005年に６校が加わり、2005年に5544人が入学した（図表10）。しかし、10年経ち、2014年９月までに22校が募集停止又は募集停止を決定している。文科省は、今後、法科大学院を20校程度に絞る方針である。（資料２の23）

（２）司法試験の合格レベルを維持するためには、基本的には法科大学院の受験者（統一適性試験の受験者）の実人数の増減に、司法試験合格者数の人数の増減を比例させる必要がある。2003年以後の法科大学院全国統一適性試験の人数の推移を見ると、同年の第１回目の受験者は、大学入試センター３万5521人及び日弁連法務研究財団１万8355人の合計５万3876人（図表９)、重複受験をしていない者を5000人程度と考えると、実人数は４万9000人程度であった（他に多数の旧司法試験組が存在していた)。法科大学院第１期の未修了者が司法試験を受験した2007年は、適性試験の５回目で、二つの適性試験の受験者は合計２万5121人と当初の２分の１弱で、実人数はそれよりも2000人くらい少ない２万3000人程度であったと思われる。

その４年後、適性試験の実施者が統一された2011年の受験者の実人数は7249人となり、更に４年後の2014年には4091人まで減少した（図表９)。この人数を第１回目の2003年と比較すると12分の１程度であり、2007年と比較しても５分の１程度に激減している（この間に予備試験受験者が約１万人となった)。

ところが、新司法試験の合格者は、2007年1851人、2008年から2013

年までの６年間は2000人を越え続けた。2007年と比較しても法科大学院志願者が５分の１程度になっているにもかかわらず、司法試験合格者数をほとんど減員しなかったのである（図表３、図表13）。

誰が考えても、合格レベルを著しく下げて合格者の数の確保を優先させたと考えざるを得ないところである。司法試験合格者の質を回復させるためには、基本的には、今後、法科大学院修了者の司法試験合格者の数を、2000人からその５分の１の400人程度に近づける必要がある。

なお、法科大学院の受験者の変化は、数だけでなく質を考慮する必要がある。当初よりも、法科大学院の宣伝に乗せられて入学する者が減少している点と、逆に、優れた人材の割合はもっと急激に低下している点と双方を検討しなければならない。しかし、この双方を考え合わせても、やはり上記の通り、原則的には法科大学院受験者数と司法試験合格者数を比例させることが、司法試験の合格レベルを維持するのに一番適正な方法であると考える。但し、受験浪人が溜まっている点も考慮すると、1.5倍の600人くらいまでは許容範囲かもしれない。

（３）一方、2011年の第１回目の予備試験の受験者数は6477人であり、４回目の2014年には１万347人に増加したが、後述の通り、既に予備試験の合格者は人数制限を受けていると考えざるを得ない。（図表15）

マスコミは、今春の予備試験志願者が１万2622人に増加し、今春の法科大学院志願者１万1450人を越えたと報道した（中日新聞2014年６月29日朝刊「弁護士の就職難、制度に誤算」制度設計の誤りを指摘）。しかし、前者は実数で、後者は併願も含めた延べ人数であるから、この比較は適当でなく、正確に比較するならば、上記の適性試験受験者4091人と予備試験受験者１万0347人である（図表15）。

このように、法科大学院の志願者が激減しているのに、司法試験合格者をわずかな減員にとどめることは、合格レベルを下げていることになる。そして、弁護士過剰、法曹志願者数の激減、修習内容の希薄化とOJTの不足という、負の連鎖が続く。この法曹の質と在り方に関わる職業的環境の悪化は、司法に対する国民の信頼を揺るがすものであり、国の存立の基盤にもかかわる重大事態であると言わなければならない。

2　法科大学院の理念倒れと法曹の質の低下

（1）法科大学院の志願者が当初の 12 分の 1 、2007 年の 5 分の 1 に激減しているために、法科大学院の入学の競争率は 2 倍程度と低く、ほとんど選抜機能が働いていない。

2015 年の入学者は、2000 人を下回ることになる。その上、法科大学院では、中退者が毎年度 500 人を超え、かつ多くの留年を出すという異常なことが生じている（図表 14）。法科大学院が、このような状況でありながら、司法試験の合格者 1500 人以上を確保しようとすることは、司法試験の合格水準（レベル）を下げて、不要な弁護士の粗製濫造を続けることを意味する。

（2）法科大学院は、多様な人材を確保するという理念から法学部以外の他学部出身者及び社会人経験者を多数入学させ、法学未修了者のための 3 年コースを原則として構想された。

ところが、実際は、当初の 2004 年こそ未修者コースの入学者が入学者全体の 59.3％を占めていたが、2014 年は 35.7％に減少した。しかも、未修者コースの 6 割程度が法学部出身者で、法学既修者である。（図表 11）

全入学者に対する社会人の割合は、2004 年に 48.4％であったが、2014 年 18.6％に減少した（図表 11）。法学部以外の文系出身者が 22.0％から 11.1％に、理系出身者が 8.4％から 2.6％にまで落ちた（図表 12）。

要するに 2014 年入学者の 84.8％を法学部出身者が占めている。そして、司法試験の合格率は、既修者 32.8％、未修者 12.1％である。未修者の非法学部出身者の合格率は、10％を割ると思われる。人には向き不向きがあり、大陸法の体系だった日本法を修得するには、かなりの年限を必要とする。

（3）法科大学院の実際の教育においては、学生は、法律及び法実務の科目の学習に集中し、それ以外の幅広い科目に対する関心がほとんど向けられない。司法試験が目の前にあれば、まず試験科目を重視する。司法試験の合格していない段階だから、法実務についても関心は十分に持てない。ましてやそれ以外の幅広い科目を修得することは、ほとんど無理である。

（4）当初、法科大学院修了者の司法試験合格率として 7 ～ 8 割を目指すことが唱えられていたが、現実には、2014 年の合格率は 21.2％であり、予備試験合格者の66.8％の３分の１にも達していない（図表15）。

司法試験の合格率が20％前半であることに関する議論は、大変に難しい。問題を分けて考えなければならない。法科大学院まで出たうえで受験する制度としては、合格率は低いかもしれないが、一方、法曹の質を維持するための試験であるとすると既に合格レベルが下がりすぎていて、合格率が高すぎるということになる。法曹人口問題全国会議の2013年７月の全弁護士に対するアンケート調査では、今の合格率について、「高すぎる」の回答が54.8％、「低すぎる」の回答は８％にすぎない。（資料１の１）

最高裁判所は、1970年代、司法研修所の成績が250番以内でなければ裁判官に採用できないと公言し、1980年代に入って、司法試験管理委員会は司法試験の受験者の質が落ちているので合格者を少なくしなければならないと言って、５年以上、50人くらい合格者を減らしていた。

近年、最高裁判所は、300番以内の合格者でなければ使い物にならないと言っている。それでも裁判官の質が落ちたと言われている。弁護士は、毎年、その300番から後の2000番までの者が登録するのである。このようなことをしていては、裁判官と弁護士の比率が現在の１対12以上に開き、かつ、官尊民卑に遡るばかりである。

（５）司法試験の公正さを取り戻し、裁判官と弁護士の人口のアンバランスを解消するためには、予備試験組を４倍くらいの1500人程度にして、法科大学院組と予備試験組の司法試験合格率を均衡させるようにしたうえで、司法試験の合格レベルを適正に維持するために、司法試験の合格者を800人にする必要がある。

３　法科大学院がもたらした弁護士過剰

（１）1990年代の後半に法科大学院構想が打ち出された時、それを推進した我が国の法学研究者は、弁護士の需給の実際を知ることに時間を割く努力をしないまま、大きな弁護士需要が存在すると急に言い出した。根拠もなく、潜在的需要がある、今後弁護士需要が増大すると言って、法科大学院を乱立させた。その結果、目下、弁護士激増と弁護士の所得激減が進行中で、とどまる気配が感じられない状況にある。司法改革と称して弁護士激増を行った目的が、実は、顧客と教育産業の論理を一方的に優先させた、弁護士を潰すものであったことを、今や誰も否定することができない状況になった。

日弁連執行部が言うように、単に司法改革の「歪み」の調節をするだけで済まされるような事態ではない。また、法科大学院関係者が主張するように、司法試験の合格率を高めたり（これは合格レベルを下げること）、弁護士が需要拡大に努めれば解決するような事態ではない。この事態は、今回の司法改革の本質にかかわる極めて重大なことである。

（2）著しい弁護士過剰の結果、法律事務所の経営が悪化している。裁判の事件数（全体）は、2003年の611万5202件をピークに、2013年は361万4942件と41％減少している。弁護士の売上と所得は、日弁連の10年毎の弁護士経済基盤調査によれば、1999年から2013年までの14年間で、弁護士が2倍となり、平均所得（弁護士活動による所得に限る）が1701万円（中央値1300万円）から907万円（中央値600万円）に激減した。（図表6）国税庁の統計資料によっても、リーマンショックの2008年から2013年までの5年間で、弁護士の平均所得は33％程度減少している（図表6）。

以上の結果からして、1990年代の弁護士の需要が増大するという司法改革推進派の言説は、弁護士破壊のための需要の捏造であったと言うべき、ひどい弁護士攻撃であったと誰もが認識することになった。

そして、今後の見通しとして、1999年から20年後の2019年に、弁護士が2.5倍となるのに対し、総売上げは全く伸びず、1人当りの売上げが4割に減少し、所得の中央値が500万円となっては事務所が維持できない。このような弁護士という職業の経済的環境の悪化は、不祥事の多発との関係でいうと、「個人の信用だけで高額な預り金を保管する」という職業に似つかわしくなく、預ける者にとって危険な状況と言わざるを得ない。

（3）今回の司法改革の最大の対立の原点は、弁護士の大幅不足及び需要の大幅拡大を根拠として、1990年まで年間500人であった司法試験合格者を年間3000人と6倍に増加させる「司法改革」という政策に対し、現場を知る多くの弁護士が、1000人で十分であり、需要拡大は全く根拠を欠くものだと反対したことにある。

この反対者に対し、企業家、マスコミ、消費者団体、労働者及び研究者までも、既得権を擁護する業界・業者のエゴだという、ひどい批判が加えられ、今も一部でそれが続いている。大手の全国紙は、自らは再販価格維持制度（資料2－21）の保護の下で従業員１人当り年収千数百万円の収入を手にしながら、異常なほどに弁護士バッシングを繰り返し、法科大学院の宣伝に紙面を割いてきた。そして、この「司法改革」を推し進めることについては、日弁連内部の推進派が、反対勢力を批判するために研究者とマスコミの力を利用したという、日弁連史上かつて無かったことが行われたのである。

しかし、その後の弁護士過剰と法科大学院志願者の激減状況からすれば、明らかに反対派の主張と見通しの方が正しかったことになる。

弁護士人口は、リーマンショックの2008年秋より約１年半前の2007年３月末の２万3119人で飽和状態となり、2008年３月末の２万5041人で過剰状態になったと考えねばならない。2014年３月には３万5045人となり、弁護士業界は１万人の余剰人員を抱えている。（図表３）

この弁護士の大幅過剰は、1990年代において、「２割司法」と言って、あたかも弁護士の需要がまだ５倍あり、弁護士人口を早期に５倍に増加させる必要があるという狂信的な言説を振りまき、短期間に法科大学院創設し、合格率７～８割で2010年までに司法試験合格者を3000人に増加する政策を打ち上げ、「司法改革」に熱狂し、暴走した必然的な結果である。

４　法科大学院の創設の目的と妄想

（１）法科大学院は、2001年６月に発表された司法制度改革審議会の意見書にもとづいて、2004年４月に創設された制度であるが、その主な目的は、法曹資格を取得させることで、当時年間1000人であった司法試験の合格者数を3000人以上に増加させて、弁護士を大幅に増員することであった。規制緩和による自由競争（市場原理）により質を向上させる必要性があると繰り返し唱えられた。そして、弁護士の大増員と人材の多様化の政策の手段として法科大学院を創設すべきであるとしたのである。

（2）しかし、この弁護士需要論は、もともと、根拠を欠き、結果としても大変な間違いであった。法科大学院制度は妄想であり、事実としては欺罔によって造られた虚構である。

弁護士の需要は、弁護士や裁判所を利用することに対する国民の意識、経済的・精神的負担及び利用価値（効果）などから大きく制約を受けるため、弁護士の数ばかり増やしても弁護士の需要は増加しないものである。むしろ、弁護士の職務の独立性、適切性及び法曹志願者と司法試験合格者の質を確保するためには、弁護士人口を適正規模に保つ必要性がある。それにもかかわらず、その認識を著しく欠き、今の弁護士過剰と法科大学院の惨状を作り出したのである。

また、法科大学院の入学者の７～８割が合格するというのは、入学時の弱い選抜機能と大学院の教育力からして、資格商法の宣伝のようであった。

更に、多様な人材必要論も正しくない。司法は、それぞれの分野の優れた人材と提携して、法律以外の専門的知識を、十分に得る必要があるが、他分野で専門性を極めた人材が、あえて法曹の道をめざすとは思えない。

隣の芝生が青く見えたが、今や、半分くらいが枯れかけている。ギルド集団を潰すのに、武器は不要である、ただ数だけ増やせばいい。そして弁護士から自信と誇りを奪えば、弁護士が強者の下僕、顧客の代言人、商売人に堕するのみであ。このような事態を望んではいけない者が望んだことについて、総括をしなければならない。

このように、法科大学院は弁護士を大量に造ることを目的としていたが、弁護士人口を考えるには、弁護士の業務の性質を踏まえなければ、無責任でひどい結果を招くことになる。

弁護士の業務については、「弁護士は二面的である。公共的であると同時に事業者的である。また、弁護サービスをめぐる市場は自己完結性を持たない。弁護士サービスの質は司法によって決まるものである」（『暴走する資本主義』花伝社、本間重紀・静岡大学教授）という指摘が正しい。弁護士の職業的特徴としては、昔、よく、先輩の弁護士から「右手で稼ぎ、左手で人権活動をする」という話を聞いていた。

更に、「社会的サービス労働の担い手には、専門的な知的熟練が求められ、そのために雇用の保障と労働・賃金条件の確保が必要で、専門的判断・裁量の自由のための現場自治が必要である」(『憲法25条＋９条の新福祉国家』二宮厚美・神戸大学教授）ということが、まさに弁護士の仕事に当てはまる。このように、プロフェッションとしての弁護士が、独立し適正に仕事を遂行するには、適正な人口政策と養成制度が不可欠である。

（3）また、この規制緩和による自由競争も、司法の分野に妥当しない。司法は、激しい自由競争を通じて適切な淘汰と質の向上が行われる分野ではなく、むしろ市場原理が働きにくい分野で、過当競争を強いれば「士」をかなぐり捨て、宣伝に力を入れ、依頼者べったりを徹底する、「悪貨が良貨を駆逐する」傾向が強くなり、また、様々な過剰の弊害を発生させる分野である。

（4）弁護士及び法曹養成の改革は、これらのことを考慮して制度設計をすべきであった。しかし、今回の司法改革は、弁護士の「法の支配」という公共性ばかりが強調され、司法基盤の整備が不十分なまま弁護士人口だけが激増され、全く事業性及び仕事の特徴が無視され、法科大学院制度を創設した。その結果、招来された事態は、法曹の質の低下と司法の公共性の衰退であった。(資料2の14、15、20)

法科大学院は、基本的には創設の目的を裏付ける事実自体が捏造されて作られた不要な制度であった。今、誰の目にも、このことがはっきりしてきたのではないだろうか。

5　弁護士と法曹養成の危機の原因と結果

（1）このように、法科大学院制度を含め、現在危機に陥っている諸問題の根本原因（諸悪の根源）は、弁護士大幅増員策を強引に推し進めたことにより、弁護士の分野の需給関係が大幅な弁護士過剰となり、弁護士業界が大不況に陥り、悪化の一途にあることである。

弁護士大増員政策は、日弁連と大学（の一部の有力者）が自ら言い出したことであるから、この二つの組織は自ら犯した誤りを謝罪し、根本的な方針転換を打ち出す社会的責任がある。

弁護士過剰による大不況の打開策は、底が抜けて転覆しそうな舟の底を塞がなければならないように、又は、まわりを水浸しにする水道の蛇口は締めなければならないように、現行の法科大学院を廃止してでも、司法試験合格者数を削減し、供給を大幅に減少させ、適正な弁護士人口状態を回復する以外に方策はない。

ところが、司法改革推進派はこの方策をとらずに需要の拡大を図ろうとし、二重の間違いを犯そうとしている。法曹養成制度検討会議及び法曹養成制度改革推進会議の「法曹有資格者」の活動領域の拡大という需要拡大策は、「合格者 1500 人以上」ほど多くは期待できない。しかも、無条件の拡大は、弁護士の職務の独立性と適正性を保証するものではなく、むしろ破壊するものであって、必ずや新たな弊害を生むに違いないのである。

（2）マスコミも、未だに司法試験の合格者の減員を批判し、予備試験を特急コースと呼んで制限を主張し、法科大学院教育の理念に司法試験の内容を合わせ、易しくして合格率を高めるべきだと主張している。そのうえで、最近の特徴としては、やたらと法科大学院に対し質の向上を求める言い方を強め、それができないところは淘汰されてもやむを得ないと言い出している。マスコミの幹部の論説は、文科省とエリート法科大学院の代理人のように一方的に彼らの主張を垂れ流している。批判精神を欠如させた近時の報道姿勢をそのまま表している。

しかし、司法改革の行き詰まりは、予備試験や法科大学院、ましてや司法試験の内容や合格率の責任ではない。それらは、概ね懸命に努力し、適正に職務を遂行してきたと言える。間違っていたのは、未だにマスコミが支持する司法改革の基本設計である。

（3）「司法改革」という名によって、法曹資格の価値を短期間に毀損するという強引な国策が遂行されてきた。言うことが憚られるところであるが、これは、国家的な違法行為というべきひどい政策に、大学人が加担し、若手弁護士に限らず、中堅以上の弁護士の事務所経営及び人生設計をも狂わせた（このあたりの平気さが、他の場面でも見られる新自由主義の特徴であるが)。国家は、損害を蒙った人々に補填する責任を負うし、政策の差し止め処分を受けるというのが、司法の論理である。

今後も、弁護士大量増員策と法科大学院擁護策が見直されずに放置されれば、今後とも、司法試験の合格レベルに達しない者までが合格し、弁護士が事務所と生活を維持するために無理に仕事を増やし、不祥事が後を絶たず、利用者と国民を犠牲にすることになる。

（４）素晴らしい理念のもとに創設したという法科大学院制度ではあるが、学生が授業料と生活費を負担しないで済むような財政措置を手当てせずに実施に移された。加えて、司法修習の給費制が貸与制に変えられた。自己負担・自己責任論により、従前の制度より法曹資格の取得に時間と金がかかるようにし、教育格差を拡大する制度となった。

しかし、前の制度と比較して、資格の取得に時間と金がかかるのであれば、それに伴って資格の価値が増大しなければ、経済的合理性がない。大量過剰供給と粗製濫造により資格の価値は暴落し、全く逆の事態になっている。法曹資格の価値が下がり、弁護士の職業的魅力が著しく低下したのでは、法科大学院制度は「持続可能」な制度ではない。

現行の法科大学院制度は、多人数の司法試験合格者を前提とするので、必ず弁護士過剰をもたらし、弁護士の職業的魅力を著しく低下させ、また、大学院を予備校化する運命にある。

（５）そのうえ、我が国の司法と法学界に、次に述べる事態をもたらしており、その回復に長期間を要する大きな被害を生み出すと考えなければならない。

イ．法学部の不人気、法科大学院志願者の激減 （優秀で有為な人材が敬遠）

ロ．司法試験合格基準の切り下げ、修習期間短縮、給費制廃止、修習制度の空洞化（法曹養成制度の改悪による質の低下と法曹資格の価値の暴落）

ハ．弁護士の売上と所得の大幅減少と赤字経営の増大、就職難、弁護士会の求心力の喪失、委員会活動の参加者減少、副会長候補者の不足、会長選挙の投票率の低下、自治の形骸化と空洞化、高額な会費に対する不満（弁護士の事業性の破壊による弁護士の公共性の低下）

ニ．法曹の質の低下、司法の衰退、懲戒事件の多発、国民の犠牲（弁護士の信用失墜と統制強化）

ホ．大学院の予備校化、法学研究と研究者養成の犠牲、研究者の教育労働

者への変質（法学の質の低下）

ところが、司法改革を推進した人々は、司法改革を総括せず、無責任なことに、未だに被害の拡大を止める抜本的な対策を考えようとしていない。

6　司法改革の見直しの遅れによる危機の深刻化

（1）今後の見通しとしては、法学部生が更に減少し、法学部教育が空洞化し、研究と研究者養成が破綻し、法科大学院志願者が3000人以下に落ち込み、法科大学院入学者が1500人以下に減少するであろう。しかも、法科大学院の入学者が標準年限で法科大学院を修了する割合は、当初の約90％から年々減少し、70％を切り（2013年修了者で68.7％）、中退者は毎年度、500人程度に達するという異常なことが続く。（図表14）

修習生への支給が貸与制に変更され、就職先のない新人弁護士が増加し、会員の弁護士会離れが進み、会費減額の請求が強まっている。弁護士の貧困化、弱体化、信用低下、国民の司法敬遠など様々な望ましくない事態が深刻化している。

（2）日弁連は、このような状況を無視できずに、2012年3月に、司法試験合格者年間1500人減員を提言し、文科省は、多数の法科大学院の廃止を唱えるようになった。しかし、法科大学院擁護のために合格者1500人くらいの減員しか唱えない提言では、司法試験の合格レベルを維持することが不可能であり、毎年1000人の割合で弁護士が増え、大幅な弁護士過剰の現状を更に悪化させるばかりで焼け石に水である。

法科大学院は、入学者が激減し、ますます質の低い受験生の司法試験合格を保証するという養成機関に成り下がる。

（3）司法試験合格者年間1000人でも、法曹の自然減が500人であるから、毎年、過剰人員を累積させていく。そのため、早期に、合格者年間500人を基本としたうえで、法曹（司法界）外の分野の需要の拡大に応じて加算し（余裕をもって年間300人程度）、合計800人の合格者数に戻さなければならない。

このように、量より質の回復を目指すべき時代において、現行の法科大学院制度はそのまま維持できる制度ではなく、終焉する。一部の有力な法科大学院が、自らは生き残り、法曹資格取得上の特典（大学院修了に司法試験を受験できる権利を付与する）を独占しようとしているが、このような法曹資格の取得者を入り口で絞る方法は、不合理で不公正である。

大学の希望で、これまでのタイプの法科大学院を残す場合には、受験資格要件を撤廃（予備試験を廃止）し、誰でもが司法試験を受験できる制度にすべきである。

かつて、司法改革推進の熱気と勇ましさによる暴走が、悲惨な状況を招いた。ところが、司法改革推進と法科大学院創設を唱えた人々の多くは頬被りし、ひどく無責任な態度をとり続けている。しかし、弁護士及び大学の現場は、それでは済まされない状況にある。

7　弁護士対象のアンケート調査

（1）弁護士の有志の法曹人口問題全国会議が、2013 年 7 月に実施した日弁連全会員に対するアンケート調査（回答率 9.8%）では、法科大学院制度の廃止に賛成 57.1%（反対 21.0%）、法科大学院修了を司法試験の受験要件から外すことに賛成 70.0%（反対 15.7%）、予備試験合格者と法科大学院修了者の司法試験合格率を均衡させることに賛成 45.5%（反対 27.0%）、今の司法試験の合格率（2012 年約 25%）に、「高すぎる」回答 54.8%（低すぎる 8.1%、適当 12.7%）であった。（資料１の１、３、５−２、６）

（2）中部弁護士会連合会司法問題対策委員会が、2014 年 8 月に実施した中弁連６回の全会員に対するアンケート調査（回答率 22.1%）では、法科大学院制度について、廃止 45%（存続 27%）、法科大学院修了を司法試験の受験要件であることについて、反対 59%（賛成 23%）、予備試験の制限について、反対 63%（賛成 17%）であった。（資料１の２）（資料２の 14、15、20）

（3）要するに、予備試験の制限を認めるほどの法科大学院中核論者は、法科大学院卒の弁護士が増加しているにもかかわらず２割前後の少数派である。法科大学院存続の回答は、約 15 〜 25%、受験要件存続も 20% 強、司法試験の合格率が低すぎるとする回答は８%、予備試験の制限容認は17%に過ぎない。逆に、弁護士の60～70%が法科大学院修了を司法試験の受験要件にしていることに反対している。賛成は15～20%程度である。それにもかかわらず、日弁連が予備試験の制限を主張している。これは、全く会員の意思を無視していることになる。

8　戦後の司法改革と司法の土台の破壊

（1）今回の司法改革を推進する側に立った弁護士と法学研究者は、今回の司法改革により破壊されつつあるものを直視し、今回の司法改革を正しく総括し、修復する必要がある。

我が国の弁護士は、戦前から長年にわたって弁護士自治の獲得及び法曹一元制の実現を要求して戦ってきた。その経験を踏まえて、敗戦後の改革の時期に、直ちに法曹一元制度と弁護士自治を実現することに努め、新しい憲法には、国民の人権保障のための裁判制度及び弁護士制度が相当程度盛り込まれた。弁護士は、1946年の裁判所法改正の審議において、法曹一元の構想を強く唱えた。

法曹一元制は先延ばしにされたが、妥協の産物として、国費による統一平等の2年間の司法修習制度を獲得し、1947年11月から実施された。更に、弁護士法改正の審議においては、裁判所と司法省から反対を受けながらも、国会議員とGHQの賛同を得て、議員立法という形で1949年6月に行政権（戦前の司法省、戦後の法務省）による監督を排し、弁護士の独立と弁護士会の自治を定める弁護士法の全面改正にこぎつけた。（資料2の26「弁護士自治の歴史」弁護士上野登子著）

（2）この戦後の司法改革の延長線上にある改革が正しい司法改革であったが、我が国の戦後の司法は、初心を忘れ、官僚主義の小さくて反国民的な法務・検察と裁判所により担われたまま、国民の権利救済に不熱心な状態を続けてきた。そのうえ、今回の司法改革は、更に貴重な戦後の司法改革の成果を次々と奪い、司法の土台を崩すものであった。

今回の司法改革は、司法の官僚制を強固に温存し、強化をはかりつつ、自己負担・量産体制のアメリカ型の法曹養成とビジネス中心の弁護士制度を導入し、数は多いが弱い弁護士集団に変質させ、官僚司法に協賛する体質に変えることが狙いであった。このことを踏まえることなしに、司法改革の正しい軌道修正を行うことはできない。

（3）司法改革を唱えてきた者の中核的部分は、現在もこの狙いを捨てておらず、今回の司法改革を総括せず、根本的な見直しを行うことを拒否している。そのために以下の深刻な事態が続く。

① 法科大学院については、校数を絞りながら権力的統制を強化し、しゃにむに維持しようとしている。そのため、法科大学院に対する受験資格付与を外すことに反対し、予備試験合格者数の増大を無理矢理に抑え込み、頭打ちを図って制限している。この予備試験合格者数の制限は、事実上既に行われている。

法科大学院入学者は資力があるからという理由で予備試験の受験資格を奪い、法学部と法科大学院の生徒の受験を制限するために事実上、25歳未満を禁止する年齢制限をし、予備試験合格組が増加しないように予備試験の合格者数を制限するなど、全く不合理な制限を加えようとする。それが不可能な場合に、予備試験を廃止することさえ追求する。

② 法科大学院を少数にし、入口で人材を絞り、「エリート化」を図り、合格率を高めようとしている。合格率を高くすることを正当化するために、医師養成制度を外形上真似た「共通到達度確認試験」を導入し、それをテコに司法試験の問題を簡単にし、強引に合格率を高める。司法試験の内容が法曹の現場が必要とするレベルに維持されず、法科大学院側の都合によって決定される。司法試験合格者の質が著しく低下する一方、ビジネスには強くなる法曹を輩出させる。

③ 法曹有資格者の活動領域が拡大され、これまでの法曹とは違う層の数が増加し、我が国の自主独立の弁護士を中心とした組織であるという日弁連の性格が変質していく。

④ 法曹養成のために、ますます法学部教育と法学研究が犠牲となり、幅広く専門的な研究の体制が窮地に陥る。研究者の自由な立場からの立法に対する提言及び判例批判が弱まり、司法が果たすべき本来の機能を低下させていく。

（4）今回の司法改革により、今後、社会正義の実現と人権擁護を主張する「在野法曹」が少なくなり、弁護士報酬が法テラス並みに低廉化され、弁護士という職業の事業性が破壊され、公共性を後退させることになる。

法科大学院制度は、大学としては、大学の少子化対策となり、研究者の就職口の延長と役人の天下り先を確保したことになった。しかし、法曹志願者にとっては金と時間がかかる教育制度を敬遠する者が多く出て、法曹志願者の質の低下をもたらした。研究と研究者養成が大きく犠牲となり、研究者が少なくなり、実務重視の法学の体制化をもたらした。

９　自主独立の弁護士制度と学問の発展のために

既に、弁護士は大幅に過剰である。法科大学院制度がそのような弁護士を大量に造ろうとする機関である以上、縮小ないし廃止されるのが運命である。自主独立の弁護士制度及び大学の自治（学問の自由）を大切に思う者は、我が国の司法を身勝手な部分のみアメリカ化（ビジネス化）するような改革を許さず（資料２の15）、戦後の司法改革の制度を復活させ、それを発展させ、司法官僚制を是正する道を追求し続けなければならない。

弁護士を無理に量だけ増やすことを止めさせ、弁護士数を需要との関係で調節し、弁護士の経済基盤が保障され、正義と人権擁護のため、弁護士の活動が十分に行えるような司法政策に転換しなければならない。

そうしなければ、我が国の司法と法学は、根本的なところで、国民の期待に応えるようなものにならず、むしろ、権力に弱い最高裁判所と検察及び人口過剰な弁護士が、国民を救済せず被害を及ぼす存在となる傾向を強める。

また、法科大学院制度を変えなければ、実定法と基礎法など法学の幅広い分野の研究者が育つ環境が破壊され、学問的発展が停滞し、学問が実務に追随することになる。

なお、法曹養成制度及び法科大学院については『司法崩壊の危機』（共著、花伝社）の立松彰執筆Ⅲ章の１及び森山文昭執筆の同章２が詳しい。

図表９－１　法科大学院全国統一適性試験受験者数

（人）

年	大学入試センター		日弁連法務研究財団		合計	
	志願者数	受験者数	志願者数	受験者数	志願者数	受験者数
2003	39,350	35,521	20,043	18,355	59,393	53,876
2004	24,036	21,429	13,993	12,249	38,029	33,678
2005	19,859	17,872	10,725	9,617	30,584	27,489
2006	18,450	16,680	12,433	11,213	30,883	27,893
2007	15,937	14,323	11,945	10,798	27,882	25,121
2008	13,138	11,876	9,930	8,946	23,068	20,822
2009	10,282	9,370	8,547	7,737	18,829	17,107
2010	8,650	7,909	7,829	7,066	16,479	14,975
	第１回		第２回		実人数	
	志願者数	受験者数	志願者数	受験者数	志願者数	受験者数
2011	5,946	5,481	7,386	6,692	7,829	7,249
2012	5,185	4,753	5,967	5,391	6,457	5,967
2013	4,387	4,008	4,964	4,486	5,377	4,945
2014	3,599	3,338	4,068	3,642	4,407	4,091
2015						
2016						

2014 年の試験実施期日、第１回５月 25 日、第２回６月８日

図表９－２　法科大学院全国統一適性試験受験者数と予備試験受験者数

年	志　願　者　数			受　験　者　数		
	適性試験	予備試験	合　計	適性試験	予備試験	合　計
2011	7,829	8,971	16,800	7,249	6,477	13,726
2012	6,457	9,118	15,575	5,967	7,183	13,150
2013	5,377	11,255	16,632	4,945	9,224	14,169
2014	4,407	12,622	17,029	4,091	10,347	14,438
2015						
2016						

2013 年の予備試験に法科大学院在学生 1497 人が受験。

図表 10　法科大学院の総定員、実入学者数、定員充足率

年度	総定員	実入学者数	定員充足率
2004	5,590	5,767	1.03
2005	5,825	5,544	0.95
2006	5,825	5,784	0.99
2007	5,825	5,713	0.98
2008	5,795	5,397	0.93
2009	5,795	4,844	0.84
2010	4,909	4,122	0.84
2011	4,571	3,620	0.79
2012	4,484	3,150	0.70
2013	4,261	2,698	0.63
2014	3,809	2,272	0.60
2015			
2016			

図表 11　法科大学院の入学状況（既修・未修別と社会人）

年	法科大学院入学者 うち既修 うち未修	全入学者に対する 既修の割合 未修の割合	社会人入学者 うち既修 うち未修	全入学者に 対する社会人 の割合
	5,767		2,792	48.4%
2004	2,350	40.7%	1,038	44.2%
	3,417	59.3%	1,754	51.3%
	5,544		2,091	37.7%
2005	2,063	37.2%	687	33.3%
	3,481	62.8%	1,404	40.3%
	5,784		1,925	33.3%
2006	2,179	37.7%	718	33.0%
	3,605	62.3%	1,207	33.5%
	5,713		1,834	32.1%
2007	2,169	38.0%	717	33.1%
	3,544	62.0%	1,117	31.5%
	5,397		1,609	29.8%
2008	2,066	38.3%	597	28.9%
	3,331	61.7%	1,012	30.4%
	4,844		1,298	26.8%
2009	2,021	41.7%	464	23.0%
	2,823	58.3%	834	29.5%
	4,122		993	24.1%
2010	1,923	46.7%	348	18.1%
	2,199	53.3%	645	29.3%
	3,620		763	21.1%
2011	1,916	52.9%	294	15.3%
	1,704	47.1%	469	27.5%
	3,150		689	21.9%
2012	1,825	57.9%	300	16.4%
	1,325	42.1%	389	29.4%
	2,698		514	19.1%
2013	1,617	59.9%	207	12.8%
	1,081	40.1%	307	28.4%
	2,272		422	18.6%
2014	1,461	64.3%	180	12.3%
	811	35.7%	242	29.8%
2015				
2016				

図表 12　学部系統別の法科大学院入学者の状況

年	法学	文系 (法学以外)	理系	その他	法学割合	文系 (法学以外)	理系割合	その他割合
2004	3,779	1,269	486	233	65.5%	22.0%	8.4%	4.0%
2005	3,884	1,050	432	178	70.1%	18.9%	7.8%	3.2%
2006	4,150	1,138	326	170	71.7%	19.7%	5.6%	2.9%
2007	4,223	1,061	273	156	73.9%	18.6%	4.8%	2.7%
2008	3,987	972	282	156	73.9%	18.0%	5.2%	2.9%
2009	3,620	801	247	176	74.7%	16.5%	5.1%	3.6%
2010	3,254	572	131	165	78.9%	13.9%	3.2%	4.0%
2011	2,872	517	134	97	79.3%	14.3%	3.7%	2.7%
2012	2,559	406	94	91	81.2%	12.9%	3.0%	2.9%
2013	2,196	348	84	70	81.4%	12.9%	3.1%	2.6%
2014	1,926	252	58	36	84.8%	11.1%	2.6%	1.6%
2015								
2016								

図表 13　新司法試験の受験・合格状況（既修・未修別）の推移

	法科大学院グループ			予備試験グループ		
年	受験者数 うち既修者 うち未修者	合格者数 うち既修者 うち未修者	合格率 うち既修者 うち未修者	受験者数	合格者数	合格率
2006	**2,091** 2,091 —	**1,009** 1,009 —	**48.3%** 48.3%			
2007	**4,607** 2,641 1,966	**1,851** 1,215 635	**40.2%** 46.0% 32.3%			
2008	**6,261** 3,002 3,259	**2,065** 1,331 734	**33.0%** 44.3% 22.5%			
2009	**7,392** 3,274 4,118	**2,043** 1,266 777	**27.6%** 38.7% 18.9%			
2010	**8,163** 3,355 4,808	**2,707** 1,242 832	**33.2%** 37.0% 17.3%			
2011	**8,765** 3,337 5,428	**2,063** 1,182 881	**23.5%** 35.4% 16.2%			
2012	**8,302** 3,231 5,071	**2,102** 1,171 873	**25.3%** 36.2% 17.2%	85	58	68.2%
2013	**7,486** 3,152 4,334	**2,049** 1,209 1,171	**27.4%** 38.4% 27.0%	167	120	71.9%
2014	**7,771** 3,417 4,354	**1,647** 1,121 526	**21.2%** 32.8% 12.1%	244	163	66.8%
2015						
2016						
2016						

2011 年は、2063 人のほかに、旧試験を受験した 6 人が合格した

図表 14　法科大学院の留年、退学者、修了者

年度	標準年限対象者	留年、休学した者	退学者		標準年限修了者	留年、休学して修了した者	修了者合計
2005	2,350	57	117	(90)	2,176	—	2,176
2006	5,437	620	434	(72)	4,383	35	4,418
2007	5,673	683	449	(61)	4,541	370	4,911
2008	5,772	734	501	(38)	4,537	457	4,994
2009	5,614	805	546	(22)	4,263	529	4,792
2010	5,344	870	543	(13)	3,931	604	4,535
2011	4,748	819	666	(15)	3,263	674	3,937
2012	4,125	745	571	(5)	2,814	645	3,459
2013	3,528	622	481	(23)	2,425	612	3,037
2014							
2015							
2016							

各年度の 3 月の集計
退学者のうち、( ) は合格のために退学した者

図表 15－1　司法試験の予備試験の合格者数

年	予備試験				予備試験合格資格者の新司法試験受験			
	出願者数	受験者数	最終合格者数	合格率	出願者数	受験者数	合格者数	合格率
2011	8,971	6,477	116	1.8%				
2012	9,118	7,183	219	3.0%	95	85	58	68.2%
2013	11,255	9,224	351	3.8%	184	167	120	71.9%
2014	12,622	10,347	356	3.4%	251	244	163	66.8%
2015								
2016								

予備試験の合格者が司法試験を受験するのは翌年からである。例えば、2013 年までに予備試験に合格した者のうち 251 名が、翌年の司法試験に出願した。
2014 年の予備試験最終合格者 356 人のうち、現在大学生 114 人、法科大学院生 168 人で、全体の 79% を占めた。

図表 15－2　司法試験の予備試験の短答、論文、口述の合格者数

年	出願者数	受験者数	短答合格者数	論文受験者数	論文合格者数	口述受験者数	最終合格者数	最終合格率
2011	8,971	6,477	1,339	1,301	123	122	116	1.8%
2012	9,118	7,183	1,711	1,643	233	233	219	3.0%
2013	11,255	9,224	2,017	1,932	381	379	351	3.8%
2014	12,622	10,347	2,018	1,913	392	391	356	3.4%
2015								
2016								

2014 年論文式試験の合格発表 10 月 9 日、口述試験 10 月 25 ～ 26 日、口述試験合格発表 11 月 6 日

図表 15－3　法科大学院修了生の司法試験の合格者数

年	受験者数	短答合格者数	最終合格者数	合格率
2012	8,302	5,255	2,044	24.6%
2013	7,486	5,092	1,929	25.8%
2014	7,771	4,837	1,647	21.2%
2015				
2016				

図表 15－4　司法試験の短答、論文の合格者数

年	受験者数	短答合格者数	最終合格者数	合格率
2011	8,765	5,654	2,063	23.5%
2012	8,387	5,339	2,102	25.1%
2013	7,653	5,259	2,049	26.8%
2014	8,015	5,080	1,810	22.6%
2015				
2016				

Ⅵ　予備試験に関する意見書

予 備 試 験 に 関 す る 意 見 書

２０１３年１０月１０日

愛知県弁護士会司法問題対策委員会
委員長　鈴　木　秀　幸

意　見　の　趣　旨

１　予備試験合格者の司法試験合格率が法科大学院修了者の司法試験合格率と均衡するように、予備試験の合格者数を増加させるべきである。

２　司法試験の予備試験について、受験資格制限を設けることに反対する。

意　見　の　理　由

１　予備試験制度

（１）司法試験合格者数を３０００人に増加させても質が落ちないために、法曹養成制度の中核を担う新たな教育機関として、２００４年に法科大学院を創設し、司法試験の受験資格要件として、原則として法科大学院を修了しなければならないものとした。

同時に、「経済的事情や既に実社会で十分な経験を積んでいるなどの理由により法科大学院を経由しない者にも、法曹資格取得のための適切な途を確保すべきである」（２００１年５月の司法審意見書）とされ、司法試験の予備試験制度が設けられた（司法試験法第５条）。もともと、経済的事情や実社会での経験という理由と受験資格を関連づけるような議論自体が妥当ではなく、司法試験法では、技術的に難しいこともあって、予備試験に受験資格を制限する規定は定められなかった。そして、２００５年3月２５日に閣議決定された「規制改革推進のための3か年計画」では、司法試験の公平性を確保するために、「予備試験合格者に占める本試験合格者の割合と法科大学院修了者に占める本試験合格者の割合とを均衡させるとともに、予備試験合格者数が絞られることで実質的に予備試験受験者が法科大学院を修了する者と比べて、本試験受験の機会において不利に扱われることのないようにする」とされた（２００９年の政府の規制改革会議も、「予備試験合格者と法科大学院修了者の合格率を均衡させる」としている)。

（2）この予備試験について、２００９年１１月１１日の司法試験委員会「予備試験の実施方針について」は、法科大学院修了と同程度の学識、応用能力及び実務の基礎的素養を合否の判定基準とした。そのうえで、予備試験が法科大学院を中核とする新たな法曹養成制度の理念を損ねないようにすることとされる一方、法科大学院を経由しない人にも公平に受験資格が与えられること及び予備試験が新司法試験の受験資格を与える試験であることに配慮して実施する必要があるとした。

予備試験は、まずもって司法試験法及び閣議決定を遵守して、予備試験合格者と法科大学院修了者の司法試験の合格率が均衡するように実施されなければならない。

2　法科大学院志願者の激減

法科大学院の志願者は、設立初年度の２００４年に約5万人（入学者は５７６７人）であったが、年々激減の一途をたどり、法科大学院の入学試験を受験するために必要とされる全国統一適性試験の受験者数は、２０１３年には、法科大学院入学有資格に限れば４７９２人（入学者は２６９８人）と、設立初年度の約１割となった。法科大学院入学者は、２００８年度以後２０１３年までの6年間に毎年平均５００人程度減少する傾向にあるので、2年後には２０００人を下回ることが予想される。

3　予備試験の状況と法曹志願者の動向

（1）一方、２０１１年の第1回の予備試験は受験者６４７７人、合格者１１６人（短答試験合格者１３３９人)、第2回目の２０１２年は受験者７１８３人、合格者２１９人（同１７１１人)、第3回目の２０１３年は受験者９２２４人、論文試験の合格者３８１人（同２０１７人）と増加している。この予備試験合格組の司法試験の成績は、２０１２年の司法試験は、受験者８５人、短答試験合格者８４人（途中退席者１人)、最終合格５８人（合格率６８．２％）であり、２０１３年は、受験者１６７人、短答試験合格者１６７人、最終合格者１２０人（合格率７１．９％）であった。

司法試験の全体の合格率は、２０１２年２４．６％、２０１３年２６．８％であるから、予備試験組の合格率は圧倒的に高い。そのため、上記の通り、予備試験の短答試験合格者の数が極めて多く、最終の合格者が少ないので、もっと論文合格者の数を増加させるなどの方法により調整をすべきである。

（2）法曹を志望する大学生の間では、予備試験を目指すという声が多数を占め、法科大学院への進学は予備試験に合格できなかったときに考えると位置づける傾向になっている。そして、予備試験だけに絞り、法科大学院への進学は考えないという学生も多い。

これは、法科大学院の学費・生活費等の負担という経済的理由、法科大学院に入学すると２～３年間縛られるという時間的理由、法科大学院に入学しても司法試験に合格できるかどうか分からない、さらには法科大学院において進級・修了できるかも分からないという精神的・心理的負担があり、それなら自由な立場で予備試験に挑戦する道を選ぶということである。

4　予備試験のあり方と受験資格制限

（1）予備試験制度について、自民党の政務調査会司法制度調査会の「中間提言」（２０１３年6月１８日）も、「予備試験は経済的理由などで法科大学院に通うことができない者たちの夢を守るための重要な制度」であるとして、「予備試験が持つ金銭的な理由等に対する救済的な側面を重視し、閣議決定を遵守するためにも、予備試験における教養試験及び口述試験の必要性やあり方を検討するとともに、予備試験合格者の最終合格率が法科大学院修了者の合格率と同程度となるように改善することを提言する。なお、調査会では、予備試験合格者の司法試験合格率が法科大学院修了者の合格率を上回る状況が続いた場合には、司法試験の受験資格を旧来のように撤廃すべきだという意見すらあったことも付記する」とした。

（２）これに対し、法曹養成制度検討会議取りまとめ（２０１３年6月２６日）は、「予備試験制度については、様々な見方があるものの、現時点では、制度の実施後間もないことから、引き続き、予備試験の結果の推移、予備試験合格者の受験する司法試験の結果の推移等について必要なデータの収集を継続して行った上で、法科大学院教育の改善状況も見ながら、予備試験制度を見直す必要があるかどうかを検討する必要がある」とし、日弁連会長声明（同月２７日）は、「今後の検討を待つこととなった」事項の一つとして、「制度趣旨を踏まえた予備試験のあり方」を挙げているだけで、予備試験の受験資格制限に反対する立場をとっていない。

法曹志願者の間で予備試験を志向する傾向が強まっている状況に対し、受験制限や試験内容の変更を行おうとする動きが強まっている。在学生や法科大学院生の受験を禁止する方法や２５歳以下の者の受験を禁止する方法が唱えられ、予備試験に法科大学院で教えている科目を追加したり、司法試験自体を変える方法が唱えられている。

（３）しかし、むしろ試験の公平性及び人材確保の要請からすれば、大幅に予備試験の合格者を増やさなければならない状況にあることは、明らかである。予備試験の受験資格の要件として、年齢、在学及び経済的事情という事柄を問題にする合理性があるとは思われない。

もともと、法律学の修得は独学で可能であるし、我が国には法学部がある。もし、法学教育に不足があるのならば、本来、法学部を充実させる方法がとられるべき改善方法であった。法学部修了者が、そのまま司法試験を受験できないという制度は、法学部の教育課程を否定するようなもので、余りに不合理である。広い学識が必要だと言うのならば、それを司法試験の科目に入れなければならない。もっと専門的教育が必要であれば、司法修習期間を長くして組み入れる方法をとらなければならない。

受験資格の制限及び試験内容の変更などの方策は、著しく正義と公平の観念に反する法科大学院保護政策であり、法曹の給源を狭めることになる。日弁連がそれに加担することは、弁護士自らが社会的不正義と人権侵害を犯し、弁護士法第一条に違反するものと言わざるを得ない。

（4）従って、予備試験合格者の司法試験合格率が法科大学院修了者の司法試験合格率と均衡するように、予備試験の合格者数を増加させるべきであり、予備試験について受験資格制限を設けるべきではない。今後、地方の法科大学院の廃校が進むことを考えると、一層、どの地方の人も公平に司法試験を受験できる制度が保証されなければならない。

加えて、現在の予備試験は、短答式・論文式・口述式と１年間に３回の試験を受けさせ、これに合格して初めて翌年に司法試験を受験できる。２年間に同じような試験を２回受験することを強いている。予備試験の方法を簡素化（試験科目の削減、大学の教養課程修了者に対する一般教養試験の免除等)、短期化すべきである。

Ⅶ　予備試験の制限の憲法及び閣議決定違反

1　予備試験制度の性質

（1）予備試験制度は、経済的事情で法曹を断念する人がいないように設けられたと説明されているが、もともと法科大学院制度は、我が国には4年制の法学部があるので、ずっと無かった制度で、今でも、不可欠な制度ではない（アメリカの大学には法学部がなく、大学卒業後に3年制のロースクールがある）。そのため、法科大学院に行くことを強制する必要性はない。

旧司法試験が2010年まで実施され、2011年に廃止されるために、予備試験が2010年から開始され、6477人が受験した。（図表9－2、15）この年の法科大学院入学のための全国適性試験の受験者は7249人と前年比50％に激減した。予備試験に合格することは、昔とは違うが相当に厳しく、そのため翌年以後の司法試験では70％程度の合格率を誇ることになる。このように、予備試験制度は旧司法試験の廃止に伴って実施される代替措置である。

（2）その4年後の2014年には、法科大学院全国統一適性試験の受験者（来年入学の志願者）の人数が4091人に減少する（図表9－1、2）一方で、2014年の予備試験の受験者が1万0347人（志願者1万2622人）（図表9－2、15－1、2）となり、両者の受験者数は大きく逆転し、1対2.5という大きな開きが生じた（マスコミは、予備試験の志願者が法科大学院の志願者の数を越えたと報道するが、実人数と併願の延べ人数の比較は不適当である）。

予備試験の志願者も、弁護士過剰の状況をふまえてそれほど増加しないであろうが、それでも年平均1000人程度ずつ増加してきた。このまま予備試験制度が定着した場合、法科大学院入学志願者と違って、予備試験不合格者が毎年少しではあるが累積していき、それに新規参入者が加わるので、数がある程度増加することは当然の成り行きである。

2　予備試験の合格者数制限と制限撤廃

（１）2014年の予備試験の短答合格者は2018人であるが、論文合格者は392人（受験者1913人）と合格率20％という低さで、最終合格者は356人（11月6日発表、法科大学院生168人、大学生114人、それ以外74人）である。

予備試験に過ぎないこと及び法科大学院組の司法試験の成績との比較からしても、予備試験の論文と口述の試験で合格者を絞りすぎている。

2014年の司法試験の短答式の合格者は5080人、合格率63.38％であるところ、予備試験合格組は244名のうち243名が合格している（昨年は100％合格）。

予備試験組の司法試験合格者は、2012年は58人、2013年は120人、2014年は163人、合格率が2012年68.2％、2013年71.9％、2014年66.8％であるのに対して、法科大学院組の合格率が2012年24.6％、2013年25.8％、2014年21.2％と大きな差がある。（図表15－1、２、３、４）

両者の司法試験の合格率を均衡させせなければならないとする2005年3月25日の閣議決定に従うならば、予備試験合格者を3倍以上に増加させ、司法試験受験者を多くすれば、合格率が下がり、両者の合格率の差が縮まる。現在、国家試験の公正・平等の原則に反し憲法に違反している。

（２）ところが、2014年の予備試験の最終合格者は356人と昨年より5人増えただけで頭打ち状態にされている。（Ⅷ章）これでは、2015年の司法試験は、「予備試験合格者数が絞られることで、実質的に予備試験受験者が法科大学院を修了した者と比べて本試験受験の機会において不利に扱われることのないようにする」という閣議決定違反がひどくなっている。

これを改善する方法としては、現在、予備試験の短答式合格者が2000人いるので、この2000人程度が翌年以後の司法試験を受験できるような予備試験の合格レベルにすればいい。そうすると、予備試験組だけで、昔の司法試験の合格者数の500人に近い400人くらいになるであろう。

毎年、1万数千人が予備試験を受験し、400人が司法試験に合格することになると、現在の司法試験の合格基準が、昔の500人合格の司法試験より低いことがはっきりする。法科大学院組の司法試験の合格者数を大幅に減少させなければ、合格者の質が保てないことは、自明である。

また、予備試験の受験者のうち法科大学院生が2割弱を占めているが、そのうち少数の者（2014年168人）しか予備試験に合格しない。合格率約1割である。ところが、予備試験不合格者でも、翌年の法科大学院修了資格にもとづく司法試験には多くの者が合格する。今の制度が、不合理、不必要な差別を生んでいることが分かる。

3　予備試験制限の目的と弊害

（1）予備試験制度は、自民党の要求で設けられたもので、日弁連ではなかった。現在も、日弁連は、法科大学院とともに、予備試験に制限を設けようとし、廃止も唱えかねない。司法試験の予備試験の合格者数制限や受験制限（法科大学院生、25歳未満、経済力）を新たに設ける動きがある。

愛知県弁護士会司法問題対策委員会は、2012年5月、法科大学院の廃止と廃止までの間の司法試験受験資格制限の撤廃の意見書を採択し（資料2－20）、更に同司法問題対策委員会は2013年10月に予備試験の制度的制限に反対し、合格者を増加させるべきであるとする意見書を採択した（本書Ⅵ）。また愛知県弁護士会は、2012年6月に司法試験の法科大学院修了を受験資格要件とする定めを削除する決議を行った（弁護士会のホームページに掲載）。

2013年10月に開催される中部弁護士会連合会の定期大会において、予備試験の制限に反対する決議を計画したところ、北陸の三つの弁護士会の会員から金沢法科大学院との関係が密接であるから、法科大学院に不利になるような決議には反対に回ると言われ、計画を中止した。しかし、金沢の法科大学院が廃止されれば、今度は金沢大学の法学部のために、予備試験尊重の立場に変わらざるを得ないのであろう。法科大学院を少数にするのであれば、ますます予備試験を制限してはならないことになる。

（2）法科大学院関係者は、予備試験を制限又は廃止をし、司法試験の合格率を高め、法曹資格者の仕事を拡大することにより、法科大学院志願者数が激減することを食い止めたいと考えている。日弁連執行部も、法科大学院中核論の立場から、予備試験組の司法試験合格者が増加すると司法試験の合格者数をあまり減員できなくなると説明している。

予備試験の制限と法科大学院等の志願者数の問題について混乱した議論がなされているので、整理して論じるためには、まず法曹志願者数と法科大学院志願者数を区別して考えねばならない。

まず、予備試験の制限を行った場合、法科大学院志願者の減少を食い止める効果をある程度発揮するが、逆に法曹志願者全体の数を大幅に減少させるに違いない。

弁護士側が要求している司法試験の合格者減員も、弁護士が大幅に過剰である以上、法曹志願者も法科大学院志願者も減少させる要因となっている。また、決められた司法試験の合格者数の枠から、法科大学院修了組の合格者数を多く確保しようと不公平なことを考えると、予備試験の合格者数を制限しようということになる。

なお、予備試験の制限に反対する或る弁護士会の意見書の中に、理由として、「予備試験の制限という手段では志願者数を回復させることはできない」ことを強調したうえ、更に「法科大学院が法曹養成の中核であることを前提にしても、志願者減少の要因を解決しなければ、予備試験の受験資格を制限しても、予備試験志願者がそのまま法科大学院を目指すことはない」とする意見がある。ここで、法科大学院の「志願者減少の要因を解決しなければ」と指摘するのであれば、その要因が何かを指摘しなければならない。しかし、もともと法科大学院の志願減少の一番大きな理由は弁護士が過剰であることであり、予備試験制度の存在ではない。しかし、法科大学院生の減少を食い止める効果が、予備試験の制限にあることは否定できない。その人数は1000～2000人程度であろうが、そのような効果があるからこそ、法科大学院関係者は制限を主張するのである。また、弁護士過剰状況下で、法科大学院志願者の減少要因を解決する方法としては、予備試験の制限及び合格率引き上げ以外にないのであるから、上記の意見は意味が分からない。法科大学院に行くための授業料や生活費のことを言うのであろうか。それは、法科大学院の主張とかみ合わない。

（3）予備試験制限の弊害の問題は、そのことによって生じる具体的な実態を検討する必要がある。予備試験を制限した場合に、法科大学院を修了して法曹になる層と、法科大学院入学や修了を断念する層に分かれる。数としてどのように分かれるのか正確には予想が困難であるが、それで何が最も問題なのかと言うと、法科大学院入学組は、時間をとられ、借金が増えることであり、経済的理由で法曹を断念する層については、国家試験において絶対に許されない不公正、不平等な扱いを受けたことである。

従って、法曹志願者の減少の一番の原因が弁護士過剰であり、それが全く解決不能である以上、法科大学院を受験しないのは職業を選ぶ側の当然の反応（結果）であるから、予備試験の制限の一番の問題は、志願者の確保に役立つかどうかという政策の当否の問題ではなく、不公正、不平等の問題であると考えねばならない。

4　法曹の質と法曹資格の価値の回復

（1）法曹志願者減少の問題で最も深刻なことは、数よりも、弁護士過剰及び予備試験の制限により優秀で有能な人材が他に流れてしまっていることである。志願者激減それ自体は、当然の「市場原理」が働いているだけである。

弁護士業界が大幅に過剰である以上、法学部修了者年間約３万5000人のわずか１割に近い数が法曹を志願する現状を異常事態と考える必要はない。志願者が減少していても、それを回復させることを課題とする必要はない。

今、考えなければならないことは、司法試験の門戸を広く開放する一方、たとえ志願者が減少しても、司法試験の合格基準を下げることなく、合格者数を思い切って減少させることによって、本当に優れた人材が法曹を志願するように変え、長期的な視点に立って、破壊されてしまった法曹の質と法曹資格の価値及び弁護士への信頼を回復させる方策をとることである。これは、はっきりと、至急に行わなければならないことである。

（2）Ⅷ章で相当に詳しく紹介しているが、法曹養成制度改革推進会議の顧問会議の議論と2014年11月の第13回の運用により予備試験合格者を増加させないという取りまとめは、上記（1）と真反対の考え方と、方策である。法科大学院のための施策を採用することに暴走している。このようなことをやっていると、法科大学院ばかりか、弁護士も、司法も、政治すら、信頼を失うことになる。

Ⅷ　貸与制の不当性と給費制復活の必要性

1　戦後改革の給費制の発足と目的

（1）日本国憲法が昭和22年5月に施行され、給費制にもとづく統一修習制度を定めた新しい裁判所法が同年11月に施行された。裁判所法で給費制を定める時に、現在のように、弁護士になる者の返済能力や国家の財政状況は理由になっていなかった。給費制問題の本質は、戦前、弁護士の修習が無かったり不十分だったりしたことから、弁護士より裁判官や検察官が優位に立ち（官尊民卑）、そのために司法が国民の権利を擁護できず、むしろ弾圧機関となったという歴史的な反省を踏まえて、法曹の卵の全員に対し、統一修習の修習専念義務を課す一方、修習に専念できるように、給費制を不可欠だとした判断である。（資料2の25）

（2）弁護士が、司法の担い手であり、弁護士法第1条の使命を負う存在である憲法上及び法律上の位置付けを行い、その養成制度として、国家がフルタイムの司法修習制度を置く以上、給費制（2001年57億6300万円、2009年108億9500万円、2011年65億4500万円の予算）は当然のことである。

この給費制の統一司法修習制度は、広く門戸を開放し、優秀な人材を選抜したうえで、法曹三者の対等性と、法曹、特に弁護士職の公共性を保つために必要かつ効果的な政策であった。この制度があったことにより、法曹に誇り、自覚及び責任を持たせ、国民が多大な利益を受けてきたと評価すべきである。また、統一修習制度は、官尊民卑を是正して、法曹三者の対等性を確保し、法曹一元の基盤ないし一部実現となる制度であった。弁護士制度にとって非常に良い制度であるが、決して弁護士のギルドの特権擁護という批判を受けるようなものではなく、法曹が公共性を発揮するために極めて重要な役割を果たしてきた。

このように、給費制の本質は、弁護士の職務の公共性を重視し、国民のための弁護士と司法の基本的な人材確保の制度をつくろうとしたことにあるが、昭和20年代の司法修習生の数は300人程度で、その半分程度を任官者で占めていたことも事実である。そのために司法修習生の数が多くなると、司法修習制度を改変する圧力が強まるのである。

2　司法改革の給費制批判と貸与制導入

（1）今回の司法改革において、法曹に対し、「専門家の特権と独善」及び弁護士に対する「ギルドの特権」というバッシングが繰り返され、給費制についても、他の資格にない制度であるから特権だと批判を加えられ、自己負担論により廃止された。加えて、司法改革以後は合格者が急増されて、任官者が司法修習修了者の１割以下になったことや、弁護士資格を他の職業と同じ扱いにして、弁護士の公共性を薄めようとする目的があったことが、給費制廃止の背景にあった。

即ち、今回の司法改革において、弁護士バッシングの世論操作の嵐の中で、司法試験合格者の大幅増加と給費制廃止がセットで唱えられ、法務省は、早々と1994年11月に、「1500名で修習１年、2006年以後に1500名以上、2000名から3000名で修習短縮・給費制廃止」を唱え、高い価値を有する修習制度を後退させ、修習生を犠牲にしても弁護士増加を行うことを明言していた（法曹志願者の自己責任と自己負担の強調）。

（2）日弁連は最後まで戦わず、このことを承知で合格者の大増員を積極的に容認することに変わった。そのため、給費制を復活させれば、合格者が減員されるという副産物が得られると考えるのではなく、正面切って、合格者大増員を止めて給費制を復活させよと積極的に言わなければならない。具体的には、日弁連のように合格者数年間1500人で給費制を復活させよという要求ではなく、合格者数を1000人以下に思い切り減員し、給費制を復活せよと訴える賢明さを持たねばならない。

また、現在司法修習を経なくても法曹資格を取得する制度として、現行の法律事務経験を７年から３年に短縮する案が唱えられているので、この司法修習を経ない「法曹有資格者」制度が、司法修習制度を危うくすることも警戒しなければならない。更には、経済同友会が司法修習制度の廃止を唱え、法科大学院での実務教育を拡大せよと要求していることに対しても、批判的対応を十分に行わなければならない。

3　弁護士の貸与金の返済能力の低下

（1）給費制から貸与制への変更は、2011年11月入所の新65期からである。司法修習生の多くは、大学及び法科大学院時代に奨学金を利用している。新65期では、大学で30％の者が平均271万円、法科大学院で53％の者が平均340万円、合計平均489万円である（愛知県弁護士会会報2014年8月号給費制復活緊急対策本部委員児島貴子）。そのために、その後の司法修習生の貸与金利用は、圧倒的に多くなる。貸与金の利用者は、新65期は2001人中1680人、84％（2011年9月に1742人に増え、87.1％）、66期は2035人中1654人、80.8％、67期1969人中1449人、73.6％である（修習開始時の数値、上記の会報）。貸付金の予算総額は、2011年24億0600万円、2012年60億2400万円、2013年64億0200万円、2014年56億5700万円である。

（2）貸与制は給費制と比較すると、国が司法を担う法曹を養成する責任を負うという理念を後退させ、また、弁護士の公共性の意識を希薄にさせることが大きな問題である。

しかも、貸与金を返還する側からすると、この制度変更は矛盾したものに思える。即ち、修習生は人数を多くされ、弁護士過剰となって所得が著しく減少したのに、金を返還しなければならない羽目に陥ることになった。これは重大なことで、法曹志願者を減少させる大きな理由の一つになることは当然である。更に司法試験合格者において、司法修習辞退者が、年々増加し、新63期22人、1.1％、新64期52人、2.5％、新65期62人、3.0％、66期67人、3.2％、67期80人、3.9％である（上記会報）。

（3）ただ、弁護士が高額所得を得られる職業であれば貸与金を返済できることであるが、実際問題としては、弁護士大量増員によって弁護士の経済事情が悪化し、貸付金の返済が容易ではなくなっている。貸与制の問題と司法試験合格者数の過多とは密接に関連していると考えねばならない。

そのために、貸与制の移行を再検討するために、平成23年に法曹養成フォーラムが弁護士経験15年までの弁護士の経済状況を調査した。その結果、返済能力があるとの判断が下された。そのために、貸与制を批判し給費制の復活を求めるためには、弁護士（弁護士歴6年～15年）の経済状況の悪化により返済能力が著しく低下したことを指摘する必要がある。生活費は見当がつくので、主に所得の減少をみることになる。

即ち、法曹の養成に関するフォーラムの事務局が、2011年5月に調査会社に対し、2010年分の48期から62期までの弁護士の経済状況調査を委託したが、その調査結果（回収率13.4%）は、奨学金の返済が開始する6年目の57期（平均35歳）の所得が、平均値1073万円、中央値957万円であった。日弁連も、同年7月に、57期と62期の弁護士について補充調査をしたが（回収率44%）、57期の所得は、平均値1014万円、中央値857万円であった。これらの調査結果から、返済能力があるとされ、給費制の回復が実現しなかった。

しかし、この57期は、司法試験合格者1200人の期であり、2004年秋に就職し、勤務弁護士の初任給が年間600万円以上と言われ、2006年の59期は600万円以上が57%であった。かつ、過払金返還事件の報酬（年間約150万円）があった最もいい時代であった。

修習期間が1年半、次に1年4ヶ月に短縮され、勤務弁護士の初任給が年間400万円程度に落ち、過払金返還事件からの所得もほとんどなくなり、一般事件からの所得も減少した。弁護士の増加が続いているから、2012年12月に就職した65期の弁護士が、貸与金の返済を開始する2018年の所得は大きく減少する。上記の57期の6年目の平均所得約1000万円（中央値約850万円）から、初任給の減少200万円、過払金と破産事件の減少150万円及び弁護士過剰による一般事件の減少50万円、合計400万円を差し引いた平均約600万円（中央値が約500万円）に低下すると予想される。弁護士は、最初の5年だけではなく、その後の6年～15年も、奨学金及び貸与金を容易に返済できる状況ではなくなる。

（4）今回の日弁連の「65・66期会員に対するアンケート調査」（2014年7月31日～8月29日実施）の単純集計結果（回収率27.4%）によれば、

勤務弁護士と既存事務所の共同経営弁護士の固定給（年額）は、「200万円未満」から「400万円～500万円未満」までの回答の合計が52.5%であり、また、全ての就業形態（全員）の所得（年額）も、「200万円未満」から「400万円～500万円未満」までの回答の合計が53%であるから、両者とも中央値は480万円程度である。資料1の給費制復活を目指すビギナーズ・ネット作成の資料では、65期の1年目の給与（額面）に「360万円～480万円以下」までの回答が54.5%を占めるので、中央値は460万円程度である。「360万円以下」の者が23%いる。

（5）貸与制の返済能力問題で一番大きなことは、勤務弁護士の初任給の低下や初年度の稼ぎではなく、その後の売上や所得が以前の弁護士のように大幅に伸びないことである。そのために、給費制復活運動においても、将来の弁護士全体の所得減少の状況として、上記の通り、6年後の2018年が平均値750万円、中央値500万円程度であることが予想され、著しく返済能力が低下していることを強く訴えなければならない。

（6）現在、弁護士業界は、若手弁護士に限らず、人口増加と事件減少により著しく事務所経営が悪化し、舟の底が抜けたような危ない状態にある。今後も弁護士の所得は年4%程度の所得の減少が予想され、独立して事務所を持てない人及び自宅事務所の弁護士、赤字経営の人が多くなる。そのために、高額な会費と、貸与金の返済が苦しくなる人が多くなることを予想しなければならない。弁護士の所得が、奨学金及び貸与金を返還してもなおある程度の余裕をもって生活できるのでなければ、優れた人材は、弁護士になることを敬遠して他の有利で安定した職業を選択してしまう。

司法修習生の給費制の廃止は、我が国の教育費がOECD31か国（平均5.3%）の中で最下位の3.6%であることと共通した問題である。奨学金という借金漬けの教育体制から脱却し、国が国費を投入し、必要な人材の養成に力を入れなければ、国力が低下し、社会の安定を欠くことになる。

法曹養成制度改革推進会議の議論（Ⅷ章）に注意を払わねばならない。

なお、司法修習制度及び給費制・貸与制については、『司法崩壊の危機』（共著、花伝社）の白浜徹朗執筆Ⅲ章の4が詳しい。

Ⅸ 「法曹有資格者」の活動領域拡大の問題性

1 「法曹」と「法曹有資格者」の概念

（1）法曹という言葉は、法律の条文にない用語であるが、司法制度改革審議会意見書には、「プロフェッションとしての法曹（裁判官、検察官、弁護士）の質と量を大幅に拡充することが不可欠である」、「司法試験、司法修習を経て誕生する新たな参入者数」として「法曹人口の大幅な増加が急務であることは明らかである」（56頁）と記載され、日弁連も、法曹とは裁判官、検察官、弁護士を意味するとしてきた。

裁判所法と検察庁法が、判事補の任命資格として、また、弁護士法第4条が「弁護士となる資格を有する」ものとして、「司法修習生の修習を終えた者」という用語を使用している。従って、法曹資格を有する者は、司法修習修了者と考えられる。但し、弁護士法第5条は、司法修習に代わる経歴を有する者に対する弁護士の資格の例外を定めている。

中央官庁等への採用を定めた「一般職の任期付職員の採用及び給与の特例に関する法律」（2000年11月27日成立、同日施行）及び地方公共団体の一般職職員の採用を定めた「地方公共団体の一般職の任期付職員の採用に関する法律」（2002年5月29日成立）が制定され、弁護士法第30条の改正（2004年4月施行）が行われたことにより、任期付公務員が少しずつではあるが増加してきた。上記の二つの法律にも、「法曹」及び「法曹有資格者」という用語は使われていない。

（2）「法曹有資格者」という言葉は、2013年6月の「法曹養成制度検討会議取りまとめ」に初めて登場した言葉である。それ以前は、「法曹養成に関する研究会」の2010年2月の法務大臣に対する「法曹養成制度改革に関する提言」において、「法曹像をこれまでの『国内訴訟担当者』から『課題解決者』へと転換し、法曹の活動分野を拡大するとともに、養成制度を改革する必要がある」と述べているくらいである。

2014年10月の中弁連定期大会における会員と日弁連執行部との意見交換会において、金沢弁護士会の会員が「司法試験に合格したが弁護士登録をしていない者を意味するのではないかと考えられるところである」としたうえで、「『法曹有資格者』の活動領域の拡大は、弁護士自治、弁護士倫理の確保、弁護士会の強制加入団体性に対して重大な影響を及ぼすものであると考えられるが、この問題について、日弁連としてはいかなる方針で対応しているのか伺いたい」と質問したのに対し、日弁連執行部は、「原則として弁護士登録をしている人を想定し、弁護士登録することを期待しているが、強制はできない」と答え、それ以上の回答はされなかった。

（3）法律学者を含む「法律専門職」（前記司法審意見書56頁）の者が、資格にかかわる用語を曖昧に使うこと自体、極めて異例のことである。「法曹有資格者」は、これまでの「法曹」、例えば弁護士のように、司法試験合格者で「司法修習生の修習を終えた者」で、弁護士登録をした者ではなく、弁護士登録をしていない者だけではなく、司法修習を修了していない者までも含ませる意味に使う、即ち、単に司法試験の合格者の意味で使う意図で造語された言葉だと考える必要がある。その目的は、司法修習や弁護士の容量と無関係に、法曹の需要をはるかに越える多人数の司法試験の合格者を維持するためである。

しかし、「法曹有資格者」の呼称は、司法試験合格者の削減を拒否する目的で、法曹資格のない者まで、「有資格者」と呼ぶものであり、不適切な表現である。

2　「法曹有資格者」の活動領域拡大の背景と本質

（1）このように法曹養成制度検討会議が「法曹有資格者」という言葉を使い始めた理由は、法科大学院協会の関係者及び日弁連の司法改革推進派が、法科大学院の志願者が激減している事態に対して、未だに「法の支配」を理由にかかげて、司法試験の合格者を減員することに消極的で、「合格率を上げよ」（合格レベルを下げると同義）と言い、「弁護士は業務を拡大すべきである」と考え、「法曹有資格者」の活動領域の拡大を図ろうとしているからである。

しかし、まず、この問題は、法曹の志願者及び法科大学院の志願者が激減している根本的な原因が弁護士過剰で、職業的魅力を失っていることから生じている。これは、市場から、「市場原理」により反撃を受けている結果にすぎないのである。

当然、優れた人材が弁護士を目指さなくなり、志だけでなく質そのものが低下している。法曹の質の低下は、法曹養成の「中核」より前の志願の段階、即ち、法科大学院入学ひいては司法試験の段階で生じていることを確認しなければならない。

従って、弁護士過剰と法曹の質の低下を食い止め、弁護士の魅力を回復するためには、司法試験合格者数を早期に大幅に減員する方針を打ち出すこと、具体的には、年間合格者数を自然減の 500 人にすることを基本として、「法曹有資格者の活動領域の拡大」の必要状況に合わせた需要（やや余裕をもって当面 300 人）を加算した合計 800 人程度としなければならない。そうしなければ、優れた人材に対し、現在の深刻な危機を救うメッセージにならないのである。

（2）それにもかかわらず、今、「司法改革推進」と称して行おうとしていることは、法科大学院制度のために、無理に司法試験合格者数を 1500 人以上に維持することを死守し、大量の「法曹有資格者」の濫造をそのままにして、「法曹有資格者の活動領域の拡大」を図ることである。かつて、1990 年代の合格者増員策の理由に、過疎地の「０－１マップ」や被疑者弁護の弁護士不足が利用されたが、現在の様相は、それに似ている。これらの対策として、多少の弁護士増員が必要であったが、大幅な増員は全く必要でなかった。そのために、合格者増員が短期間に弁護士過剰をもたらしたのである。

弁護士過剰をもたらした司法試験合格者数を大幅に減員することなく、その代わりに、「法曹有資格者」の活動領域を拡大するという政策は、現在の弁護士過剰の対策及び今後の法曹の活動領域の拡大を不適切なものにする。

（3）加えて、もともと、「法曹有資格者の活動領域の拡大」の対象分野の多くは、司法の分野ではなく、行政やビジネスの分野である。基本的には、学生に従前の２倍の期間とお金を使わせなくても、法学部などの学部の教育課程や専門学校で学んだうえ、OJT で対応すべき分野である。

我が国では、これまで法学部修了者が平均年間約４万人、合計約 200 万人も社会に輩出され、実社会において適材適所で役割を果たし、それで足りてきた。

従って、学生に時間と金を負担させる法科大学院への入学を推奨し、司法試験合格者を増やすが、法曹にならない「司法修習を受けない司法試験合格者」や「弁護士登録をしない法曹有資格者」という中途半端な存在を大幅に増加させる必要性は、基本的にはないと考えるべきである。

３ 「法曹有資格者」の活動拡大の対象領域の需要と執務環境整備

（１）企業へ就職する弁護士は、10 年前に年間 20 〜 30 人であったのが、今期の企業内弁護士は、953 人から 1179 人になり、１年で 226 人増加した。企業内の「法曹有資格者」の総数が、今後も一定期間増加する可能性はある。

企業内弁護士が増加する原因は、司法試験合格者を年間 2000 人にしたが、法曹の需要は増加せず、就職難で、弁護士過剰が深刻化して行く見通しの中で、企業に就職した方が経済的に有利であると判断するからである。

企業内弁護士の増加は、概ね今回の司法改革において、弁護士は「ギルド」「特権階級」というバッシングをひどく受け、危機的状況になり、弁護士になることをやめて、組織内の従業員に進路変更したからである。

しかし、弁護士を長く経験した者であっても、ましてや司法修習を受けない者、弁護士登録をしない者及び弁護士経験が浅い者が、身分と職務の独立性の保障がないまま、企業内弁護士になることは、我が国の自主独立の弁護士制度とは異質な層を増大させ、顧問弁護士などの役割をも減少させることになる。

従って、弁護士激増の発生源である司法試験合格者数を減員させ、適正な弁護士人口及び自主独立の弁護士制度を守りながら、企業就職者が本当に法曹として働ける職務環境が整備されて行かなければならない。そうしなければ、企業内弁護士が、実際には「法の支配」とはほど遠く、まさに「お抱え弁護士」として、弁護士と国民が対立する状況が増加する結果を発生させることになる。

（２）また、２～３年の任期付公務員の弁護士（日弁連に登録）は、2014年６月１日現在、中央省庁等107人、地方公共団体44人、合計151人である（他に、弁護士登録をせず、任期付でない者がいる）。弁護士人口問題としては、増加すれば弁護士の仕事と競合し、短期間のサイクルで入りと出が一緒になり、それほど弁護士過剰を解消する制度ではない。少なくとも、任期付では身分保障が不十分で、法曹有資格者として使命が果たせないので、法律を改正して任期という条件を取り払わねばならない。

（３）更に、海外で活躍する弁護士であるが、渉外事務所の所属弁護士は1700人程度にとどまり、ここ10年においても、弁護士の全体の増加率と同じ程度しか増加していない。海外で活躍する弁護士の養成については、渉外事務所での養成以外に、法学部や司法修習の修了者を国費留学生として毎年多数派遣する方法や、一部の法学部の大学院に特別なコースを新設し、必要な人数だけ養成する方法が今の法科大学院に国費を使うよりも合理的である。ましてや、司法試験の合格者を高止まりさせる必要はない。

（４）以上の三つの分野の弁護士の増加は、ここ10年くらいの間に、概ね合計1200人（年平均100人）程度である。これに対し、弁護士は、司法審意見書が発表された2001年３月末の時点の１万8243人から、2014年４月までに３万5000人を越えて、約１万7000人増加している。三つの分野の弁護士の増加分は、増加分全体の８％を占めるにすぎない。今後、この需要が倍増しても、年間250人程度であり、これに以前の司法試験合格者数年間500人を加え、余裕をみて合格者800人程度で十分に補給できる。

４　「法曹有資格者」構想の危険性と回避策

（１）2001年６月12日の司法制度改革審議会意見書は、「司法部門が政治部門とともに『公共性の空間』を支え、法の支配の貫徹する潤いのある自己責任社会を築いていくには……法曹の役割が格段と大きくなることは必定である」と述べ、そして、弁護士業に関する規制緩和の一つとして、報酬のある公職の兼職を原則として禁止していた弁護士法第30条（兼職及び営業等の制限）が、2003年11月29日に、兼職ができるように変更された。

今回の司法改革において、法曹有資格者拡大構想は、「基本的人権の擁護と社会正義の実現」に取って代わった「法の支配」の名のもとに、法科大学院のために大量の法曹有資格者を濫造して、余剰人員が法曹以外の仕事に就職する事態を拡大していこうとするものである。この構想は、司法と弁護士が充実、強化されたことを意味するものではない。むしろ、「法曹有資格者の活動領域の拡大」という政策を、十分な議論もせず、就労条件の整備も行わずに推し進めると、大きな弊害を生む。

「法曹有資格者」は、独立して職務を行う「法曹」とは違って、組織の中で上からの指示に従って法務などに従事する者であって、「法曹」とは仕事や内容が大きく異なる。このような法曹有資格者制度は、これまでの司法の独立を支える自主独立の弁護士制度とは異質なものである。弁護士過剰による就職難のために組織に就職する傾向を強めることは、むしろ「お抱え弁護士」（Ⅳ※19）以上に弁護士の信頼を低下させ、司法の衰退をもたらすことになる。

（2）最近、さかんに取り上げられている活動領域についてであるが、税金、保険料、年金などの徴収は行政の仕事であり、また、高齢者、障害者、未成年者、DV、ストーカー、クレーマー、服役者、大災害の被害者の対策も行政の分野である。根本的な問題として、この分野の法律相談、及び訴訟などの仕事を、独立した弁護士ではなく、行政に所属する弁護士が行うことが、「法の支配」として適切な体制かどうかについて、慎重な議論が必要である。ドイツでは、企業内法律家は企業の代理人として訴訟活動をすることを法律で禁止している。

更に、身分保障の不十分な法曹有資格者が、経済的強者の代理人となるが（この場合、「お抱え弁護士」以下の「傭兵」）、相手方は、弁護士に相当な報酬が必要となるため依頼をあきらめたり、依頼が不可能な者が多く出るという事態を想定しなければならない。力の不均衡を悪化させないために、ローマの護民官のような制度やリーガルエイドを手直ししたうえで飛躍的に拡大しなければならない。

（3）法曹有資格者拡大構想について、司法界に属する法曹が、自分達の活動領域を拡大してもらえる有り難い構想だと考えるのは、完全に誤解である。逆に、この構想は、企業と官界に属する法務従事者に対し、法曹資格の付与を拡大する制度となる。法曹資格者数のインフレとなり、資格の価値の切り下げとなり、弁護士制度の存在価値を低下させることになる。

加えて、この構想においては、「法曹有資格者」になる層を独立型の法曹になる層と一緒に養成し（教育内容の変更）、同じ国家試験を行い（試験内容の変更）、合格者が司法修習を受けず（7年の企業や官庁の実務経験を3年に短縮変更を要求）、弁護士登録を行わず、会費、委員会活動、監督を免れることなどが考えられる。それにとどまらず、弁護士法第72条（非弁活動の禁止）違反と弁護士自治（強制加入制）の例外を認めることになりかねず、司法の独立及び弁護士法第1条を後退させることになる。

この構想は、行政及び企業と司法の関係を曖昧にし、戦後の司法改革により獲得した自主独立の弁護士制度に重大な影響を与え、戦後の司法改革を逆回転させ、根本的に弁護士制度の改悪をもたらす危険性があると考えねばならない。

更に、「法曹有資格者」が企業や官庁に就職すれば、OJTを確保したことにされ、司法修習を経ずに法曹資格が得られ、法曹の養成と資格の制度に対する大きな「例外ルート」になる。また、5年を経れば貸与金も返還できるとして、更には、司法修習制度及び給費制度の廃止を正当化することになりかねない。

（4）従って、前述したように、本来行政の分野で法的な問題と対策を抱える場合は、基本的に各地の弁護士会の専門委員会と連携して対策を協議し、顧問弁護士の推薦を受けて十分な数の弁護士と顧問契約を結び、弁護士会の法律相談や法テラスを利用する方法をとるべきである。

加えて、以上の諸対応策を十分に確立しながら、一方で、組織内弁護士の執務環境を整えねばならない。但し、弁護士登録をしない者は弁護士ではないので、弁護士の業務は一切禁止すべきである。

もし、そのような職種の必要性が大きければ、異なる職業として、少なくとも法曹資格とは別の資格制度（例えば「法務試験」による「法務主任」資格）を作り、法学部や専門学校のほか、法科大学院をその養成機関に生まれ変わらせるなどして、司法試験、司法修習及び法曹資格の取得を目的とするものとは別なものにすべきである。

（５）法学部及び法曹養成の制度が我が国と似ているドイツでは、ロースクール制度はなく、法学部（３年半）と司法修習（２年）で、各段階終了時に第１次国家試験（合格率約70％）と第２次国家試験（合格率約85％）がある。1995年から第２次国家試験の合格者が１万人程度に増加した。弁護士人口は約10万人を越え、大幅に過剰状態にあるが、裁判官も約２万人を越える（『法曹の比較法社会学』、広渡清吾編、東京大学出版会、2003年）。ドイツの法学部入学者は、日本の３分の１程度、卒業者は４分の１程度と推定され、ドイツでは裁判事件数が非常に多く、ドイツの裁判官と弁護士の人口比は１対５と裁判官が多く、日本は１対10と裁判官が少ない。そして、以前から、裁判官、検察官、行政官、企業内弁護士及び大規模法律事務所に就職し、それらに就職できなかった者が、細々と、いわゆる「マチ弁」になる。企業内弁護士と権利保険制度が弁護士需要を支配している。弁護士報酬が低く法定され、弁護士会活動もせず、兼業しなければ事務所と生活を維持できない者が多数出ている。

我が国でも、司法試験合格者の就労状況がドイツのようになっていく可能性があり、このような弁護士の変容が、「司法改革」の狙いであったとする見方が正しかったことになる。但し、我が国では、法学部修了者は多いが、法曹資格をとる者がその２～３％と少ない社会であったために、ドイツのような状況になる前に、進学と職業選択の市場原理により法曹資格取得志願者が減少してしまう可能性が強い。

そうなると、日弁連の2012年３月の司法試験の合格者数1500人提言は、2009年３月の日弁連の2000人提言と同様、司法試験合格者数を高止まりさせることに利用される、全く先見性を欠く提言だったことになる。

（６）法曹有資格者の活動領域の拡大構想とは、司法試験合格を目的（売り物）とする法科大学院のために合格者数を減員しない方策であるから、大幅な合格者減員を要求する側は、法科大学院制度と法曹有資格者構想（制度）を批判的に検討し、対応策を考えることを避けて通れないはずである。

この問題を避けて通ろうとする合格者減員運動は、結局のところ、弁護士の職域拡大及びOJT不足を補うための若手法曹支援策などに力を振り分けることになる。それでは大幅な司法試験合格者減員を実現することにつながらず、弁護士過剰という弊害の根本原因を解消する運動とはならずに終わる。法科大学院の惨状を見ながら、その終焉を待つのみとなる。

なお、「法曹有資格者」については、『司法崩壊の危機』（共著、花伝社）の武本夕香子著Ⅱ章が詳しい。

X　法曹養成制度の適正化構想
（法科大学院の再設計と司法修習の拡充）

1　法曹志願者の経済的事情と判断基準

（1）法曹をめざすまでの動機と経緯、法学の修得に要する時間、自分に合った勉強方法などは、人それぞれであり、それを広く許容することが、司法にとって最善である。学生は基本的に経済的な余裕がなく、また、余裕のある家庭も多いわけではない。我が国の教育機関への公的支出のGDP比は、OECD31カ国（平均5.3％）の中で最下位の3.6％であり、大学の中退者が毎年7万人に達し、学生は借金（奨学金）漬けの状況に置かれ（本書のⅧ章）、就職及び就職後も厳しい。

現状は、多くの学生が、親も子も無理をして学費と生活費を負担している。そのため、資格を取得しようとする者が勤勉であればあるほど、学部在学中または就職しながら精一杯法律の勉強をして、大学院に行かずに済むようにする。大学院に行ったとしても途中で切り上げて、なるべく経済的負担の少ない方法をとろうとする。これは、子として親に対するごくあたりまえの気持ちと生き方である。それを、大学院側の都合で、法律などで制限することは間違いである。

（2）もし、経済的に余裕のある学生に対しては予備試験の受験資格を与えず、法科大学院修了後にしか司法試験の受験を認めないとした場合には、その経済的事情の基準をどの程度のものにするのかが問題となる。生活に困窮しているか否か、大学院に進学できているか否かという外観を基準とするのではなく、親に無理をさせずに、多額な奨学金を借りずに大学院に行けるほど、経済的余裕があるか否かを基準とすべきである。65期司法修習生から始まった貸与制のもとで、貸付を受ける者が約85％に達している事実からして、経済的に余裕のない者が圧倒的多数である。余裕のある者が例外的であり、例外に合わせるような制度は最悪である。

2　法科大学院の限界

（1）法曹養成制度の中核に位置づけされている法科大学院制度は、法曹資格の取得を目的とする制度でありながら、法曹自らが法曹養成を行うという歴史的な制度を、法曹以外の者が覆そうとするものであった。いわば実績のない者が、弁護士不足と予備校被害の妄想にもとづいて行った「革命」であった。

この「革命」は、従前の法曹を意図的に低く評価し、法学部を軽視し、受験勉強や知識偏重をひどく批判した。適性試験を導入し、予備試験制度を敵視した。一貫して、司法修習期間の延長及び給費制の復活にすら否定的である。2014年9月合格の68期から、同年12月に約3週間の導入的集合修習を行うことにしたが、極めて不十分な対策である。

（2）未だに、法科大学院志願者減少の原因が弁護士過剰による経済基盤の低下であることを認めようとせず、予備試験を制限し、司法試験の合格率を高めれば志願者が増加すると主張している（2011年3月27日の日弁連の法曹養成の緊急提言、2013年6月26日の法曹養成制度検討会議の取りまとめ、2014年6月9日の6大学の予備試験制限の緊急提言、2014年11月の法曹養成制度改革推進会議の顧問会議の中間取りまとめ）。

この法科大学院擁護の理念は、弁護士に対して特権批判をしながら、法科大学院としては自ら特権を要求するという矛盾を犯している。

（3）それはさておくとして、現在の司法試験の合格者は、昔（1990年まで）の4倍の2000人に増員され、合格率も10倍の25％程度である。試験のハードルが下がっているのだから、もし就職先の弁護士業界が弁護士過剰でなく、法曹資格の価値が低下していなければ、間違いなく法曹志願者は増加こそすれ、減少しないはずであった。

ところが実際には、大幅に弁護士過剰であるから、時間と金のかかる法科大学院は割に合わないとされて志願者が激減するのである。資格取得のために時間と費用が2倍かかるのに、資格の価値が何分の1かに暴落したのでは、矛盾を感じる人がほとんどだろう。出願者が減少するのは当然のことである。そればかりでなく、極端に入学者の質も落ち、制度が破綻する。もともと、校数の多い法科大学院制度は、全体の司法試験合格者数を多く設定しないと成り立たないので、法曹需要が少ない社会と矛盾する制度である。

（４）法科大学院の志願者は当初の12分の１くらいになり、法科大学院の入学者は、ピーク時の5766人から、2014年には2272人、2015年は1900人程度になり、2017年には1500人程度になることさえ予想される。しかも、大学院をまともに修了できない者が３割を超えている。（Ⅴ章の図表９～15）

法科大学院側が、現在の志願者減少と人材の劣化の現状に目を瞑って、予備試験を制限せよ、合格率を高めよと要求するのは、極めて無責任である（2014年６月９日の東大、京大、一橋大、早大、慶大、中大の予備試験制限要求の法務大臣あて緊急提言）。

冷静に考えれば分かることであるが、弁護士業界は、ここ10年間で、数十年先の増員分まで供給を行い、既に１万人程度の過剰人口を抱えている。このような人口過剰業界に対し、新規参入者を多くする必要は全くない。工場で大量生産した商品が世の中に溢れかえっている時には、工場は減産体制に入るか、製造を中止して他の商品の生産に切り換えるか、それができなければ、工場閉鎖である。

法科大学院の幹部は、法曹志願者の数を回復させること自体を課題や目的にする必要がないばかりか、社会に弊害をもたらす政策を押しつけていると言わざるを得ない。

３　法学部の充実と法科大学院の再設計

（１）法学部、司法試験及び法曹養成の制度設計は、新たに外国から仕入れたものではなく、我が国のこれまでの制度と社会に合うものでなければ無理が生じる。法科大学院制度は、行政、経済及び政治を担うことになる優秀な人材が豊富に在学する法学部の教育を一斉に手薄にして、急に法科大学院の教育に熱心になった。我が国の法学部、司法修習制度及び弁護士隣接業制度を踏まえず、かつ、社会の実際の弁護士需要をひどく過大に見積もり、更には、国の財政負担の飛躍的拡大が見込めないのに設計ミスを犯して造った制度と言わざるを得ない。

人口過剰が明らかになり、問題性が露出した法曹教育に、研究者の多くがしがみつく必要はない。大学関係者が司法に貢献するのは、法曹資格取得を目的とする法科大学院で生徒を教育することではなく（それは、先輩の法曹の役割りである）、法と法社会学の研究、法学部教育及び実務の批判が一番大切である。法科大学院制度が、研究と研究者養成を犠牲にしている点は、勇気をもって当事者の大学関係者がはっきりと主張すべきことである。

（２）もともと、法曹養成のあり方としては、司法試験の合格を目指す教育課程の原則となるように法学部を充実させるべきであった。そのために、法曹養成に絞った（法曹資格取得目的）需要の少ない大学院制度は廃止し、もし、法曹教育専門課程が必要ならば、法学部の中に設けるべきである。法学部を充実させるならば、現在の法科大学院は法学部の重複でしかなく、特別に高度な分野について教育をしているわけではない。

今回の司法改革では、司法試験の合格者を大増員し、合格レベルを下げようとしたのであるから、制度として、わざわざ法学部の上に大学院を作る必要はなかったのである。仮に、法科大学院が法学部の重複ではなく、法曹になるために不可欠な内容を教育しているとしても（それが何かははっきりしないが）、法学部と司法修習制度の授業で行い、更に司法試験及び司法修習の終りの二回試験を幅広い内容に変更すれば足ることである。現行の法科大学院は法曹養成に不可欠な制度ではない。

他学部出身者が法曹を目指すならば、法学部か予備校か、独学するかの方が合理的である。予備試験制度を問題にする前に、法学部と司法修習制度を充実させ、法科大学院制度こそ見直しの対象とすべきである。

なお、法科大学院創設の前のことであるが、大学の法学部の授業でさえ、多くは司法試験志願者に不人気であったことを忘れてはならない。ほぼ同じ陣容で、年限を２～３年も引き延ばすという大学院制度を作ったのは、矛盾の拡大であった。

（３）もし、本当に法系の大学院が必要ならば、法曹資格の有無に関係なく、法学部ではできない特殊で高度な各種の分野の専門職大学院に再設計すべきである。その際、企業法務、公務員、渉外、高齢者・障害者、その他の福祉分野など、分野毎に別のコースを設けなければ、大学院としての専門性を持ち得ない。即ち、短期間に幾つかの分野をマスターさせようとする教育制度は中途半端なものとなり、専門家養成とは言えない。ましてや、司法試験合格者がいない法科大学院でこれらの教育を行うとしたら、法学教育及び法曹養成自体が留守になる。

加えて、司法研修所において司法修習の期間を２年以上にしたうえで、従前の司法研修所の前・後期の集合修習の内容、法科大学院での基礎法、特別法、展開先端科目、外国語と外国法及び上記の企業と官庁の法務と社会福祉分野等の一部について、研究者と実務家の協力を得て司法研修所で行う方法もある。

そして、上記の新しい法系の専門職大学院の修了に伴うものとして、資格制度を創設するならば、例えば「法務主任」と「福祉士」などの名称を使い、法曹資格とは別にすることが合理的で適正である。

（４）今回の法曹養成制度の改革は、受験資格を得るために個人的に多額の資金を必要とする制度に変えたことが大問題であった。

そして、国の資金は、司法試験に合格していない者（第１段階）に広く浅く投下するのではなく、司法試験に合格した司法修習生（第２段階）に集中的に投下することが有効である。法曹にもっと幅広い教養が必要ならば、法曹資格の取得を目的とせず、研究者の協力を得て、司法修習段階を充実させるのが効果的である。

更に、上記の通り、社会的要請があるならば、司法修習修了者（第３段階）の希望者と他の分野の多様な人材を対象として、再設計後の法系専門職大学院で特別にいくつかの高度な分野について養成をすべきである。その費用負担は、国家的投資として国庫負担とすべきである。

自己責任と自己負担だけの論理では、広く人材を得て特別に優れた者を養成する制度にはなり得ない。

４　予備試験の受験資格制限及び廃止論に対する批判

（１）法科大学院の志願者が10分の１以下に激減する一方、予備試験の受験者が増加している。そのために、予備試験受験者の増加を問題視し、その対策として、「経済的に困窮した人」や「実社会で経験を積んだ人」以外は予備試験の受験を禁止する動きがある。

また、「法科大学院在学生」や「25歳未満の者」の受験資格を否定したり、予備試験の合格者数を制限したり、それが不可能ならば予備試験制度自体を廃止し、法科大学院に行かざるを得ない制度にする意見が公然と語られている。

これらの意見は、優れた人材を集めるという目的からすると、排除と強制による後ろ向きの制度と言うべきである。それにとどまらず、不公正、不平等であり、合理性も妥当性もない。

これまでの法科大学院創設、予備試験の受験資格制限及び予備試験の廃止の議論は、発言の機会を与えられていない弱い立場の被教育者の意見を聞かず、一方的に負担をかけさせる政策を主張してきた。このような当事者無視のやり方を止めなければならない。

（2）法科大学院制度は、短期間に十分な議論もされず、採用することが決められた。しかし、以前の司法試験制度で合格して2年間修習した法曹が、実務専門家として何か問題があったのであろうか。また、今後、予備試験と司法試験に合格し、1年間の修習を経た者に、法科大学院修了者と比較して、何か問題が生じるのであろうか。逆に、法科大学院に優秀で有能な人材が集まらず、法科大学院出身者の能力と基礎的学力の低さが問題になっているのではないか。

法科大学院制度は、これまでの司法試験と司法修習制度のような、優れた人材を法曹界が確保する制度になっておらず、司法を傷つけたと言わざるを得ない。

（3）予備試験の年齢制限は、19歳の大学2年生の頃に本格的に法学の勉強を始めた者が、25歳になるまでの6年間、司法試験を受験できないとする制度であり、全く不合理である。また、法科大学院生の受験制限は、法学部を卒業して法科大学院に進学しなかった者は予備試験を受けられるが、一旦法科大学院に入学してしまうと予備試験を受けられないとするもので、この区別にも合理性がない。

若くて学習能力の高い時期に無駄を強いる制度は、設計が間違っていると考えねばならない。そのため、法学部から法科大学院への飛び級制や早期卒業制を設ける意見が出ているが、「プロセス教育」と矛盾しないのか、法学部を充実させることが先決である。但し、法学部在学中や法科大学院在学中に司法試験に合格したら、そのまま司法研修所に入所できる制度であっても、何も不都合はない。

（４）予備試験について、本来、法科大学院修了者以外は、「社会人らを想定した試験」に限定すべきであるという考え方も強調されている。しかし、現在の予備試験は、法科大学院に行かなくても試験に挑戦できるという制度であって、社会人経験の有無と関係ない制度である。逆に、法務省や最高裁判所は、昔から、長い受験期間や高齢者を望ましくないと考え、受験回数制限や高齢者排除のための年齢制限を主張してきた。もともと他学部出身者が法曹を目指すならば、法科大学院ではなく、法学部か予備校か、独学するかの方が合理的である。法律を学ぶことは、良い教科書、教材があればできることである。

（５）法科大学院制度を高く評価するマスコミ、法科大学院関係者及び日弁連執行部は、予備試験ルートを「特急コース」や「例外コース」と言って批判するが、大学２年頃から専門の勉強をし、２～４年間で国家試験に挑戦し、修習期間を経て資格を取ることに対し、特急コースや例外コースと悪評することはない。それは制度の作り方次第で決まることである。

日弁連の 1994 年 12 月開催の臨時総会の法曹人口と法曹養成に関する関連決議は、総合的な司法基盤整備計画ができるまでの当面の５年間、司法試験の合格者数を年間 800 人としたことがあるが、この合格者数 800 人を法科大学院修了組と予備試験合格組に 400 人ずつ配分するという方法を想定してみよう。

予備試験組が、以前の司法試験のように「普通コース」と考えられることになり、合格ラインが高くなり、きっと法科大学院組よりは多様で優れた人材が得られることになるであろう。予備試験組を批難する前に、このような予備試験組と法科大学院出身組について、試験制度としては全く公平・平等に扱い、法曹になって以後の活躍の違いを調査して、あるべき法曹養成制度を検証し、見直してみるのが公正なやり方である。

予備試験制度にクレームをつけて法科大学院制度を守ろうとする前に、法学部と司法修習制度を充実させることを考えるべきである。そして、法科大学院制度の方は、法曹資格の取得と関係ないものにし、特殊な分野の法系専門職養成を目的として作り直す。このような制度の方が、社会のニーズに合う。

このようにしなければ、法科大学院は、金のかかる文科省公認の、合格者を多く出せない予備校にすぎず、本来の大学院としての価値がない。

5　法曹志願者を「入口で絞る」説に対する批判

（1）現行の法曹養成制度は、以前の司法試験と司法修習制度のように、厳格に選抜したうえで十分に養成するという方法を著しく後退させてしまったために、優秀で有能な人材を法曹界が確保できる制度ではなくなっている。そこで、法科大学院側から、司法試験の合格率を高め、受験勉強を緩和させる目的で「入口で絞る」方法が唱えられ始めた。

旧制度は、司法試験という入口を絞り、司法修習修了（司法研修所の２回試験）という出口を緩めていたと言えるが、今回の「入口で絞る」説は、どの段階の「入口を絞れ」と主張するのであろうか。法学部や司法試験ではなさそうだから、法科大学院の入学か、そこでの進級で絞れということになる。

しかし、まず、法科大学院の総定員が半減したにもかかわらず、法科大学院入学志願者の数が、総定員の1.7倍程度しか存在せず、優れた人材が少なくて、入学者は全く定員を充たさないことになる。法科大学院の入学制度にほとんど選抜機能がない。この現実を無視して、法科大学院の入学で「入口で絞る」方法をとるというのは、およそ夢物語である。

また、本当に「入口で絞る」方法をとるならば、法科大学院の入学試験は、国家試験で競争率が相当に厳しく公平な試験を必ず行わなければならない。現在の適性試験で絞ることは不可能であり、司法試験に近い試験になる。それならば、従前の司法試験と２年間の司法修習制度の方が余程優れていることになる。

（2）今、法科大学院を20校くらいに減少させる政策がとられ始めている。この政策は、予備試験を著しく制限又は廃止することによって、法科大学院の入学者を年間2000人くらい確保し、高い合格率の司法試験を実施しようという考え方に立っていると思われる。この改革の方向は、韓国の法学専門大学院に近い制度である。韓国の就職難は日本の比ではない)。

しかし、このような法曹養成制度は、優秀かつ多様な人材を確保することに失敗し、ますます法曹の人材の質も幅も狭める結果となるであろう。このような制度は、一部の者が金で特典を買う制度であり、特権化する。門戸を開放し、広く人材を求めて、優秀な者を登用する制度にはなり得ない。

6　法科大学院の根本的な設計ミス

（1）現状の危機について、就職難だから法曹志願者が激減しているという言い方や、OJTが不足しているから司法試験の合格者を減員すべきであるという主張は、間違いではないが、的を射た言い方ではない。

今回の司法改革最大の狙いは、法科大学院を造り、弁護士の大幅過剰を作り出し、弁護士報酬を切り下げ、弁護士の質を変えることであった。その結果、弁護士は既に大幅に過剰な状況にあり、売上や所得が激減し、法曹志願者が減少することは当初から分かっていたことである。

弁護士過剰が明らかとなり、優れた人材は、今の弁護士業界のように質が落ち、みっともない広告・宣伝が繰り返される過当競争の業界ではなく、もっと有利で魅力のある職業を目指すことになる。法曹になることが敬遠されて、今後、予備試験の受験者でさえ、優れた人材は少なくなるであろう。

法科大学院に至っては、このままでは入学者が1500人以下になり、留年や退学をせず修了する者は1000人以下になる。これは、弁護士業界が大幅な人員過剰であることによる極めて当り前のことで、いくら審議会を重ねても、この流れは変わらない。

（2）戦前の制度を教訓として、司法修習生は、もともと、就職先がなくとも、司法修習と資格制度のもとで自営できるように養成されるべきであるとされた。事務所及び生活を維持するだけの収入を稼げる弁護士需要が実際に存在するのであれば、就職難であっても、独立して開業すればよく、志願者はそれほど減少しないはずである。ところが、弁護士人口に見合った弁護士需要はなく、将来は、もっと悪化することが目に見えているから、弁護士志願者が激減しているのである。

弁護士は、医師の資格取得より約２年余分にかかったうえ、医師の所得の３分の１程度の約900万円、中央値は600万円である。弁護士の所得には大きな格差が生じているうえ、中央値の所得額では生活さえ維持できない人が出る。それでは弁護士業界は人気のない業界になる。法学部卒で大企業やエリート公務員になった方が有利である。弁護士が「魅力ある自由業」でなくなったとされて、優秀で多様な人材が集まらず、弁護士倫理も崩れ、その結果、弁護士統制が強まることになる。

（３）法科大学院の全国統一適性試験の受験者の実数は、2015年には3300人程度となり、法科大学院入学者は2000人を下回る。これまで、法科大学院の退学者（司法試験合格者を除く）は、2008年度に初めて500人を超えて501人となり、最高は2011年度666人で、2013年度は481人である。法科大学院の標準年限修了者の割合は、2005年度92.6％、2006年度80.6％から、2013年度68.7％へと低下している。

法科大学院入学者の激減より一層深刻なことは、入学者の中で、優れた者の割合が著しく減少し、いわば人材の空洞化が生じていることである。仮に、法科大学院の入学者を「入り口で絞る」として、1000人に絞ったとしても、優秀な者はその一部に限られ、全体としては大学院生の質が保てない事態になるであろう。それだけ、法曹と法科大学院は、必要性を減少させ、人気を失っているのである。

７　不必要な司法試験合格者激増と法科大学院制度

（１）1970年から1990年まで、司法試験合格者数は500人程度であった。そのうち、1981年から1984年までは、法務省が合格者を450人程度まで減少させていたところ（図表２、３）、1985年のプラザ合意前後から急にバブル経済が進められたため、一時的に弁護士需要が急増し、1986年から 1990 年まで任官希望者不足になった。そこで、慌てて法務省が、任官と渉外事務所のために若手の合格者の増加を打ち出した。しかし、1990 年８月にバブルが崩壊した途端に、1991 年からは、司法修習修了者が 500 人でも任官希望者不足はなくなったのである。

1991 年に司法試験合格者が 600 人となり、1994 年４月に修習を修了している。1994 年には合格者が 700 人となった。バブル崩壊後の我が国に、過疎地を除き弁護士不足はなかった。そのために、1994 年以後の司法改革の論議において、多くの弁護士及び研究者が、司法試験合格者の大幅増加は不要で、1000 人以下で足りるとし、法科大学院創設も不要であると考えていた。

当時、弁護士を増加させる理由として、いつも過疎地の存在が指摘されていたが、過疎地と低所得者層への不十分な対応は、弁護士人口の不足が原因ではなく、弁護士報酬等の支払能力の公の助成措置の欠如が原因であった。

（２）続いて、司法試験の合格者が、1999 年に 1000 人（54 期）に増員された。それにもかかわらず、資料に基づかない司法制度審議会の議論により、2010 年８月に合格者年間 3000 人に増加する計画が打ち立てられた。

司法試験の合格者が 2002 年から 1200 人（57 期）、2004 年から 1500 人（59 期）と増員された。ところが、60 期が就職した 2007 年 12 月から、明らかに就職難が生じた。それにもかかわらず、2007 年から 2013 年までの６年間は、司法試験の合格者が年間 2100 人程度が続き、弁護士が 2008 年３月の約２万 5000 人から 2014 年３月の約３万 5000 人となり、１万人が弁護士過剰となった。今後も、毎年千数百人の過剰人員を上乗せして行くのである。

（３）これまでの弁護士の実需状況を踏まえて具体的に必要な合格者数を推計してみると、多く見積もっても、結局のところ既に弁護士過剰であるから、普通の弁護士と任官者については、自然減少の年間 500 人以上は供給不要である。海外分野と組織内弁護士になる人材として多めに年間 300 人を考え、合計 800 人で十分足りる。但し、就職難で上記の 500 人から企業内弁護士となる者が多くなるので、その分を減員することになる。

しかも、過疎地、海外分野及び組織内の弁護士の需要は、10年程度で充足され、要らなくなる可能性が高い。

（4）このように、弁護士を大幅に増員させることが目的の現在の法科大学院制度を存続させる根拠は、全く無くなっていると言わざるを得ない。

全く新しい法系大学院は、法曹資格の取得とは関係のないものとして、人数的には小規模であるが、いろいろな特殊分野にわたる専門性の高い教育内容にすべきである。そして、このような需要は、全国で数校で足りる。しかも、学生が授業料や生活費を負担するのであれば、定員を充たすことはないであろう。

但し、現在の法科大学院のエリート校が、これまでの法曹養成の法科大学院を継続することを希望するならば、それは尊重されるべきである。しかし、その時は法科大学院修了を司法試験の受験要件から外し、予備試験も廃止して、大学の教養部修了者の全ての人が直接に司法試験を受験できるようにするべきである。

8　アメリカのロースクールと経済同友会の提言批判

（1）今回の司法改革のうち、弁護士大幅増加と法科大学院創設はアメリカの真似であるが、アメリカには法学部がなく、大学卒業後のロースクールは3年制である（2年制への短縮論が出ている）。200校を越え、1学年約4万人、弁護士資格者は120万人である（『アメリカ・ロースクールの凋落』ブライアン・タマナハ著、樋口和彦・大河原眞美共訳、花伝社、2013年）。日本の法学部は100校近く、1学年約3万5000人、社会に200万人程度の法学部修了者が存在し、法科大学院は70校程度、1学年はピーク時の5776人から2000人以下になる。

一方、弁護士とよく比較される医師の数は、アメリカが約70万人、日本が約30万人で、医師については両国とも適正な人口政策をとってきたので、過剰問題が生じていない。アメリカでは、医師の社会的評価は高いが、弁護士の評判が最悪で、その原因は、養成制度と人口政策の違いである。

それなのに、日本の司法改革は、なぜ悪いアメリカの法曹養成モデル

に変更したのか。司法改革の時代は、冷静さを失っていたと言うほかない。(資料2の15)

（2）新自由主義的な立場から、今再び、予備試験及び司法修習制度を廃止して、法科大学院制度に実務修習を移し、その後は分離修習にするという案が唱えられ始めた（2014年5月9日の経済同友会の提言)。

しかし、法科大学院は、大学医学部の附属病院のような実務修習の場所となるような施設は存在せず、実務家中心の教授体制もない。

実務修習は、司法研修所制度のもとで統一平等に、現場である裁判所、検察庁及び法律事務所で行う現行制度が一番いい。経済同友会の司法修習制度廃止の提言は、国家の法曹養成責任を抛擲して、自己負担と自己責任論の立場から、法曹の質は競争原理で確保することが可能であるとする。しかし、それは妄想であり、この方法では、弁護士法第1条を空文化させ、国民のための司法を衰退させる。

韓国は2009年3月に25校、定員合計2000人の3年制の法学専門大学院を創設した。新司法試験合格者には司法修習制度がない。1期生は1500人、2期生以後2000人の定員であり、既に第5期生約2000人まで入学している。1期生が2012年1月に弁護士試験を受けて同年2月末に卒業した。同年3月末発表で1451人が合格した。採用規模は約500人程度で約1000人が失業者になる恐れがあると報じられていた。加えて、2012年は、従来の司法修習制度の修了者が約800人いた。以後、この制度の者が漸減し、2020年1月300人で終わる。韓国の法学専門大学院出身の弁護士の就職難は、日本よりひどい。詳しくは、「韓国の法曹養成事情」（鈴木秀幸『法と民主主義』2012年7月号、日本民主法律家協会）を参照されたい。

XI　司法改革の批判及び見直しの活動と課題

1　日弁連の会員と単位会の司法試験合格者減員運動

（1）弁護士の激増を主目的とする司法改革に対し、日弁連は、1988年～1989年度の藤井英男会長の執行部までは反対の姿勢を貫き、日弁連の司法問題対策委員会、自由法曹団も同じ方針であった。1990年4月に中坊公平氏が日弁連会長に就任し、以後、これまでの法曹三者協議は軽視され、司法問題対策委員会は潰され、自由法曹団も変わり、在野法曹を自認してきた日弁連が大きく変貌して行った。その中で、1994年に日弁連の法曹養成問題委員会は、幾度か単位会照会及び会員アンケートを行い、その多数意見を反映して、司法基盤整備を伴わない合格者の大幅増加案に反対の意見書をまとめた。日弁連執行部は、この意見書を全く無視し、別の方向に暴走した。

そのためにその直後頃から、単位会やブロック会に「法曹人口問題を考える会員有志の会」が結成され、司法基盤の整備を伴わない弁護士の大幅増加、司法修習期間の短縮及び法科大学院構想に反対する運動を展開することになった（資料2の9～15）。1997年に「弁護士法一条の会」が発足した。1998年に発足した日弁連の法曹養成センターも、日弁連の執行部の方針に反対した。「憲法と人権の日弁連をめざす会」が1999年に結成され（資料1の7、資料2の13）、「関東十県会有志の会」（ASKの会）も司法改革批判の活動を続けてきた。

（2）司法審意見書以後、2007年から、単位会及びブロック会で合格者3000人計画の見直しの決議、1000人決議及び1500人決議が行われるようになった。2014年2月までに、合格者1000人以下の決議や声明が14単位会と2ブロック会で行われている。

日弁連の以前の法曹養成問題委員会、法曹養成センター、法曹人口政策会議などの委員、関東十県会有志の会、そのほか司法問題に関心のある全国の弁護士有志によって2011年６月に「法曹人口問題全国会議」が設立され、法曹人口と法曹養成の問題の研究と運動を続け、メール交換により広く最新情報の提供と意見交換をしてきた（資料１の５）。

２　自民党の国会議員有志、総務省の政策評価、国会議員の会の司法改革見直し提言

（１）2008年１月25日、鳩山法相は3000人の閣議決定の見直しが必要であると発言し、同年３月、法務省内に検討機関が設置された。続いて、自民党の「法曹のあり方を考える若手国会議員の会」が自民党司法制度調査会等に対し、修習生で基本的な法的知識の不足する者が相当数いること及び各地の弁護士会からヒアリングする必要があるとし、司法試験合格者数を見直して1200～1500人にすべきである旨の提言を申し入れた。同年12月11日、自民党の「法曹の資質について考える会」が、法科大学院の実態、二回試験の結果、法律事務所の実務指導許容能力等を踏まえれば、毎年の適正な合格者数は、せいぜい現在の半分程度の1000人であるとし、「司法制度改革は夢見る改革であってはならない。現実の生身の国民の生活に最も良い結果をもたらすべきで、現実離れすることがあってはならない」と提言した。今から６年前の2008年のことである。

自民党も、議員連盟「法曹養成と法曹人口を考える国会議員の会」を発足させ、2009年４月17日、3000人計画を見直して法曹人口が過剰にならないようにすることを求める緊急提言をまとめた。民主党も、同年６月４日、法曹人口・法曹養成の問題について専門のプロジェクトチームを発足させ、制度見直しに向けて議論を始めた。一方、この2009年の３月に、宮﨑誠日弁連執行部は、法曹人口５万人計画を維持する、合格者は年間2100～2000人で据え置くという提言をまとめたものである。

（２）総務省は、民主党政権下、2010年から約２年間の調査を経て、2012年４月20日、「法曹人口及び法曹養成制度改革に関する政策評価」において、「現状では2000人規模の増員ペース（年間合格者数）を吸収する需要は顕在化しておらず、現在の需要規模と増員ペースの下、弁護士

の供給過多となり、新人弁護士の就職難や即独、ノキ弁が発生・増加し、OJT不足による質の低下などの課題が指摘される状況となっている」と指摘し（政策評価書120頁）、これまでの司法改革を相当に正しく批判した。

（3）法曹養成と法曹人口を考える国会議員の会（会長・鳩山邦夫、最高顧問・高村正彦）は、2013年6月5日、「法曹養成制度と法曹人口増加の抜本的改革に向けて」を発表し、司法試験合格者数について、次のように極めて的確な指摘をしている。

「あらゆる問題が法曹による法的解決が最も相応しいわけではないにもかかわらず、法曹有資格者が社会のすみずみにいれば、存在する問題が自然に適切に解決されるかのような空想に陥っていたことを反省しなければならない。現実の需要と、さらには、現実の法曹養成能力を踏まえて、法曹の質を担保する観点から、司法試験合格者数は、1000人以下を目安にする。そもそもわが国の法曹需要とは、わが国が目指すべき国家像や隣接法律専門職の活動などを勘案して考えられるべきものである。それらの観点に則って法曹の需要を見極めるまでは当面500人以下を目安にするべきである。なお、合格者数を1000人としても、当面の法曹人口は増大することを付言する」

3　法曹人口問題全国会議、法曹人口問題に関する意見交換会の活動

（1）前記の弁護士の有志の集まりである法曹人口問題全国会議は2011年5月16日に「法曹人口問題全国会議」メーリングリスト参加を呼びかけ、この3年半、法曹人口と法曹養成について調査、研究、意見交換及び意見表明を行ってきた。日弁連全会員に対するアンケート調査を、2011年8月及び2012年4月（法科大学院に関するアンケート）に実施し、2012年5月28日に法科大学院に関する提言案に対する意見書及び、同年9月3日に「法曹人口と法曹養成危機打開のための提言」（法律新聞2012年9月21日付掲載）など幾つかの意見表明をしてきた。最近では、2013年7月の法曹養成制度のアンケート調査とシンポジウムの開催を通知した。同年12月4日には、法曹養成制度改革推進会議等に対し、人材劣化、弁護士過剰、その弊害及び法律事務所の経営悪化にも触れた「弁護士人口

の適正化を図るために、司法試験の年間合格者数を平成26年に1500人以下に減員し、その後は、早期に1000人以下に減員するように適切な対応を求める」旨の要望書を提出した。2014年1月20日には、「法曹人口と法曹養成に関する声明」を全会員に発信した。更に2014年11月10日に、上記推進会議等に対し、2回目の司法試験合格者数と予備試験制限に関する申出書を提出し、日弁連の全会員にファックスで発信した。この間、メーリングリストで、自由に数多くの情報及び意見交換が行われている。（資料1の5-1～10）

（2）単位会で合格者1000人以下の決議や会長声明を行った弁護士が中心になって、2013年8月3日に第1回の「法曹人口問題に関する意見交換会」（以下、意見交換会という）が開催された。同年10月19日の第2回の会合において、参加者の一部から、法曹養成制度改革推進会議に対し、法曹人口に関する公正な調査と適正な処理（合格者の減員）を早期に実施することを求める申入書を提出することが提案され、その原案が配布され議論がなされた。提案者がこの議論を踏まえて手直し案を作成し、完成させることが確認された。ところが、その直後に、急に、日弁連路線と同じように、優れた人材の敬遠、弁護士の経済的基盤の悪化及び弁護士過剰の弊害という合格者減員の最も大きな根拠に触れることを避けた内容の別の申入書に差し替えることが行われた（これは意見交換会を立ち上げた埼玉と札幌のうち、後者の事情による）。そして法曹養成制度改革推進会議に対し、2013年12月2日に、意見交換会の10単位会が連名で、ほとんどOJT（オン・ザ・ジョブ・トレーニング）不足のみを強調し、減員後の合格者数を書かず、「年間司法試験合格者数の大幅減員への早急な対応を求める」とする申出書が提出された。（資料1の6）

続いて、意見交換会に参加する15単位会が、2014年3月19日に、「（法曹養成制度改革推進室の）調査を行うまでもなく、現在の2000人の司法試験合格者数で様々な弊害が生じていることは明らかであり、これに対する対処は一刻の猶予も許されない状況になっている」として、OJT不足だけでなく、「様々な弊害」の中身を述べずに「様々な弊害が生じていること」を書き加え、2014年司法試験から直ちに司法試験合格者数の大幅減少に踏み切ることを求める申入書を提出した。同年5月21日には、18単位会の呼びかけで、弁護士人口が供給過剰の状況は明らかであるとして、「弁護士激増の問題」を考える院内集会が開催された。

更に、意見交換会に参加する20単位会が、同年9月9日発表の合格者1810人について、「供給過多による弊害の解消にはまだ不十分であり、引き続いて更に減員することが不可欠である」とする第3回目の申入書を同年10月14日に提出した。19単位会の呼びかけにより、同年11月12日に第2回院内集会が開催された。やっとのことで、主催者の代表の挨拶の中で、弁護士の所得が14年間で半減していることが指摘され、和田吉弘弁護士が講演の中で、合格者を1000人以下にすべきであると発言された。今後、この意見交換会を担う者は、日弁連と同じ考えだなどと言わず、気高く、確信をもって、この2点を十分に取り入れた討論と運動をしていかなければならない。

この間、国会議員に要請を行った弁護士の報告によると、国会議員から、主に「合格者1000人又は1000人以下」の根拠をはっきりと示すこと、法科大学院がダメならば、今後の法曹養成の構想を示すことを求められたという。この国会議員の求めは、当然のことであるが、弁護士側の対応が遅れている。本書は、その求めに応じようと努めたが、まだ、その先があることを感じる。

4　政党の提言

（1）自由民主党の政務調査会・司法制度調査会が、2013年6月18日、「法曹養成制度についての中間提言」を発表し、「多くとも500人であるとか、多くとも1000人程度にして一度法曹人口を落ち着かせるべきだという強い意見があったことに留意すべき」として、「新司法試験合格者数3000人、実働法曹を5万人、との数値自体を目標とせず」という結論を述べている。合格者数を1500人にした場合には実働法曹は7万人程度になることが予測されるのであるから、この自民党の「中間提言」の意味は、合格者数1500人をも否定したと、一応受け取ることができる。

（2）しかし、2014年4月の自由民主党政務調査会司法制度調査会・法曹養成制度小委員会合同会議の「法曹人口・司法試験合格者数に関する緊急提言」は、「法科大学院修了者の累積合格率から算出される司法試験合格者数は、平成25年度修了者数約2990人に対し1500人程度、平成26年度修了者数約2500人に対しては1200～1300人、平成27年度修了者数約2100人に対しては1000～1100人となる」と指摘しながら、「まずは平成28年までに1500人程度を目指すべきことを提言する」とし、その後のことについて具体的には触れていない。公明党の提言は、もっと法科大学院中核論の日弁連執行部寄りの内容となっている。

民主党も、2014年11月12日に、法曹養成制度改革に関する緊急提言を政府に申し入れた。提言の法曹人口に関する部分は、法科大学院の総定員を2000人程度に削減し、予備試験の合格率を高めるべきであるとしたうえで、司法試験の合格者を本年以降は1500人程度を目標とし、「今後３年間の司法試験の最低合格ラインや新規法曹の就職状況の推移を見つつ、改めて合格者の数値目標の見直し行うのが妥当である」と述べている。2016年（平成28年）までは1500人程度を目標とし、2017年に見直すと言うが、どの程度の減員をするかについては触れていない。

弁護士の劣化は、弁護士過剰によるところが大きいので、これまで司法研修所の二回試験の合格レベルの低下による法曹の質の低下に触れてこなかったが、今年、全国統一適性試験の受験者は、既に当初の12分の１程度になり、法科大学院入学者も2017年には当初の４分の１程度になる事態に陥っている。しかも、法科大学院の入学者は修了時までに３分の１程度が退学又は留年している。さすがに、合格者を早期に1000人以下にしなければ、ほぼ全員合格と言って構わないほどに、合格レベルが低下しているとみなさざるを得ない。

５　経済同友会、弁護士激増派の動き

公益社団法人経済同友会の司法制度改革検討プロジェクトチームは、平成26年５月９日付提言「社会のニーズに質・量の両面から応える法曹の養成を」を発表し、その中で少数精鋭の法科大学院、合格者3000人に拡大、司法試験の合格率引き上げ、予備試験の廃止、法科大学院に期間短縮

コース新設、司法研修所は裁判官・検察官養成に特化、従来型の法学の見直しなどの大改革を唱えている。

加えて、5月14日設立の「ロースクールと法曹の未来を創る会」(発起人：久保利英明・元二弁会長、齋藤浩・大阪弁護士会、岡田和樹・第二東京弁護士会）は、弁護士業界の困難を理由として、多くの問題を抱えているロースクールの現状を放置することは、司法改革の根幹を揺るがし、「二割司法」に戻ることになる、それを避けるためには、ロースクールの教育内容を真に実務家養成機関に相応しいものに改め、司法試験の内容も改め、合格率を制度発足の趣旨に沿うものにし、各種団体の採用枠を数万社単位にまで開拓すると訴えている。

そして、この二つの組織と法科大学院関係者が中心となって、10月27日に「司法試験3000人合格を実現する国民大集会」を行った。(資料2の24)

6　弁護士の司法試験合格者減員運動の課題

（1）今後、全国の弁護士が司法試験合格者数減員運動を展開するには、自民党、公明党、野党の合格者1500人提言及び経済同友会及び未来を創る会の合格者3000人の提唱に対し、また、2015年7月に予定されている法曹養成制度改革推進会議の意見書に対し、どのような説明及び反論を行い、どのような対抗軸を立てて論戦するのかを考えねばならない。

まず、OJT不足論にもとづく合格者減員要求では対抗できない。国会議員の会などの合格者1000～500人の決議や提言を十分に生かし、弁護士過剰の弊害を明らかにし、弁護士人口の適正化の理念と必要性をはっきりと主張し、具体的に弁護士の需給及び経済基盤に関する資料、データにもとづいて、適正な司法試験合格者数を呈示していかなければならない。

そして、合格者1000人以下にしなければ、弁護士制度の崩壊をもたらすことを、強く繰り返し警鐘を鳴らし続けなければならない。現行の自主独立の弁護士を危うくすることなく、「法曹有資格者」の活動領域の拡大ができるのか、現行の弁護士制度を危うくしない条件を検討し、それを確保しなければならない。

このような課題に取り組まなければ、弁護士の側の司法試験合格者削減運動は、合格者1500人案を踏み固めただけに終わる。闘わずして「引き返せぬ地点」に踏み込み、中途半端に「2016年までに1500人提言」を引き出し、それに納得したことになる。

合格者1500人提言及びOJT不足論は、法曹志願者激減及び質の劣化という深刻な事態の進行を、単に後追いするだけのことになる。はっきりしない対応は、早晩通用しなくなり、みっともない結果を迎えることになる。

（2）ここで改めて指摘するが、3年後の2017年には、法科大学院の入学者は1500人程度となり、そのうち標準年限修了者割合が3割を下回るほど質が低下していることから（2005年92.6％～2011年68.7％）、その期の法科大学院修了者は1000人程度となることが予想される。現在、既にひどく人材の劣化と弁護士の評価の低下が圧倒的に進んでいる。速やかに、司法試験の合格者を1000人以下にし、その後、少なくとも800人程度にしないと、およそ合格者の質の確保が不可能な事態になっている。

歴史の或る時期において、反対意見が正しく、かつ本当は多数意見であっても、支配層の無責任な政策を止められないことが起きる。しかし、そこで自分を変えては、その先の生命力を失う。権力なき者にとって、真実と正義が最大の味方であり、知は力である。小手先のやり方は訴える力に欠け、歴史的な責任も負えない。保身と偽善から脱却し、一人ひとりが正しいと思うことをそのまま言い続ける以外にない。弁護士ならば、媚びず、群がらず、黙らず、不正を許さず、横暴と闘い、理不尽なことに抗がう生き方が、期待されるのではなかろうか。

7　自治団体の意思形成のあり方

我が国の弁護士という職能団体は、基本の弁護士像として弁護士法第1条に定められた基本的人権の擁護と社会正義実現を使命に掲げ（公共性）、いわば弁護士党として団結すべきである。

そして、職務の独立性と適切さを確保するためには、適正な弁護士人口政策により、弁護士の経済的自立が不可欠であるという考え方（事業性）を基本にして、弁護士集団の民主的な意思形成と団結を求め、職能団体としての責任を果たすべきである。そして日弁連は、東京、大阪の大派閥及び全国規模の団体などの組織力、集票力にもとづく日弁連支配（安倍政権以上に会員の民意に反している）によって、上から会員及び単位会を支配、統括することに力を入れるのではなく、逆に下からの会員及び単位会に意見を求め、その意見を尊重して会務を行うべきである。

それが、自治組織にふさわしいやり方であり、会員に対する求心力を回復する道である。日弁連は、本来の姿を取り戻さなければならない（日弁連及び弁護士会の会内民主制の危機及び日弁連会長選挙の改悪の動きについては、『司法崩壊の危機』（花伝社）55、56頁、310頁以下を参照されたい）。

8　日弁連の司法問題対策体制の再構築

（1）昭和40年代後半に発足した日弁連及び単位会の司法問題対策委員会は、1～2年に一度、司法シンポジウムを開催し、弁護士全体の運命を左右する問題を取り扱い、司法の独立を守り、官僚制司法と対抗し、歴史的な理解を踏まえて専門的な検討と議論をしてきた。若い会員には、それらを引き継ぎ、発展させて貰わねばならなかった。

ところが日弁連は、1990年以後、「自己改革」と称して、戦後の司法改革をギルドの特権を擁護する体制であると自己批判して、この改革の歴史を逆回転させるようになった。官僚司法との協調路線をとりながら司法改革運動を展開し、その過程で、在野法曹として官僚制司法と闘ってきた法曹三者協議会及び司法問題対策特別委員会などの専門委員会を無視したうえ取り潰し、単位会照会及び会員アンケートをやらず、会員の意見を無視して執行部とその直属機関によって司法改革を間違った方向に推し進めた。

そして、ここ十数年の司法シンポジウムは、全国の単位会及び会員とのつながりを欠いたまま、一部の者が外部の協力者と組んで司法改革を推進させることのみに利用されている。

（2）現在の日弁連は、依然として、執行部が委員を一本釣りした法曹養成制度改革実現本部及び一般会員に基礎を持たない法科大学院を支える委員会（委員の多くが法科大学院にかかわっている）によって、司法改革推進方向のみに力を注いでいる。日弁連理事及び各種の委員の劣化が指摘されて久しい。日弁連の『自由と正義』及び日弁連新聞も、司法改革を批判する言論を排除してきた。また、日弁連の会費と特別会費が司法改革推進方向のみに使われ、会員の数が２倍以上になり、弁護士の所得が半減しているのに、高額の会費が減額されていない（単位会の支部を除けば、月額の最低が愛知県４万 1500 円、最高が山口県８万 5200 円。但し、実質上会費の要素もある賦課金制度及び会館建設の問題がある）。

（３）しかし、司法の独立と弁護士制度を守るためには、早急に、1975 年発足の法曹三者協議会（プラス研究者）を復活させ、単位会を基盤とした常設の専門委員会（1990 年頃までの司法問題対策特別委員会、1990 年代半ばまでの法曹養成委員会、宇都宮執行部のときの法曹人口政策会議）を再び設置し、全国の単位会と会員の意思を反映し、それらによって支えられた司法シンポジウムを開催し、再び理論的検討と実態把握を続ける体制を敷かなければならない。

そして、任期１年の弁護士会及び日弁連執行部は、専門委員会の研究及び意見を尊重し、会の運営に当たるべきである。

このままでは、戦前と同様、日弁連は東京・大阪の大派閥の幹部、地方会の地位を得たがる者及び政治的団体の影響力に支配され、会員に対する求心力を失い、一般会員は無関心となり、弁護士自治と会内民主主義は形骸化、空洞化する。

我が国の弁護士集団は、憲法が予定した司法の実現及び弁護士法第１条・第２条の使命を遂行することが困難となり、在野法曹を捨て、官僚制司法、官僚行政及び経済界と協調し、「法の支配」という名のもとに、ビジネスとして司法サービスを提供するだけの存在となる。それが、国民のためにならない新自由主義にもとづく、利用者のため、強者のための、司法の論理を失った「司法」の現実の姿である。

更に、弁護士を激増して過当競争を強いるだけでは満足せず、国が「市民のために」弁護と報酬の低額化を定めることにより、「自由競争」と「統制価格」の両面から、弁護士を統制する時代が到来することを危惧せざるを得ない。

XII　全国紙の社説の妄想と空論

1　全国紙の社説の論調の概説

（1）全国規模の新聞の論説委員クラスは、1990年8月に破綻したバブル景気の中で大都市の弁護士の姿を見たせいなのか、中坊氏の弁護士自己改革中心の司法改革に両手を挙げて賛成した。もともと、中坊路線は、会内民主制を軽視し、反対派を孤立させるために、有識者審議会という罠を選択し、そこの有識者とマスコミとの関係ばかりを優先させ、マスコミを使って弁護士バッシングをさせ、政治的になり、専門家として地道に果たすべき、実際の需要状況を知らせる責任を置き去りにした。一方、一般会員は、適正弁護士人口論に立って漸増策を望んでいた。

マスコミは、弁護士が弁護士人口を論じることは、ギルドのエゴだ、特権擁護だ、競争が質を高める、所得が1600万円もある、と論難し、長期にわたって社説及び論説などで弁護士バッシングを繰り返した。

外国と比較して弁護士人口が極端に少ないと言い、弁護士過疎地をやり玉に上げ、弁護士がひどく不足しているというキャンペーンを張った。我が国の裁判官不足、低額な裁判所予算と法律扶助費、国選弁護費などの改善を強く指摘しなかった。

また、「プロセス教育」と言って、ロースクール構想に賛同した。司法修習生の給費制も、特別扱いは国民の理解を得られないと主張した。司法試験について、受験勉強に偏り、一発勝負だと批判した。

現在も、全国紙の社説は、司法試験の合格者の減員要求を批判し、就職難については企業、官庁、海外へ行けばいい、と主張する。予備試験を特急コースと呼んで制限することを主張し、法科大学院教育の理念に司法試験の内容を合わせ、難易度を下げて合格率を高めるべきだと主張している。

（2）そして、この1年間は、少し違って、やたらと法科大学院に対し結果と質の向上を求める主張を強め、それができない法科大学院は淘汰されても止むを得ないと言い出している。この主張は、結局のところ、文科省と同じく、司法試験の合格者数や合格率を問題にするのであろう。このように、マスコミ幹部の論説は、文科省とエリート法科大学院の主張をそのまま垂れ流すような報道姿勢を取ってきたと言わざるを得ない。

それでも、社説の論調に、最近、多少変化が見られる。司法修習生の窮状、法曹志願の激減、優秀な人材が集まらないこと、司法修習生の若手の就職難と仕事不足、需要が当初の想定を下回っていることに触れるようになった。

現場の若手の新聞記者が、司法改革の負の実態を取材し、報道していることが影響していると思うが、いつまでも妄想と偽りを続けることが出来ないほどに、現実が悪化している。

2　批判の要約

（1）しかし、司法改革の行き詰まりは、予備試験制度や法科大学院、ましてや司法試験の内容や合格率の責任ではない。法科大学院では、研究と研究養成が犠牲となっている。間違っているのは、未だにマスコミが見直しを求めない司法改革の基本設計自体である。

司法改革と法曹養成の理念としては、法曹への道の門戸を公正、平等に開放することによって、優秀な人材を確保し、従前の司法修習制度の価値を再評価し、憲法上の司法権と弁護士法第１条の担い手を養成することが大切である。

弁護士の質と需要のバランスを確保し、弁護士の公共性と事業性を保証し、弁護士には自己完結性がないので、裁判所の官僚制と消極主義を是正することが必要である。

（2）新聞社は、記事の質の確保及び過疎地の戸別配達などを理由として、再販制度による価格維持策を強く訴え（資料２の21）、記者の優れた人材を確保するために相当高額な給与を支払っている。

弁護士も、弁護士の適正人口を維持し、職務の独立、適正を保証する政策を抜きには、弁護士は弁護士法に定められた使命を十分に果たせないのである。

（3）別紙の通り、従前のマスコミの論調と、2013年3月から2014年9月15日までの5社の社説等11本について、個別にテーマ毎に要約をし、それらに対する反論と警鐘をまとめたので、事実認識と論理の理解に役立てて戴きたい。

マスコミの論調

		従前のマスコミ論調	毎日新聞　2013.3.28
1	司法改革と法曹養成の理念	敷居が高いので、身近で利用し易くする。	「法の支配」に基づく開かれた司法の実現。国民が利用しやすい制度面の基盤作り、それを支える人的体制作り。 3000人合格目標を支えるのが法科大学院のはずだった。 今回の見直しは、司法改革の行き詰まりを端的に象徴する。
2	予備試験		
3	法科大学院 司法試験 合格率	質の低下を理由とする合格者数の削減は認められない。その前に、教育と改善策を考えるべきであるから。 ペーパーテストに受かっただけでは役に立たない。他の職業でも長年の実務経験で一人前になる。 試験と顧客にとっての望ましい質は違う。 先進国と比較して極端に少ない。内向きの議論ではなく、国民の視点で考えるべきである。	
4	合格者数の抑制、ギルドのエゴ批判	年間1600万円、就職難も額面通り受取れない。業界の利益最優先、商売上の問題、高い収入と割の良い仕事を求めている。	
5	司法修習制度		
6	OJT		
7	弁護士の需給状況 裁判外の活動領域	裁判員、被疑者弁護、被害者参加、家族の法務ヘルパー、過疎、金のない人の事件など、仕事は沢山ある。 弁護士は、裁判以外の分野に活動領域を拡大すべきである。	未開拓分野がまだまだある。経済取引など海外業務と福祉の分野に需要がある。
8	就職先の拡大	就職難を言うなら、他の分野への進出を検討せよ。	
9	活動領域の拡大		
10	実務と競争による質の向上 過剰の弊害	数を制限すると、質の低い弁護士でも食っていける。割のいい仕事しかやらない。 企業は、競争の中で質を高め、社会に貢献しているので、競争を抑制して公益活動をするという論理と対立する。	
11	約束事 前提の有無	国民の総意、日弁連も積極的に主張し、社会に約束したこと。	

		朝日新聞　社説 2013.3.31, 7.2	中日新聞　社説 2013.7.16
1	司法改革と法曹養成の理念	法律家のためではなく利用者の視点から考えよ。理念の放棄をするな。 新しい法律家像は、知識、洞察力、説得力、人権感覚、国際的視野を備えた人である。 法科大学院の数を絞っただけでは「多様な法曹」は生まれない。	様々な場面で医師のように身近で頼れる法律家が必要であった。 多様性に富んだ法曹を養成する必要があった。
2	予備試験		特急コースとなっていて、法科大学院制度が空洞化する恐れがあるので、大学院へ進む資力のない人や社会人らに限定すべきである（大学院生や法学部生排除）。
3	法科大学院 司法試験 合格率	受験技術偏重から、考える力と人間性を養う場として創設した。 合格率が低いこと及び就職難で意欲ある人材が集まらない。 社会人、理系出身者が苦戦している。 実務科目、外国法、法曹倫理を学生が軽視している。旧制度に戻りつつある。 社会が求める法曹は、様々で、司法試験を考え直す必要がある。	法科大学院の志願者の激減の原因は、司法試験の合格率が低いからである。 法科大学院で真面目に勉強した者は、ほぼ全員合格するようにする。 難問クイズのような司法試験こそ改革が必要である。
4	合格者数の抑制、ギルドのエゴ批判	3000人という数にこだわらないが、まだ社会に隅々まで行き渡っていない。	
5	司法修習制度		
6	OJT		
7	弁護士の需給状況 裁判外の活動領域	国際ビジネス、福祉、地方自治、犯罪者支援、条例作り、政策立案の需要がある。悪質商法や詐欺など法的助言があれば防げたトラブルがあとを絶たない。	
8	就職先の拡大		就職難は、低い合格率とともに、志願者の激減の原因の一つである。
9	活動領域の拡大	能力とやる気のある弁護士が活躍する例が増えている。意識と仕事のやり方を見直し現場に飛び込め。領域拡大に全力で取り組め。 明石市5人採用し、年寄りから相続の相談を受けている。 必要な時に法律家を頼れる工夫はまだまだある。	
10	実務と競争による質の向上 過剰の弊害	能力に欠け、倫理にもとる行いをした者に退場を迫る。 若手の質が問題にされるが、若手だけではない。 情報開示、第三者評価、市民が適切に選べる制度を作れ。互いに競い合ってたくましくなれ。	
11	約束事 前提の有無		

		日経新聞　大機小機 2013.7.26	毎日新聞　2013.9.17
1	司法改革と法曹養成の理念		
2	予備試験		
3	法科大学院 司法試験 合格率	法科大学院では、多様な専門知識を持つ人材が試験科目以外の幅広い分野の知識をおろそかにせず、法学の基礎を身につけることが重要である。 そのために、司法試験を易しくし、法曹として必要な最低限の知識を問う「資格試験」とする。 難しい筆記試験に合格しただけで十分な収入の職が保証されるギルドの社会は、弊害が大きい。	より充実した教育が実施できるように政府、司法界は知恵を絞るべきだ。 低い合格率が最大の問題点だ。 合格率が極端に低ければ、学生が集まらず、質の高い教育の維持は難しい。 しかし、合格率の低い大学院に受験資格を与えない手法に疑問だ。 入学者選抜試験という入り口で一定の選別をし、出口をプレッシャーのない試験方法を検討すべきだ。 受験勉強的な要素を排し、教育の密度と多様性を高めるのだ。
4	合格者数の抑制、ギルドのエゴ批判	全体の供給を制限する護送船団方式は、日本の経済にとって大きな損失を及ぼす。	法科大学院を軸に現状レベルの合格者の数を出す方向を維持すべきである。
5	司法修習制度		
6	OJT		
7	弁護士の需給状況 裁判外の活動領域		
8	就職先の拡大	易しい試験になれば、高給を得ることを当然視できなくなり、就職先は法律事務所に限定する必要はなく、一般企業に広がる。	
9	活動領域の拡大	経済活動の国際化により、企業と政府に、高度な法律知識と語学力を備えた人材を確保することが急務である。 高齢化の進展で、相続など家族問題の「法務ヘルパー」の需要が増加している。 多様であり、質の異なる人材が必要であるから、司法試験一本で選択するのは無理がある。	
10	実務と競争による質の向上 過剰の弊害	実務経験を通じ、市場競争を通し、高度な法律知識や語学力を備えた人材に育成され、淘汰と適正な評価で質を高めるべきである。	
11	約束事 前提の有無		

		読売新聞　2013.9.17	日経「春秋」　2013.9.17
1	司法改革と法曹養成の理念	このままでは、優秀な人材が集まらない。志願者がピーク時の５分の１である。 三権の一翼を担う法曹界を目指す若者が減れば、法治国家の根幹が揺らぎかねない。 法学部人気も低下し、２年で１割減少している。	近年まれに見るひどさの「こんなはずじゃなかった」は、司法試験改革だろう。合格は４人に１人にすぎない。 理念は正しくとも、設計を大きく誤ったのだ。 悔やんでばかりで改革案には迫力がない。「はず」の合わぬまま、いつまで矢を射続けるのだろう。
2	予備試験	２年の今年、120人と約２倍急増している。予備試験に法科大学院在学生が目立つ。 「近道」として利用する人が増え続ければ、法科大学院の空洞化が進むだけである。	合格率が70%を超えた。あくまで例外ルートなのに、本道がデコボコだから優秀な志願者が流れている。
3	法科大学院 司法試験 合格率		
4	合格者数の抑制、ギルドのエゴ批判		
5	司法修習制度		
6	OJT		
7	弁護士の需給状況 裁判外の活動領域		
8	就職先の拡大	働き口が見つからない現状も深刻だ。 将来の展望が開けないのでは、敬遠するのも無理はない。	
9	活動領域の拡大	自治体や企業による雇用拡大など、弁護士の活動領域を広げる方策について、政府と法曹界は早急に検討すべきである。	企業や役所が法律家を広く受け入れる環境も、なかなか整わない。
10	実務と競争による質の向上 過剰の弊害		
11	約束事 前提の有無		

		中日新聞社説　2013.11.1	朝日新聞　2014.9.2
1	司法改革と法曹養成の理念	予備試験の合格者が爆発的に増える可能性が極めて高い。「点」への逆戻りを許しては、司法制度改革の意義がかすんでしまう。 エリート選別に予備試験が使われる現状は、新制度の逸脱である。	意欲ある人を逃がさない、公平で先の見通しがきく制度を確立した。
2	予備試験	社会人らを想定していたが、現役学生の特急コースになった。放置すれば、大学院制度が空洞化する。合格者120人のうち、大学生40人、大学院生34人、実社会からは25人。24歳以下が64人。 年齢制限、現役学生に受験制限。	法科大学院のの充実が図られるのであれば、予備政権のあり方も検討するべき。
3	法科大学院 司法試験 合格率		法科大学院が必要とされたのは、超難関で知識偏重になりがちだった旧司法試験の反省からである。厳しい生存競争には、法科大学院は教育の質を高めて臨むしかない。法科大学院でしっかり学べば、司法試験を通り、実務に優れた人材になるという当初の理念を実現できるのか、法科大学院の真価が問われるのは、これからである。
4	合格者数の抑制、ギルドのエゴ批判		
5	司法修習制度		
6	OJT		先輩弁護士の事務所で経験を積む従来のやり方が機能しなくなった。
7	弁護士の需給状況 裁判外の活動領域		法曹人口の倍増により、過疎地対策ができた。
8	就職先の拡大		一方で、就職できない、仕事がないという現実も生じた。
9	活動領域の拡大		
10	実務と競争による質の向上 過剰の弊害		
11	約束事 前提の有無		

		日経新聞　2014.9.10	毎日新聞　2014.9.15
1	司法改革と法曹養成の理念	試験による一発勝負ではなく、じっくりと創造力や法的な分析力を養うという司法改革の理念に逆行する流れである。 合格率が最も低い21.2%に落ち込んだ。法科大学院離れが加速し、このままでは法曹界に人材が集まらなくなる。	
2	予備試験	例外的なコースが「近道」として利用され、大学や大学院に在籍しながら受験する人が増えている。 法科大学院在籍中の受験制限を検討すべきである。	政府が進める予備試験の見直しは不可欠である。
3	法科大学院 司法試験 合格率	とはいえ、改革の本筋が法科大学院の機能強化であることを忘れていはならない。そこで学んだことが司法試験の内容になっているかどうかも検証しなければならない。 法科大学院の立て直しを急げ。	法科大学院は、提携や統合で質を高める。法科大学院は、詰め込みの弊害のある旧司法試験から実務を取り入れた密度の濃い教育を2～3年受けることで、7～8割が司法試験に合格するという目標が掲げられた。 社会人など幅広い人材を法曹界に送り込むためにも、実務家による細かな授業を重視する法科大学院の理念は、今後も尊重してもらいたい。
4	合格者数の抑制、ギルドのエゴ批判		
5	司法修習制度		
6	OJT		
7	弁護士の需給状況 裁判外の活動領域		法科大学院不振の背景には、需要が当初の想定を下回っていることがある。 政府、法曹界一丸となった取り組みで法曹の活性化を図って欲しい。
8	就職先の拡大		就職難である。十分な仕事がない若手弁護士が増えている。
9	活動領域の拡大		
10	実務と競争による質の向上 過剰の弊害		
11	約束事 前提の有無		

		論調に対する反論と警鐘（鈴木）
1	司法改革と法曹養成の理念	合格者の数を激増させておいて、そんなにすごい人材を多く獲得できるとするのは、空理空論である。顧客の利益（私益）優先の考え方と競争原理を導入すれば、弁護士集団は普通の商売人になる。 司法改革は、ポピュリズム、左派的誤り及び新自由主義が同一方向の改革を目指した。 高度に専門的な法的知識を修得し（専門性）、社会正義と人権を担う（公共性）人材の養成と職務環境の保証が必要である。「身近で利用しやすい司法」と「法の支配」論だけでは、社会的正義実現と人権擁護の意識と機能が弱くなる。 弁護士が医師の「身近さ」「利用しやすさ」に近づけるわけがない。医師資格者30万人、医療費年間38兆円に対して、弁護士は3万4000人、弁護士業界の売上年間7000億円程度に過ぎない。 法曹の多様性と言うが、法曹は法曹であって、趣旨不明な理念である。「身近さ」「利用しやすい」も不明確。弁護士バッシングのために、余りに曖昧な言葉が使われてきた。
2	予備試験	法学部生、法学部出身者が、そのまま司法試験を受験できないとするのは、不合理、不当極まりない。幅広い知識と法学の基礎を身につけることは、まず、教養部と法学部で行なうこと。幅広さと高度な専門性は矛盾する。幅広さを要求するなら、例えば、基礎法や英語などを試験の選択科目に入れるのか、司法試験合格後に学ぶかである。 学生自らは、資力がないのが普通である。予備試験からの排除は、不合理、人権侵害、非人間的である。正義と人権を言う者が、言えることではない。
3	法科大学院 司法試験 合格率	国及び本人負担の養成制度である以上、教育機関は無駄は省く制度にすべきである。司法試験を易しい資格試験にする必要性も妥当性もない。低レベルの法曹を大量生産することは、メリットより、質が低下する弊害の方が大きい。 資格付与には、専門家として一人前の高度な知識を修得しているか否かを厳しくテストする必要がある。 適正な人口を保ち質を確保するために供給制限すべき職業がある。裁判官、医師、研究者、公務員、大企業は、人材を厳選し安定した地位を与え人材を集めている。新聞記者採用試験は数十倍である。 多様な専門的知識を持つ人材は、各々の分野で活躍するというのが通常であるから、もし、このような人材を法曹に取り込むとしたら、二重に専門を修得した人に見合うだけ、弁護士の職業的魅力を高めねばならないはずであるから、弁護士過剰では空論となる。 合格率を上げるのは、合格レベルを下げることであり、当然に質が低下する。受験競争を否定するのは、理想論で空論である。弁護士の一人当りの仕事と収入が少なくなり、資格の価値が暴落すれば、優秀な人材は他の分野に行き、法曹志願者は激減する。 高い関門を経ず入学した者の誰もが、真面目に勉強すれば合格するような試験では、レベルが低すぎる。広い分野の修得が必要なら、試験科目にそれを入れる以外にない。法律及び紛争の理解と解決は難しく、司法試験を易しくできないが、「クイズ」ではない。 就職戦線において、司法試験の順位が重視されてきたので、試験は悪くないことになる。
4	合格者数の抑制、ギルドのエゴ批判	合格者の大量増員を止めることは、弁護士の既得権擁護の問題ではなく、職業として弁護士集団が高い質の人材を確保し、まともな仕事をし、職業的任務を果たすことのできる条件を確保する目的である。精神主義では乗り越えられない。社会の隅々まで行き渡らせるためには、すごく費用がかかるが、それを誰が負担するのか。
5	司法修習制度	法曹三者の対等性と弁護士職の公共性を保つために効果的な制度である。国民も多大な恩恵を受けてきた事実があり、それを評価すべきである。
6	OJT	先輩が後輩を養成できるには、経済的余裕が必要である。

7	弁護士の需給状況 裁判外の活動領域	供給過剰を止めず、官庁、企業へ行けばいいという政策は無責任である。供給過剰は、就職難よりも、公共性を強く求めている弁護士制度に対して致命的な打撃を与える。 裁判関係の事件が、地方では３分の２くらいの割合を占める。裁判外分野は、他の職種と競合するものが多い。一般企業に就職するには、学部教育で足る。不足ならそれを充実させるべきである。
8	就職先の拡大	難関な試験は資格の価値が高く、易しい試験は価値が下がる。人材も待遇も、サラリーマンと同じレベルになる。一軍も二軍も同じにしたり、医師と周辺の資格者と同じ程度の養成制度や試験にすれば、高給を下げられると考えるに等しい。司法試験は、既に、かなり、易しい試験になり、大幅な供給過剰であるために、高額所得者ではなく、就職条件は著しく悪化し、イソ弁の給与は半減している。
9	活動領域の拡大	活動領域が広い業界も狭い業界もある。医者を過剰に作って、広い分野に就職せよと言うことはできない。官庁、企業内の「法曹有資格者」が「法曹(弁護士)」の仕事をやるのは、職務の独立性を確保する点から不適当である。 「お抱え弁護士」を増加させ、他を威圧し、自主独立の弁護士の仕事を圧迫するのはマイナスである。 うすく広い知識が必要なら、高度専門教育より前段階の法学部教育が担うべきである。法曹養成一般に必要な専門性ではない分野は、全員ではなく、一部の者が特別な人材養成を受け、特技にする制度を作ることが合理的である。質の異なる職業を一括で養成するのは無駄を生じさせ、職業毎に資格制度を設けることの方が合理的である。資格者を過剰に作って他の分野に行けというのは不合理である。
10	実務と競争による質の向上 過剰の弊害	弁護士は、職務の独立性を確保することが生命で、事業性の確保が不可欠な公共性の強い職業である。 激しく客を奪い合う市場競争で質が高くなるのは一部にすぎず、ほとんど神話である。高度な人材育成制度と自己研鑽が質を高める。渉外事務所が受け持っている分野は、大幅増員傾向にない。 弁護士の「淘汰」のイメージが不明確である。「淘汰」による弊害の排除は頭の中の作業だけのことで、市場から撤退しないから弁護士過剰の弊害は拡大する。多くは、悪が生き残り、善が滅びるという結果になる。市場原理は当てはまらない。
11	約束事 前提の有無	日弁連は、情報を提供し反論し、弁護士人口の在り方について徹底的に論争すべきであったが戦わなかった。自ら大増員路線をとり、「市民のための改革」と新自由主義改革がせめぎ合ったと強弁するが、「左派的な誤り」を犯したうえ、戦わずして、一方的に押し切られただけであった。弁護士人口と法曹養成問題について、理念と制度の見直しをせず単に「歪み」と言うだけでは理論的に無防備状態である。

XIII　法曹養成制度改革顧問会議の別世界の議論

1　法曹養成制度改革顧問会議の日程と議題、途中での取りまとめ

（1）2013年9月17日に法曹養成制度改革推進会議が発足し、同時にその下に、同推進室及び同顧問会議（顧問6名）が設置された。同顧問会議は、同年9月24日の第1回から、2014年12月16日の第14回まで開催している。

第1回から第7回までは、法曹人口問題を中心に議論され（但し、第6回は予備試験問題も半分程度扱われた）、続いて第8回から第13回までは、予備試験問題を中心に議論された。1回が2時間の会議で、顧問会議のホームページで議事録を公開している。議事録（A4）は1回30～40頁と分量が多い。法曹人口及び法曹養成問題を考えるには、知る必要のある議論であるから、一読できるように約1割強に要約を載せることとした。

現在、2015年3月まで日程が入っている。法曹養成制度改革推進会議設置期間の同年7月15日の少し前まで会議が続けられると思われる。

（2）第13回までの議論では、司法試験の合格者数の減員については、暫定的にでも何らの方向性も打ち出さないとした。その原因としては、第3回顧問会議において、推進室の松本氏が次のような発言をし、釘を刺したことが大きい。即ち、2013年6月の法曹養成制度検討会議の取りまとめを受けた法曹養成制度関係閣僚会議の決定が存在していて、それを受けて発足した法曹養成制度改革推進会議の下の推進室が、法曹人口調査の調査を命じられている。そのために、推進室が調査結果を待たずに何らかの政策的な提言をすることはできないし、顧問会議も性質上、法曹人口調査を踏まえない法曹人口や司法試験合格者数の提言をすることは適切でない。このような見解を推進室の松本氏が顧問に対し明確に示した（そのためか、1990年代から最近までの弁護士の需給関係のデータや調査資料が、顧問

会議に提出されていない)。加えて、阿部泰久氏(経団連)及び納谷廣美氏(元明治大学学長、弁護士、20期)が、司法試験合格者の減員に否定的ないし消極的な発言を繰り返したことも原因となっている。

しかし、よくも、これまでのデータや資料(司法改革推進派が評価を全く間違えたものや証拠)に当たらず、今回の調査の結果を待つだけという対応でいられるものである。遅くとも2007年以来、弁護士過剰で、その被害及び弊害が起きていることを知らないわけがない。余りに無関心、鈍感で、「法曹」に向いていない人達ではないか。

(3)予備試験の制限については、逆に納谷氏及び阿部氏が積極的であり、特に納谷氏は個人の見解として、制度的に年齢制限を導入する案を示した。推進室は、予備試験の制限のうち、制度的制約について人材確保の観点から消極的であった。第6回及び第8回ないし第13回の会議の長期間の議論の末、制度的制約ではなく運用上の対応(制約)として、現状の350人程度以上に増加させないという取りまとめを行った。

予備試験の受験者1万人に対し、合格者数は2013年の351人及び2014年356人、合格率は3%台と低い。当然翌年の司法試験において、短答式試験の合格率100%、最終合格率約70%という状況になっている。

顧問会議の論議は、ひどく不公平な取り扱いを受けている者に対する思いやリーガルマインドを欠如させていて、論者の方が「法曹」不適格ではないか。素晴らしい法曹養成を語るだけの事実認識と見識に欠けるところがあるのではなかろうか。

(4)第13回会議において、門田友昌氏(最高裁事務総局審議官)が、司法修習生に対する経済的支援は、実務修習開始時の実務地への転居を要する者への移転費、通所できる範囲に居住しない者に対して、集合修習期間中に入寮できるようにすること及び休日に教育活動により収入を得ることを認めることの3つの措置に限られていると説明したうえ、日弁連の司法修習生に対する経済的支援に関して、一律に通勤費及び住居費の支給を要求していることについて、最高裁としては、本来貸与金で賄われるものの給付請求となるから、貸与制を前提とする限り、運用のレベルを超えるものと考えると回答している。

２　司法試験合格者数、弁護士人口に関する議論

（1）第1回から、有田知德氏（弁護士、元検事)、宮﨑誠氏（弁護士)、吉戒修一氏（弁護士、元裁判官）が、法曹人口が最重要な問題であるという認識を表明している。また、根拠（資料）が存在しなかったこと及び合格者を減員するべき方向にあることを指摘している。宮﨑氏から「今後のスケジュールの中に、法曹人口について会議が最後の1回しか入っていない。議論の場が少なすぎる、遅すぎる」とういう指摘がされた。法曹人口の状況については、「就職がままならない」「需要と供給のミスマッチが生じている」「経済ベースに乗るような話ではない」「大きな問題、要になるのはやはり法曹人口のあるべき姿である」「一丁目一番地は法曹人口だ」などの発言が続いた。

山根香織氏（主婦連）も、「弁護士が過剰になって、新人弁護士が大変な就職難で先輩に教わりながら一人前になる構造が崩れていることが大きな問題であり、急激に人数を増やし過ぎたことにより問題が起きている」と指摘し、宮﨑氏とともに、合格者減員の理由として、主に新人弁護士の就職難とOJT不足を強調している。

しかし、本体の問題は、一般の弁護士の仕事の不足及び所得の減少である。司法審発足以後、14年間で弁護士人口が2倍になり、所得は半減している。裁判所利用事件も激減している。法律相談の件数も完全に頭打ち状態である。

山根氏は、主婦連の立場から、これまでと同様、消費者とか弱者、過疎地のための弁護士が不足していると発言するが、1990年代の議論の時から、不足しているのは、弁護士の数ではなく、消費者側の報酬を支払うお金であり、良い判決であった。

（2）一方、阿部氏は、宮﨑氏の2000人合格を抑制的に運用すべきであるという発言に対し、宮﨑氏に強く反論し、納谷氏は、人口問題をなるべく法曹養成、法科大学院の問題に向けるような発言を繰り返ししている。

阿部氏は、「経団連は3000人を言っていない、但し、2002年3月の閣議決定は支持してきた」「合格者数を減らすと教育現場が大混乱する」「資格試験である」「合格者減少で合格水準が年によって大きく変わるのは疑

問である」「2000 人体制で国民の生活や企業の活動に弊害が起きているか」「法曹人口減少は法科大学院の淘汰から始めるべきである、そうしないと行方不明の大学生を沢山生み出すことになる」「組織内弁護士の需要の調査委に協力する」「地元から要請のある法テラスは何件くらいか」「これから活動領域が拡大するのは自治体ではないかと思う」「合格者数は現状維持でいい」「就職難も補う活動領域の拡大がある」「今一杯だからこれ以上受けられないという話だけでは済まない」「各地域の弁護士会から要請書がしきりに届く」「これ以上増やされたらたまらない、という極めて端的な話が多くこれだけは懸念している」と発言している。

しかし、今、大混乱しているのは、司法改革を推進した側であり、そのために過剰供給の影響をもろに受けている弁護士の仕事の現場である。合格レベルが一貫して低下し、受験者にとっては有り難い傾向にある。被害と弊害が出ているが、それは様々で、表面化しにくく、表面化するのは氷山の一角である。自治体が大きな受け皿になると言うが実績が余りに低い（1 年に 10 人程度）。そのような財政的な余裕はない。法科大学院の都合で法曹人口が決められるものではないという、当たり前のことを前提とする議論をすべきである。

（3）納谷氏は、「原点は法曹養成である、夢のある養成のプロセスになっていることを発信して欲しい」「出口を決めないといろいろなことが定まらない」「過疎地と法曹教育が原点だ」「10 年近く経ってもまだまだ浸透していないところが多々ある」「どの程度将来拡大するかとの兼ね合いも多少加味しなければならない」「2000 人に近づいて止まったことが、国策として正当だったかどうかというのが原点である」「活動領域が増えている」「一気に合格者数を下げていくと悪影響が出る」「国の方針として、今でも法科大学院に対する期待が小さくなっているときに、私個人としては、合格者数を削ること自体が大きな問題だと思う」「私のところにも、あちこちから来ており、日弁連が一つにまとまってくれないと収拾がつかなくなることを避けたいと思う」と発言している。

学校の先生は、「夢のある養成のプロセス」に関心があるかも知れないが、生徒の方では、その先の仕事、即ち弁護士の需給のバランスである。

今回、資料がなかったと顧問が一致した、合格者3000人計画という国策が、2000人で止められることは、当たり前のことであって、計画の方が悪かったのである。

上記の納谷氏の「合格者2000人に近づいて止まったことが……」以下の発言に対し、阿部氏が、「座長個人の考えに非常に感動しているが、そういう意味で絶対に議論しなければならないのは、予備試験の在り方だと思う」と発言している。

（4）そして、納谷氏が、法曹人口はそれだけ取り出して議論できる性質ではないと発言し、阿部氏が、「3000人の根拠がなかったわけだから、数字を出すのであれば十分な根拠を詰めたものを出さないとだめだ」「現状は結果論にすぎない」「数字を出すのは早い」「今の段階で減らすべきだとか増やすべきという発想は私どもにはない」「と発言をしている。これらの発言は、論理的であろうか。根拠のない3000人計画であったのだから、まず、元に戻すべきではないか。

（5）宮﨑氏は、「危機的状況にある法曹離れを一刻でも早く食い止めるためには、まずもって合格者数を大幅に減少させるため、顧問会議で緊急の提言や協議が行われるべきである」「成績についても、志願者が減っているのに合格者の数が高止まりしていることが明らかである。データを見ても、例えば平成20年の論文式試験の2000番の人の得点が、平成25年の1700番前後の成績と同じだということである」「司法試験の新規受験者がどんどん毎年下がってきているのに、合格者だけが2000人でずっと来ているというのは、むしろ逆に人為的な操作を強く推認させる状況ではないかと思う」「2000年は登録取消者数が218名だったが、2013年は551名登録を取り消している」「法律系への新規参入人材が本当に急激に減っている」「予備試験がなければ、そして落第を除けば、ほとんど法科大学院生全員通さないと2000人を維持することはできない状況に来ている」「優秀な志願者が法学を学び、法曹を目指すというシステムに変える、少なくとも、法科大学院の実入学者がこれだけ激減しているのに、なおかつ合格者数について何のメッセージも出さない、出せないのかと問いたい」「司法試験の出願が1割減っているから、それに比例して司法試験合格者は1割減るとうのが普通だと思う」「質の問題も含め、やはり無理に維持しているという点がどうしても目に見える。今や、我々は10年も経って、データは十分にある。様々な弊害は枚挙にいとまがないにもかかわらず、何らかのメッセージも出さないという、今度は遅すぎる改革ということがむしろ問題だと思う。職業的に成り立つようなニーズが今、ものすごくありますよというような調査結果が出てくるわけもない」「意見を、来年の調査を待ってやるというのは、我々から見たら先送り論だ」「やはり全ての出発点が、人口の問題ですから、そう思う」と発言している。

ほとんど正しい発言だと思うが、司法試験の合格者数を比例させるべきかという点は、司法試験の受験者数ではなく、法科大学院や予備試験の受験者数という根本的な人材供給の母体の数であろう。

（6）吉戒氏は、「アメリカでは弁護士が110万人いて、法廷弁護士は1割くらいであると聞いている」「法曹人口の問題は、多くの方が一番関心を持っている。この調査を終える前に、この顧問会議の場で定性的な方向性を出した方がいいのではないかと思う」「法曹人口の増大に対応する活動領域の拡大という必要性だと思うが、まだまだ経済ベースに乗るような話ではない」「大場室長から司法試験は資格試験だという話があったが、私は必ずしも客観的な試験の水準だけで決めるのではなくて、やはり何らかの政策的考慮は働いているのではないかと、働かしてもいいと思う」と発言している。

（7）以上の人口論の議論を行いながら、宮崎氏が、2015年から司法試験合格者の減員を始めるべきであると主張したが、有田氏、吉戒氏、山根氏が、この段階でできることは減員の方向のメッセージまでであり、「減員は2015年からでは告知期間が近くて、無理である」という考えを述べたことから、宮崎氏の緊急提案が通らなかった。

3　予備試験の制限（制度的制限、運用上の対応＝制約）

（1）　阿部氏が、過去の閣議決定は予備試験が始まる前のものだとし、「ナンセンスな実態になっているので、これは重みのあるものだとしても、事情変更が進んでいる」「法科大学院の修了者のレベルが下がっているから予備試験の方をそれと同じようにする話では全くなく、法科大学院の修了者のレベルを上げて行って、そのうえで予備試験の制限という議論であると理解していいですか」と質問し、松本氏が「その通りだと思う」と答えている。

（２）吉戒氏がＡ案（経済的事情、社会経験）、Ｂ案（年齢）、Ｃ案（法科大学院生排除）、Ｄ案（予備試験の科目の追加）の問題点を提起し、「予備試験制度の運用の衝に当たっている司法試験委員会においては、予備試験の合格者数を当面現状のままで維持する運用をしていただきたい」と発言している。

本当に、憲法と閣議決定違反の不公正な試験を要望していいのだろうか。

（３）有田氏は、「閣議決定を横に置く措置しかないと思う」と発言した（大場氏が有田氏に対し、「一旦横に置いて目標としては均衡でいい」「横に置いてどこかに行ってしまうのではなくて」とフォローしている）。

（４）橋本副孝氏（弁護士、第８回から宮﨑氏と交代）は、「予備試験合格者の司法試験合格率を現状から下げていく運用は、国の政策として一貫せず、適切でないと思う。予備試験の合格者数はどちらかと言えば現状程度にとどめるくらいがいいのではないかと考える」「Ｄ案については、予備試験の科目や内容について改めて積極的に検討する必要がある」「Ｄ案は、負担を法科大学院生と同じようにすることにより学生を法科大学院に誘導する一つの要素となる」と発言している。

今後、重要なテーマになると思われる飛び級制の問題について、第12回の会議で、文科省審議官義本氏から、「３年プラス２年のコースの案が出されている」と報告されている。

なお、予備試験制度を利用する者が不公平に扱われないための閣議決定（2003年３月～2009年３月）に関し、松本推進室副室長が、第６回会議に資料を提出し、顧問の間で議論がなされ、第７回会議において、松本氏が閣議決定の経緯につき極めて詳細な説明をしている。

幾度もの詳しく明確な閣議決定について、顧問は実に勝手な間違った解釈をし、予備試験の運用上の対応（制約）をとりまとめた。リーガルマインドと常識的な判断に欠けているのではなかろうか。

4　顧問会議の議論の特質点

（1）顧問会議の議論は、法曹人口（実際の意味は弁護士人口の過剰）と法曹志願者の減少という「過剰」と「減少」の二つの深刻な問題について、両者がどのような関係にあると考えたうえで、議論をしているのであろうか。弁護士大幅過剰であれば、志願者が減少するのは当たり前である。商品過剰であれば工場は操業短縮か、生産停止か、生産を別の商品に切り換えるかである。

また、弁護士人口と法曹養成という数年来の極めて深刻な状況の問題について、人の経済とメンタルを抜きにした議論は、空理空論と言うほかないのではなかろうか。

更に、法科大学院という手段（方法）が、目的であるかのような議論になっている。司法及び法曹は、法科大学院のためにあるのではない。

（2）予備試験の制限としては、運用によって合格者数の上限を決める対応（制約）を取りまとめたが、そのようなことをしたら司法試験の合格率が、ますます法科大学院修了組と予備試験合格組との間で４倍、５倍と開くことになる。これは、明らかに憲法の平等の原則及び合格率の均衡を求める閣議決定に違反する。「法の支配」を唱える者が、それを横に置いてしまう措置を言い出して構わないのだろうか。法科大学院修了者の司法試験合格者を減らさないために、制限を定めていない予備試験制度に合格者数の枠を設けることを申し出るとしたが、法科大学院は、社会的正義や人権擁護より上位の存在なのか。また、法科大学院は、弁護士制度より大切なものなのか。司法試験を資格試験だと強調し、合格者数制限に消極的な人が、予備試験の合格者数の制限に積極的というのは、矛盾ではないか。

（3）顧問会議は、予備試験制度について、エリートの特急コースのみに関心を寄せて、厳しく批判しているが、予備試験は、昔の司法試験のように門戸を開放し、多様な人材を集める制度である。合格者数を絞ったり、科目を多くすれば、その良さが少なくなり、エリートの占める割合が多くなる。しかし、Ⅶ章で述べた通り、予備試験の合格者の司法試験の短答式試験の合格率は100％であり、最終の合格率は70％に近いという実績からすれば、今後、予備試験の短答式試験の合格者の2000人程度の人数を予備試験の合格者として、翌年以後の司法試験に挑戦させるべきである。そうすると、法科大学院組と予備試験組の合格率が均衡に近づくし、どちらが多様で有能な人材を輩出するのか、よく分かる。

法曹人口と法曹養成制度に関する発言要旨

法曹養成制度改革顧問会議第１回（２０１３年９月２４日）

出席者：谷垣法務大臣（弁）、納谷座長（元明大学長、弁、２０期）、阿部顧問（経団連）
有田顧問（元検、弁、２６期）、宮﨑顧問（弁、２１期）、山根顧問（主婦連）
吉戒顧問（元裁、弁、２５期）
最高裁事務総局・小林審議官（裁）、法曹養成制度改革推進室・大場室長、松本副室長

（阿部） 法曹人口３０００人について、少なくとも経団連から何か物を言っていない。裁判官は増やせと言った。ただ、平成１４年の改革推進計画の閣議決定は支持しているので、その意味ではコミットしている。法曹人口の多寡の問題という非常にわい小化されてしまう。やはり、法科大学院の在り方をここで思い切って考え直さねばならない。こんなに設立して大丈夫かというのは当初からあった。文科省は基準を満たせば認可しなければならない。あとの自然淘汰を待つ。しかし、それでは済まなくなっている。法曹人口を増やせと言っていない。予備試験はバイパスのはずが、いつの間にか高速道路、エリートコースになってしまった。このまま放置すると、プロセスとしての法曹養成の考え方が崩れていく。今の司法修習のままでは、修習後いきなり実務につくのは無理がある。合格者（数）のバラツキがあるなかで、修習生をいきなり実務の現場に行かせても、教育が十分できるか疑問である。

（有田） 迅速に資料集めや判例集めはできるが、あなたは、どういうことでこの案件を処理したいのかと聞くと、自分の頭で考えて決断するということが欠けている面が多々ある。大きな問題、要になるのは、やはり法曹人口のあるべき姿である。

（宮﨑） 多くの若者が法学部、法科大学院から離れている現状をどう改善するか、どういう施策を速やかにとることが必要か。現状は、司法の人的基盤が揺らぎつつあるというのが私の最大の危機意識である。若者が法曹を目指さない三つの要因は、第1に、受かっても活躍できる場が少ない、就職もままならない。第2に、そうであるのに修習修了まで金と時間がかかりすぎる。第3に、法科大学院が乱立し、卒業しても司法試験に受からない。これらの要因を速やかに取り除くことが必要である。そのための施策の一つは、司法試験合格者数の削減である。現在のひずみの最大の要因は、司法試験を通って研修所を修了しても就職すらできず、ＯＪＴの機会すら与えられない点である。危機的状況にある法曹離れを一刻でも早く食い止めるためには、まずもって合格者数を大幅に減少させるため、顧問会議で緊急の提言や協議が行われるべきである。司法修習の充実も必要である。実務修習の修習開始時における導入修習は必須である。

（吉戒） 法曹人口の問題に思いをいたさなければならない。法曹人口については、必要な調査を行い、その結果を公表することが閣僚会議で決まっている。需要と供給のミスマッチが生じているので、３０００人程度を目指すという目標は少し多すぎた。いろんな要素を考えながら、段階的に増加することが適当だった。法曹人口を考えるに当たっては、しっかりした実証的なバックデータとなる調査をすべきである。その観点から、どこまでそれが可能かを推進室で検討してもらいたい。司法制度改革の理念は幅広い視野を持った多様な人材の輩出だったが、その象徴である未修者の合格率が低すぎる。現在の司法修習の在り方について、実務庁の裁判所、検察庁、各弁護士会へのアンケートが実施された。

（納谷） プロセスとしての法曹養成は法科大学院だけの問題ではない。司法試験、司法修習、実務修習が終

わった後も。それぞれの分野に入った後の修習のことも全部踏まえて、どのように法曹を養成するかが大切である。この原点を忘れずに議論していく必要がある。常にこの原点に戻っていく必要がある。司法試験や実務修習としての司法修習についての議論が薄かった。法曹を目指す若者のことを考え、しっかりと夢があるような法曹養成のプロセスになっているということを発信する場にしてもらいたい。１年、２年という単位では待っていられないくらいの危機感があるので、決められることはどんどん決めて、そちらの作業は進めてもらいたいということを提言していく顧問会議にしたい。

（有田） 平成２２年の司法試験合格者は３０００人にするという目標が立てられたとき、法曹人口はどうあるべきだったのか、どういう予測をしたのか。そのときの予測のファクターは何だったのかという当時の関係資料があるなら、それが現在とどう乖離しているのかも合わせて勉強したい。

（宮﨑） 司法試験合格者の数、毎年就職できない者が数百名出ている。毎年、法学部の志願者がどんどん減っている。日弁連内でも、３０００人に決めた根拠は、ざっくばらんに言えば余りなかったのではないか。こんなことを言っていいのかどうか分かりませんが。フランス並みの法曹人口を早期に達成しようということであったが、フランスと日本では隣接士業の数が違うことやニーズの点を正確に比較したかどうか疑問がある。

（小林） アンケート結果などに基づいて、実務修習を行ううえで支障となるほどに不足している司法修習生の実務修習開始時の知識、能力や、現在の実務修習により法曹として必要な技法等を修得させられているかといった点など、修習全体にわたって様々な問題点について意見交換会が行われた。

（納谷） ここでも、今の修習では実際は難しいという声は高まっていると思う。早めに結論を出していただいた方がよろしいのではないか。要するに後ろの方、出口を決めないと、司法試験の在り方の問題とか、法曹養成の中核になっている法科大学院をどうするかという結論も定まらない。

（宮﨑） 最高裁の修習委員会での議論と、この顧問会議や推進室との関係をどう理解したらいいのか。

（松本）検討会議は３０００人目標を撤回したが、ではどうするのかということが我々に委ねられているが、そういう点からの調査を来年度に実施することを予定している。すぐにやらないのは、将来のあるべき理想の法曹人口というという位置づけではなく、現在の現時点の統計等と具体的なファクターに基づいて、こういう状況であればこれくらいの法曹人口が適切ではないか、という調査にしたい。その結論は、法曹人口の伸び率の一つの方向性を示すことになり、場合によっては毎年の司法試験の合格者数についても、これくらいがいいかもという意味合いを含むものになり得る。共通到達度確認試験そのものの制度設計は、今、文部科学省のワーキングチームで検討している。推進室の検討課題は、その制度設計ができた時に司法試験とどのように連動させるかを検討するのが一つのテーマである。予備試験をどうするのかを検討することも推進室に委ねられていて、検討して顧問会議に諮りたい。法務省の下に、法曹有資格者の活動領域の拡大に関する有識者懇談会を設けることになっていて、その下に分野別の分科会を設け、取組状況を推進室に報告し、推進室から顧問会議に進捗状況等を説明することになっている。有識者懇談会の下の三つの分科会は、国・地方自治体・福祉等に関する分科会、企業分科会、海外展開分科会である。分科会は、法務省と日弁連の共催という形で実施したい。

（宮﨑） 今後のスケジュールの中に、法曹人口について最後に１回しか入っていない。司法試験など各論でスピード感を持って改革することは重要だと思うが、法曹人口についての議論の場が少なすぎるし、遅すぎる。スケジュールについて再考してほしい。

（松本） スケジュールについては検討するが、まず推進室から、こういう形で法曹人口の調査を考えている

2

という説明ができないと、検討会議の議論と同じ形になってしまうので、鋭意検討を早める。

（吉戒） 法曹人口についての調査を来年度に行うというが、その調査を踏まえてまとめる提言は早くて来年度中になるから、それが現実に反映するのは再来年になってしまう。スケジュールがゆっくりの感じがあるので、もっとスピードアップできないか。

（納谷） 法曹人口のことは皆さん関心があるので、できるだけ調査を実施できる方向性で、内閣官房の予算担当者にお金を出してもらうよう努力していただきたい。

顧問会議・第3回（２０１３年１１月１２日）

出席者：納谷、阿部、有田、宮﨑、山根、吉戒
最高裁事務総局・小林審議官、文科省大臣官房・常盤審議官、
推進室・大場室長、松本副室長

（松本） 平成２３年度から２４年度にかけて、総務省において法曹人口の拡大及び法曹養成制度の改革に関する政策評価が実施され，平成２４年4月２０日にその評価結果を公表するとともに，法務省及び文科省に対する勧告が行われた。資料の「１　司法試験の年間合格者数に係る目標値の検討」というものが法曹人口に関する部分の勧告である。総務省から政策への反映状況の報告を求められ，法務省から，平成２５年1月の時点で，法曹人口の在り方につき，法曹養成制度検討会議において検討中であり，平成２５年8月２日までに結論を得る予定である旨の回答をした。次の回答は前の回答から１年後という縛りがあるので，平成２６年２月となる見込み。その際には，平成２５年７月の法曹養成制度関係閣僚会議決定で事実上３０００人の目標を撤回したことや，その後の推進室における検討状況等を回答することになると思われる。推進室の現時点で考えている調査項目あるいは調査に当たっての視点を示したものが資料６である。これは，法曹人口調査に関するデータを，既存のものも含め収集するに当たり，必要な視点を例示したものである。

（阿部） 公認会計士の合格者の推移のデータがあるが，平成２２年，２３年，２４年と毎年数を減らすということを金融庁が決めて，その結果何が起こったかと言うと，まず教育現場の大混乱と，当然のことながら志願者が急減し，また今，数が足りなくなってきたので増やさなければいけないという話になっている。混乱の極みである。

（宮﨑） 資料６の「法曹人口調査の視点・考慮要素例（案）」の中に，私どもが一番気にしている，研修所を出た後の就職状況が出ていない。

（吉戒） 法曹人口について，ある程度の数字を出すのであれば，きちんとした調査をする必要があると思う。私も裁判官を退官して，今は弁護士事務所に入っていますけれども，実際，事務所の中を見ていると，法廷事務以外のその他の事務の比重は非常に大きいなと改めて実感しているので，そこら辺りをどうつかまえるのかなという感じがする。アメリカでは弁護士が１１０万人いて，法廷弁護士は1割くらいであると聞いているので，それ以外の弁護士は何か事務的なことをやっているのでしょうけれども，日本もそれに近づいているのではないかと思うが，そういう需要も何か把握できるエレメントを見つけていただきたい。

（宮﨑） 今回の調査結果でどんなものが出るかというと，総務省の調査以上のものが出るのか。また，調査しても，合格者は１８５０人が妥当ですよ，とかいうことにはならないと思う。必ず，政策判断で具体的に何人にするかという作業がまた要ると思う。調査を行うにしても，総務省のかなり詳細な調査が既にあるので，これを踏まえて早期に調査結果を出すようにお願いしたい。調査が出るまでの法曹人口の急増に対する対応策も併せて，調査結果が出てから考えるのではなくて，出てくるまでに当面どうするのかということも検討していただきたい。
自民党も公明党も，例えば公明党などは，合格者数を現状より相当程度抑制して，弊害の除去・解消に努めるべきではないかということまで提言しているところであり，また，総務省の調査結果を見ても，人数の明言はしていないが，２０００人から抑制的に考えるべきであるという調査結果であることは間違いないので，調査結果が出るまでも，やはり２０００人合格を抑制的に運用するように図るべきではないか。それをでき

れば顧問会議で提言するべきではないかと考えている。

（松本） 法曹養成制度検討会議を受けての法曹養成制度関係閣僚会議の決定がある。そこでは明確に，法曹人口の調査をきちんとやれというオーダーを受けている。それを抜きに，推進室として何らかの政策的な提案というものを，その調査を待たずにする予定はない。調査と関係ない形で，調査を踏まえない形での法曹人口あるいは司法試験合格者数の提言ということは，この顧問会議の性質上，適切ではないのではない。

（阿部） 宮﨑顧問に反対する意見が三つある。現状の合格者数を更に減らしていくべきであるということについては，２点の疑問がある。一つは，司法試験は法曹として活動できる能力を試す試験であるので，一種の資格試験である。その合格水準が年によって大きく変わっていいものかという疑問がある。もう一つは，今の２０００人体制で本当に何か弊害が起こっているのかという疑問である。弁護士さんの業界の中での話は置いておくとして，国民の生活あるいは企業の活動に何か弊害が生じたか，ここは定かではない。そういう意味では，急激に減らすべきであるという主張には賛成しかねる。もう一つ，もし，中長期的に合格者数を減らすということであれば，順番があって，法科大学院の淘汰から始めないと，行方不明の学生をたくさん生み出すだけになってしまう。

（大場） ９月２４日に，法曹有資格者の活動領域の拡大に関する有識者懇談会が設置されている。

（松本） 有識者懇談会が既に2回，１０月１１日と１１月８日に開催され，その間に三つある分科会がそれぞれ1回ずつ開催されている。

顧問会議・第4回（２０１３年１２月９日）

出席者：納谷、阿部、有田、宮﨑、山根、吉戒
文科省大臣官房・常盤審議官、最高裁司法研修所・吉崎事務局長
推進室・大場室長、松本副室長

（松本） 自民党については，１１月２１日に司法制度調査会が開催され，調査会の体制が新しくなり，会長は参議院の丸山和也議員，事務局長は衆議院の山下貴司議員でスタートした。調査会の下に三つの小委員会と一つのプロジェクトチームが置かれ，その小委員会の一つとして法曹養成制度小委員会が置かれることになった。１２月５日には，法曹養成制度小委員会が開催され，委員長は参議院の古川俊治議員，事務局長は衆議院の宮﨑政久議員となった。小委員会の検討課題として４つの課題が示されていて，一つ目は法曹人口である。法曹人口の在り方について，急激な法曹人口の増加により弊害が生じている状況をも踏まえ，法曹としての質を維持するべきことを念頭に置きながら，司法試験の年間合格者数についての提言を行うという検討課題である。二つ目は，法科大学院の再編，統合についてである。三つ目は，予備試験の在り方である。四つ目は，司法修習生の経済的負担を軽減する方策についてである。
法曹人口調査の在り方について，資料４－１の「調査の観点」や「具体的な調査方法・調査項目」につき，推進室は専門的な知見がないので，法社会学的や経済学あるいは民事訴訟・利用者調査からも，研究者の方々からそうした知見を得る場を設ける必要がある。仮称であるが，「法曹人口調査検討会合」を設けることにした。若手の研究者の方々と意見交換，議論をする場として，これも法曹人口調査検討作業部会と仮に称しているが，こうした場で，より具体的な，迅速かつ濃密な議論，検討あるいはヒアリングを実施したいと考えている。
平成２５年１２月から調査のデザインの検討を行う予定にしており，作業部会については本日，研究者の方々からのヒアリング等を行う会合の初回は１２月１８日に予定している。その後，必要な入札などの手続や既存データの分析などを行い，遅くとも平成２７年３月には調査結果を出すことを予定している。

（吉戒） 調査を経たうえで法曹人口について提言するということなので，平成２７年度の４月以降ということになると，随分悠長だなという感じは否めない。法曹人口の問題は，多くの方が一番関心を持っている。この調査を終える前に，この顧問会議の場で定性的な方向性を出した方がいいのではないかと思う。

（松本） 自民党の司法制度調査会の小委員会は，法曹人口，特に司法試験の合格者の在り方という点については，一つの重要な検討課題と捉えており，時期は全く未定だが，場合によっては近い将来に提言がなされる可能性は否定できない状況にある。公明党の法曹養成に関するプロジェクトチームの取りまとめにおいても，法曹人口について触れられている。

（阿部） 将来の需要調査となると，当然に裁判実務が中心になるのは分かるが，それ以外，例えば組織内弁護士の需要とか，活動領域の拡大についても，私どもができることがあれば協力するので，調査対象に入れていければいいと思う。

（山根） 合格者数等につながるということであれば，活動領域の拡大の議論ともかなり重なり，重要に絡んでくると思うので，そちらの議論の方は，どういうスケジュールの予定か。

（宮﨑） 平成２５年の司法研修所の卒業生の数は，去年より四十数名減っているわけだが，データの動きを見ると，減っているに関わらず，未登録者は昨年と比べても更に数十名増えるのではないか。多くの時間と

多くの資金を投入して，果たしてこの分野を目指す人がいるのだろうか。他の分野でもいつでも行ける優秀な学生ほど，この分野を目指さなくなるのではないかと大変危惧している。各大学の法学部すら，志願者がどんどん減っているという状況も聞いている。成績についても，志願者が減っているのに合格者の数が高止まりしていることから明らかである。データを見ても，例えば平成２０年の論文式試験の２０００番の人の得点が，平成２５年の１７００番前後の成績と同じだということである。

政治家の方々が，この状況は放っておけないということで提言を出すということだが，その前に，我々顧問会議で意見を交換して，一定の方向性について，できるだけ集約できればいいなと，全て政治に委ねるのもいかがなものかと思っている。是非とも，調査結果を待たない間での活発な議論をお願いしたい。

顧問会議・第5回（２０１３年１２月１７日）

出席者：納谷、阿部、有田、宮﨑、山根、吉戒
法務省大臣官房司法法制部・鈴木参事官，松井参事官，文科省大臣官房・常盤審議官
最高裁司法研修所・吉崎事務局長、推進室・大場室長、松本副室長，中西参事官

（中西） この１０年間に企業内弁護士が約１００人から１０００名近くに増加した。企業内で働く女性弁護士の支援については，現在，企業内弁護士に女性弁護士の占める割合は非常に高く，約4割にも達している。弁護士のために研修として，弁護士会の企業法務向け研修講座の開設に加え，法科大学院における展開・先端科目の授業で弁護士の研修に適切なものを弁護士も受講できる仕組みについて検討している。慶應義塾大学では，平成２６年の春から弁護士等に向け一部の講座が開放される。日弁連では，企業内に勤務する若手弁護士向けの研修を行うことも検討している。日弁連では，国際分野での活躍を目指す弁護士，法科大学院生，司法修習生を対象としたセミナーの開催，英米の提携ロースクール合計４校への留学推薦制度，これは通算４０名の弁護士が利用している。企業内の場合と同様，法科大学院段階でも展開・先端科目等で国際化を意識したカリキュラムを開設して，これを弁護士の研修にも利用できるよう，法科大学院との協議を進めて行く。取り組むべき課題の三つ目は，弁護士による中小企業等の海外展開支援の拡充である。

（阿部） 法テラスについて，鹿角市のように地元から設置の要請があるのは何例くらいあるか。

（松井） かつて長崎県の大村市から１件あったと承知しているが，その他は承知していない。

（吉戒） 今検討している活動領域の拡大とは何かと言えば，法曹人口の増大に対応する活動領域の拡大という必要性だと思うが，まだまだ経済ベースに乗るような話ではない。法曹としてどういう売りがあるのかということを整理しないと，善意のプロボノ的な，あるいはボランティア的な活動になるのではないか，それは立派なことだが，それでは法曹人口の増大ということには対応できないと思う。国とか自治体で我々が何ができるかと言えば，すぐ思いつくのは法令の立案とか，行政処分の審査とか，紛争案件の対応だ。

（宮﨑） 国や地方公共団体の財政的，制度的な支援が一番重要ではないかと思う。日本司法支援センターの活動領域の基本は裁判業務である。行政手続の活動は基本的には認められていない。法テラスの活動領域制度的に増やす，財政措置を付けることが，この活動を飛躍的に増大させる根本である。鹿角市に行っても，スタッフ弁護士は生活保護手続とか労働関係とか労災手続とかには基本的には関与できない仕切りになっている。そういう枠を取り払う運動も併せてお願いしたい。地方公共団体に弁護士が入ることも，これも財政的な措置であるが，これも制度を作ることが肝心である。

（吉戒） 国の行政機関あるいは自治体に行く場合でも，即戦力が求められる。修習を終えたばかりの新規登録の弁護士は，まだ仕事をする力がない。そういう人がもし国とか行政に行くのであれば，ある程度トレーニングを積む機関あるいは組織がないと使い物にならない。例えば自治体，鹿角市が採用するかどうか分からないが，採用したとしても，修習修了直後の人であれば，一般の学卒者と変わらない。ただ法律の知識は詳しいというだけの話。やはり弁護士としてある程度の実務経験を積まないと使い物になるような力はない。

（阿部） 活動領域の拡大の余地は，基本的に自治体にあるのではないかと思う。都道府県と政令指定都市には必ず置くことを要請できるのか，最後は予算措置でしょうから，基準財政需要の中にそういう人件費を盛り込むような要請をするとか，実際に動く話を進めないと，シンポジウムやアンケートもいいですけれど，先の話につながっていかないことを危惧している。

（中西）自治体に入った弁護士の数は，２０１３年現在で１２０人である。２００５年当時で６０人なので，企業に比べるとそれほど増えていない。定員の削減の問題とか，予算上の問題が大きいと思う。

（松本）自治体全般に，有用性というものが，必ずしも十分に認識されていない。司法修習を修了したばかりの弁護士をいきなり送り込むわけにはいかない。そうなると，ある程度経験を積んだ弁護士をということになる。当該弁護士にとっては，事務所との関係とかいろいろあって，手が挙がりづらい。

（吉戒）派遣される方の報酬・給与も考えないと持続性がない。日本の弁護士会の会費は相当高い。そういう負担がどうなるのか，経済的なこともあるので，きちんとやらないと物事は進まない。

（宮﨑）本来，制度として改善していかなければならない制度的な，財政的なものについて、きちんと配慮して，領域拡大を進めていただきたい。

（納谷）過疎地のためにどういう具合に法曹の方から対応していくか，法曹教育でどうするかということが原点だったが，ここは１０年近く経って，まだまだ浸透していないところが多々ある。もう一つは，法科大学院の方でも，教育問題としていろいろカリキュラムその他でてこ入れをしなければならない部分もある。

（吉戒）一丁目一番地は法曹人口だと思う。法曹人口の話は検討会議の取りまとめで，一定の調査をしたうえで提言するということになったので，来年度に調査をするということで，それはそれでやむを得ないと思うが，その結論が出るのは平成２７年の春以降になってしまうので，いろいろな意味でスピード感に欠けると思う。どういう結論になるのか，数字が出るのでしょうが，２０００人というものを増やすという選択肢はまずないと思う。ある程度，削減をするのは正しいと思うので，何かそういう方向性だけでも，調査を縛るわけではないが推進室とは別に，この顧問会議の中でまとめることはできないのかなと思う。来年も合格者が２０００人になったらどうなるのか。６６期の弁護士登録の一括登録が明後日だが，その数は，恐らく去年より悪い数字だと聞いている。いつまでも放置していいのかどうか，非常に疑問に思う。少しずつ減らしていくという方向でも示すことはできないのかなと思うが，どうか。

（阿部）現状維持と言ってしまえばそれまでだが，少なくとも，これ以上合格者数を増やすことはないと思う。急速に，例えば１５００人まで減らすかというと，それをどう説明できるのか。確かに弁護士の就職事情は大きいかと思うが，それを補うために活動領域の拡大の議論をしているわけだし，ある意味での将来の需要に関する議論がある程度ないと，今これで一杯だからこれ以上受け入れられないという話だけでは済まないと思う。来年に向けて今すぐ何か具体的な結論を，数字を出せと言われると，判断材料に乏しいと思う。

（吉戒）政党筋でもいろいろな議論をして出されるわけだが，そういうときに非常に極端な数字が出されると，これまた困ったことではないかと思う。私が言うのは，数字を出すという話ではなく，定性的な意味での方向性だけでも示したらいいのではないかと思う。

（有田）２０００人より少なくする方向性が出てくるだろうと思うし，私は数字は言いませんが，個人的にはやはりもう少し減った方がいいなという気持ちはある。そのメッセージは，その程度の問題として出すのであれば，私もやぶさかでない。

（山根）特に何もない。

（納谷）活動領域が広がってきているので，この分野が新しい見込みとして，どの程度，将来拡大していくかということの兼ね合いも多少は加味していかなければならない。このところもかなり重要だと思うので，そういうこととの兼ね合いで，いずれある程度の方向は出してもらいたい。平成２７年の春くらいに結果が出てくるというのでは，ちょっと遅すぎる。何か簡易な方法で調査報告をするとか，何かを考えて議論がしやすい時期を選んでいただければと思う。

（大場） よく分からなかったのは，来年の試験の数に向けてということなのか。今話している提言というものが，どういう関係に立つのかが分からない。

（吉戒） 調査をやって正式に提言するのが平成２７年の春以降，４月から７月までの間になると，それが反映するのは平成２７年の試験には当然まだ無理なので，事前の周知期間としては翌年（平成２８年）になると思うが，それがちょっと遅いのではないか。

（宮﨑） 司法試験の新規受験者がどんどん毎年下がってきているのに，合格者だけが２０００人でずっと来ているというのは，むしろ逆に人為的な操作を強く推認させる状況ではないかと思うので，そういう下支えを取り払う。合格者については，抑制的に運用するというやわらかい表現でもいいが，これだけ志願者が減っているのに，下方硬直はもうないだろうという思いがある。

（納谷） 国として，この政策原点を忘れてはいけないというのが私の基本的な考え方である。少しずつ２０００人に近づいて，そのまま止まったということが，果たして国の政策として正当だったのかどうか。これから法科大学院に行きたいという学生から見たらどうなのかという議論は，一方であると思う。今，定員を少しずつ削っていく中で，だんだんそれが７割，８割に近づいていこうとしているので，そういうところに寄せていく議論が必要かどうかを，もう少し検討していただきたい。法科大学院制度をスタートさせた人たちが、７割か８割の合格者を確保できるように定員総数の制限を，韓国でやったようにできなかった。ところが，今，そこへなだらかに入ろうとしているし，一方では活動領域が増えてきている。そういうことを自覚して，もう一回，見直しの動きもあるので，一気に合格者総数を下げていく方向でどんどん進めていくということが，国の方針として示されると，今でも法科大学院に対する期待が小さくなっているところに，更に悪い意味の影響があってはいけないのではないかという危惧がある。私個人としては，合格者総数を削るということ自体が一つの大きな問題だと思っている。

（阿部） 座長個人の考えに非常に感動しているが，そういう意味で絶対議論しなければいけないのは，やはり予備試験の在り方だと思う。

顧問会議・第6回（２０１４年2月２５日）

出席者：納谷、阿部、有田、宮﨑、山根、吉戒
文科省大臣官房・中岡審議官、推進室・大場室長、松本副室長

（大場） 今後の主な検討課題としては、予備試験と法曹人口の在り方、司法修習、法科大学院に対する法的措置の在り方等についてなどがある。本日は、予備試験と法曹人口の在り方を議題としている。司法試験法の改正と司法修習について報告したい。

・・・・・・・・・・・・・・・・・・・・・・・・・・・・・・

（大場） 次の議題は予備試験についてです。

（松本） 与党の動きについて、まず自民党の司法制度調査会の下に法曹養成制度小委員会が設置されており、先日この法曹養成制度小委員会の第２回が親会である司法制度調査会と合同で開かれた。

予備試験の関係の資料として、資料２２の「規制改革推進のための３か年計画（再改定）（抜すい）」は、規制改革の関係での関係閣僚会議の閣議決定で、その中に予備試験の合格者数は等についての指摘が、この規制改革の関係での閣議決定という形で指摘されている。

（中岡） 資料２３の「司法試験予備試験に関する法科大学院に対するアンケート調査回答結果（概要、文科省）」は、中央教育審議会の法科大学院特別委員会でも配布した。内閣官房から要請があり、1月から２月にかけて文科省で予備試験の影響に関するアンケート調査を法科大学院に対して実施し、その回答結果をまとめた。

（大場） 予備試験については、推進室としてはデータの分析を行った段階であり、まだ具体的な方向性を出せる段階には至っていない。

（納谷） この問題は、かなり深刻なこともあるだろうと思うが、皆さんの意見をまず聞いて、方向付けを考えていきたい。

その後、議事録の１０頁から１７頁まで閣議決定の内容、その位置付け、法科大学院への影響、制限の憲法上の問題などについて発言がなされた。第７回の会議以後第１３回まで（第１１回を除いて）、延々と予備試験の制限の議論を行っている。

（松本） 資料２４が推進室で進めている法曹人口調査の進捗状況である。資料３１－１によると，平成２５年１２月に司法修習を修了した者のうち裁判官，検事になった者を除き，一括登録日に弁護士登録をしていなかったものは５７０名であった。平成２６年2月４日の時点で未登録者は２４３名である。資料３２～３４は，弁護士のＯＪＴの機会に関する資料。資料３２は，日弁連が昨年法曹養成制度検討会議に提出した資料をバージョンアップしたもので，ＯＪＴの機会が少ないと推測される即独，ノキ弁について調査した資料。資料３４は，日弁連が，即時あるいは早期独立開業弁護士に対する各弁護士会の対応状況をまとめた表。

（宮﨑） 資料３２によると，一人で独立開業，複数の新規登録弁護士だけで独立開業，弁護士法人に入ったが派遣された支店には新規登録弁護士しかいない及びノキ弁の四つのパターンの弁護士の数は，２０１３年１０月は１２７名で前年より４名減っている。これは修了者が７２名減っているにもかかわらず，１３０という数字にほとんど変わりがなかったという状況である。このオン・ザ・ジョブ・トレーニング不足という

結果は，非常に重要だと考えている。２０００年は登録取消者数が２１８名だったが，２０１３年は５５１名登録を取り消している。人数が増えている部分は，ほとんどが新しい方が任意で登録を取り消している確率が高い。最近の登録取消の数の急増については不安を覚えている。

（阿部） 何かもう少し細かいデータ，有効求人倍率と言ったら失礼だが，それぞれの地域で何人くらい新規に法律事務所に就職を希望している方がいて，その受け皿がどのくらいあるかというのは，何か分かるか。

（宮崎） 広告を出した途端に何百通という履歴書が来て，電話がかかってきて対応に大変だということで，出さない。その地域の修習生の中から受ける。ことほどさように就職難は深刻で，就職口があると聞けばどこへでも行く，みんな大勢押しかけるという状況だと思う。

（阿部） 法曹人口については，将来的なニーズ，人口調査を含めてじっくりと検討していけばいいと思っていたが，与党の動きは，何か急に進んでいるような気もしている。

（松本） 自民党の司法制度調査会法曹養成制度小委員会は，３月末までに提言を行うという位置づけで，そういう問題意識の下でスタートした。司法試験合格者数というのは，今年の受験生等に影響を与えることになり得る要因であるので，この点だけは極力早く，３月中にというスケジュールで動いていると認識している。

（大場） 推進室としては，平成２５年７月の法曹養成制度関係閣僚会議の決定に基づいて動いているが，その決定では，年間３０００人の司法試験合格者という目標は現実性を欠くので，目標は立てない，数値目標は立てないと。ただ，法曹人口について調査を行って，結果を２年以内に公表するというスタンスなので，推進室あるいは政府の方で年々司法試験合格者数を決めていくといったものではない。それは司法試験が資格試験であることも大きな理由である。それが推進室の立場である。

（納谷） 政府は，当時，自民党が政権与党だったのでいろいろ考えて意見書を容認して，これを実現しようとしてきたわけなので，それを簡単に変えるとか，変えないとかとは言いにくいだろう。今，与党の方でどういうふうに動いているかについては，阿部顧問が言うように注意をしなければならないと思う。

（松本） この辺は，与党において検討中というところで，我々もその辺は詳細に承知していない。

（納谷） もう既に今年の試験は動き出してしまっているわけで，ここで急に数をどうこうということを明示することは適切でないと思う。将来のことについてだと思うが，そういう点は，与党の議員の先生方にも少し理解していただかなければならない。

（吉戒） 宮崎顧問から就職状況について非常に詳細な説明があったので，近年の就職難の状況がよく分かった。現に裁判所の訴訟事件を見ると，民事事件も刑事事件も少年事件も減少している。その中で伸びているのは家事事件だけだが，これは絶対数が少ないから，法曹人口を左右するようなオーダーにはならない。非裁判業務がどれくらいニーズがあるのかということも，調査の中で把握していただきたい。大場室長から司法試験は資格試験だという話があったが，私は，必ずしも客観的な試験の水準だけで決めるのではなくて，やはり何らかの政策的考慮は働いているのではないかと，働かしてもいいと思う。そういう性質のものではないかと思っている。

（宮崎） 法律系への新規参入人材が本当に急激に減っている。法学部もそうである。それは何かと言うと，法曹養成課程の失敗だったと思わざるを得ない。経済的負担が大きい，就職難と様々な事象があるが，これらを解決するためには，やはり法曹人口，司法試験合格者の議論数も，避けて通れない中核的な問題だと考える。この（法科大学院の実入学者数が毎年数百ずつ減っている）間，司法試験合格者がずっと２０００人，この対比を見る限り，これは誰が考えても資格試験ではない，政策的人数の合格者だと思わざるを得ない。

法科大学院の実入学者は，今年は２５００人を切るだろう，これが法科大学院関係者の定評である。これだけ人数が減っても，なおかつ司法試験合格者については，調査を待って3年先，２年先の提言を待つということになるのだろうか。受験者の母数がこれだけ極端に減っていて，もう２５００人を切ってしまうとなると，予備試験がなければ，そして落第を除けば，ほとんど法科大学院生全員通さないと２０００人を維持することはできない状況に来ている。この数字は，客観的にも冷静に見るべきだと思う。優秀な志願者が法学を学び，法曹を目指すというシステムに変える。少なくとも，法科大学院の実入学者がこれだけ激減しているのに，なおかつ合格者数について何のメッセージも出さない，出せないのかと問いたい。

（大場） 司法試験の受験者数が６０００人とか８０００人とか，８７００人が一番高い。平成２５年は７６００人になっているが，でこぼこがあるわけではない。３０００人を合格させるだけの成績なり実力がなかったと，こういう判断で２０００人台にとどまっている。

（納谷） 実数的には，予備試験でさっさと受かってしまえばいいという気持ちがあるので，根本的には，ロースクール自体が魅力があるかどうかということだと思う。今の若者から見て，法曹というのは魅力ある仕事かどうかということについて，我々がもっと危機感を持たなければいけない状態に入っているかなと思っている。意見書に書かれている司法改革は壮大なもので，これを実現するためには相当な人数がいなければならない，大胆な数値目標を掲げて臨むことが必要である，このような思いでロースクール構想に賛同し，それに向けて取り組んだことは事実だと思う。それをやらないで来ていて，このままでいいのかどうか。もし司法改革が予定どおり進行していたならば,若者はいろんなところに行く機会もあるのではないかと思う。そこの意見書に書かれている提言内容が十分実現しているかというと，疑問である。そういうときにある程度の数を出していかなければならない。そういうところで新しい分野があれば，若者もこういう分野で活躍してみたいということが出てくるのではないか。そういう議論をしていかないといけないのではないかと，私は危惧している。

（阿部） 数字を出すのであれば，十分に根拠を詰めたものを出さないとだめだと思う。もともとの３０００人も根拠がなかったわけですし。では，現状は，何か根拠があるのかと言われると，それは結果論にすぎない。何かを打ち出すときは，いい加減なものになると，それこそ法曹養成制度全体を崩しかねない。公認会計士試験は，その後１５００人維持と言いながら，その数字は全然出てこない。結果的には公認会計士を目指す人がいなくなってしまうという状況になってしまった。法曹についても，何人くらい減らすとか，何人が望ましいということは，軽々には言えない。十分に根拠を詰めて，正にこの数字であれば，この後しばらくは持続的にできるというところまで詰めないと，数字を出すのは早いと思う。そういう意味では，定性的な議論をしばらく続けていくしかないと思う。

（山根） 弁護士の人口が過剰になっていて，特に新人弁護士にとっては大変な就職難ということ，問題なのは，先輩弁護士に実務を教わりながら一人前になっていくという構造が崩れてしまっていることが大きい問題だと思う。弁護士も気の毒だが，我々市民消費者にとっても，未経験な弁護士に人生を預けるようなことになるということは，とても問題だと思う。まずは，人口については，合格者を減らして人の維持ができるペースにすることを考える。一方で，法曹人口が増えて弁護士が身近になったかと言えば，そう感じない市民は多い。そこには別の問題，弁護士の費用の問題とか，都心部への偏在であったり，いろいろ市民と弁護士の連携がまだまだ足りないという問題もある。そこも重要な問題だと思う。地方などでは，やはりまだまだ弁護士が不足していると思う。

顧問会議・第7回（２０１４年3月２７日）

出席者：納谷、阿部、有田、宮﨑、山根、吉戒
　　　　文科省大臣官房・中岡審議官、高等教育局・牛尾専門教育課長、日弁連・鈴木事務次長、
　　　　最高裁事務総局・小林審議官（裁）、推進室・大場室長、松本副室長

（松本） 法曹人口の増大に伴って、若手が登録を取り消す割合が増えている。

（宮﨑）「登録換え・弁護士登録取消し件数」の資料の「弁護士登録取消し件数の事由別内訳」によると、年々退会、登録取消件数が増えていて、最近は５００名台。６０期台の登録数が増えるに従って、例えば２０１３年を見ると、１６４名が６０期台。６０期台の請求退会等が激増している。

（吉戒） 今日は、自民党の司法制度調査会があった。

（大場） 法曹人口について、結局は法科大学院の問題だとか、司法試験、予備試験の各課題とも有機的に関係している問題と思う。

（納谷） 人口問題は、そこだけをとりだして議論ができるものではない性質だから、ある程度広げて、この問題に関連させながら関心の強いところから意見をいただきたい。

（阿部） 今の段階で、減らすべきだとか、増やすべきだという発想は、私どもにはない。今後、具体的に調査をされて、データを分析され、その中で実際に意味のある数字が出てきたら、議論のとりかかりだと思う。それが出るまでに、現状で多い、少ないという議論はなかなか難しいと思うのと同時に、これはある意味で資格試験なので、受験する時期によって水準が余りにも違うことは不公平かと思う。去年受けて受かった人が、今年は受からないのは、納得できないところがある。

（吉戒） 本来、望ましくないような形での就職状況、そして、全体的に民事、刑事の事件が減少傾向にあるから、今のままの２０００人を毎年養成していっていいのかなという感じはする。平成２６年度に所要の調査をして、その上で数字について議論するのが相当ではないかと思うので、そういう進め方でいいと思う。

（宮﨑） 司法試験の出願が１割減っているから、それに比例して司法試験合格者は、１割減るというのが普通だと思う。出願者がずんずん減ってきているのに、今まで比例した合格者減がなされていなかった。無理に合格者数を維持してきたというところが、弊害が多く現れる理由になった。質の問題も含め、やはり無理に維持しているという点がどうしても目に見える。今や、我々は１０年も経って、データは十分にある。様々な弊害は枚挙にいとまがないにもかかわらず、何らかのメッセージも出さないという、今度は遅すぎる改革ということがむしろ問題だと思う。職業的に成り立つようなニーズが今、ものすごくありますよというような調査結果が出てくるわけもない。これだけ志願者が減り、これだけ法曹を目指す人が減ってくる、法曹を目指す有為な若者が増えるための改革をどうすべきか。法科大学院の実質的な定員の大幅削減、さらに予備試験の改革、法曹志願者の増える施策をやらなければならない。日弁連は、１５００人と言っているし、私はそれがあるべき数字とかけ離れた数字だとは思わない。１年経てば、もっと弊害はひどくなる。今年予備試験の合格者が何人出るのか分からないが、これを二度と元に戻すことはできない。多くの若者が参加している現状を放置して、この調査で1年、２年待って、それから検討して３年経つことは許されない。我々は本来１５００人くらいかなと思うが、もう少し緩やかなトーンででも良いから、いろんな改革と相まってパッケージとしての法曹養成制度の改革が緊急に合意でき、この場で提言できればうれしい。

（納谷） 総合的なパッケージとして評価したうえで、人口論を行うべきだと思う。意見書では司法改革をど

うすべきか、という基本視点があった。そこに出ている改革項目のうち、どの程度実現していたかも、本当は評価しなければいけない。裁判官や検察官の定員については確かに法令等で決まっている。しかし、それで本当に司法改革ができたのか、できなかったのかは、別の問題だ。そのような問題も含めて、いろんなことがどの程度まで法曹人口として必要なのかを考えなければならない。社会的なニーズ状況が１０年前と比して異なっている。今、ようやく３つの職域につきニーズの調査・検討をする分科会が立ち上がっている。消費者の問題とか、いろいろな分野で成果が少しずつ出ている。これをどのような具合に評価するか。今、法科大学院が、外科手術的な改革をしようとしているので、そこの成果がどんな形で出てくるかの見定めもある程度必要ではないか。

（宮崎）予備試験合格者が１０００人になってから予備試験合格者を制限しましょう、はできない。

（納谷）私は、基本的に宮崎顧問と同意見です。ただ、これから若者が法曹を目指すための夢を語るときに、こういう広がりもあるということも一方で押さえておいて、議論をしてと思ったので、そっちの方にいってしまった。予備試験についても、早く手を入れなければならないことも、私も危機感を強く有しているので、その方向で議論を進めたい。

（山根）いろいろな問題点を現実的に踏まえれば、当面、私は人数を減らす方針を打ち出すしかないと思う。ただ、この先弁護士等が減ることに賛成していることではなくて、逆にもっと全国の各地で弁護士がもっともっと市民の身近にあって、助けとなる貢献をしてほしいと思う。本当に増え続ける消費者被害や高齢者に関わる問題等に、もっともっと向き合っていただきたい。まだまだ弁護士の活躍の場はいっぱいあるし、ニーズも多いと思っているが、現状として、よい広がりとなっていない。望ましい展開のためには、ここで一度きちんと立ち止まって、まず広がりができるための基盤づくり、受け入れ体制を設計することが先に必要だろうと強く思う。顧問会議として何も打ち出せないと、何のための会議かという非難も受ける。

（吉戒）法科大学院に進学しよう、受験しようという学生にどういう影響を与えるかということです。ここで合格者減少を打ち出す、つまり既存のデータはあるというけれど、この組織として作ったデータはない。そういう状況の中で減少という方向性を出していいものかどうか疑問なのですが、どうなのでしょうか。

（納谷）人口が多すぎるのではないか、受かった数が多すぎて悪い影響を与えているのではないかとなどの意見はあるが、それだけなのか。例えば、質が落ちていると言われているが、本当に質が落ちているか。どのようにして検証するか。いろいろ難しい問題がある。ロースクールの方に主力を置いて法曹養成を考えていかないと、若者が集まってこないのではないか。総合的にという言葉を私は言っているのだが、合格者の人数が少なくなれば、だんだん法曹を目指す若者が少なくなる。さっきから暗い方ばかりに集中しているが、もう少し若者に勇気（希望）を与えるメッセージをつくり上げた方がいいと思う。

（宮崎）私は人口減だけを打ち出すということについて、必ずしも賛成をしているわけではない。人口が全ての制度設計の根幹ですから、人口論抜きの制度設計はないけれど、人口だけの発信は、緊急避難としてはあり得るかもしれないが、できればそれを避けた方がいいだろうと思う。法科大学院を大幅に統廃合したうえ、入学者を大幅に削って、法科大学院に入れば司法試験に通るのだ、そして、予備試験もそういう意味で本来のあり方に戻すのだ。こういう制度全体の設計を示すことが極めて重要だ。

（吉戒）社会的な納得を得るためには客観的な実証データが必要だと言っているわけで、そのデータに基づいて出されるような方向であれば、私も賛同したい。今の時点で、つまり今年の司法試験から、あるいは予備試験から減らすというメッセージを出すのは、それはどうなのかということを言っているわけです。

（阿部）宮崎顧問に反論するつもりはないが、各地域の弁護士会から要請書がしきりに届いていて、それを見るといろいろなことが書いてある。弁護士が増えて収入が減って、事務所が維持できない話が結構多い。それは、我々としては知ったことかというつもりでありまして、数が増えて、需給が緩んで、価格が下がったから調整すべきという話は、ほかの分野ではあり得ないことだと思う。法曹を産業に例えるつもりはないが、産業であれば、新規参入があればあるほどその産業の勢いは増す。参入を制限して栄えた産業というのは、私が知る限り世界的にないはず。そうすると、弁護士会の意見としては、決してそういうことではないと思うが、どうも地域会のおっしゃることは、要は、これ以上増やされたらたまらないという、極めて端的な話が多い。そこだけは懸念している。

（納谷）私のところにもあちこちから来ており、日弁連が一つにまとまってくれないと、収拾がつかなくなる。このことは避けたいと思う。

（山根）やはりでも、急激に人数を増やし過ぎたことによっていろいろな問題が起きている、なかなか解決できない状態にあるということは確かだと思う。このままでよいとか、逆に増やす方向だということではないメッセージは共有したものを何かあらわす必要はあると思う。今、現状を考えて、もう少し様子を見ましょうでは、ますます司法制度に信頼もなくなるし、若者に、就職できない、お金がかかるというイメージをますますふくらませるだけではないかなと思う。

（有田）私は、現状のままの人員でいいとは思っていない。減らすということが、これまで提示された種々の条件や、いろいろな話を聞く限りにおいて、適切かなと思う。各顧問の意見をまとめたうえで、顧問会議として発信するのがいいのか、控えるべきか問題がある。なかなか難しい問題であり、直ちに結論を出し難いと思う。

（宮﨑）先ほどの地方会からの要請はともかく、士業のニーズと人口との関係は、どこの職域でも悩んでいる問題だと思う。何も弁護士会とか、司法界だけではなくて、例えば医師の場合はどうか、医学部の定員というのは閣議で決めていると思うが、増員についても年間１０人増やすとか、非常に慎重に決めているし、公認会計士の世界でもニーズの面から大幅削減している。食えないからどうのこうのという議論ではなく、慎重にクールな目で人口とニーズはどうあるべきかということを見ていただければと思う。

（松本）今度は、その調査結果を踏まえた提言というものを推進室で用意をする必要がある。

（納谷）私自身は、そんなに人口論を避けて通ろうとは思っていないが、しかし、意見を言うためには、もうちょっと他の改革状況を確認したいなと思っている。

（宮﨑）意見を、来年の調査を待ってやるというのは、我々から見たら先送り論だ。そうしてはいけないと申し上げたい。それでは間に合わなくなりますよということを申し上げている。それを先送りされるということでは、我々の顧問会議というのは何の意味もなかった、何の制度提言もできなかったということになる。やはり全ての出発点が、人口の問題ですから、そう思う。

（大場）調査を待たず、もっと早く何かメッセージを出すべきだという考えもあるし、他の顧問の方のように、調査を得て、その根拠をもって何かを出すべきだという方もいる。宮﨑顧問にお聞きしたいが、間に合わないというのが、具体的にどういうふうにして、今出さないと、何が間に合わないのかというのをもう少し具体的に言っていただきたい。

（宮﨑）予備試験の合格者については、年々実績が積み重なっていく。恐らく、多くの志願者が予備試験に集中するということになろうかと思う。法科大学院は、予備試験に通らなかった人の集まりという結果になる。これが年々拡大していくだろう。そうなると、予備試験を抑制することは極めて難しくなる。法科大学院を法曹養成の中核と考えるならば、一刻も早く手を打たなければならないという趣旨だ。

16

司法試験合格者数は、全ての制度設計の前提だから、司法試験合格者を何人と考えるのかによって、法科大学院の統廃合だとか、合格率だとか、修習を含め将来の制度のあり方の骨格が決まってくる。合格者に触れないということは、志願者が減るのに比例して減らしていくということなのか、志願者がどれだけ減っても２０００人ということなのか、何のメッセージも出さない、いつまで経っても就職難とか、オン・ザ・ジョブ・トレーニングは受けられない、そういう悪いイメージを回復できない。志願者減に歯止めがかからない。志願者減に歯止めをかけるためにも、せめて合格者数の抑制は早急に明確なメッセージとして打つべきだと思う。

（吉戒） 少なくとも共通項としては、現行の規模のままで養成していいのかどうかについて大きな懸念があるのは、我々の共通認識といえるのではないか。ただ、それを一歩踏み越えて、今年の司法試験から、予備試験から、数は出さないにしても減少という方向を打ち出すというのは、ちょっとどうでしょうかというのが私の意見である。そこを出したいという考えもあるようだが、共通項のところで、まず、とりあえず認識を共有したらどうかと思う。

（宮﨑） 何のために法曹養成制度改革をやっているかというと、激減している志願者をいかに歯止めをするか、いかに増やすかという視点が抜けてはならない。前期修習の改善はいいことだが、別にそれで志願者が増えるわけでもない。志願者を増やすためにどうするのか、そのためには法科大学院はどうあるべきか、予備試験はどうあるべきか、給費制と言わないけれども、経済支援をどうするのか、その問題がある。

（納谷） 少ない合格者になれば、若者から見ると、試験など受けたって、とても受からないという気持ちに多分なるだろう。受かったって、就職する先が非常に厳しく、貧しい経済的な状況に置かれると思えば、若者は、明らかにそういう分野に行きたくない。個人的な考えであるが、法曹は、もともとお金持ちになるためにあるわけでもない。その生活は、貧しいというか、ある意味では質素なものです。法曹の仕事それ自体は、そんなに派手なものではない。法科大学院に行けば７割くらい受かると言っていたから、あれだけ人がどさっと志願してきた。それにすぐ戻れというわけではないが、そういう夢がメッセージとして伝わらないと、やはりこの状況は打開できないと思う。

（宮﨑） どさっと合格できたけれども、結局、就職できないと夢がない、裏切られたということになる。法科大学院関係の人と話していると、合格者数を増やすことが大事だという発想が強い。我々から見ると、きちんと、弁護士として活躍できるシステムを構築しなければならない。それが、志願者増につながると思っている。

（大場） 推進室としては、人口調査というのを確実に実施して、その結果のデータを精査することで法曹人口のあり方を示したいと考えている。ＯＪＴの問題だとか、事件数の減少、就職の問題、それぞれの要素も踏まえて考えていきたい。次の議題に移り、予備試験についてです。

（松本）「規制改革のための３か年計画」という閣議決定に至る経緯を説明しますが、この閣議決定は、平成１３年４月に発足した総合規制改革会議に基づく、「規制改革推進３か年計画」が前提になっている。最初に予備試験について触れられたのが、平成１５年３月に閣議決定された「規制改革推進３か年計画（再改定）」である。ここでは、「新司法試験においては法科大学院を修了していない予備試験合格者であっても、法科大学院修了者と全く同じ条件で、新司法試験を受験することができるようにすることや、予備試験が法科大学院修了者と同様の素養があることを判断するためのものであるという本来の趣旨を確保するために、新司法試験の合格率において予備試験合格者と法科大学院修了者との間で、可能な限り差異が生じないようにすべき等との観点を踏まえつつ、両者の公平性が保たれるように予備試験の方法や合格者数等について見直しを行っていく」とされている。両者の平成１６年に「規制改革民間開放推進３か年計画」が閣議決定され、この推進会議に引き継がれました。平成１６年と平成１７年の閣議決定において、平成１５年３月の決定と同様の措置事項が定められている。平成１８年３月の閣議決定では、「法曹を目指す者の選択肢を狭めないよう、司法試験の本試験は、法科大学院修了者であるか、予備試験合格者であるかを問わず、同一の基準により合否を判定する。本試験において公平な競争となるようにするため、予備試験合格者数について毎年不断の見直しを行う」以上により法科大学院修了者と比べて不利益に扱われないようにするとされた。平成１９年５月末には、規制改革会議の規制改革推進のための第一次答申が出された。

ここでは、「予備試験の制度設計において、法科大学院のプロセス教育の趣旨も踏まえつつ、それを無条件に尊重しすぎることのないように留意する必要がある」とされた。同年６月の閣議決定では、「資格試験としての予備試験のあるべき運用にも配慮しながら、予備試験合格者に占める本試験合格者の割合と、法科大学院修了者に占める本試験合格者の割合とを均衡させるとともに、予備試験合格者数が絞られることで実質的に予備試験受験者が法科大学院を修了する者と比べて、本試験受験の機会において不利に扱われることのないようにする等の総合的考慮を行う」とされている。そうした上で、前回示した平成２１年３月の「規制改革推進のための３か年計画（再改定）」につながっている。

予備試験合格の資格で司法試験に合格した６６期修習生の採用状況について照会した結果、予備試験合格者の方が優秀であると考えた回答もあった。

（中岡） 予備試験を受験する理由の把握状況で、学生が、模擬試験として活用するためとか、法曹になるための時間、費用を節約するためとか、予備試験に合格している方が就職に有利、優秀と思われるとかの認識のあることが、数多くの法科大学院から挙げられていた。予備試験に合格しなかった者が法科大学院に進学する傾向が鮮明で、学生の中で予備試験の受験準備を優先し、プロセスとしての法科大学院教育を軽視する傾向が顕著である。法科大学院の教育に関し、先端的な学習の機会、施設の利用、人脈の構築などに魅力を感じるという。予備試験に合格しなかった人が行くのが法科大学院という印象が顕著になってきている。

（有田） 受験対策とはかけ離れた教育を行っている法科大学院から、いち早く離れたいという部分があった。ロースクールを卒業しても司法試験に合格しなければ意味がないので、司法試験の合格のための教育の現状はどうなっているのか教えていただきたい。

（牛尾） どこまでが法科大学院の教育に沿った形の受験につながる指導なのか、どういうものが単なる技術的なものとして指定されるべきものなのかは、多分現場の先生方も迷っていると思う。

（有田） 現にロースクール卒業生の司法試験の合格者数が低迷している状況の中で、今のところは相当重要な問題点だと思うので、できる限り早い時点で、その方向性を示していただきたい。

（中岡） 予備校化してはいけないというような強いメッセージがあった時期の、ある意味トラウマみたいなものに縛られている。

（吉戒） 平成２１年３月３１日の閣議決定があるが、これの現状はどうなっているのか。

（松本） まだ、これは死んでいないという位置づけだ。

（納谷） 閣議決定だから、そう軽々には無視できないとは思うが、この決定はまだ生きているらしい。ただ、予備試験制度導入の前提予測とは、逆転したような形になってしまっているので、これから我々は、この顧問会議で言うべきことは言って、改革に向けて議論を進めていく、対応していきたいと思う。

（阿部） 予備試験について何らかの受験資格の制限を設けるときの法的な論点で、吉戒先生から年齢制限はできないという指摘があったと思うが。

（松本） 平成１９年１２月１８日に中央教育審議会の報告書が出ている。

（納谷） 認証評価の方も、法科大学院の２期目に入って、「過度に司法試験の指導を行わないように」という文科省指針に注意しながら判定している。

（山根） 阿部顧問の話に重なるが、私は、やはり本来の目的というか、経済的な理由という条件の厳格化は必要ではないかなと思っているが、経済的な面で線引きが可能なのかどうかということだ。

顧問会議第8回（２０１４年5月２３日）

出席者：納谷、阿部、有田、橋本、山根、吉戒
文科省大臣官房・中岡審議官、高等教育局・牛尾専門教育課長、日弁連・大迫副会長
推進室・大場室長、松本副室長、岩井参事官

（松本） 国会の審議状況について報告します。司法試験法の改正案については、５月１４日に衆議院法務委員会で審議が行われ、同日可決されたが、その際になされた附帯決議を資料に付けた。大きく二つの項目があり、一つ目は法曹志願者減少の危機的状況にあるにも関わらず、抜本的改革は進んでいないという指摘のうえで、有為な人材が数多く法曹を志願するよう、司法試験合格者数の現在の法曹需要に見合う数への削減など、あらゆる方策を早急に検討し、速やかに実行すること。二つ目は、法科大学院の置かれている現状を直視し、法科大学院の教育水準の改善に向けて、法曹として求められる資質・能力の養成に必要な教育指導に加えて、司法試験の合格に向けた指導を強化することや教育資源の有効活用などに取り組むこととされている。

（納谷）「法科大学院教育と予備試験との関係」の項目は、今のマスコミとか何かの動きを見たら、もう少し急いでやらないと難しいのではないかなという感じはしておるが、そこら辺の認識は、文科省ではどんな進捗状況なのか。

一橋大学法科大学院は一つの大きなモデルを示していると思う。専修大学法科大学は非常に苦しい中で頑張っていると思う。

（大場） 日弁連の「弁護士になろう！！★８人のチャレンジ★」というパンフレットについて説明して下さい。

（大迫） 日弁連では、法科大学院出身の若手の弁護士が全国各地でいろいろな分野で活躍していることをアピールすべく、この「弁護士になろう！！★８人のチャレンジ★」というパンフレットを作った。

（納谷） 是非、明るい面も日弁連の方から出していただいて、法曹にはいろいろな広がりもあるということ、夢があるということを積極的に資料を作って出していただければありがたい。

（松本） 予備試験の論点整理について、現在の推進室の問題意識も含めて説明します。

現状の予備試験について指摘されている主な課題・問題点の１点目は、大学生や法科大学院生が多数受験していて、予備試験の本来の制度趣旨に沿わないのではないか。２点目は、予備試験の受験者数も合格者数も増加し、予備試験が主流との認識が広がりつつある。３点目は、大学生で受験する者が増加しており、バイパスとして予備試験を利用されることが問題である。４点目は、法科大学院生が受験することによる法科大学院教育への悪影響があるのではないか。

どの法科大学院でも司法試験の合格率が７～８割になるということを求めての改革であると認識しているが、このような改革が行われた場合には、予備試験の制度的制約がなお必要なのかを考えなければならない。平成２５年の予備試験の合格率は全体で約３．８％と極めて狭き門になっている。更に、予備試験に合格しても司法試験は翌年に受けることになり、これから法曹を目指そうとする者にとって、必ずしも予備試験ルートが法曹になるための時間短縮の最善の策であると当然に思えるような状況であるとは考えていない。

平成２５年の予備試験受験実績を見ると、法科大学院在学中であることが明らかな予備試験合格者１６１人のうち、法科大学院の３年生が１５７人を占めている。まさにプロセスとしての法科大学院課程を修了して

司法試験に臨んでいると言えることにも留意する必要がある。現時点での受験資格制限は、まだ早い、する必要はない、という見方もある。大学の学生の勉強態度について、予備試験対策だけでなく、法科大学院の既修者コースを目指すための勉強と重なっている。大学生が予備校を活用することが悪いとは評価できない。旧司法試験時代の予備校の位置づけと現在の予備校の位置づけを同じとすることはできない。司法試験合格率が低迷する中で、学生が司法試験合格を意識した授業対応となっている問題である。法科大学院生が答案練習以外に予備校を活用している実態があまりないことも予備校のアンケートで明らかになった。予備試験の受験を制度的に一律に禁止することによって解決すべきものではなく、まず適切な教育指導や単位認定で対応すべき事柄であると思う。

このような問題意識を踏まえたうえで、予備試験の制度的制約について「考えられる対応方策（制度面）」に記載している案として、A案は、「予備試験の受験資格として資力要件・社会人経験要件を設ける案」であるが、これは司法制度改革推進本部の法曹養成検討会や国会で議論がされたうえで、この案はとられずに現在の制度になったので、現時点で、新たにこのような要件を設けるためには、当時想定されなかったような新たな事情が立法事実として必要になる。現状を見ても、この二つの要件のみに限定しなければいけないような事情が新たに生じたとは言えない。法科大学院を経由しない理由には「経済的事情」と「社会経験」以外にも人によって様々な理由が考えられ、それをこの２点のみに限って受験資格とすることは問題である。仮にこのような法改正をすると考えた場合に、経済的事情や社会経験について、具体的にどこで線引きをするのかが非常に難しく、技術的な面からの問題点がある。この制限を課することによって、多くの大学生などが予備試験を受験できないという結果になると、今学校に在学しながら予備試験を受けて法曹を目指すことを考えている人たちが法曹を目指さなくなってしまうというマイナス効果が生じるおそれがないだろうかということも考えなければならない。

B案は、「一定の年齢以上であることを予備試験の受験資格とする案」であるが、一定の年齢に達していないという理由で、誰でも受験できることになっている資格試験を受験する権利を剥奪する十分な根拠があるのかということがある。年齢のみで制限することは、権利制約の範囲として広範囲にすぎ、過度な権利制限となるのではないかという指摘にどう答えるか。予備試験の制度設計当時に相当な議論が行われて、現在の制度になっている。大学在学中に予備試験に合格し、司法試験にまで合格する者は非常に限られており、増加傾向も見られない。法科大学院在学中に司法試験に合格して中退する者は少しずつ増えているが、全体の中では限定的。現状において、予備試験をバイパスとして活用している人は限られた少人数にとどまっている。この少数の早期合格者について、法曹としての質に問題があるという指摘は、現時点では見られない。学部段階で予備試験を受験できなくなることで、法曹の道を選ばなくなる学部生が増えてしまうのではないかというおそれも考慮する必要がある。予備試験は資格試験なので、法科大学院生などが受験することにより、他の属性の者の合格がそれによって狭められる、要するに、経済的事情を抱える者、一定の社会経験を有する者がそれによって合格から排除されている、合格の枠が狭められるという関係には立たないことにも留意する必要がある。

C案は、「法科大学院在学中の者には予備試験の受験を認めないこととする案」であるが、法科大学院か予備試験かの二者択一を迫られることになり、法科大学院の入学者が減少してしまう、法曹を目指さなくなるのではないかという懸念がある。今、文科省でいろいろと取り組まれている法科大学院の改善についての期待を考えたとき、対応は十分可能ではないかという指摘が考えられる。

いずれの案にしても、受験資格制限をすることで、従来、誰にでも開かれていた予備試験、そして司法試験の受験機会を一定程度閉ざすことになる。しかも、司法試験合格率が法科大学院修了者について必ずしも高くない現状において、その道を一定程度閉ざすことになる。

（牛尾） 予備試験は例外的な制度であることを明確にすべきではないか、予備試験合格者は法科大学院修了者と同等程度とはいえ、実務科目の履修や模擬裁判等のプロセスが欠如しているという指摘がある。現行のような基本科目に傾斜した形ではなく法科大学院の科目とパラレルにすべきであるという意見。次に、抜本的な見直し、特に法科大学院生の受験資格を制限すべきであるという意見、予備試験の本来趣旨の経済的事情への配慮ということであれば、試験というより、本来奨学金で対処できるという指摘。年齢制限や試験科目を増やす等の措置が考えられるという指摘。規制改革に関する予備試験と法科大学院の合格者の均衡という閣議決定について、議論の前提となっている法科大学院が現状では十分に機能していないので、そのような状況で単純な数字の割合で比較するのは意味がない。閣議決定にもとづいて予備試験組が不公平とならないよう配慮をすると予備試験合格者が増え、実績のある法科大学院から影響を受けて崩れることになり、法曹養成の牽引役である主要なエンジンが損なわれるのではないかという懸念がある。予備試験合格者の中に、法科大学院の学生が多数いるので、比較して割合を均衡させるというロジックが通用するのかどうかという指摘がある。

（松本） 推進室がこの案のいずれかでいこうと考えている訳ではないと申し上げたのもその趣旨です。

（吉戒） そういうことであるならば、一定の方向に傾斜しないで議論したらいいと思う。

（大場） 考えられる対応策としては、中央教育審議会でも出ているが、受験資格制限をしてはどうかという意見がある。受験資格制限をするとこんなものがあるのではないかということで、整理をした。

（阿部）「規制改革に関する閣議決定での合格者の均衡について」とありますが、前提となる法科大学院の司法試験合格率が低迷しているところでナンセンスというのは分かるが、要は、予備試験組と法科大学院修了者の間での均衡という意味で、予備試験組の最終的な司法試験合格者率を法科大学院の実態に合わせて下げるという意味ではないのですね。今の予備試験を経た方について法科大学院並みの合格率まで変えようという話ではないのですね。

（牛尾） どちらのルートでも同じ合格率になるようにすると受け取れる書きぶりだが、低い方に合わせるという形で均衡をとろうとすると、それは非常に本来の趣旨と違うのではないか。予備試験合格者が非常に今以上に増える。根治療法は制度的な対応をきちんとすることを考える必要があるが時間がかかる、そうなると対症療法ということで中央教育審議会の先生がイメージしているのは、具体的に予備試験の合格者数を例えば制限するといったことを考える必要があるのではないかという趣旨で発言されております。よろしいでしょうか。

（阿部） はい

（大場） ここは中央教育審議会の委員の先生の発言なので、余り解釈するのもどうかと思う。

（納谷）「当時の制度設計のときの議論によれば」という言葉が出てきているが、その当時の実態と今が合致している状況ならば、それなりの意味がある。無駄な議論をしても意味がないので、そこの議論を資料とともに正確に出してほしい。自民党の文部科学部会では、かなり急いで予備試験について対応を考えなければならないという動きがあると聞いている。予備試験の課題について、顧問会議としてもどこかで何かの方策を考えなければならないと思う。顧問会議では何をやっているのか、という声が私にもいろいろ伝わってくる。顧問会議でも、予備試験については、今具体的に動き始めていることをアピールするために、端緒を出してくれたのでよかったと思う。先ほどの説明を聞いて、このペーパーだけで見て受け止めたことと、私の印象は違っている。一応、誤解がないように、その扱い方をしていかなければいけないと思っていた。

（大場） 受験資格制限をやるのだという前提がもう固まっているかのような印象を受けるのではないかというのもあるので、この資料作成に至るまでの考え方を詳しく説明させていただいたとご理解いただければと思う。

（納谷） 私は逆に、やる気がないのではないかというメッセージとも受け取られる。中央教育審議会法科大学院特別委員会の方でも議論を深めてもらう。

（橋本） 法科大学院の件で、文科省の方に見解を聞いて、意見を言いたいことがある。

（阿部） 過去の閣議決定について、予備試験が実際に始まる前のものだし、法科大学院修了者の合格率の議論で、ナンセンスな実態になっているので、これは重みのあるものだとしても、事情変更が進んでいるということかと思う。法科大学院の修了者のレベルが下がっているから、思いどおりにいかないから、予備試験の方をそれと同じようにするという話では全くなく、その逆で、恐らく早急に法科大学院の修了者のレベルを上げていって、当初の想定の７～８割の合格率まで持ち直しさせなければいけない。その前提のうえで、予備試験をどう制限するかという議論であるという理解でいいですね。

（松本） そのとおりだと思う。

（吉戒）「予備試験合格者に占める本試験合格者の割合と法科大学院修了者に占める本試験合格者の割合とを均衡させる」ということが書いてあるので、これをどう読むのか。法科大学院修了者の司法試験合格率は、現在、３割という低いところにいるが、これを７～８割まで引き上げるべきと読める。これを低減させる方向で、つまり、法科大学院修了者の３割のラインに予備試験合格者の水準も下げるというのはおかしいと思う。

（納谷） 今の予備試験合格者の司法試験合格率が７～８割になっている状態が続くと仮定して、それに見合うものにすべきと読むなら、法科大学院の方の合格者は当初の予定どおり７～８割に上げて均衡をとる。今の状況で読めばそういうことになるのか、それでいいのか。そういう具合に読むようには思えない。閣議決定した当時は、予備試験が具体的に動いて、その実態を見て決定された話ではない。事態が変わってきたら、この読み方も違ってきてしまうが、それでもなお拘束力がどういう形で持たせるのかという議論はしなければならない。そんな整理で私はいるが、推進室はそれでいいのか。

（松本） もし可能であれば、各顧問の方々にお願いしたい。

（有田） 今、射程範囲を越えた状況にあるので、現状をどうするのかという視点で見た場合、一応これは横に置いておくという措置しかないと思う。

（納谷） 阿部顧問、吉戒顧問も言っていたが、閣議決定の言葉を生かして読むとして現状に合わせると、こういう読み方しかできなかった、本当にそうかという話の確認が今求められている。そういう理解が、閣議決定の効果として維持できる状態になっているかどうかということの疑問を提起するようなことにもなりかねない状況かなと思う。

（山根） 閣議決定の読み方を、どう考えていくかということについても意見が分かれるので、余り無理がかかるようなやり方を実施するのは難しい。予備試験合格者は、大変難関試験を突破する明晰な優秀な頭脳を持っていることには間違いないが、プロセスと言われる経験を積む教育は踏んでいないので、予備試験組にはそこを補完する何か手だてが必要なのではないかと思う。

（橋本） 両方を整合させて考えるのであれば、低い方の合格率に合わせて全体の制度を設計するというのは、吉戒顧問が言ったように前提が違うのではないかと思う。

（松本） 推進室の受け止め方・考え方は、次回に準備する。

（大場） 有田顧問の言う横に置いておいてというのは、一旦横に置いて、目標としては均衡というのはいいのですね。横に置いておいてどこかに行ってしまうのではなくて。

（有田） 橋本顧問の言ったことと私が言うことは矛盾しない。ロースクール合格者が７割に達すれば全ていいのです。ロースクールでも司法試験の合格につながる勉強もしてもらうようにすべきではないかと言ったのは、そういう趣旨もあって発言した。

顧問会議・第9回（２０１４年6月１２日）

出席者：納谷、阿部、有田、橋本、山根
文科省大臣官房・中岡審議官、高等教育局・牛尾専門教育課長
推進室・大場室長、松本副室長、岩井参事官

（松本） ５月２７日に参議院法務委員会で法案が可決されたが、その際の附帯決議として４点ある。①我が国における法曹養成制度については、法曹志願者の減少という危機的な状況にあるにもかかわらず抜本的な改革が進んでいないことを踏まえ、有為な人材が数多く法曹を志望するよう、直ちに必要な調査を実施して在るべき適切な法曹人口を把握した上、司法試験合格者数の削減等所要の方策を早急に検討し、速やかに実行すること。②司法試験の在り方について検討するに当たっては、法科大学院における教育及び司法修習との連携によるプロセスとしての法曹養成制度の理念を踏まえること。③予備試験制度創設の趣旨と現在の利用状況とが乖離している点に鑑み、本来の趣旨を踏まえて予備試験制度の在り方を早急に検討し、その結果に基づき所要の方策を講ずること。④法科大学院の入学者数の減少、法科大学院修了者の司法試験合格の率の低迷等、法科大学院の置かれている現状を直視し、法科大学院が所期の目的を十分に達成するため、その教育水準の改善に取り組んでいくことになるよう、必要な対策を講ずること。

（岩井） 法曹に対する需要、ニーズに関するアンケート調査の進捗状況について報告する。調査対象は、一般の方、企業関係者、国・地方自治体を考えている。一般の方については、まず法律問題を抱えている方への調査として、法律相談に来た方に対する調査を考えている。また、法律相談を抱えているか否かにかかわらず意見をもらうということで、インターネットでのモニター調査も考えている。法律相談に来た方の調査は開始していて、全国約１４０か所の法律相談センターなどで調査票を配布している。配布数は２万、回収数は４０００を目標にしている。調査期間は本年６月から７月の約２か月間を予定している。インターネット上の調査は、まだ詳細を検討しているが、インターネット上の調査業者のサイトに登録しているモニターから、性別や年齢に偏りがないように対象者を選別し、質問に答えてもらう。調査期間は、本年６月末から７月初め頃の１０日間強を考えている。

今回の調査の特徴は、複数の事例や弁護士の報酬を想定した仮想のシナリオを用いた質問を用意した。例えば交通事故の事案のシナリオを読んでもらい、そこに示された弁護士報酬を前提に、問題解決を弁護士に依頼するかどうかを答えてもらうものになっている。

（牛尾） ５月２８日の中央教育審議会法科大学院特別委員会の議論の状況について報告しますと、共通到達度確認試験の導入など、法科大学院全体としての大胆な改革にも取り組むことが示されている。予備試験の在り方について、制度的な対応による抜本的対応策と同時に、当面の予備試験の運用の見直しによる対応策、この両面を考える必要があるのではないかということです。さらに、私どもがこの特別委員会に対し次の３つの論点を示して意見をいただいている。①「プロセス養成における予備試験の位置付けについて」は、法科大学院は大学院レベルの正規の教育課程として位置付けられているところ、試験を通じて能力判定を行う予備試験との関係をどう考えるのか検討する必要があること。②「法科大学院教育と予備試験の内容等について」は、法科大学院では司法試験で課されている科目以外にも幅広く学習している関係で、予備試験の試験科目について検討していくことが望ましいのではないか。予備試験では基本的な法律科目を中心とした科目に関する試験による判定だけで「同等」とされていることについてどう考えるか。③「法科大学院教育に

与える影響について」は、予備試験の受験者・合格者数の中に学部在学生や法科大学院在学生といった本来プロセス養成を経て法曹を目指すことが期待されている層が大きな割合を占めていることについて、教育に与える影響、予備試験の受験資格の在り方も含めて検討してはどうかということ。

（松本） 与党政策責任者会議法科大学院等に関するプロジェクトチームにおいて、平成１４年７月に取りまとめられた与党三党（自民党、公明党、保守党）合意事項の内容は、司法試験及び予備試験について、試験制度の公平性を堅持しつつ、法科大学院を中核とするプロセスとしての法曹養成制度の理念に則った制度設計を行うとしたうえで、予備試験には受験資格を設けないこととし、予備試験がプロセスとしての法曹養成制度を損なうことなく、法科大学院修了者と同等の能力などを確認できる内容とすること、とされている。このような法曹養成検討会や与党の議論を踏まえ、現在の受験資格に制限のない予備試験制度を内容とする法案が国会に提出された。衆議院の法務委員会において、「なぜ予備試験の受験者に受験資格を設けなかったのか」という質問に対し、当時の司法制度改革推進本部事務局長の山崎政府参考人が、「法科大学院を経由しない事情について受験者によって様々である。予備試験の受験資格を一定の事由のみに限定することは非常に困難で、場合によっては相当でないと考えられる。現行の旧司法試験では、誰でも受験できる制度になっていることも考慮し、提出法案になっている」と答弁した。また、「法科大学院ルートが原則で、予備試験ルートが例外という認識は誤りか、法科大学院ルートと予備試験ルートは対等か」という質問に対し、「法科大学院を中核的な教育機関と位置付けることが求められてきており、予備試験については法科大学院の修了者と同等の学歴などを判定することを目的とする試験と位置付けていて、法科大学院を中核的な教育機関とする新たな法曹養成制度の趣旨に沿った制度設計という位置付けをしている」と答弁した。

衆議院法務委員会の附帯決議に、「新しい司法試験制度の実施に当たっては、法科大学院を中核とする法曹養成制度の理念を損ねることのないよう、司法試験予備試験の運用に努めるとともに、法科大学院における幅広く多様な教育との有機的な連携の確保に配慮すること」とされている。予備試験については、法科大学院の課程を修了した者と同等の学識及びその応用能力並びに法律に関する実務の基礎的素養を有するかどうかを判定することを目的とされていて、予備試験の受験資格については制限されていない。

前回の顧問会議で整理した、仮に予備試験の制度的な制約を行うとした場合の対応方策のＡ、Ｂ、Ｃ案のほか、Ｄ案もある。Ａ案は予備試験の受験資格として資力要件・社会人経験要件を設ける。Ｂ案は一定の年齢以上であることを予備試験の受験資格とする、２２歳であったり、２４歳であったり、２６歳であったり、年齢の幅で案が変わってくる。Ｃ案は法科大学院生の受験を禁止するもの。さらにＤ案は、予備試験の試験科目を見直すべきとの案であり、その趣旨は、法科大学院においては法律基本科目や法律実務基礎科目だけでなく、基礎法学、隣接科目や展開・先端科目を含め標準として９３単位分の幅広い学習が求められているが、予備試験の試験科目は法律基本科目７科目と法律実務基礎科目、一般教養科目のみであり、法科大学院教育とパラレルにすべきではないかという考え方だ。

京都大学、慶應大学、中央大学、東京大学、一橋大学、早稲田大学の法科大学院から法曹養成制度改革推進会議宛に出された「司法試験予備試験制度に関する緊急提言」では、予備試験の試験科目及び出題内容・方法について法科大学院修了者と同等の学識や能力を判定するため、よりふさわしいものに見直すべきとされていて、Ｄ案の考え方と受け止めている。また、予備試験の受験資格の見直しについて、具体的には、経済的事情や既に実社会で十分な経験を積んでいるなどの理由により法科大学院を経由しない者に受験資格を限定する措置を検討すべきとされている。

（納谷） それで、結局、推進室から出てきた案を顧問会議で検討することになるのですが、今、松本副室長が発言したことを我々は議論するのか、それとも推進室が用意したA案からD案の資料8－5をベースにして議論するのか、どう考えているか明らかにして下さい。

（松本）推進室の、予備試験の制度的制約、受験資格の制限についての現時点での考え方は先ほど説明したが、推進室の方向性にとらわれない、顧問の方々の意見をいただければと思う。

（納谷）出てきた結論について、どの程度組み入れる可能性があるのか、覚悟があるのかを聞きたい。

（松本）推進室がAという方向を目指している中で、仮に顧問からBという一致した意見が出た場合、推進室としてはそのBという問題意識を踏まえたうえで、Aという選択をとる可能性も否定できない。

（山根）新しい時代の法曹には、専門的資質や知識の蓄積のみならず、市民に真に寄り添うことのできる人間性や幅広い視野や経験、責任感、倫理観等々を備えることが望まれることから、「点」のみによる選抜ではなくて「プロセス」による養成を行うこととして、その中核として法科大学院が創設された。予備試験は、「予備」という名の性格を維持して、その制度趣旨に沿うよう、制度を改める必要がある。まず一つの方法として受験資格の制限が考えられる。推進室が指摘する内容についても、一つひとつ具体的に考えていく作業が必要である。法科大学院修了生が7～8割程度合格できるようになるまで、当面の間は予備試験組の合格者の数を現状維持あるいは減少させることが適当である。

（橋本）予備試験による深刻な影響が、主として理念に沿った教育を行っている有力法科大学院に表れている現状で、問題は法科大学院自身の改革努力という範疇を超えている面もある。法科大学院の大胆な改革と並行して、予備試験制度についても手直しを検討して、本当の意味での法科大学院を中核とする法曹養成制度の健全な転換を目指すことが必要である。A案は予備試験制度の本来の趣旨を要件化しようというものであり、審議会意見書にも忠実で、望ましい方向性であると思う。B案は、明快さと即効性に優れているが、波及効果、余波を含め、その措置をとった場合に生じる弊害の有無、程度を見定める必要がある。C案は、予備試験が法科大学院を経由しない者のために開かれた制度であることに適合的な要件で分かりやすいが、制限をした場合の実際的な効果がどうなるかの見通しや、学部生が受けられることとの関係をどう見るかを含め、B案と同じような幅広い検討が必要だと思う。

閣議決定の件は、今のような検討を続けている間に状況がどんどん悪化していって、法科大学院制度の土台が失われていくという事態になることは避けるべきだと思う。受験制限等の検討とは別に、閣議決定については、その真に目的とするところを酌んだ適切な運用が求められていると思う。予備試験合格者の司法試験合格率を現状から下げていく運用は国の政策として一貫せず、適切でもないと思う。予備試験の合格者数は、どちらかといえば現状程度にとどめるくらいがいいのではないかと考えている。

（有田）山根顧問は、法律に従事する、適用する者として、どれだけ弱者に寄り添ってやっていけるか、そういう人間性や倫理観、価値観をどれだけ法科大学院で養成していくかということが法科大学院の役目だと言ったと理解している。閣議決定については、前提問題が違ってきているので、これは違うのだということをきちんと前面に押し出したうえで、今は適用場面ではないということを言うべきだと思う。予備試験の試験問題を含めた運用問題を、きちんとこちらからも発信していく必要がある。

（阿部）悠長なことではもたないというのが6大学の緊急提言であると思う。このままでは自分たちが壊れてしまうという悲鳴であると思う。緊急提言ではA案に近い考え方を述べているかと思うが、本当にどうすればいいのかという彼らなりの提案・提言が実はあると思う。

（橋本）D案については、予備試験の科目や内容について、改めて積極的に検討する必要がある。予備試験の場合は、司法試験と重なる勉強だけをすればよいので、無駄がなく受験しやすいし、勉強すればするほど司法試験に受かりやすい。予備試験合格は３～４％の狭き門だから負担は軽くないと書いてあるが、学ぶべき学識の幅広さの問題を、試験科目の中での深さの問題に置き換えている。予備試験でも法科大学院で行われている選択科目、基礎法学・隣接科目、展開・先端科目を参考にして、選択科目の試験を複数課するとか、口述の内容をもっと充実させて厳格化するとか、法律実務基礎科目の内容を工夫するとかの方策、もしくはそれらを組み合わせることによって、学識の広さ等においても法科大学院生の期待するものにもう少し近付けて、きちんと幅広く習得していることを確かめる制度にする必要がある。
（納谷）平成２１年3月３１日閣議決定では、均衡を持たせるべきという言葉があるが、今の実態はそのときと大分違うので、このことについては扱い方を慎重にしていただきたいということです。その実態と違う部分を修復するためには、どういう方策をとるべきか、時間がかかると思うので、その間、運用その他で何か考えられることをしていかなければならない。６大学の方から悲鳴みたいな文書が出てくること自体、事態がすごく切迫している。危機的な状況になっていることを認識して、先送りするのではなく、何らかの結論を出せるよう、積極的に取り組んでいく必要がある。来年7月までの任期だから、それまでの間に、何らかの結論を出す方向を見出す努力をしていきたい。顧問会議として、のきちんとした意見を出しながら、慎重な審議をしていきたい。私と推進室の方で相談させていただいて、ペーパーで方向付けをさせていただき、更にそれで議論を深めていくということでご了解いただきたい。法的制限をするか、しないかという議論は進まないと思うので、これから座長として進め方を考えていきたい。室長の意見、法科大学院の理想、在り方も、今なお維持したいといことは皆さん共通だと思うので、これを次の文書に入れられれば入れていきたい。こちらから発信していく文書ができあがればいいと思う。

顧問会議・第１０回（２０１４年6月２７日）

出席者：納谷、阿部、有田、橋本、山根、吉戒
文科省大臣官房・中岡審議官、高等教育局・牛尾専門教育課長
推進室・大場室長、松本副室長

（大場） 法科大学院と予備試験の在り方について、顧問の皆さんの意見交換をお願いしたい。
（納谷） 予備試験の制度的な制約について、規制改革の閣議決定に関するところをまとめたが、皆さんの意見を伺う前に、前回欠席の吉戒顧問の意見を伺いたい。
（吉戒） 予備試験の受験資格を制限したらどうかが前回議論されたが、このような状況に至ったのはなぜかという原因を考える必要がある。法科大学院の乱立とその教育の質の低下、法科大学院修了者の司法試験合格率の低迷という事態を招き、ひいては法科大学院離れと予備試験の受験者数及び合格者数の増大という状況を招来した。司法審意見書の法曹養成制度の理念は大変美しいものだったが、制度の運用に適切さを欠き、法科大学院の乱立とその教育の質の低下という事態を招き、理念と現実との間に大きな乖離が生じた。まずは、法科大学院がその理念のとおりに運営されるよう抜本的に改革されるべきだ。法科大学院の改革が実行されることなく、それに先行して対症療法的に予備試験の受験資格を制限するとした場合、総体として法曹志望者の減少を招き、国の重要なインフラである司法の場に将来性のある有為な人材が得られなくなる極めて重大な結果を招くと危惧する。予備試験ルートが設けられたのは、憲法上の職業選択の自由との抵触問題を避けるとともに、法曹の人材の多様性の確保の趣旨があった。予備試験の受験者数及び合格者数が増加したのは、予備試験制度の運用において、予備試験へ誘導するような政策がとられたからではなく、法科大学院がその理念どおりに運用されなかったため、予備試験へシフトチェンジした。従って、まずは法科大学院の改革が先行すべきだと思う。予備試験に制度的制約を加えることについては、国民的理解を得ることができるのか疑問だ。制度的制約を加えるためには司法試験法の改正を要するが、その立法作業に当たり適切な改正理由を立案することは極めて困難ではないか。A案については、経済的事情や社会経験は多義的であり、条文化するのは極めて困難。法の施行において、これらの要件を適切に認定するためには、事務当局に過大な負担がかかる。Ｂ案は、年齢による差別という批判を免れない。Ｃ案は、法科大学院ルートを選択した者が予備試験ルートを選択するには矛盾であるという判断だろうが、極めて観念的な議論であり、そこまで言い切ってよいかは疑問。D案は、展開・先端科目の中には司法試験の科目でないものが含まれているが、そのようなものを予備試験の科目にしてよいのか、科目が増えたとしても受験対策は可能であることからすると、制約の効果があるのか、科目を増やすことは法科大学院に行かなくても法科大学院の授業科目は自学自習できることを示すことにならないか。予備試験の科目を増やした結果、その予備試験に合格した者のプレステージがかえって高まりはしないかなど様々な疑問がある。結論としては、予備試験について制度的制約を講じるためには、まずは法科大学院について次のような抜本的改革が実行されることが必要である。①司法試験合格率の向上、②法科大学院教育の抜本的見直し、③組織見直しの促進、④早期進学・早期修了可能な制度いわゆる飛び級・早期卒業の充実、⑤経済的事情のある者等に対する配慮、⑥地方在住者・社会人に対する配慮等である。早期進学・早期修了可能な制度、飛び級・早期卒業の充実は、これらの制度の根拠条文である学校教育法８９条、１０２条２項の所定の単位を優秀な成績で修得したと認める者という要件に該当することは難しく、ごく限られた者しか当てはまらない例外的のようだ。以上のように、予備試験に制度

的制約を設けることは慎重であるべきだと考える。現行の予備試験制度の運用としては、予備試験の合格者数を現状の範囲内にとどめるべきだ。予備試験の合格者数の増加の原因は、論文式試験の合格点の切り下げにある。その結果、予備試験の最終合格者の数は平成２３年は１１６人、２４年は２１９人、２５年は３５１人と年々増加している。予備試験合格者の司法試験合格率が７割を達成している現在において、これ以上予備試験の合格者数を増やす必要はない。予備試験制度の運用の衝に当たっている司法試験委員会においては、予備試験の合格者数を当面現状のままで維持する運用をしていただきたい。

（納谷） 平成２１年3月３１日の閣議決定の部分についてまとめたものを用意しているので、これをベースにして、また、吉戒顧問の話をどう付け加えるかという進行でよいか。

司法試験の合格率について、当初の制度設計に当たっては法科大学院修了者の７～８割が合格できると想定されていたこともあり、平成２１年3月３１日閣議決定「規制改革推進のための３か年計画（再改定）」において、法科大学院修了者と予備試験合格者とが司法試験において公平な競争となるようにするため、予備試験合格者に占める本試験合格者の割合と法科大学院修了者に占める本試験合格者の割合とを均衡させるとされている。法科大学院修了者の約5割（単年では約3割弱）しか司法試験に合格していない。上記閣議決定当時には想定されていなかった事態が生じていることから、予備試験合格者の司法試験合格率と法科大学院修了者の司法試験合格率を単純に比較することは適当ではない。法科大学院制度と予備試験制度との関係が当初想定されていた姿となっていない現状においては、予備試験の合否の判定を現状の法科大学院修了者の水準に合わせることは適当ではない。閣議決定を横に置くと言うか、あることは今のまま置いておいても構わないが、しばらくこれに拘束されないところでの運用を考えていく必要がある。

（阿部） 納谷座長の取りまとめは非常にもっともであると思うし、吉戒顧問の発言内容もよく分かる。６大学の、学部あるいは法科大学院在学中から予備試験合格者がどんどん抜けていくということが、一番うまくいっている法科大学院の在り方をおびやかしている。予備試験に受かって司法試験に進む方に、本来であれば法科大学院の中で受けたはずのプロセスとしての法曹養成のカリキュラムの不足分について、何らかの形で補いがあってしかるべきである。

（納谷） 閣議決定に記載されているそのままの形の均衡では対応できない部分があるのではないか。当時予想したところとは違う状況が起きていることを認識して、その扱い方を考えてはどうかということで一応まとめた。そこのところだけは先に決めたい。

（有田） 私はおっしゃるとおりだと思っている。

（橋本） 私も、これまでの議論を汲んでまとめていただいたものと受け取っている。１点だけ、前提になった事実を再確認したい。法曹養成問題は、法曹人口、法科大学院、予備試験、経済的支援等の各問題が相互に密接に関連しており、法曹志願者の減少に適切に対処するためには全体として整合性を持った仕組みを作ることが必要だろうと思う。その意味で、予備試験対応の議論だけが突出して先行するのは望ましいことではない。座長が読まれた文章は、法科大学院の統廃合・定員削減というスリム化の努力をきちんと進めていただくことを当然の前提にした取りまとめであると解することができる。そういう趣旨のものとして賛同する。

（納谷） 皆さんもそういう形で受けとめたうえで、結論の部分だけは一致できるかどうかということです。

（吉戒） 私の問題意識は先ほど言ったことで、それと今の話を細かく突き合わせるといろいろ違うところがある。従って、顧問会議で取りまとめをするというより、座長の意見として私は尊重したい。

（納谷） そういう形にさせていただいても構わない。全員一致して、ということが難しければ。

（山根） 私は、座長の今の発言について、よろしいかと思っている。

（納谷） いろいろな問題が残っていることを前提に、取りあえず、そういう問題はそれとして、実際の運用を図っていただかなければならない。当面の処置として、予備試験の合格者数は、私個人としては現状かその前後くらいで定めないと、これからの制度改革をする基盤を失ってしまうというような危惧をもっている。

（有田） 予備試験の法科大学院に及ぼす影響はものすごく大きいものがある。そのためにいろいろな問題が生じている。予備試験を早く受かりたい、若く受かりたい、法技術はすばらしいけれど、人間的にどうなのか、価値観の問題はどうなのかという部分が、この刑事弁護の試験の成績に表れている。口述試験の関係は、合格の点数を上げていったり、運用面で何か配慮していって、本来、法が求めていた予備試験の在りよう、法科大学院の在りようを本来のものに戻すことを意見の中に入れることができれば私は非常にうれしい。

（納谷） 今日はペーパーという形でまとめるまでの決断ができなかった。もう一回、まとめて発言したい。

（阿部） 先ほどの座長の読み上げた紙について、最後の部分は当然の合意だということで理解させていただきたい。A、B、C、D案についてみると、年齢制限は非常に難しい、経済的環境や社会経験もなかなかうまくいかない。法科大学院の在学者に受験資格を認めないことについては、東大の法科大学院担当者が、そんなことをされたら本当に法科大学院に学生が来なくなると言っていた。A、B、C案については全てノーにされているが、D案の少し科目を増やしてみるについては、何か具体的な考えはあるのか。

（松本） 本試験の方では選択科目を廃止して、予備試験に選択科目を置くことは、推進室でも検討していた。法科大学院卒業と同程度の能力・資質の試験なので、どういう科目で試すのかということである。

（大場） 橋本顧問の話で、D案で、試験科目を増やすことによって予備試験を受けにくくさせることによって法科大学院を選ぶのではないかというニュアンスもあるように聞こえたが、そう受け取っていいか。

（橋本） D案は、学生が予備試験ルートをとる背景の一つに、司法試験受験資格を取得するのに相対的に負担が軽く、法科大学院ほど時間をかけてプロセスで学ばなくても司法試験科目に特化した勉強ができる点があることに着目している。それに対して、一番均衡のとれた対策は、スクーリングの導入だろうが、そこまで直ちに行けないとすれば、試験科目との関係で学ぶ量、負担を近付けることが考えられる。負担が近づくことで、結果的に法科大学院に学生等を誘導する一つの要素にはなると思うし、期待するところでもある。

（有田） 法科大学院修了と同程度ということになれば、そういった形の問題、例えば予備試験の論文式でも、そういう問題を出していくことが非常に重要だと思う。口述試験でも、そういう視点で試験問題を出すことを考えていただけたらと思う。

（納谷） 初めは、予備試験制度導入に関する理由説明のように、経済とか社会経験ということで何とかしようと要件作りの議論をしていた。これはなかなか難しいということで、結果的には、同等の資格というか、そういう能力がある人を選抜する形で対処することになった。予備試験委員会は、現行法では司法試験委員会の中でやっているわけで、その委員会の中で司法試験と予備試験の二つ分かれて試験を実施している。同じ組織の中で違うものを二つやることは相当危険が伴うのではないか。どうしても試験内容・方法が似てくるのではないか。そうすると模擬試験的に受けてみようという学生も出てくる。できれば抜本的に、予備試験は本来、法科大学院の方でこういう修了者と同じように、どこか別のところで認定し、それで司法試験はきちんと法務省でやっていただくのがいい。今、法科大学院の方で共通到達度確認試験を作る努力がなされている。それとリンクしながら、何か対応する方策が生まれるかもしれない。それを参考にして司法試験委員会で検討してもらう材料になるかもしれない。

（吉戒） 現行の予備試験の民事系の問題を見ると、非常にいい問題だと思う。だんだん司法試験にも近似してきている。これは予備試験のハードルを上げるためにそうなっている。それは皮肉な結果になっていて、予備試験は司法試験のための良い稽古の場になっているし、予備試験に受かった者は司法試験の合格率が高くなることになっているのではないかと思う。法科大学院の良さは、双方向の授業があり、法科大学院生同士が相互に切磋琢磨する場があることだ。予備試験は、自学自習でやるもので、予備校に行っても皆が競争相手だ。そういう中での学びと法科大学院での学びは違うという、法科大学院の良さをもっと皆に訴えてもらいたい。

（山根） 資格試験の議論になるが、やはりプロセスで学んで法曹になってほしいというのが根本にある。今のままでは予備試験に人が流れるのは当然だし、予備試験は魅力的だ。それで市民や国民にとって問題がなければいいが、それで幅広い層にチャンスが与えられ、質も量もよい方向になるというのならいいが、やはり懸念や問題があるので議論になっていると思う。推進室も、制限を設けるほどの問題はないと考えているようで、制限すれば志望者の減少につながるおそれがあるとう説明だが、道を閉ざすとか、法曹になることを諦めさせるということにならずに、いかに多くの人に法曹になるためのふさわしい学習を積んでから司法試験へと進んでもらうかということで、知恵を絞っていく必要がある。本当に今、予備試験に向けて必死に勉強している人から見れば、受験する権利を奪われることはとんでもないというのは当然だが、権利を奪うことではなく、いきなり点のみの選抜ではなく、法曹に必要とされる教育をいかに受けたうえで司法試験に臨めるようにするか、そのための制度作りをきちんと進める必要がある。予備試験を何千人も受けているということと、エリートが流れることをそのままにして大丈夫なのかと心配する。このままで法科大学院が、制度が破綻するようなことになれば、後々、法曹の質の低下とか、多様な場で活躍する法曹の減少になる。そこまで行ったら本当に取り返しがつかないので、ここで何らかの手立てをする必要がある。地方で学べること、夜間に学べること、子育て中でも子供を預けて学べる、また経済的ハンデがあっても学べることを重視して、法科大学院の在り方を検討していく必要がある。予備試験を受ける権利で考えると、多様な人が学んで法曹になるという、そういう学びを受けられる方の権利を確保する制度になってほしい。

（松本） 推進室は、予備試験について制度的制約をすべきでないという意見ではない。現在、直ちに何らかの形で制度的制約を行うことが適切なのかという点については種々の問題があり、そこまで推進室としては踏み切れないというところだ。

（納谷） 司法試験の「点」のみによる選抜には限界がある。「試験で法曹養成はできない」ということで、あのとき反省している。法科大学院で幅広く学んで、法曹に入っていただく。予備試験という「点」、本番の司法試験という「点」によって法曹になっていく。

（吉戒） 法科大学院から予備試験に志望者が流れているのは、制度的に法科大学院ルートを取った場合の時間的な負担、経済的な負担が大きいことも原因の一つだ。３月の法科大学院の修了から１１月の司法修習の開始まで学生でもなければ社会人でもないというギャップタームがある。９月に合格すれば、法科大学院の修了まで半年間あるので、その間に展開・先端科目とか自分の興味のあるところをじっくり勉強して、３月に法科大学院を修了して、４月から司法修習の開始ができる。

（納谷） 極端に言えば、２年プラス２年で終わっていくという議論もあるから、時間的なロスの解消という課題を考えていかなければならない。それを余り短縮すると、やはり問題があると思う。法科大学院というものは、学位も「法務博士」になっている。

（吉戒） 法科大学院ルートの修業年限を短縮するために、非常に極端な議論が一部でされている。何のために法学部あるいは法科大学院があるのかということになる。そうならないために、飛び級・早期進学は非常に例外的なことだと思う。

（大場） 予備試験の制約の内容を検討する際には、その制約などを必要とする具体的な問題は何なのかということの検討が必要だと思う。大学生が、何か予備試験とか、将来の法科大学院の既修者コースを目指して一生懸命勉強するのがいいのか、悪いのかというところもあると思う。橋本顧問の話だと、大学生は予備試験を受けられなくなるということになるので、それがいいのか悪いのかということもある。今年の予備試験のデータでは、職種別の出願者は、法科大学院生が２０９７人、大学生が３２０４人で大体５２００人。それ以外の人が大体７０００人くらいいる。その人たちについて私が心配しているのは、法科大学院に行けないから、行かないから、もう法曹界に来ないというふうになってしまうと、法曹志願者が減ることが心配だ。

（納谷） 学部生が受けられなければという話で７０００人云々の話が出たが、これは論理に飛躍がある。適性試験の結果により、来年度法科大学院を受ける受験者は自動的に少なくなる。２０００名を切るか切らないかの話になると、実質競争率が２倍を切る、２０００名ではどうにもならない。総数で見ると、競争率が２倍を欠けている状態で法科大学院の試験をやるなどということになったら、これは実害が出てくることは目に見えている。

（吉戒） 大場室長が言ったのは、予備試験を制度的に制約する、入り口を絞ると法曹志望者は減少する、他方、法科大学院は、座長が言ったように、適性試験の受験者がどんどん減っている。両方減ってしまうことは大変な事態だ。

（納谷） 次回のメインテーマは、法科大学院の魅力についてやってみたい。

（阿部） 法科大学院上位校の先生の発想は、ともかく予備試験を合格した後、司法試験を受ける前に法科大学院３年次に無条件で編入させる、それで必要なものを補ってもらう。

（納谷） ９月以降、もう覚悟を決めて、ある程度の方向付けを我々としては提案していくことが必要な時期に来ていると思う。

（橋本） ここのところ予備試験だけに話が集中しているが、課題は法曹養成制度全体としての在り方の問題だと考えるので、他の論点も併せて取り上げることも考えていただきたい。例えば、最高裁と日弁連の間で協議している経済的支援の課題についての経過報告も考えられるし、その他の論点についても議論しながら全体をどうしていくかという進行も必要だと思う。次回に、経済的支援に関する報告に時間をとってほしい。

（納谷） その点は、また協議して。

（大場） 次回は、法科大学院離れが進んでいると言われているので、法科大学院で学んだうえで法曹になっていくことが将来的に有益であり、必要であることを、法曹を目指す人たちであるとか、法曹のユーザーの人たちに改めてよく知ってもらうことが大事だろうと考えていて、推進室からもしっかり発信していかなければならないと考えている。

顧問会議・第１１回（２０１４年7月１４日）

出席者：納谷、阿部、有田、橋本、山根、吉戒
　　　　ビンガム・坂井・三村・相澤法律事務所・田子　早稲田リーガルコモンズ法律事務所・河﨑
　　　　推進室・大場室長、松本副室長

（納谷） 本日は、法科大学院教育の意義についての発信を主な議題としている。まず、推進室において、法科大学院教育の意義を発信するための広報の企画について説明する。

（松本） 推進室では、法科大学院の魅力、法科大学院の意義・重要性を発信するパンフレットとして、表題には「法科大学院で学ぶということ～法律家になろうと考えている方へ～（仮題）」というパンフレットを作成し、配布することを企画している。このようなパンフレットの製作は、推進室の企画として行うところだが、その人選や、企画の目的を達する上で効果的な配布方法、配布先の検討などを行うに当たり、法務省、文部科学省、最高裁判所、日本弁護士連合会、法科大学院協会などからもご協力をいただきたいと考えている。

（山根） パンフレット作成、配布はいいと思うのですが、この内容の一つに、新人を迎え入れる側の弁護士事務所とか、会社とか、自治体といったところの人が、こういう人材が欲しいとか、法科大学院での学習や経験を積んだ人が欲しいというメッセージが盛り込まれれば、強いアピールになると思うが、そういうのは無理か。

（大場） 本日、実際に法科大学院を修了して、弁護士として活躍されているお二人にお越しいただいているので、法科大学院教育の意義について、お話を伺いたいと思う。

　田子弁護士は、司法修習の期は６５期、慶應義塾大学法学部をご卒業後、神戸大学法科大学院を修了されまして、現在はビンガム・坂井・三村・相澤法律事務所で弁護士としてご活躍されている。

　河﨑弁護士は、司法修習の期は６１期、早稲田大学法学部をご卒業後、５年間の社会人経験を経て、早稲田大学法科大学院に入学され、修了された。現在は、早稲田リーガルコモンズ法律事務所の代表パートナーをされている。

（大場） 田子弁護士と河﨑弁護士から、法科大学院教育の良いところ、あるいはその問題点についても言及していただいて、大変参考になったと思うが、ここからは納谷座長の進行で、お二人に対する質問、あるいは意見交換などをしていただく。

（納谷） ご存知かどうか分からないが、私は法科大学院にずっと長く関わってきたので、何かの機会があれば発言する。それ以外の分野の人たちが全員ここにおられる。ちょっと気になったところは、司法修習については、あまり二人ともこれだという評価はしていない感じもちょっとした。従来ほどの、自分たちの考えていたのとはちょっと違っていたのかもしれない。

（河﨑） ３年次の、例えば年明けとかに司法試験の受験ができるのであればと思うが、今のように合格率も低い、その後の状況も見えないという中で見通しが立たない中で４年８か月というのは、一般的な社会人には到底選択し得ない選択肢に今なってしまっていると思う。

（田子） 予備試験は、２年のときは受けないかもしれないが、３年のときに、たとえ1回とカウントされたとしても受けてみると思う。

（河﨑）私も、予備試験があったら受けると思う。

（有田）お二人の話を聞いているとすごいなと思う。法科大学院は、こういう人たちばかりなのか。そうなると、私たちはもう廃業しなければならないという気持ち。ロースクール出身のお二人の仲間の人たちは、お二人と同じレベルの方々ばかりか、それとも私達が若かった時と同じレベルの人もおられるのか。

（田子）時間と金銭的コストがかかるというのは確かに短所だと思う。全体的に見ると、時間がかかるというのは、新卒で法曹の道へ進んだ私でも、時間がかかったなと思っているので、社会人の方はもっと思うと思うし、そこが短所だと、率直な意見としては思っている。法科大学院の勉強は、どの授業も判例を中心とした勉強だったので、そういう意味では、受ける司法試験は実務家登用試験なので、その実務家登用試験が判例を中心とした勉強をしていて受からないわけがないと強く思っていた。

（橋本）どういう誘導をすれば社会人として入ってきやすくなるか、聞かせてください。

（河﨑）極めて魅力的な仕事だということが十分に伝わっていないということが大きいのだろうと思う。むしろ雑誌を開けば法科大学院は駄目だとか、弁護士はお先真っ暗だとか、そういうことばかりずっと言われていて、もちろんそういう指摘に、全部理由がないわけではないと思う。しかし、やはり過度にネガティブキャンペーンになってしまっている。実際に、法律家の仕事はこれだけ魅力的なのだということを地道にしっかりと発信していくということと、あと制度自体をちゃんと熟成させていくというか、合格率、あと金銭的な負担の問題を何とかもう少し国がお金を出してくれるといいのではないかと思っている。学費の負担等を含めて軽くなっていけば、社会人は来るのではないかと思う。各大学院の恣意的な裁量で入学者を選抜しているところに対して国費をどれだけ出せるのかみたいな議論はあるのかなと思う。

（山根）若い女性が世界を股にかけて頑張っている姿もうれしいし、河﨑弁護士が弱い人の立場に立って、報酬は少ないかもしれないが、頑張って市民のために汗を流しているという姿も本当にうれしく思った。

（河﨑）３年という期間ですが、長ければ長いほどもちろん豊かな教育になると思う。法律家の勉強は本当に終わりがないなと。基本的には、目の前の授業に全力で取り組む時間を３年間とれたといことは、すごく価値のある時間になったということは間違い。ただ、それが２年では駄目かというと、私は、２年でも場合によっては成り立ちうるのかなと、そこは程度問題かなとは思う。

（田子）普通の試験勉強との割合ですが、私も神戸大学法科大学院自体が判例中心の授業だったので、特にそこは余り意識していなかったです。３年生の、最終学年の後期からは、余り授業数も多くなくなるので、どちらかというと試験のための勉強の時間も多くなり、たぶん３対７ぐらいの割合で試験勉強をしたと思う。

（橋本）今日、資料番号のついていない資料を提出した。この資料の１枚目の裏の１ページにある「司法修習生に対する給費の実現と充実した司法修習を求める要請書」が６月２７日付けで日本弁護士連合会のほかから法曹養成制度改革推進会議に提出されましたので、配布した。

（松本）司法修習生に対する経済的支援という点については、これは橋本先生も十分ご案内のとおり、司法修習生に対する経済的支援の在り方については、貸与制を前提とした上で検討するというオーダーが課されている。司法修習委員会のもとでのワーキンググループにおいて、その修習生の地位、身分に関しても、修習ガイドライン等々の運用を含めて、その場で必要に応じて検討することになっている。さらに、その中で運用上の対応につきましては、日弁連と最高裁が協議を継続していると承知している。したがって、まずそちらの場で具体的な内容を極力詰めていただき、推進室にもご報告受けて、顧問がご指摘のように、秋以降のしかるべきタイミングでこのテーマについても議論、検討の機会を設けることができればと思っている。

（橋本）議論の論理的前提となる法曹人口論の確定が、調査期間の関係で最後になることとしていることも関係しているように思う。ただ、人口論が決まるまでは、他の論点を全体像の中で検討することができないというのは望ましくないとも思う。その辺の今後の進行、いつ頃どういう議論をして全体の中で各論をどう確定していこうかというようなことについて、是非、ご検討をいただいて、すすめていただければなと思う。

（吉戒） 給費制の可否について、もし議論するとなれば、現在、各地の地方裁判所で給費制廃止違憲国家賠償請求事件が係属して審理中であることにご留意いただきたいと思う。つまり、私としては、先ほど松本副室長が言われたように、ここでの議論はあくまで貸与制を前提にした議論をすべきであって、給費制の復活の可否ということを議論するとなれば、今申し上げたような問題もあるので、ごくごく慎重に取り扱っていただきたいというのは私の考えである。

（納谷）マスコミ等で法科大学院について大分暗いイメージがあちこちに出ているので、先ほどお二人から発言があったように、危機感を相当持っている。

（松本） 推進室が現時点で考えている第１２回以降の顧問会議の予定の概要は、今回に引き続き、法科大学院教育の意義についての発信などについて、議題とさせていただきたいと思っている。また、９月上旬には、今年の司法試験の合格発表があるので、その結果をご報告させていただく。現在、中教審で議論されている状況についても併せてご報告したい。これらを踏まえ、法科大学院と司法試験、予備試験に関するご意見などもいただければと思っている。さらに、現在アンケート調査等を実施しているが、法曹人口調査についての進捗状況についてもご報告できればと思っている。

第１３回顧問会議は、これも１１月上旬に、今年の司法試験予備試験の合格発表があるので、その結果についてご報告し、これを踏まえて法科大学院と司法試験、予備試験についてのご議論をお願いしたいと思っている。

また、しばらく間が空いている、法務省が主催している活動領域についての有識者懇談会、日弁連と共催で開催している３つの分科会の取組状況、司法修習についてのご議論もこの時点ではできればと思っている。さらに第１４回は、日程はまだ確定していないが、法科大学院と予備試験の在り方などについて議題とさせていただければと思っている。

年明けの予定は、法曹人口調査がこの時点では進んでおり、さらに推進室としては、調査を踏まえた提言という作業にかかっている状況になるので、これらの点についても年明けの顧問会議での議題とさせていただければと思っている。

顧問会議・第１２回（２０１４年9月３０日）

出席者：納谷、阿部、有田、橋本、山根、吉戒
　　　　とうま法律事務所・當眞　文科省大臣官房審議官・義本　高等教育局専門教育課長・牛尾
　　　　推進室・大場室長、松本副室長

（大場）今回は地方の法科大学院を修了して弁護士として活躍されている方からもお話を伺う。當眞弁護士を紹介する。當眞弁護士は司法修習の期は新６１期、琉球大学法科大学院を修了され、現在はとうま法律事務所で弁護士としてご活躍されている。

（義本）中央教育審議会での法科大学院の改革についての審議状況をお話しする前に、資料１をご覧いただきたい。これは昨年の７月に法曹養成制度関係閣僚会議でまとめた、今後の法曹養成制度改革の推進についてである。法科大学院について、いろいろな形での事項について宿題をいただいている。それを、ここにあるように、公的支援の見直しの問題や、あるいは法曹養成のための充実した教育ができるような支援の在り方、共通到達度確認試験の問題、あるいは未修者が基本科目を学ぶ仕組みについて、中央教育審議会で議論を進めてきているところである。資料４－１、通し番号４９ページから始まるが、資料４－２で、９月１９日に今後の改善･充実方策についての提言案という形でおまとめいただいて、審議をしているところである。今後、更にご意見を頂いて、今月になるべく整理するような方向で、今、議論をしている状況だ。その中身について、資料４－２を中心にご説明させていただく。

累積合格率７～８割を目指すことをベースにした、望ましい定員規模についてお示しすることが必要であることについて触れている。特に優れた資質を有すると認められる者については、学部生については法学部３年修了後、未修者コースだけでなくて、既習者コースに飛び入学させて、法曹として必要な学識を身につけていく。その際、学部教育と法科大学院教育を連関させて、例えば一貫したコースを作るような形での対応をすることによって時間的な負担の軽減を図っていくことについてご提言いただいているところである。併せて、共通到達度確認試験の導入について、取組をするということについてのご指摘をいただいている。これについては予算要求もして、今年度から試行的に実施すべく、今、関係大学と調整を図っているところである。

予備試験については、運用実態が制度創設時に想定されないものとなり、学部生あるいは法科大学院生の受験が増加している、早期合格のためのバイパス的な利用ということで、法曹養成に対する重大な影響が出ていると指摘っされ、制度改正を含めた抜本的な見直しを速やかに進めることを強く期待するということについて触れている。予備試験の本来の趣旨、あるいは正規の教育課程としての位置付けを法科大学院がされていることを踏まえて、予備試験の受験対象者の範囲について制度的な対応を速やかに検討していることが望ましいという形で触れている。今日の當眞弁護士からもご指摘があったが、予備試験については、基本科目を中心とした科目に関する１回だけの試験による判定である一方、法科大学院については、基本科目に加えて法律実務基礎科目や隣接科目、先端科目等がある。そのため、両者が同等性について、その試験の科目の在り方について速やかに検討すべきではないかというご指摘を頂いている。予備試験の受験者・合格者の中には、学部在学生や法科大学院といったプロセス養成を経ることを期待される層が大きく占めていることに鑑みて、予備試験の受験資格も含めて、その在り方について速やかな検討が望ましいことに触れている。

（吉戒）いろいろご説明があったが、その中で飛び入学の活用という話があった。これは、現在、飛び入学・

飛び級が非常にレアケースというが、限られた人しかその対象になっていないと思う。活用と言われるからには、どの程度の定員を想定してあるのかというのをお聞きしたい。もう一点、これはお話にはなかったが、法学部４年を経た既修コースの人の場合、法科大学院は２年になるが、この４年プラス２年が長いのではないかという指摘がある。これを短くして３年プラス２年という案も一部では出されているのだが、これについては、中教審では検討されなかったということか。この２点をお願いする。

（義本）飛び級は年間数名程度である。３プラス２のコースを募集要項に入れる。大学から幾つか相談がある。更に短縮できないかという議論は与党の中である。

（西山）９月９日に発表された、平成２６年司法試験の結果について報告する。素点の２５％点以上の成績を得た者のうち、短答式試験の得点と論文式試験の得点による総合評価の総合点７７０点以上の１，８１０人を合格者としたという記載で、合格点は１０点下がっている。今年の総合点の平均は（５）で記載がある、７５１．１６点となっている。昨年が７６０．２０点で、平均点が９．０４点下がっている。直近修了者の点を指摘すると、平成２６年の最終合格者が８９５人となっていて、合格率が３３．０４％となっている。

一番右側が法科大学院と大学生ということで、御覧のとおり、受験者数が年々増加しているという傾向がある。平成２６年では合計４６８４人が予備試験を受験している。

他方、この表の左側の方が法科大学院生・大学生以外の予備試験受験者数を示しているが、平成２６年は５６６３人で、平成２３年から毎年５０００人以上が受験していることも分かる。

（吉戒）このような数字を見ると、総じて、合格者のレベルが低下しているように思う。もし、今年の最終合格者の数を昨年の最終合格者の数に合わせるために合格点を下げるようなことをすれば、更にレベルは低下したであろうと思う。だから、今年の最終合格者の数は、レベルを維持するためのぎりぎりのところでの最終合格者の数であると思う。特に、法科大学院修了者のレベルが低いように思う。こういう数字を見ると、厳正な成績評価が行われているのかどうか、ちょっと疑問が生じる。私はそういう感想を持った。

（納谷）レベルが低いのではないかという評価については、法科大学院教育との関係でどう考えるかということだと思う。予備試験の合格者のほとんどが本番の短答式試験にも受かっていて、かつ、その多くが最終合格者になっている。このことが、予備試験の在り方そのものが問題になっていることの証左ではないか。そこことの関係を考えないと、単なる質が落ちている、落ちていない、数字が小さくなっているというだけでは議論ができないのではないかと思っている。

（山根）法科大学院の教育の質の向上ということでは、やはり全体として課題はあると思える。文部科学省の方で進められている様々な改善策、これは着実に進めていただきたいと思っている。

やはり、セットで予備試験の問題はきちんと議論を進めるべきであると思っていて、先ほどの中央教育審議会法科大学院特別委員会の提言案の中にも、速やかにという言葉も度々出てきて、きちんと予備試験の在り方を検討せよということが書かれていて、これはこの後、提言案の「案」が取れて、上のところで固まっていくことになるのだろうが、注視していきたいと思うし、この顧問会議でも、ここも１年以上も経っていて、この後に向けていろいろ議論を進めていく必要があると思っている。

（納谷）法務省とか文部科学省とか、それぞれの立場から法曹養成の在り方が議論されなければいけない。しかし他方で、推進会議があって推進室があって、我々はそれに関連した顧問会議の顧問なので、中央教育審議会の役割もあるとは思うが、ここへ持ってきていただく項目を少し選び抜いて出していただければ、社会に見える形の提言ができるのではないかなと思っているので、一応ご検討いただければと思う。

私個人として法科大学院、司法試験のことについて、これは次回以降、具体的にご検討いただきたいのだが、予備試験制度の受験資格制限について一顧問として、提案させていただきたいと思う。
これを解決する必要が緊急にあると考えている。その対応としては、制度的な対応、法的整備を伴うものと緊急の対応、運用上の対応に大別されていると思うが、今日は制度的対応策に関する施策のうち、予備試験制度に係る受験資格制限を提案しておきたいと、思う。
私自身は、予備試験制度自体は当初からない方がいいという考えでいた。しかし、今の状況で言うと、予備試験を残すということを基本的に考えて、しかし、今の予備試験の実態が法曹養成の視点から言うと、法科大学院にかなり影響を与えているので、何らかの形で制限した方がいいと考えている。
問題提起のために資格制限についての提案はさせていただく。これは、かつて制度を導入するときの議論の中でも、審議会意見書を作るときも、国会審議においても、年齢による制限案というものは余り議論されてこなかったので、今、ここに至って考える必要があるのでないか、と思う。
現在のマスコミの報道や論調を見ると、司法試験の合格者数や合格率を中心に据えて展開され、法曹養成の在り方という観点からの議論が離散しつつあると、私は見ている。２５歳を一つの、予備試験について考えておかなければならないのではないかと。こういうことで提案させていただく。
（大場）予備試験に関して、納谷座長から、一顧問の立場として御意見が出されたが、私たちとしては、今年の１１月６日に予備試験の発表がある。今日、提案された御意見は、座長というのはなくて、顧問のお一人として納谷顧問の御意見は、座長というのではなく、顧問のお一人として納谷顧問の御意見を開陳されたということだと思う。
（吉戒）座長というのは、中立・公平に議事を進行する立場の方なのであって、余り私案を言われることはなかったと思う。今日の御提案は一顧問としてお出しになっているわけで、私としては、これから座長として、なるたけ中立・公平な議事の進行を図っていただきたいと思う。
（有田）中央教育審議会の提言案の中に、この予備試験の制約をどうしていくのかという部分が2か所ぐらい出ている。この提言案に出てきているということは相当、そういうテーマについての議論が行われたのだろうなと想像できるところだ。それで、次回までにそれぞれの提言がどんなものか、提言の基礎になっている議論がどういうものであったのか。議事録を取れるのであれば、配っていただきたいと思う。
（大場）それでは、時間もないので最後の議題に行きたいと思う。「３　法曹人口について」である。推進室が実施している法曹人口調査について、現在の実施状況をご報告する。
（岩井）まず、法律相談に来た人への調査だが、全国１４０か所の法律相談センターなどで２万通の調査票を配布する形で調査を行った。回収目標は４，０００で、それに対して９，８８８通、回収率５０％という非常に高い回収率を達成できた。インターネット調査においては、目標が４，０００に対して４，０３１の回答を頂いた。企業に対するアンケートでは、回収目標を１，５００と考えていたが、１，９３９通、回収率約２４％程度の回答を頂くことができた。国では、約５０の機関を対象としていて４８の機関から実情を詳細に聞くことができ、また、地方自治体については、配布を１，０００通行ったが、そのうち７６２通の回答を頂くことができた。

顧問会議・第１３回（２０１４年１１月２０日）

出席者：納谷、阿部、有田、橋本、山根、吉戒

法務省大臣官房司法法制部参事官・鈴木、文科省大臣官房審議官・義本、高等教育局専門教育課長・牛尾、最高裁事務総局審議官・門田、日弁連副会長・水地

推進室・大場室長、西山副室長、岩井参事官

（大場） 推進室が実施している法曹人口調査についての報告がある。ここでは、現在までの進捗状況を報告する。

（岩井） 最近５年間に経験したトラブルで弁護士に相談を考えたかということを聞いた。約５分の１に当たる２０．６％が「考えたことがある」と回答している。実際に依頼したことがあるのはこのうちの３割程度、３１．４％で、依頼しようと思ったけれども依頼しなかったというのは過半数の５５．５％となっている。潜在的なニーズを有するのではないかとも考えられるので、これが現実的なニーズであると言えるのかということを更に検討するため、問６で、実際に依頼しなかった理由を聞いた、こうした点を踏まえて、今後分析して行きたいと考えている。

交通事故の事案で、弁護士に着手金が１５万円、報酬金が３５万円で保険会社との交渉を依頼するかという問に対して、依頼したいと思うというのが８．３％、どちらかといえば依頼したいと思うというのが２７．８％，合計で肯定的な回答をした人が約３６％となっている。依頼したいと思わない理由については、弁護士に支払う金額が高いからというのが３０．８％、他の専門家に相談しようと思うからが４１．０％となっている。依頼しない人が仮に依頼するとしたら、幾らであれば依頼するかと聞いたところ、最小が０円で、最大が３０万円で、平均すると６．５９万円という結果になっている。法律相談者の調査では、今回の法律相談に来た相談の問題になっている金額については、１００万円以上３００万円未満というところが多くなっている。

次に、大企業の調査だが、法務部を有している会社約１，１００社を含んで、上場会社、非上場会社と合わせ、資本金額が１億円以上で、従業員が１００人以上という企業について選んだ５，０００社にアンケートして，回答数として１，１３９社から回答を頂いた。多くの項目で、高い割合で弁護士の利月を望むといって傾向も見れる。

次に中小企業の調査を報告する。問１の弁護士の利用機会を聞いているが、５年前と比較して「増加している」と回答している企業は約３割にとどまっている。５割弱が、他の専門家に相談すれば足りるという回答があって、こうした点が潜在的なニーズといえるのかどうかについては今後慎重に検討したいと思う。問１で、利用機会の変化を聞いているのだが、「増加している」と回答しているのは５７．５％となっている。

（大場）「３　法曹有資格者の活動領域の拡大について」である

（鈴木） 平成１３年に１０名にすぎなかったものが、平成２４年には１４９名に拡大し、地方自治体で常勤職員として勤務する法曹有資格者についても、平成２６年１１月１日現在、６２の地方自治体において合計８１名に及んでいる。また、いわゆる企業内弁護士については、平成１３年９月時点では６６名にすぎなかったが平成２６年６月の時点で１，１７９名にまで増加している。

（有田） 企業、インハウスの法律家の数が増えてきているのは良いことだが、地方に本社のある会社についてはなかなか人材が集まらないという意見もある。

（**大場**）この度、法科大学院のパンフレットが完成したので、チラシとともに資料として席上に配っている。パンフレットは、１万部印刷している。チラシは、パンフレットの概要を紹介するもので、３万部印刷している。次に、これは「今、なぜロースクールで学ぶのか☆列島縦断リレー☆法科大学院がわかる会」と題するチラシである。これは法科大学院協会の主催、日本弁護士連合会の共催で企画され、最高裁判所、法務省、文部科学省、適性試験管理委員会が後援している。既に、１０月２５日に明治大学で、１１月１９日に慶應義塾大学でそれぞれ実施されている。中央教育審議会から出された提言と、これを踏まえた文部科学省としての取組の予定について説明がある。文部科学省としての取組の予定を簡単に説明していただく。

（**義本**）前回の９月の会議においては、中央教育審議会のほうか大学院特別委員会で提言の素案という形でこの概要について説明をさせていただいた。１０月９日に提言という形でまとめた。法科大学院に対し、公的支援の見直しのスキームを最大限活用して、入学定員の着実な削減を今、図っている。平成２７年４月の入学定員の見込みについては、３，１７５人まで削減したので、ピーク時に比べ約半減した状況にある。学校の数としては、２２校がすでに募集停止あるいは廃止を行った。累積の合格率につき７～８割を前提にし、それを割り戻した形での数値目標を設定し、それに基づいて各大学等に働きかけをする予定である。さらに、共通到達度確認試験について今、調整をしており、本年度から試行に着手できる形で準備を整えているところである。

質の確保を前提に、学部３年時の早期卒業、あるいは飛び入学を活用し、学部３年、法科大学院の既修コース２年ということで、５年一貫で修了できるコースを確立していく。上位校を中心にして、１０校程度で１００名程度、旧司法試験で法学部在学中に合格する数ぐらいの規模のコースとして確立したいと思っている。予備試験の更なる改革と併せて、５年より更に時間短縮をできる可能性について専門的な検討も併せ考えていきたい。

有田顧問から前回の会議で話があったが、中央教育審議会のほうか大学院特別委員会において、予備試験についてどんな議論があったか、資料を用意している。予備試験の合格あるいは司法試験の合格により法科大学院を中退している者は、平成２５年度が２７名、平成２６年度が５２名である。

（**西山**）本年１１月６日に発表された、平成２６年司法試験予備試験の結果は、最終合格者は３５６名、昨年が３５１名だったので、５人増加した。

（**納谷**）私は前回の顧問会議で、予備試験の受験資格制限について、意見・提案をした。今日は、法科大学院協会の２０１４年１１月１２日付の「予備試験のあり方に関する意見書」を出してもらった。旧司法試験の限界を克服するために、司法試験制度という「点のみにより選抜」に代えて、法科大学院を中核とする「プロセスとしての法曹養成」、この原点は守ってもらいたいということだ。私は、「司法試験に合格する能力に達していれば足りる」という発想がどうも浸透している。

（**大場**）法科大学院を中核とする、プロセスとしての法曹養成制度を堅持するという前提であることは意見が一致していると思う。法科大学院を中核とする法曹養成制度において、予備試験が問題であると評価される場合に、そもそも、なぜ受験生が予備試験に流れるのか。予備試験の現状のどこに問題とされるのか。できるだけ客観的な数字やデータを見た上で議論をいただきたい。大きく４つぐらいのポイントがある。１点目、予備試験と実情につきどう評価するか。予備試験は法曹への道を確保する。また、法科大学院制度との関係でどのように評価すべきかという点だ。２点目、具体的な問題点をどういうふうに考えるかという点。３点目に、どうしてそういう問題が生じたのかということ。４点目、その問題を解消するにはどうするべきか。

（阿部） 今までのように予備試験の合格者数が倍々で増えていく傾向は収まったかなと思って少しは安心しているが、本質的な問題は全く解消されていない。やはり予備試験本来の趣旨と全然違った結果になっている。何らかの事情で法科大学院で学ぶ機会がなかった方のための試験ではなく、完全に法科大学院をバイパスする試験になっている。東京大学法科大学院自体が崩壊してしまうかも知れない。本当に法曹養成の基本を崩すのではないかと非常に懸念している。

（有田） 予備試験の実情につき、急激な増加傾向が、やや高止まりするという傾向が見られる。このままの状況で放置しておくと、これがいつ、また更に数が増えていくかとういことの懸念は正直言ってある。予備試験の口述試験で、選別してはどうかと思う。口述試験で不合格点を取ったのは、その１割にしかすぎない。予備試験は、頭の良い、記憶力の良い、暗記力にすぐれた人たちだけが早く合格する試験であってはならないはずだ。プラスアルファのものが法科大学院では大きな要素を占めると思っている。そこで、予備試験の問題を考える場合には、私は、A、B、C案については立法上、種々の問題があると思っている。立法上の措置としては、D案に与したいと従前から言ってきた。予備試験は、法科大学院の修了者と同程度の学力や能力の有無を判定することが前提になっている。また、予備試験は法的な考え方を試すための試験ではなく、法的な知識だけを試す試験になっていないか疑問だ。試験科目を増やすというD案、それは司法試験と同じ科目であってはならない。法的思考能力を試す試験があるべきだ。これは運用の問題で対処できるが、口述試験で、修了者と同程度の学力や能力があるかどうかというところ、法的思考能力が備わっているか否かを判断する。予備試験の持っている本来の趣旨を壊さないで合格者の選別をすることが重要だ。口述試験において法的思考ができているか否かを慎重に吟味されるべきだ。もしできるなら、法改正を含めてD案に与したい。

（有田） A案だが、最初の案の経済的な理由その他というのは難しいと私は思う。B案、C案は、劇薬的要素があると思う。非常に効果はあるが、それがどういう副作用を起こすのかを考えてみる必要がある。我々が考えるべきは、法曹を目指す優秀な人に足踏みをさせてしまう可能性はないのかということだ。

（橋本） 有田顧問の意見に共感するところが多いが、新しい法曹養成制度が創られた大きな要因として、旧司法試験の点による選抜を中心とした制度の限界（不足するもの）と弊害に直面したという事実があったと思う。その反省に立ち「これからのわが国の法曹の担い手には、深く広く学んでもらう、その真の学びの中で豊かな法曹を育てていく、そしてその人たちは、一方で市民に寄り添い、他方で、例えば国際的にも通用する専門性を持って、社会で活躍してもらうという形で、いわば法化社会をにらみながら、国がそれに向けての政策として、新しい法曹養成制度を立ち上げた。残念だったことの一つは、その中で、長い時間と労力・費用をかけながら、法曹になったときのリターンが、それに見合うほどあるのかどうかということに学生が非常に敏感であったのに、今の制度が応えていなかった面もある。苦労して資格を取っても就職ができるのか、希望する仕事に就けるのか、ＯＪＴをきちんと受けられ、専門家として育つことができるのか等々は、他職との比較・選択の関係においても重要な問題だ。こういう中で、予備試験が、より安く、早く資格を取得しうる機能を持つのであれば、学生がそれを選択すること自体はある面合理的であるし、非難することはできない。法曹養成制度の改善すべきいくつかの課題の一つは、法曹養成制度にかかる期間を、その質を落とさずに短くできる方向での工夫だ。もう一つは、予備試験が実質的な意味で、誰にでも、どこでも開かれているということとの関係だ。地方法科大学院の撤退が続き、夜間の授業を持つ法科大学院も数として充実しているわけではないという現状の下では、地方在住若しくは有職者の方々の多くは予備試験に向かわざるを得ない形になる。これらの人々に適切な教育機会が開かれていない。手当てが必要だと思う。三番目は、法科大学院修了生の合格率の向上だ。目標である７０～８０％に近づいていくという流れを作らなければならない。反面、予備試験の側については、試験科目の見直しをいうＤ案を検討すべきだと思う。いずれにしても、Ｄ案はこれらの状況等をにらみながら、より突っ込んだ検討を継続する必要がある。

受験資格制限も十分に考えられる案だが、検討を要する懸念材料があることは、有田顧問の指摘のとおりであり、現状は大方の合意がとれるような議論の熟した段階にはない。

（山根） 予備校の宣伝文句を見ると、予備試験ルートであれば、経済的・時間的コストを大幅にカットして法律家になることができる、と。法科大学院へ行くよりも５００万円以上安い。予備試験対策はそのまま司法試験対策になる。８割は司法試験と共通の問題だとか、就活に強いから大学在学中に是非予備試験の合格を目指そう。そういう言葉が並んでいる。これを見て、予備試験の方を目指そう、法科大学院に通うのは大変だから、こちらにチャレンジしようというふうに若い人たちとかが考えるのは当然である。誰でも受けられるなら、やはりそちらへ向かう。この流れに歯止めをかけなくて大丈夫かと思う。ただ、予備試験受験対象者に制限を設けると志願者が減る、法曹のなり手が減る、特に優秀な人材がほかへ行ってしまうという心配があることも分かる。法科大学院の改革が始まったところ、その成果が表れる前に、今すぐ制限を設けることにリスクがある。

（吉戒） 現状は、適正試験の受験者が４０００人を切り、他方、予備試験の受験者が１万２０００人を超えるという状態だ。なぜこうなったかという原因をやはり考えるべきだ。法科大学院協会の提言には、予備試験についての弊害は強く主張されているが、法科大学院のあり方につき、自ら顧みるところが少ないように思う。なぜ、受験生が予備試験に流れるかといえば、やはり法科大学院の司法試験の合格率が予定されたような数字になっていないことがまずあげられる。それに加えて、既修者の場合、法曹になるまでの修業年限が長いことがある。今の若い学生たちは、非常に経済状況に敏感で、親に余り負担をかけたくないという気持ちが強い。早く社会に出て活躍して稼ぎたいという気持ちもある。そういう背景が予備試験の受験者が大幅に増加していることの一因にある。予備試験を経て司法試験に合格したので中退する学生は、東京大学が３３名で、突出している。予備試験が法科大学院に与える影響についても、上位校にかなり限定された問題。今日文部科学省から提言、説明のあった三本柱の改革を是非本気になって実現していただきたい。そういう改革が実現すれば、「プロセスとしての法曹養成」の観点からいえば、法科大学院教育を経た法曹の方がいい。そういう意味でこの改革が実現すれば、法曹を志す学生を法科大学院に必ず呼び戻せる。その上で、予備試験の問題を考えてはどうか。したがって、今の段階で予備試験について制度的な制約を考えるのは時期尚早であろう。予備試験の問題につき、顧問の皆さんにはそれぞれ意見があり一致しない。制度的制約を課すかどうかについては、消極的な方が多い。今後の予備試験制度の運用としては、結論として、予備試験の合格者数及び予備試験を経由した司法試験の合格者数は、現行の水準以下にとどめてもらいという形で顧問会議の意見をまとめることができたら、それはそれで大きな前進だと思う。

（納谷）「吉戒顧問が最後に言われたことは、私もそのようにしていくべきだと思っている」「来年の７月に出す文書としてのまとめまで、ある程度、課題と時期をスケジュール的に明示していかなければならない」「今までのような推移で増えてしまったら大変だったが、幸い今年の試験結果では増加せず止まっている。だが、このまま放置しておくと何年か後にまた増加傾向になってしまう危険性もあるので、歯止めとして現状の数値の中で、ある程度の目安を置いた方がいいのではないか」「もしそれらの改革を断行しても、まだ問題があったら、予備試験制度又はその受験資格をどうするかという問題に踏み込むことも改めて必要になってくるかもしれない」「予備試験制度の実態は、当初予定していたものと違った実態になっている。年齢、学生、その他は基本的に、当時想定していた人たちと違う人たちが利用するものになっている」

予備試験に臨むに当たって全く受験資格に制限がなりということ、いつでも、どんな年齢でもできるという状態で野放しになっているところが、やはりそちらに多くの志願者が流れている原因になっている。加えて、吉戒顧問その他がおっしゃられた、時間がかかる、お金がかかる、その他いろいろあるとは思うが、そういう問題がやはり、今の子供たちから見ると、早く受かってしまいたいということにつながる。そういう雰囲気を作り出したことに問題があるのではないかと思っている。それを解消するにはどうしたらいいか。４番目のポイントは、今の時点での現状の数字をこれ以上悪くさせないために、ある程度、数値目標を作っていく必要があり、それに連動して法科大学院の総枠規制もしなければならない。そういう提言ができたらいいと思う。そういう対応をしながら、制度的対応をしても、やはりまだ悪い状況が続くようなら、予備試験について根本的な制度改革をしていくとうい方法を考えなければならないと思う。

（大場）予備試験の課題について、どういうふうに対応できるか、今後、推進室として考えてゆきたい。

（門田）導入修習については、今月２７日から修習を開始する６８期司法修習生から実施することになった。修習開始直後に、移動期間も含めて約１か月にわたり、司法修習生全員を司法研修所に集め、司法研修所教官が指導する。司法修習生に対する経済的支援については、法曹養成制度検討会議の取りまとめ及びそれを受けた法曹養成制度関係閣僚会議決定において、１点目、分野別実務修習開始に当たり現居住地から実務修習地への転居を要する者について、旅費法に準じて移転料を支給する。２点目、集合修習期間中、司法研修所内の寮への入寮を希望する者のうち、通所圏内に住居を有しない者については入寮できるようにする。３点目、司法修習生の兼業の許可について、司法修習に支障を生じない範囲において、従来の運用を緩和する、具体的には、司法修習生が休日等を用いて行う法科大学院における学生指導を始めとする教育活動により収入を得ることを認めるという、３つの措置を実施すべきである。

最後に、以上のほか、運用上、司法修習生に対して更に経済的支援を行うことができるかにつき、日弁連との間で協議を続けている。これまでのところ、日弁連からは、例えば、司法修習生に対して一律に通院費や住居費を支給する必要があるなどとの提案がある。しかし、最高裁としては、これらの提案は、本来貸与金においてまかなわれているものについての給付を求めるものとなるため、現行の貸与制を前提とする限り、運用のレベルを超えると言わざるを得ず、残念ながら難しいのではないかと考えている。もっとも、最高裁としても、個別の司法修習生間に生じている特別の不均衡の解消等のために経済的支援の必要性が認められる場合があれば、運用によって何らかの対応をすることの検討を完全に否定しているわけではなく、今後とも引き続き協議を行ってゆきたい。

（水地）日弁連から、司法修習生に対する経済的支援について説明する。日弁連では、引き続き最高裁との協議において、現行制度の下での運用による何らかの措置が可能であるかどうかについて検討を続けているが、現在の検討体制の下で、貸与制においても更なる経済的支援を行うべきであると考えている。日弁連が行った６５期・６６期会員に対する調査結果によると、約８２％が修習時に修習資金の債務を負担したと回答し、約４６％が修習資金とともに法科大学院や大学の奨学金債務を負担していると。修習資金の対預金の債務額は平均３００万円を超え、半数近くが奨学金と合わせると４００万円以上の債務を負担していると回答している。日弁連は、給費制の復活を求める立場に変わりはないが、現在の貸与制の下でも安心して修習に専念するための基礎手当、修習のための不可欠な実費である住居手当や通勤手当等を含む修習手当の創設が必要であると考える。

注

Ⅰ

1 『暴走する資本主義』（ロバート・B・ライシュ著、雨宮寛・今井章子訳、東洋経済新報社、2008年。著者は、クリントン政権で労働長官を務め、現在カリフォルニア大学バークレー校教授）本書のカバーの折り返しに記載されたメッセージを、そのまま紹介する。

- 1970年代以降、資本主義の暴走、つまり超資本主義と呼ばれる状況が生まれたが、この変革の過程で、消費者および投資家としての私たちの力は強くなった。消費者や投資家として、人々はますます多くの選択肢を持ち、ますます「お買い得な」商品や投資対象が得られるようになった。
- しかしその一方で、公共の利益を追求するという市民としての私たちの力は格段に弱くなってしまった。労働組合も監督官庁の力も弱くなり、激しくなる一方の競争に明け暮れて企業ステーツマンはいなくなった。民主主義の実行に重要な役割を果たすはずの政治の世界にも、資本主義のルールが入り込んでしまい、政治はもはや人々のほうでなく、献金してくれる企業のほうを向くようになった。
- 私たちは「消費者」や「投資家」だけでいられるのではない。日々の生活の糧を得るために汗する「労働者」であり、そして、よりよき社会を作っていく責務を担う「市民」でもある。現在進行している超資本主義では、市民や労働者がないがしろにされ、民主主義が機能しなくなっていることが問題である。
- 私たちは、この超資本主義のもたらす社会的な負の面を克服し、民主主義をより強いものにしていかなくてはならない。個別の企業をやり玉に上げるような運動で満足するのではなく、現在の資本主義のルールそのものを変えていく必要がある。そして「消費者としての私たち」、「投資家としての私たち」の利益が減ずることになろうとも、それを決断していかなければならない。その方法でしか、真の一歩を踏み出すことはできない。

2 渡辺洋三東京大学名誉教授
『日本の裁判』共著（1995年、岩波書店）、「規制緩和のなかの『司法改革』あらためて司法改革を問う」（『法と民主主義』1997年7月号）、「同（その2）」（『法と民主主義』1997年8・9月合併号）

3 小田中聰樹東北大学名誉教授。東京大学経済学部卒業後東京大学法学部学士入学。東京大学大学院法学政治学研究科修士課程修了。1966年、第18期司法修習修了。司

法研修所修了後に、刑事訴訟法の研究とともに司法問題を研究し、その第一人者である。鈴木が上野登子氏に頼まれて資料を送る（末尾資料２の９）

『現代司法の思想と構造』（1973年、日本評論社）、『続現代司法の思想と構造』（1981年、日本評論社）、『国民のための司法』共著（1983年、新日本出版社）、「司法試験改革の意味」（『法学セミナー』1987年９月号）、「司法の公共性と司法改革の課題」（『法と民主主義』1995年１月号）、「法曹養成と司法試験制度改革」（『法律時報』1996年３月号）、「現代弁護士論の陥穽（『自由と正義』1996年11月号）、「司法改革への展望」（座談会、『法律時報』2000年１月号）、『だれのための「司法改革」か——司法制度改革審議会中間報告」の批判的検討』共著（『法の科学』特別増刊2001年３月、日本評論社）、『司法改革の思想と論理』（2001年、信山社）、『地方自治・司法改革』（2001年、〈日本国憲法・検証〉第６巻、天川晃と共著、小学館文庫）、『希望としての憲法』（2004年、花伝社）、『刑事訴訟法の変動と憲法的思考』（2006年、日本評論社）、『「司法改革」の総決算』共著の「司法改革はなにを狙いとしたのか、それを実現したのか」（2006年６月、『法の科学』特別増刊）、『裁判員制度を批判する』（2008年、花伝社）

4　「規制緩和的『司法改革』論批判」（本間重紀静岡大学教授『自由と正義』1996年４月号）、『暴走する資本主義』（本間重紀、1998年、花伝社）167～168頁、「危険な規制緩和万能論、新聞の再版廃止問題」（本間重紀、1997年10月27日、毎日新聞本書末尾２の21）

5　『講座現代の弁護士２　弁護士の団体』（大野正男編、日本評論社、1970年）４頁。2013年復刻版『職業史としての弁護士および弁護士団体の歴史』（大野正男著、日本評論社、2013年３月）６頁以下。

弁護士過剰が何をもたらすか、戦前の歴史が詳細に紹介されている。必読の書。

6　「辯護士の危機」（辯護士森長英三郎、昭和11年２月23日付法律新聞（3949号））（本書末尾の資料２の８）　弁護士は自由主義者であるとして、当時の経済的及び政治的危機を説いている。

7　『絶望の裁判所』（瀬木比呂志著、講談社現代新書、2014年）

元エリート裁判官が、裁判官統制の実態を告発し、法曹一元制導入の必要性を説く。

8　『司法改革の失敗』（鈴木秀幸他４名共著、2012年、花伝社）345、381頁以下

9　辻誠氏は、1975年２月の日弁連の第１回会長直接選挙で、対立候補なく当選した。本書末尾の資料２の11－１に同氏の書簡を掲載した。

10　藤井英男弁護士は、1988、1989年度の日弁連会長である。（本書末尾の資料２の11－２、11－３に同氏の今回の司法改革に反対する書簡を掲載した。）

11　『司法改革の失敗』382～425頁以下当時のアンケート調査と議案書。

12 『司法改革の失敗』426 ～ 430 頁 1994.12.1 の関連決議。

13 法曹一元制の文献『法曹一元論』（松井康浩、1993 年、日本評論社）、「法曹一元と裁判官『司法改革を展望して』」（戒能通厚『自由と正義』1997 年 9 月号）、「司法制度の改革と法曹一元制」（松井康浩『自由と正義』1998 年 8 月号）、日弁連第 17 回シンポジウム基調報告（1998 年 11 月）、日弁連「法曹一元制度の実現に向けての提言」（2000 年 2 月）

14 「民事裁判遅延の現状とその改善」（鈴木秀幸『自由と正義』1989 年 8 月号）裁判の合理化ではなく、裁判官の増員を提言する。（これをテーマであった日弁連第 11 回司法シンポジウムの基調報告者）

日弁連は、2013 年 1 月 24 日、「民事司法を利用しやすくする懇談会」（議長・片山善博慶大教授）を設立した。目的として、「関係機関に対し民事司法改革諸問題について問題提起及び提言を行うことを含め、改革の実現に向けた取組をすること目的とする」と定められている。しかし、裁判の合理化、迅速化に歯止めをかけ、裁判官を増加し、裁判官の独立、司法の権利擁護機能の拡大・強化の取り組みでなければならない。

15 司法試験合格者年間 800 人及び司法基盤整備の並行的実現を唱える関連決議が満場一致で決議されたが、この翌年から、この決議が日弁連執行部派により繰り返し変更され、反故にされていった。そのために、第 16 回日弁連司法シンポジウム（埼玉開催）において、基調報告において「弁護士は冬の時代を迎える」という警鐘が鳴らされた（本書末尾の資料 2 の 12）。

当時から、会員の多くが、司法試験合格者 1000 人以上の政策が、早晩大幅な弁護士過剰という結果になることを危惧していた。

中坊公平氏及び久保井一匡氏が主張した 2010 年 8 月の合格者年間 3000 人案などは、日弁連執行部派が自らの司法改革の失敗を覆い隠すための強がりと騙しから出た、ほとんど狂気の沙汰の提案であった。2000 年 11 月の 3000 人を容認した第 4 回の日弁連臨時総会の直前に配布した小冊子「弁護士大量増員論に対する批判的検討－検証なき司法試験合格者 3000 人増員の本質」（鈴木秀幸作成）が、大幅な需要拡大のないこと及び判検増員計画が限られていることなどを十分に証明していた。

その後の事態は、2008 年までのサブプライムローンなどの金融バブル経済と過払金返還バブルにより、弁護士過剰が緩和されるという幸運があったが、当然、その後に急激に法律事務所の経営が悪化し、現在もそれが続いている。

（適正な弁護士人口論の立場の主な資料）

1994 年 6 月　　日弁連法曹養成委員会「法曹人口問題に関する意見書」

1994 年 12 月　　弁護士有志の日弁連臨時総会の議案書

1996年11月　日弁連第16回司法シンポジウム「法曹のあり方と法曹人口」基調報告書

1998年2月　日弁連司法基盤協議会「2010年への司法改革計画」A案

16　かつて、日弁連の会長選挙の投票率は80%を越え、最近まで70%以上であった。今回の2014年2月の選挙で、高い単位会は、熊本92%、釧路86%、長野84%、金沢81%、三重79%、島根79%、函館77%、鳥取75%、低い単位会は、埼玉29%、二弁29%、愛知27%で、全体では46.64%であった。学生運動が代々木系と反代々木系に分かれて自治会選挙を争い、一般学生が関心を失って行った歴史を思い起こさせる事態である。

17　『古事記』（山口佳紀・神野志隆光訳、日本古典文学全集、小学館、1997年）287頁

古事記《ふることふみ》下《しも》つ巻《まき》仁徳天皇（二）聖帝の世

「是《ここ》に、天皇《すめらみこと》、高き山に登りて、四方《よも》の国を見て、詔《のりたま》ひしく、「国《くに》の中《うち》に、烟《けぶり》、発《た》たず、国、皆《みな》貧窮《まづ》し。故《かれ》、今より三年《みとせ》に至るまで、悉《ことごと》く人民《おほみたから》の課役《えつき》を除《お》け」とのりたまひき。是《ここ》を以《もち》て、大殿《おほとの》、破《やぶ》れ壊《こほ》れて、悉く雨漏《も》れども、都《かつ》て修理《つくろ》ふこと勿《な》し。椷《はこ》を以て、其の漏る雨を受けて、漏《も》らぬ処《ところ》に遷《うつ》り避《さ》りき。

後《のち》に、国の中《うち》を見るに、国に烟《けぶり》満《み》ちき。故、人民《おほみたから》富《と》めりと為《おも》ひて、今は課役《えつき》を科《おほ》せき。是《ここ》を以《もち》て、百姓《おほみたから》は、栄《さか》えて、役使《えだち》に苦《くる》しびず。故《かれ》、其《そ》の御世《みよ》を称《たた》えて、聖帝《ひじりのみかど》の世《よ》と謂《い》ふぞ。」

【訳】

「さて、天皇は、高い山に登って、四方の国を見渡して、「国の中に、炊煙がたたず、国中が貧窮している。そこで、今から三年の間、人民の租税と夫役をすべて免除せよ」とおっしゃった。こうして、宮殿は破損して、いたるところで雨漏りがしても全く修理することはなかった。木の箱で、その漏る雨を受けて、漏らないところに移って雨を避けた。

後に、国の中を見ると、国中に炊煙が満ちていた。そこで天皇は、人民が豊かになったと思って、今は租税と夫役とをお命じになった。こうして、人民は繁栄して、夫役に苦しむことはなかった。それで、その御代をほめたたえて、聖帝の世というのである。」

18　（1）司法改革に対する批判又は懸念を述べている良書

『「司法改革」はこれでいいのか』（「司法改革」研究者編、2002年、八朔社）、『「司法改革」の総決算』（法の科学36特別増刊号、2006年、民主主義科学者協会法律部会編、日本評論社）、『私の体験的日本弁護士論序説―司法改革の王道を歩んで』（今井敬彌著、2007年、日本評論社）、『司法の崩壊』（河井克行著、2008年、PHP研究所）。

『法学講義』(笹倉秀夫著、2014 年、東京大学出版会) は、法学部の教科書でありながら、司法の実態を見て、司法改革を批判的にとらえている。

なお、『消費者法ニュース 第 91 号』(2012 年、消費者ニュース発行会議) に、鈴木秀幸の弁護士の需給のアンバランスに関する論考が掲載されている。

(2) 官僚司法に対する批判的又は紹介的な内容の書物

『臨時司法制度調査会意見書批判』(1967 年、日本弁護士連合会)、『司法官僚』(新藤宗幸著、2009 年、岩波新書)、『日本国憲法と裁判官』(守屋克彦編著、2010 年、日本評論社) と注 13 に紹介した著作。

(3) 法科大学院問題に関する論文

「法科大学院問題とはいかなる問題か」(戒能通厚、『法と民主主義』2012 年 7 月号)

「「法科大学院問題」解決への展望」(戒能通厚、『法律時報』2012 年 8 月号)

Ⅱ

1 『自由と正義』2002 年 13 号臨時増刊「日本の法律事務所 2000 ——弁護士業務の経済的基盤に関する実態調査報告書」214 頁以下。

2 日弁連執行部の司法改革推進派は、未だに司法改革について間違いを認めていない。「司法改革」の検証を行わず、総括を怠り、責任と本質を曖昧にする姿勢は、一般会員の意思を反映する指導者を選び、正しい政策転換を行うことを困難にしている。

一方、主要な政党は総括し反省を示し、民主党は 2012 年 4 月に「法曹人口及び法曹養成制度改革に関する政策評価」を行った。

3 2014 年 1 月の新人研修を利用した登録済みの 66 期の弁護士のアンケート調査 (回答者 941 名、回答率 62.5%) によれば、即時独立弁護士 32 名 (3.4%)、また、複数での即独弁護士 9 名 (1.0%)、一人弁護士法人 4 名 (0.4%)、ノキ弁 69 名 (7.3%) である (以上合計 12.1%)。2014 年 4 月 18 日時点で、2013 年 11 月の修了者 (2043 人) は、登録者が 1743 人になったが、未登録者が 113 名 (任官者 178 人を除いた者の 7.1%) いる。

上記の即独・ノキ弁等の合計 12.1%に未登録者 7.1%の総合計は 19.2%となり、任官者を除く修了者 1865 人のうちの 358 名相当となる。但し、未登録者 113 名の中には、企業等の組織に就職した者及び研究者などもいると思われる。

Ⅲ

1 「司法試験改革を考える、基本資料集、わが国の法律家はこれでよいか」(『ジュリスト』増刊、法務大臣官房人事課編、課長堀田力、有斐閣、1987 年 8 月 25 日発行)

2 弁護士需要に関する 1990 年代からのアンケート調査一覧

1993年	法曹養成等改革協議会アンケート調査
1994年6月	日弁連の法曹養成問題委員会意見書（1990年12月と1992年3月の全国会員アンケート）
	法律扶助の各種調査
1996年11月	日弁連の第16回司法シンポジウム報告書
1998年2月	日弁連の司法基盤改革人口問題基本計画等協議会意見書
1999年9月	名古屋弁護士会の「徹底討論『日本の司法』パートⅠ弁護士人口問題と法曹養成制度」のためのアンケート調査
2000年	司法制度改革審議会「民事訴訟利用者調査」報告書
2000年3月	日弁連の「弁護士業務の経済的基盤に関する実態調査報告書」（『自由と正義』2002年12月臨時増刊号）
2006年	村山眞雄・村松良之編「紛争行動調査基本集計書」
2006年10月	日弁連の組織内弁護士採用動向調査結果
2006年12月	日弁連の「中小企業ニーズ調査」（他の調査2007年5月）
2007年	日弁連の5万人対象の調査
2008年3月	日弁連法的ニーズ・法曹人口調査ＰＴ報告
2010年4月	日弁連の地方自治体への調査
2010年	日弁連の2009年の弁護士業務「実態調査報告書2010」

〈アンケート調査の紹介と評価〉

『司法改革の失敗』（鈴木秀幸・武本夕香子・鈴木博之・打田正俊・松浦武　共著、2012年4月、花伝社）36頁、47頁、54頁、57～59頁、60頁、62頁、67頁、94頁、98頁、99頁、124～125頁、131～132頁、134～135頁、196～204頁

3　『司法改革の失敗』46～84頁

4　『司法改革の失敗』46頁以降

5　日弁連司法改革実施対策会議ワーキンググループ（吉野正、宮本康昭、丸島俊介、中尾正信、濱田広道、五十嵐裕美、小池純一、杉村亜紀子、高橋太郎、相原佳子、尾崎純理、柳志郎、藍原義章、浦田修志、伊藤寛、坂元和夫、渥美雅康、河田英正、青山智紀、藤井克己、青木正芳、氏家和男、石井慎也、村松弘康、中山博之、中村憲昭）は、2012年2月、1500人減員提言案に対して、「司法改革の意義を前向きに捉えつつ、法曹養成制度の改革、日弁連の2012年3月の弁護士の業務拡領域の拡大、市民・中小企業の弁護士利用度の向上、法教育の拡充なども含めた総合的な政策の1つとして、取りまとめを行うべきである」として反対し、更に、同年7月の「これからの司法像に関する基本的提言」でも、大幅増員論を維持すべきであるとして、次のように述べ、彼等は、全く「司法改革」の失敗を総括する姿勢に欠けている。

「日弁連の司法改革運動が世論の支持を受け、他方、規制緩和のもとで司法の強化を求める経済界の要求とも合流する中で2001年の改革審意見書に結実したが、現段階は、司法の抜本的改革からすれば、第一歩が始まったにすぎず市民の司法の実現はようやく緒に就いたばかりである。」

6　日弁連新聞2014年8月1日「日弁連短信」(事務総長、春名一典、兵庫)。2014年10月17日の日弁連と中弁連の意見交換会のテーマの一つになっている法曹人口問題全国会議は、2014年4月4日付の公開質問状を提出し同8月付に回答を受けている。回答は、弁護士が既に大幅な過剰であること及び需要拡大がいかに難しいかについて無知に近い。

7　2014年の司法試験の結果（法務省大臣官房人事課発表）によれば、平均点が751.16点である。最高点が1173.00点。1810番の770点が合格ラインであった。合格ラインは、最高点と403点の大きな開きがあり、平均点より18.84点上回るだけである。以前と比較して相当に程度が低いことは歴然たる事実である。「資格試験」と言うのに、現状の合格ラインは低すぎて、もはや資格試験と言い難い。1980年代に、受験者のレベルが低い、として、5年間、司法試験合格者を450人にしたことがある。裁判官になるには、合格者500人時代には「成績が平均以上」、近頃は「300番以内」とされている。非公式に、最高裁は300番以下は使えないと説明している。合格者数は、合格ラインを50点上げると1000人、100点上げると500人くらいである。少なくともこの合格ラインにしないと、質を担保されない。

Ⅳ

1　『講座現代の弁護士２　弁護士の団体』(大野正男編、日本評論社、1970年) 93～94頁

2　「法曹人口抑制論（適正化）の根拠と背景」(纐纈和義、『法律時報』、2014年8月号)、弁護士人口と法曹養成を分り易く説明、後藤昭論文と併せて読むと理解が深まる。

3　中部弁護士会連合会第36回定期弁護士大会シンポジウム「国民のための法曹養成問題を考える—司法試験改革試案として—」（報告）司法試験問題の担当福井正明、法曹人口問題の担当鈴木秀幸。

4　日弁連第16回司法シンポジウム「市民のための司法へ—法曹のあり方と法曹人口」基盤報告書

本書は、シンポジウムの当日に配布された約300頁の大部な単位会意見及びアンケート集計の資料集である。翌年に、当日のシンポジウム報告書として書籍が発行されることが決定されていたが、それが不履行のままに終わっている。

5 『週刊エコノミスト』（2013年8月6日特大号）27頁。西村あさひ法律事務所450人、長島・大野・常松326人、森・濱田松本318人、アンダーソン・毛利・友常302人、TMI総合263人、以上合計1659人

6 『司法改革の失敗』（鈴木秀幸他4名の共著、2012年花伝社）44頁

7 『司法改革の失敗』57～59頁、本書の図表8

8 『司法改革の失敗』57～59頁、「中弁連」（21頁以下、平成25年5月23日発行№80）。

仕事量の減少の回答は、2006年の30％台、2007年と2009年の40％台から、2011年69.8％、2012年1月61.9％、2012年10月66％、2013年67.9％と急増し（増加の回答は10％未満）、弁護士過剰の回答は、2009年58％、2012年78.9％と79％、2013年83.8％と増加し（弁護士不足の回答は1％程度）、妥当な合格者数の1000人以下の回答は、2006年54.9％、2007年54.7％、2009年65％、2011年77.6％、2012年76％、2013年83.5％と増加している（1500人以上の回答は15％程度）。

9 （1）2012年1月の愛知県弁護士会の全会員のアンケート調査（回答率30％）

適正な合格者数の設問について、年間1000人以下へ減員する回答65.5％。年間1500人に減員し更なる減員は検証しながらとする回答27.4％、仕事量の設問について、減少61.9％、増加4.1％。愛知県の弁護士の充足状況の設問について、過剰78.9％、不足0.6％。

（2）2012年10月の中弁連の全会員のアンケート調査（回答率20％）上記注8

合格者数はどのくらいが適当と思うかの設問に対して、1000人以下へ減員すべきとの回答の合計は76％（500人12％、800人16％、1000人48％）、1500人に減員すべきとの回答は14％、2000人以下については3％。回答者の仕事量の増減傾向を尋ねる設問について、減少しているが62％、増加しているが8％（少し増加6％、大幅増加2％）。所属弁護士会における弁護士の充足状況を尋ねる設問に対して、過剰であるが79％（少し過剰44％、大変過剰35％）、適正であるが9％、不足しているが1％（「中弁連」平成25年5月23日発行、№80、21～24頁）。上記注8。

（3）2013年7月の法曹人口問題全国会議の日弁連全会員アンケート調査（回答率9.5％）（本書末尾の資料1の1、5－4）

弁護士の仕事量の今後の増減傾向予想の設問について、増加は合計8.4％、減少は合計67.9％。所属弁護士会の現在の弁護士の過不足の設問について、不足1.3％、過剰83.8％。司法試験合格者の法曹外の分野の就職のために合格者を多くする政策の設問について、賛成4.1％、反対90.2％。適正な合格者数の設問について、500人17.8％、800人26.3％、1000人39.4％、1500人10.0％、2000人2.8％。需要を上回る弁護士の供給は国民に良いことかの設問について、良い3.6％、悪い79.3％。法科

大学院志願者の激減の原因の設問について、弁護士過剰のために職業的魅力が低下78%、司法修習生の就職難7.7%、法科大学院に時間と金がかかる73%。

10　弁護士の需要は、上記の『司法改革の失敗』（94～111頁、195～215頁、232～259頁）、『司法崩壊の危機』（鈴木秀幸他5名の共著、2013年花伝社、30～40頁、83頁位下、74頁の注6に各種の調査が列挙されている）に詳述されている。

『司法改革の失敗』117頁以下に、『自由と正義』（2011年臨時増刊号）vol.62の2009年の弁護士業務の経済的基盤に関する実態調査の報告と分析について、解釈を加えている。

11　2012年分の確定申告にもとづく2013年度版国税庁の税務統計（申告所得税関係）毎年11月上旬に公表される。3000万円超のグループとそれ以下のグループの所得の合計額と平均値の計算

（イ）3000万円超のグループ

3000万超～5000万以下　　3800万×1169人＝444億2200万円

（注・3000万と5000万の幅の2000万円を4対6にした3800万円を採用）

5000万超～1億以下　　7000万×612人＝428億4000万円

1億超～2億以下　　1億4000万×232人＝324億８０００万円

2億超～5億以下　　3億2000万×51人＝163億2000万円

5億超～10億以下　　7億×5人＝35億円

合計　1395億6200万円

（ロ）それ以下のグループ

2699億5900万円－1395億6200万円＝1303億9700万円

1303億9700万円÷（2万8116人－2069人）＝501万円

12　過剰による「弁護士の貧困化」の具体的な数値としては、4年間で事業所得の確定申告しない者が4000人程度増加したうえ、70万円以下の所得の者が2008年の2661人（11%）から2012年に5508人（20%）に倍増している。そのうち、主たる所得が事業所得の者は、70万円以下は5455人を占める。低所得者層の人数としては、まず、この5455人に70万円超400万円以下の3690人を加算した9145人（申告者全体の32.5%）が存在し、更に事業所得を申告しない者の中に低所得者層が含まれるので、総数は1万人を越えることになる。

この弁護士の所得格差については、『NIBEN　Frontier』2012年6月号、2013年5月9日毎日新聞朝刊、『資格を取ると貧乏になります』（佐藤留美著、新潮新書、2014年）が取り上げている。

13　2013年分の確定申告にもとづく2014年度版国税庁の税務統計（申告所得税関係）。3000万円超のグループとそれ以下のグループの所得の合計額と平均値の計算

（イ）3000万円超のグループ（1961人……6.9%）

3000万超～5000万以下　　3800万×1069人＝406億2200万円

（注・3000万と5000万の幅の2000万円を4対6にした3800万円を採用）

5000万超～1億以下　　7000万×599人＝419億3000万円

1億超～2億以下　　1億4000万×230人＝322億円

2億超～5億以下　　3億2000万×57人＝182億4000万円

5億超～10億以下　　7億×5人＝35億円

10億超～20億以下　　10億×1人＝10億円

合計　1374億9200万円

1374億9200万円÷1961人＝7011万円

（ロ）それ以下のグループ（2万6302人……93.1%）

2656億8100万円－1374億9200万円＝1281億8900万円

1281億8900万円÷（2万8263人－1961人）＝487万円

14　弁護士増加率は、（司法試験合格者2000人－1990年以前の合格者500人）÷弁護士人口2013年3月末3万3624人＝0.045から、（司法試験合格者1800人－1990年以前の合格者500人）÷弁護士人口2016年末約3万7800人≒0.034に変わる。

15　『プレジデント』（2012年10月15日号、50頁）

16　『司法改革の失敗』73頁、『暴走する資本主義』（本間重紀著、1998年、花伝社）

17　前掲『弁護士の団体』92～96頁

18　弁護士過剰の弊害について、『司法改革の失敗』（122頁以下）『司法崩壊の危機』（鈴木秀幸・武本夕香子・立松彰・森山文昭・白浜徹朗・打田正俊共著、2013年6月、花伝社）28頁以下

19　2013年8月3日中日新聞朝刊“阪田元長官に聞く”「内閣法制局長官が時の政権によって解釈を変更できるなら、企業の『お抱え弁護士』と変わらない」。

20　『ブラック企業ビジネス』（今野晴貴著、朝日新書、2013年）

21　「弁護士自治と綱紀・懲戒の第三者審査機関」鈴木秀幸（『法と民主主義』2001年7月号）

資料１

1　法曹人口と法曹養成制度の日弁連全会員アンケート（法曹人口問題全国会議）（2013年7月1日～7月31日）

2－1　法曹人口・法曹養成・中弁連アンケート（中弁連司法問題委員会）（2014年8月実施）と意見交換会テーマ

2－2　弁護士歴別

2－3　県別

2－4　意見交換会テーマ

3　日弁連アンケート　弁護士実勢調査　単純集計結果（2014年7月29～9月19日）

4　日弁連アンケート　65、66期会員に対するアンケート調査　単純集計結果（2014年7月31日～8月29日）

5－1　法曹人口問題全国会議アンケート結果報告 2011年10月5日

5－2　法科大学院に関するアンケート（日弁連全会員）（法曹人口問題全国会議の有志代表）2012年4月19日

5－3　法科大学院に関するアンケート結果について（法曹人口問題全国会議有志）文責武本夕香子 2012年5月14日

5－4　法曹人口と法曹養成の危機打開のための提言 2012年9月13日

5－5　法曹養成制度検討会議・中間的取りまとめに対する批判意見の要旨（法曹人口問題全国会議）2013年4月15日

5－6　法曹人口と法曹養成制度の日弁連全会員アンケートの調査結果とシンポジウムのお知らせ（法曹人口問題全国会議）2013年7月24日

5－7　法曹養成制度検討会議取りまとめ及び関係閣僚会議決定に対する批判声明（法曹人口問題全国会議）2013年8月24日

5－8　法曹養成制度改革推進会議に対する要望書 平成25年12月4日

5－9　法曹人口と法曹養成に関する声明（法曹人口問題全国会議）2014年1月20日

5－10　司法試験合格者数と予備試験制限に関する意見表明（法曹人口問題全国会議）2014年11月10日

6－1　単位会の共同の法曹養成制度改革推進会議への申入書

6－2　申入書（2014年3月19日）

6－3　申入書（2014年10月14日）

6－4　院内集会開催のご案内（平成26年5月21日）

7　憲法と人権の日弁連をめざす会の文書

1 法曹人口と法曹養成制度の日弁連全会員アンケート（法曹人口問題全国会議）（2013 年 7 月 1 日～7 月 31 日）

法曹人口と法曹養成制度の日弁連全会員アンケート

法曹人口問題全国会議（2013.7.1～実施、7.31最終集計）			
日本弁護士連合会所属弁護士アンケート調査書送運人数			31137人
アンケート回答数	2979件	回答率	9.6%

問1 あなたの相談及び受任の件数は、今後どのような増減傾向になると予想されますか。

	件数	%
イ 大幅に増加	54	1.8%
ロ 少し増加	194	6.6%
ハ 変化なし	293	9.9%
ニ 少し減少	836	28.3%
ホ 大幅に減少	1167	39.6%
ヘ わからない	405	13.7%
合計	2949	100.0%
無回答	30	

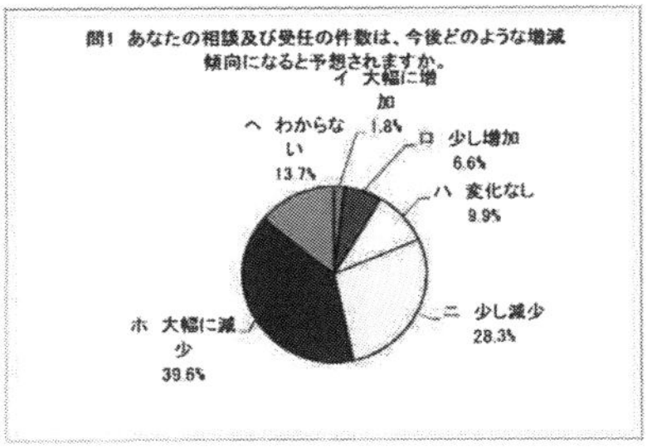

問2 あなたの所属弁護士会の現在の弁護士の過不足について

	件数	%
イ 不足	10	0.3%
ロ 少し不足	30	1.0%
ハ 需給均衡	161	5.4%
ニ 少し過剰	643	21.6%
ホ 過剰	1846	62.1%
ヘ わからない	282	9.5%
合計	2972	100.0%
無回答	7	

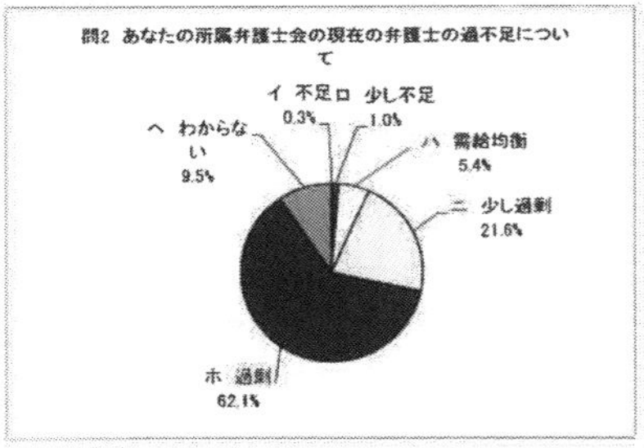

問3 司法試験に合格しても法曹にならず、他の分野に就職すればよいから、合格者を多くするという政策について

	件数	%
イ 賛成	121	4.1%
ロ 反対	2668	90.2%
ハ わからない	170	5.7%
合計	2959	100.0%
無回答	20	

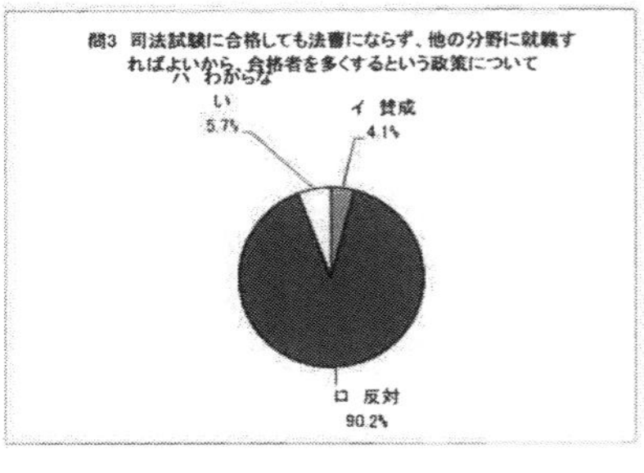

問4　法曹有資格者の活動領域の今後の拡大を加味したうえで、適正な司法試験の合格者数は、年間何人程度だと思いますか。

	件数	%
イ　500人	524	17.8%
ロ　800人	772	26.2%
ハ　1000人	1158	39.3%
ニ　1500人	294	10.0%
ホ　2000人	82	2.8%
ヘ　わからない	113	3.8%
合計	2943	100.0%
無回答	36	

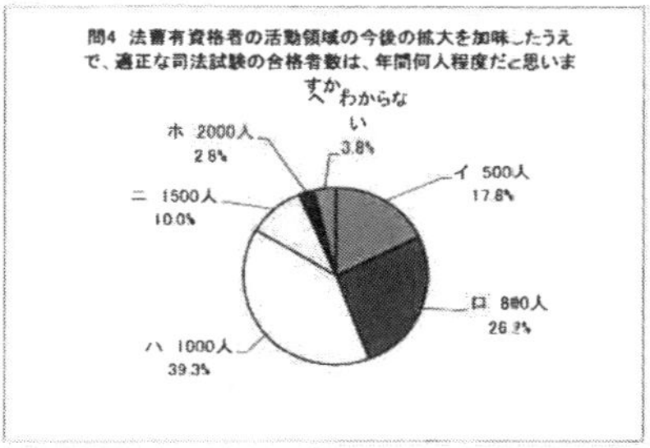

問5　弁護士需要を上回って弁護士が供給されることは、国民にとって良いことだと思いますか、悪いことだと思いますか。

	件数	%
イ　良い	105	3.5%
ロ　悪い	2346	79.3%
ハ　どちらとも言えない	508	17.2%
合計	2959	100.0%
無回答	20	

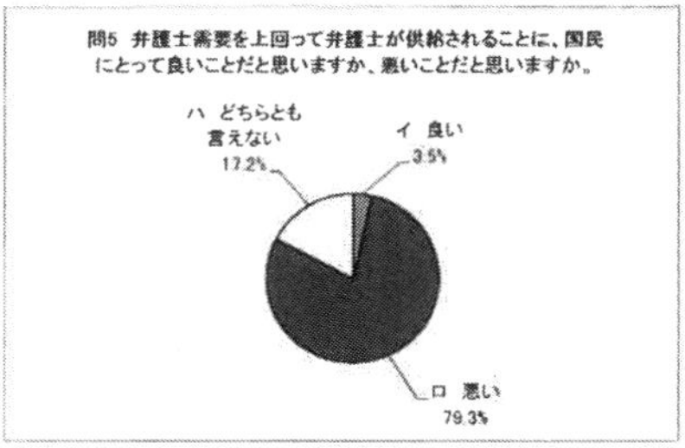

問6　法科大学院制度の廃止について

	件数	%
イ　賛成	1688	57.1%
ロ　反対	620	21.0%
ハ　わからない	646	21.9%
合計	2954	100.0%
無回答	25	

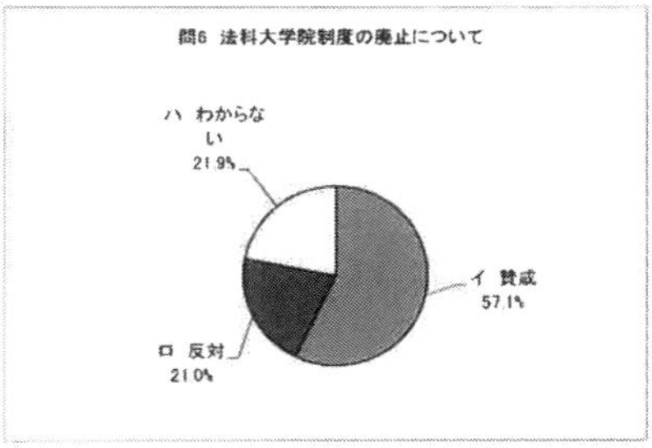

問7　法科大学院修了を司法試験の受験要件から外すことについて

	件数	%
イ 賛成	2078	70.0%
ロ 反対	466	15.7%
ハ わからない	425	14.3%
合計	2969	100.0%
無回答	10	

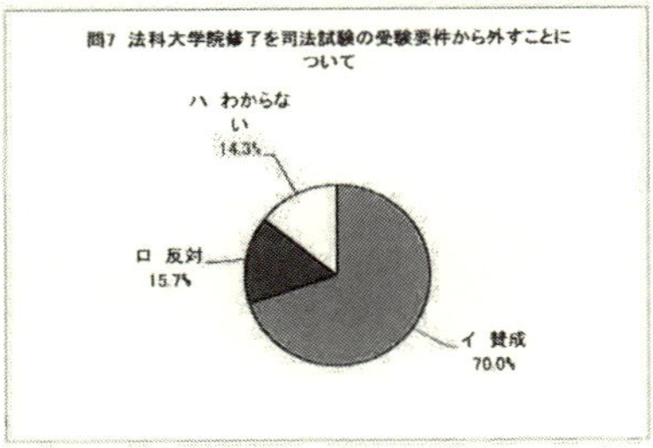

問8　予備試験合格者と法科大学院修了者の司法試験の合格率を均衡させることについて（予備試験合格者が増加）について

	件数	%
イ 賛成	1316	45.4%
ロ 反対	781	27.0%
ハ わからない	799	27.6%
合計	2896	100.0%
無回答	83	

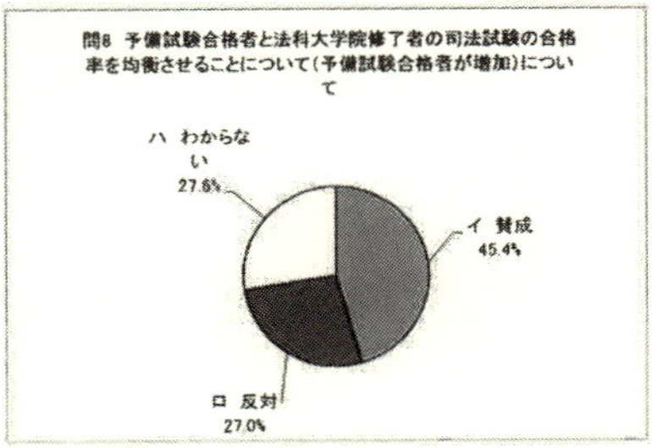

問9　今の司法試験の合格率（昨年約25%）につき、法曹の質の確保の観点からどのようにお考えですか。

	件数	%
イ 低すぎる	236	8.1%
ロ 適当	371	12.7%
ハ 高すぎる	1603	54.8%
ニ わからない	716	24.5%
合計	2926	100.0%
無回答	53	

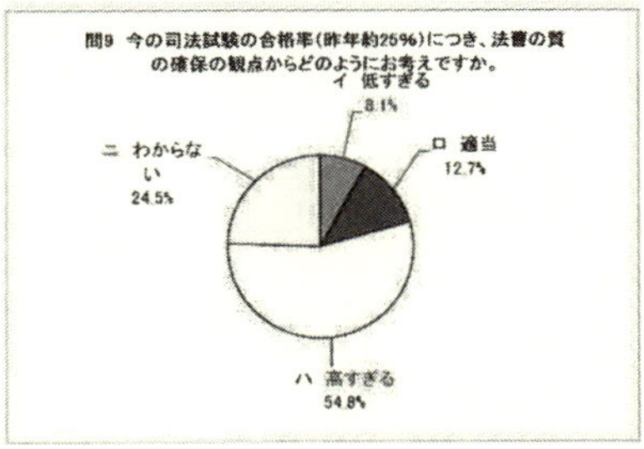

問10　前期修習の復活について

	件数	%
イ 賛成	2596	91.2%
ロ 反対	81	2.7%
ハ わからない	178	6.0%
合計	2955	100.0%
無回答	24	

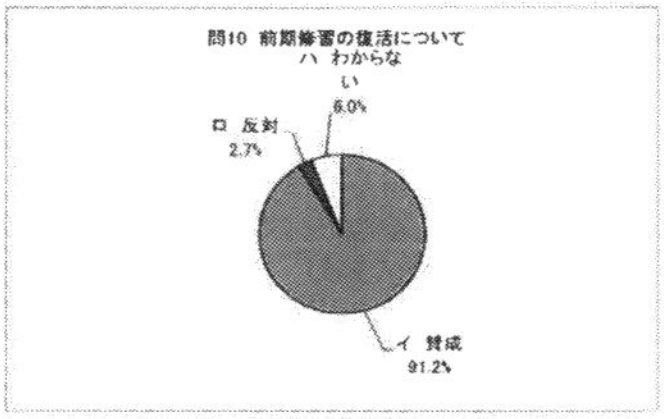

問11　修習期間を2年間に戻すことについて

	件数	%
イ 賛成	2266	76.7%
ロ 反対	331	11.2%
ハ わからない	359	12.1%
合計	2956	100.0%
無回答	23	

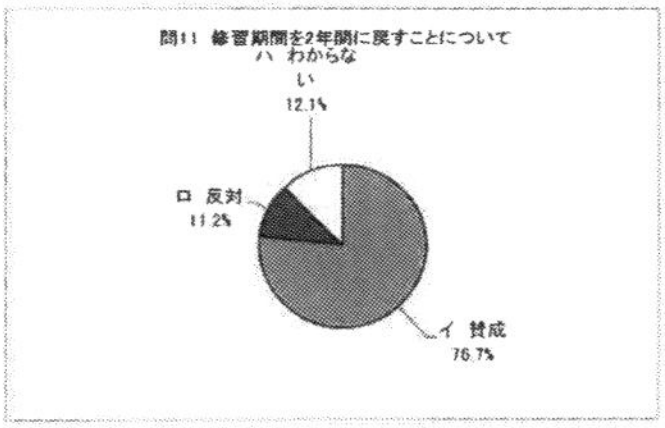

問12　給費制の復活について

	件数	%
イ 賛成	2702	91.3%
ロ 反対	99	3.3%
ハ わからない	160	5.4%
合計	2961	100.0%
無回答	18	

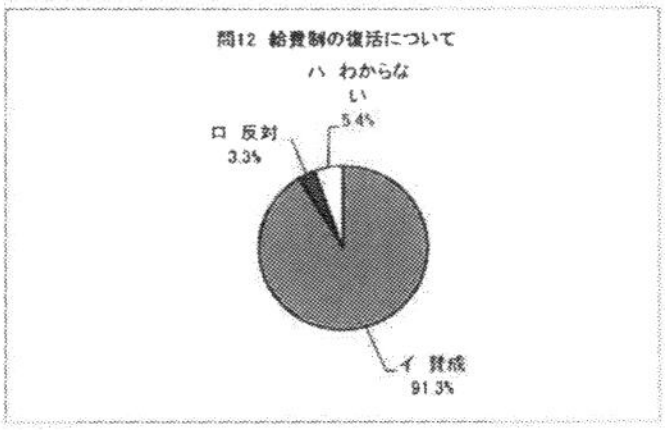

問13　法科大学院の志願者の激減は、何が根本的な原因だと思いますか。

	件数	%
イ 法科大学院に時間と金がかかる	2160	73%
ロ 法科大学院の教育が評価できない	872	29%
ハ 司法試験の合格率が低い	1070	36%
ニ 司法修習生の就職難	2296	77%
ホ 弁護士過剰のために職業的魅力が低下	2322	78%
ヘ わからない	12	0%
ト その他	107	4%
無回答	8	

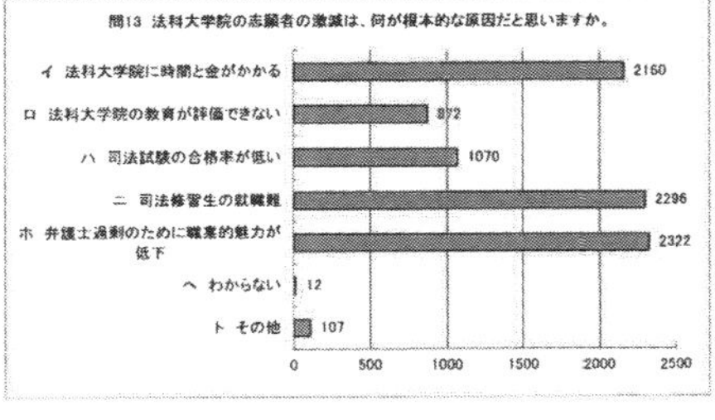

2-1 法曹人口・法曹養成・中弁連アンケート（中弁連司法問題委員会）（2014年8月実施）と意見交換会テーマ

（再）弁護士人口と法曹養成に関する中弁連会員アンケート

２０１４年８月２９日
中部弁護士会連合会
司法問題対策委員会

内閣の法曹養成制度改革推進会議は、昨年9月から、法曹人口と法曹養成について調査と審議を重ねていて、来年7月に意見をまとめます。それに会員の意向を反映させるために、本アンケートを実施することになりましたので、ご協力をお願いします。 選択肢の番号に○を付し、**９月１０日**までに、中弁連事務局（愛知県弁護士会・柳田）まで、ＦＡＸ（０５２－２０４－１６９０）又は郵送でご返送下さい。

（　　　　）弁護士会　（　　）期　氏名（　　　　　　　　）＊匿名可
60期以降は、新旧をご記入下さい。

問１　あなたの弁護士歴
1、 5年未満　　2、 5～10年未満　　3、 10～20年未満
4、 20～30年未満　　5、 30～40年未満　　6、 40年以上

問２　あなたの法律相談及び受任の件数は、ここ数年、どのような増減傾向ですか
1、 大幅に増加　　2、 少し増加　　3 、変化なし
4、 少し減少　　5、 大幅に減少　　6、 わからない

問３　あなたの弁護士としての売上げは、ここ数年、どのような増減傾向ですか
1、 大幅に増加　　2、 少し増加　　3、 変化なし
4、 少し減少　　5、 大幅に減少　　6、 わからない

問４　あなたの弁護士としての所得は、ここ数年、どのような増減傾向ですか
1、 大幅に増加　　2、 少し増加　　3、 変化なし
4、 少し減少　　5、 大幅に減少　　6、 わからない

問５　あなたの所属弁護士会の現在の弁護士人口の充足状況をどのようにお考えですか
1、 不足　　2、 少し不足　　3、 需給均衡
4、 少し過剰　　5、 過剰　　6、 わからない
7、 その他(　　　　　　　　)

問６　適正な司法試験の合格者は、年間何人程度だとお考えですか
1、 500人　　2、 800人　　3、 1000人　　4、 1500人
5、 2000人　　6、 2000人以上　　7、 わからない
8、 その他(　　　　　　　　)

問７　法科大学院制度について
1、 存続　　2、 廃止　　3、 わからない
4、 その他(　　　　　　　　)

問８　法科大学院修了を司法試験の受験要件にしていることについて
1、 賛成　　2、 反対　　3、 わからない
4、 その他(　　　　　　　　)

問９　予備試験の受験資格や合格者数を制限することについて
1、 賛成　　2、 反対　　3、 わからない
4、 その他(　　　　　　　　)

弁護士人口と法曹養成に関する中弁連会員アンケート結果 2014.10.9
（平成26年8月～平成26年9月実施）

	愛知 1693名	三重 172名	岐阜 180名	福井 99名	金沢 168名	富山 104名	**全体 2416名**
回答者数	286	56	50	30	62	34	**533**
回答率	16.9%	32.6%	27.8%	30.3%	36.9%	32.7%	22.1%

（所属会未記入15名）

問1. あなたの弁護士歴		
5年未満	152	人
5～10年未満	102	人
10～20年未満	77	人
20～30年未満	65	人
30～40年未満	71	人
40年以上	65	人

問1. あなたの弁護士歴

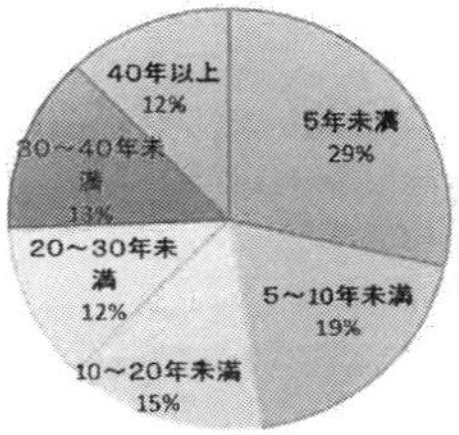

問2. 法律相談、受任件数		
大幅に増加	5	人
少し増加	61	人
変化なし	109	人
少し減少	154	人
大幅に減少	137	人
わからない	63	人

問2. 法律相談、受任件数

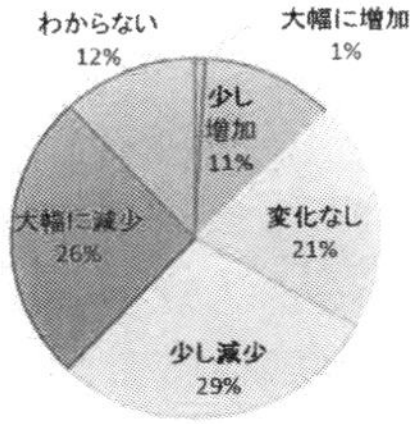

問3. 弁護士としての売り上げ		
大幅に増加	5	人
少し増加	66	人
変化なし	108	人
少し減少	143	人
大幅に減少	144	人
わからない	63	人

問3. 弁護士としての売り上げ

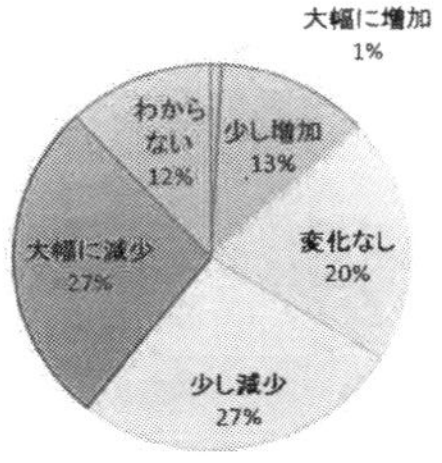

問4. 弁護士としての所得		
大幅に増加	6	人
少し増加	64	人
変化なし	112	人
少し減少	152	人
大幅に減少	143	人
わからない	52	人

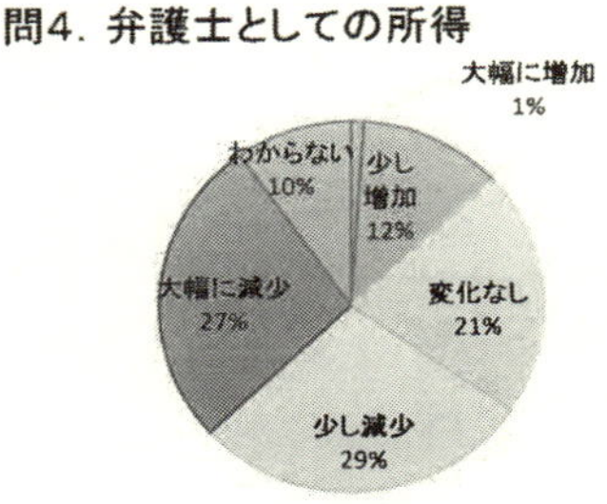

問5. 所属弁護士会の弁護士人口の充足状況		
不足	0	人
少し不足	6	人
受給均衡	42	人
少し過剰	118	人
過剰	315	人
わからない	45	人
その他	6	人

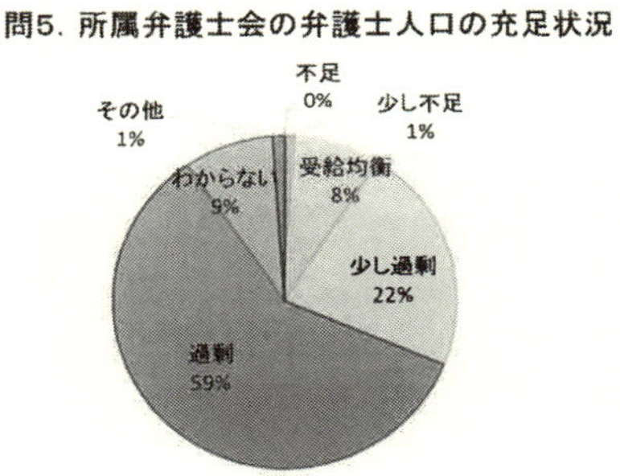

問6. 適正な司法試験の年間合格者数		
500人	86	人
800人	109	人
1000人	228	人
1500人	58	人
2000人	8	人
2000人以上	4	人
わからない	28	人
その他	12	人

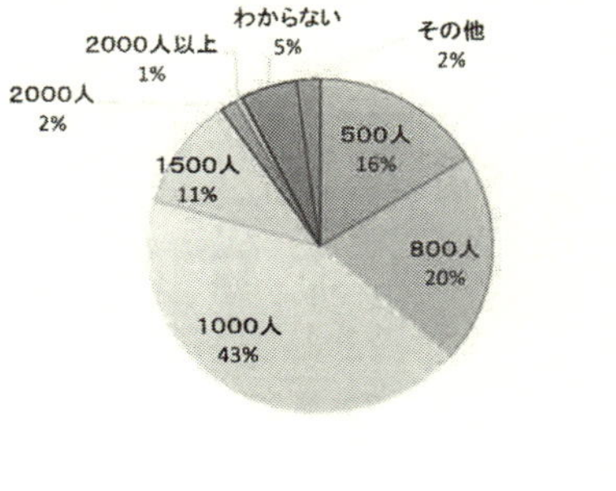

問7. 法科大学院制度		
存続	140	人
廃止	240	人
わからない	116	人
その他	33	人

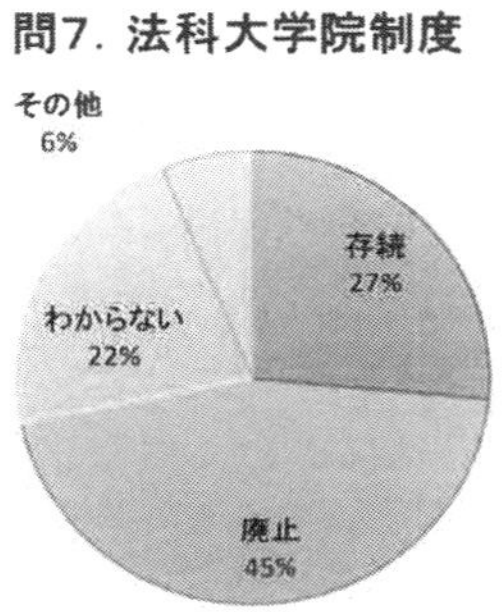

問8. 法科大学院修了を司法試験の受験要件にしていること		
賛成	121	人
反対	316	人
わからない	83	人
その他	12	人

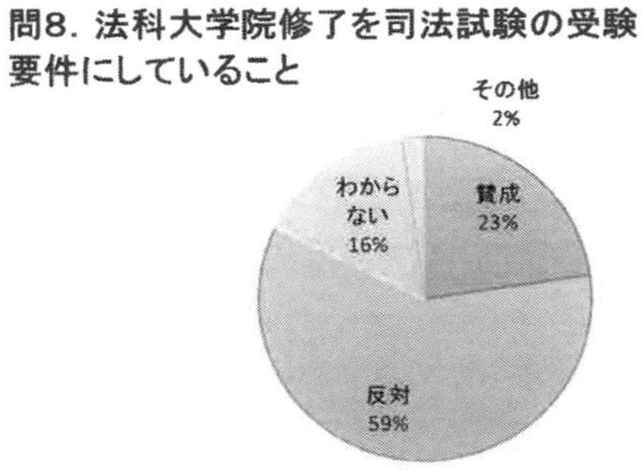

問9. 予備試験の受験資格や合格者数を制限すること		
賛成	90	人
反対	334	人
わからない	96	人
その他	10	人

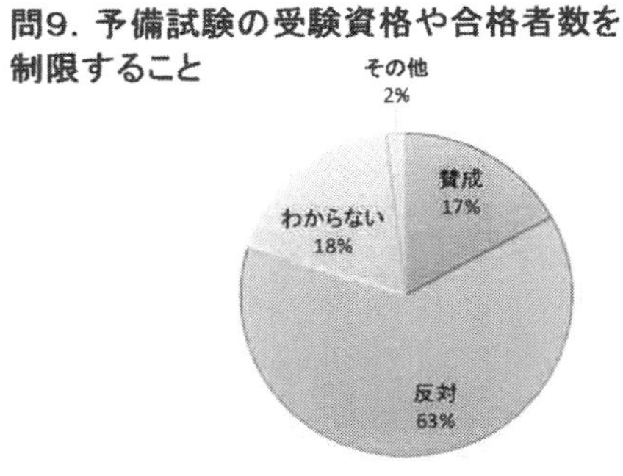

2-2　弁護士歴別

	選択肢	全体		5年未満		5～10年未満		10～20年未満		20～30年未満		30～40年未満		40年以上	
1あなたの弁護士歴		532人	100%	152人	29%	102人	19%	77人	15%	65人	12%	71人	13%	65人	12%
2あなたの法律相談及び受任の件数はここ数年どのような増減傾向ですか	大幅に増加	5人	1%	2人	1%	0人	0%	1人	1%	1人	1%	1人	1%	0人	0%
	少し増加	61人	11%	30人	20%	18人	18%	6人	8%	1人	2%	4人	6%	2人	3%
	変化なし	109人	21%	39人	26%	27人	26%	12人	16%	11人	17%	10人	14%	10人	15%
	少し減少	154人	29%	16人	11%	29人	28%	34人	44%	29人	45%	27人	38%	19人	29%
	大幅に減少	137人	26%	4人	3%	24人	24%	23人	30%	23人	35%	29人	41%	34人	52%
	わからない	63人	12%	57人	39%	4人	4%	1人	1%	0人	0%	0人	0%	1人	1%
3あなたの弁護士としての売上げは、ここ数年どのような増減傾向ですか	大幅に増加	5人	1%	3人	2%	1人	1%	0人	0%	1人	1%	0人	0%	0人	0%
	少し増加	66人	13%	35人	24%	21人	21%	3人	4%	1人	2%	3人	4%	3人	5%
	変化なし	108人	20%	31人	21%	24人	24%	21人	27%	10人	15%	10人	14%	12人	18%
	少し減少	143人	27%	16人	11%	25人	24%	28人	36%	27人	42%	26人	37%	21人	32%
	大幅に減少	144人	27%	5人	3%	26人	25%	25人	33%	26人	40%	32人	45%	30人	45%
	わからない	63人	12%	58人	39%	5人	5%	0人	0%	0人	0%	0人	0%	0人	0%
4あなたの弁護士としての所得は、ここ数年どのような増減傾向ですか	大幅に増加	6人	1%	4人	3%	0人	0%	0人	0%	1人	2%	1人	1%	0人	0%
	少し増加	64人	12%	38人	25%	19人	19%	3人	4%	0人	0%	2人	3%	2人	3%
	変化なし	112人	21%	37人	25%	27人	26%	17人	22%	10人	15%	9人	13%	12人	18%
	少し減少	152人	29%	19人	13%	25人	25%	32人	42%	28人	43%	28人	39%	20人	30%
	大幅に減少	143人	27%	4人	3%	26人	25%	24人	31%	26人	40%	31人	44%	32人	49%
	わからない	52人	10%	46人	31%	5人	5%	1人	1%	0人	0%	0人	0%	0人	0%
4あなたの所属弁護士会の現在の弁護士人口の充足状況をどのようにお考えですか	不足	0人	0%	0人	0%	0人	0%	0人	0%	0人	0%	0人	0%	0人	0%
	少し不足	6人	1%	1人	1%	1人	1%	1人	1%	0人	0%	2人	3%	1人	2%
	需給均衡	42人	8%	13人	9%	14人	14%	6人	8%	6人	9%	1人	1%	2人	3%
	少し過剰	118人	22%	42人	28%	26人	25%	25人	32%	7人	11%	9人	13%	9人	14%
	過剰	315人	59%	66人	43%	54人	53%	42人	55%	47人	72%	55人	77%	51人	78%
	わからない	45人	9%	28人	18%	6人	6%	3人	4%	2人	3%	4人	6%	2人	3%
	そのほか	6人	1%	2人	1%	1人	1%	0人	0%	3人	5%	0人	0%	0人	0%
6適性な司法試験の合格者は年間何人程度だとお考えですか	500人	86人	16%	21人	14%	11人	11%	7人	9%	24人	37%	9人	13%	14人	21%
	800人	109人	20%	20人	13%	12人	12%	19人	25%	17人	26%	23人	32%	18人	27%
	1000人	228人	43%	62人	41%	52人	51%	41人	53%	16人	25%	29人	41%	28人	42%
	1500人	58人	11%	20人	13%	23人	22%	5人	6%	4人	6%	3人	4%	3人	5%
	2000人	8人	2%	6人	4%	0人	0%	0人	0%	0人	0%	1人	1%	1人	1%
	2000人以上	4人	1%	4人	2%	0人	0%	0人	0%	0人	0%	0人	0%	0人	0%
	わからない	28人	5%	18人	12%	3人	3%	2人	3%	2人	3%	2人	3%	1人	2%
	その他	12人	2%	1人	1%	1人	1%	3人	4%	2人	3%	4人	6%	1人	2%

	選択肢	全体		5年未満		5〜10年未満		10〜20年未満		20〜30年未満		30〜40年未満		40年以上	
7法科大学院について	存続	140人	27%	78人	52%	24人	24%	10人	13%	6人	9%	14人	20%	8人	13%
	廃止	240人	45%	40人	26%	46人	45%	42人	54%	37人	57%	40人	58%	35人	55%
	わからない	116人	22%	23人	15%	28人	27%	22人	29%	16人	25%	12人	18%	15人	23%
	その他	33人	6%	11人	7%	4人	4%	3人	4%	6人	9%	3人	4%	6人	9%
8法科大学院修了を司法試験の受験要件にしていることについて	賛成	121人	23%	68人	45%	20人	19%	6人	8%	6人	9%	12人	17%	9人	13%
	反対	316人	59%	60人	39%	60人	59%	51人	66%	44人	68%	55人	79%	46人	70%
	わからない	83人	16%	21人	14%	19人	19%	20人	26%	12人	18%	2人	3%	9人	14%
	その他	12人	2%	3人	2%	3人	3%	0人	0%	3人	5%	1人	1%	2人	3%
9予備試験の受験資格や合格者数を制限することについて	賛成	90人	17%	42人	28%	21人	20%	5人	7%	6人	10%	12人	17%	4人	6%
	反対	334人	63%	78人	51%	59人	58%	50人	65%	44人	70%	52人	74%	51人	77%
	わからない	96人	18%	29人	19%	20人	20%	21人	27%	11人	17%	5人	7%	10人	15%
	その他	10人	2%	3人	2%	2人	2%	1人	1%	2人	3%	1人	2%	1人	2%

2-3　県別

	選択肢	全体		愛知県		三重県		岐阜県		福井県		金沢		富山県	
1 あなたの弁護士歴	5 年未満	152 人	29%	81 人	28%	16 人	29%	15 人	30%	7 人	23%	18 人	29%	8 人	23%
	5 ～ 10 年未満	102 人	19%	52 人	18%	13 人	23%	12 人	24%	7 人	23%	10 人	16%	4 人	12%
	10 ～ 20 年未満	77 人	15%	38 人	13%	7 人	13%	10 人	20%	4 人	14%	12 人	20%	4 人	12%
	20 ～ 30 年未満	65 人	12%	36 人	13%	8 人	14%	5 人	10%	3 人	10%	6 人	10%	6 人	18%
	30 ～ 40 年未満	71 人	13%	34 人	12%	8 人	14%	6 人	12%	6 人	20%	9 人	15%	7 人	20%
	40 年以上	65 人	12%	45 人	16%	4 人	7%	2 人	4%	3 人	10%	6 人	10%	5 人	15%
2 あなたの法律相談及び受任の件数はここ数年どのような増減傾向ですか	大幅に増加	5 人	1%	3 人	1%	0 人	0%	1 人	2%	0 人	0%	1 人	2%	0 人	0%
	少し増加	61 人	11%	33 人	12%	3 人	5%	5 人	10%	4 人	13%	11 人	18%	4 人	12%
	変化なし	109 人	21%	68 人	24%	9 人	16%	8 人	16%	6 人	20%	8 人	13%	8 人	24%
	少し減少	154 人	29%	75 人	26%	17 人	31%	14 人	29%	11 人	37%	20 人	32%	11 人	32%
	大幅に減少	137 人	26%	73 人	26%	17 人	30%	15 人	31%	7 人	23%	14 人	22%	9 人	26%
	わからない	63 人	12%	31 人	11%	10 人	18%	6 人	12%	2 人	7%	8 人	13%	2 人	6%
3 あなたの弁護士としての売上げは、ここ数年どのような増減傾向ですか	大幅に増加	5 人	1%	3 人	1%	2 人	4%	0 人	0%	0 人	0%	0 人	0%	0 人	0%
	少し増加	66 人	13%	34 人	12%	5 人	9%	3 人	6%	5 人	17%	14 人	23%	4 人	12%
	変化なし	108 人	20%	73 人	26%	8 人	14%	9 人	18%	7 人	23%	6 人	10%	5 人	15%
	少し減少	143 人	27%	75 人	27%	14 人	25%	12 人	25%	7 人	23%	17 人	27%	10 人	29%
	大幅に減少	144 人	27%	69 人	24%	18 人	32%	18 人	37%	8 人	27%	17 人	27%	12 人	35%
	わからない	63 人	12%	29 人	10%	9 人	16%	7 人	14%	3 人	10%	8 人	13%	3 人	9%
4 あなたの弁護士としての所得は、ここ数年どのような増減傾向ですか	大幅に増加	6 人	1%	3 人	1%	1 人	2%	0 人	0%	1 人	3%	0 人	0%	1 人	3%
	少し増加	64 人	12%	30 人	11%	5 人	9%	6 人	12%	3 人	10%	15 人	24%	4 人	12%
	変化なし	112 人	21%	75 人	26%	10 人	18%	6 人	12%	9 人	30%	6 人	10%	5 人	15%
	少し減少	152 人	29%	82 人	29%	14 人	25%	14 人	29%	8 人	27%	18 人	29%	9 人	26%
	大幅に減少	143 人	27%	68 人	24%	18 人	32%	18 人	37%	8 人	27%	17 人	27%	12 人	35%
	わからない	52 人	10%	25 人	9%	8 人	14%	5 人	10%	1 人	3%	6 人	10%	3 人	9%
4 あなたの所属弁護士会の現在の弁護士人口の充足状況をどのようにお考えですか	不足	0 人	0%	0 人	0%	0 人	0%	0 人	0%	0 人	0%	0 人	0%	0 人	0%
	少し不足	6 人	1%	1 人	0%	2 人	4%	2 人	4%	0 人	0%	0 人	0%	1 人	3%
	需給均衡	42 人	8%	12 人	4%	6 人	11%	6 人	12%	5 人	17%	5 人	8%	7 人	21%
	少し過剰	118 人	22%	47 人	16%	13 人	23%	14 人	28%	13 人	43%	17 人	27%	10 人	31%
	過剰	315 人	59%	205 人	72%	28 人	50%	22 人	44%	9 人	30%	32 人	52%	10 人	30%
	わからない	45 人	9%	19 人	7%	4 人	7%	6 人	12%	2 人	7%	8 人	13%	5 人	15%
	そのほか	6 人	1%	2 人	1%	3 人	5%	0 人	0%	1 人	3%	0 人	0%	0 人	0%
6 適性な司法試験の合格者は年間何人程度だとお考えですか	500 人	86 人	16%	51 人	18%	13 人	23%	7 人	14%	3 人	10%	6 人	10%	4 人	12%
	800 人	109 人	20%	60 人	21%	12 人	21%	8 人	16%	8 人	27%	13 人	21%	5 人	15%
	1000 人	228 人	43%	123 人	43%	22 人	39%	23 人	46%	14 人	47%	28 人	45%	15 人	44%
	1500 人	58 人	11%	28 人	10%	5 人	9%	6 人	12%	4 人	13%	7 人	11%	6 人	17%
	2000 人	8 人	2%	3 人	1%	0 人	0%	2 人	4%	0 人	0%	1 人	2%	2 人	6%
	2000 人以上	4 人	1%	4 人	1%	0 人	0%	0 人	0%	0 人	0%	0 人	0%	0 人	0%
	わからない	28 人	5%	10 人	4%	2 人	4%	3 人	6%	1 人	3%	7 人	11%	2 人	6%
	その他	12 人	2%	7 人	2%	2 人	4%	1 人	2%	0 人	0%	0 人	0%	0 人	0%

	選択肢	全体		愛知県		三重県		岐阜県		福井県		金沢		富山県	
7 法科大学院について	存続	140 人	27%	68 人	24%	15 人	27%	13 人	26%	11 人	38%	19 人	31%	9 人	26%
	廃止	240 人	45%	136 人	48%	24 人	44%	24 人	48%	11 人	38%	23 人	38%	15 人	44%
	わからない	116 人	22%	61 人	21%	12 人	22%	11 人	22%	5 人	17%	17 人	28%	8 人	24%
	その他	33 人	6%	20 人	7%	4 人	7%	2 人	4%	2 人	7%	2 人	3%	2 人	6%
8 法科大学院修了を司法試験の受験要件にしていることについて	賛成	121 人	23%	63 人	22%	12 人	21%	8 人	16%	9 人	30%	18 人	30%	6 人	17%
	反対	316 人	59%	171 人	60%	35 人	63%	34 人	68%	15 人	50%	33 人	54%	20 人	59%
	わからない	83 人	16%	48 人	17%	8 人	14%	7 人	14%	4 人	13%	8 人	13%	6 人	18%
	その他	12 人	2%	4 人	1%	1 人	2%	1 人	2%	2 人	7%	2 人	3%	2 人	6%
9 予備試験の受験資格や合格者数を制限することについて	賛成	90 人	17%	46 人	16%	10 人	18%	6 人	12%	8 人	27%	12 人	20%	5 人	15%
	反対	334 人	63%	180 人	63%	40 人	71%	30 人	61%	16 人	53%	37 人	61%	23 人	67%
	わからない	96 人	18%	53 人	19%	6 人	11%	13 人	27%	5 人	17%	10 人	16%	6 人	18%
	その他	10 人	2%	6 人	2%	0 人	0%	0 人	0%	1 人	3%	2 人	3%	0 人	0%

2-4　意見交換会テーマ

日弁連意見交換会テーマ

1　各単位会における法律相談件数の減少に対する対策等について

近時，相談件数の減少により，日弁連が推進してきた過疎地型の法律相談センターの赤字が増大している状況にある。この問題について，日弁連では，どのような対策を検討されているか，また，法律相談センターの整理統合を行う予定があるのか，伺いたい。

2　いわゆる「法曹有資格者」の問題について

現在，「法曹有資格者の活動領域の拡大に関する有識者懇談会」が設置され，「法曹有資格者」の官公庁や自治体・企業等における活動領域の拡大について議論がなされている。

この「法曹有資格者」については，司法試験に合格したが弁護士登録をしていない者を意味するのではないかと考えられるところである。そうであるとすれば，「法曹有資格者」の活動領域の拡大は，弁護士自治・弁護士倫理の確保・弁護士会の強制加入団体性に対して重大な影響を及ぼすものであると考えられるが，この問題について，日弁連としては，いかなる方針で対応しているのか，伺いたい。

3　法曹人口問題について

いわゆる弁護士過剰問題への対応に関し，以下の質問についてご回答を頂きたい。

(1)　弁護士人口が３万５０００人を超え，国税庁による２０１２年分の弁護士の事業所得に関する統計によれば，年間所得が４００万円以下の弁護士が約３５％（約１万人）を占めるとともに，弁護士間の格差の拡大が著しい※。

この現状において，弁護士が過剰か不足か，また，法律事務所の経営が著しく悪化しているか否かについて，日弁連の認識を伺いたい。

※国税庁の統計を検討すると，上位約１割を占める弁護士の事業所得の総額が全体の５０％以上で，平均額が６０００万円を超える。一方，約９割の弁護士の平均所得額は約５００万円である。

(2)　司法試験の合格者数を１５００人に減員しても，将来，弁護士人口が約６万５０００人となり，１０００人でも約５万人となる。

司法試験の合格者数を１５００人とすることによって弁護士過剰問題を解決

することができるのか否かについて，日弁連の認識を伺いたい。

(3)　近時，法科大学院の志願者の実数が約４０００人に減少したとされている。係る事態は，優秀な人材が法曹となることを敬遠するようになっているものと考えられるが，その原因についての日弁連の認識を伺いたい。

(4)　弁護士の過剰は，近時の事件数の減少と相まって，ＯＪＴの不足による弁護士の質の低下をもたらし，ひいては，弁護士の対する信頼の低下や弁護士の人権保障活動の低下等を招くおそれがあると考えられるが，日弁連としては，弁護士過剰がもたらす弊害について，どのように認識しているのか，伺いたい。

(5)　日弁連執行部は，①司法試験合格者数１５００人への減員，②予備試験の制限，③経済的支援などの課題を「一体として検討されなければならない。この方針に基づいて対外的な働きかけを行ってきた」と述べているところ，これは，いかなる趣旨であるのか，明らかにして頂きたい。

仮に，合格者数を１５００人に減員することすら，関係機関等に対し無条件で要求するものではなく予備試験の制限その他の施策と一体でなければ減員すべきではないという趣旨であるとすれば，２０１２年３月の日弁連の提言と矛盾しているように思われるところであるが，この点について日弁連の見解を伺いたい。

3　日弁連アンケート　弁護士実勢調査　単純集計結果（2014 年 7 月 29 ～ 9 月 19 日）

弁護士実勢調査　単純集計結果

実施期間：2014年（平成26年）7月29日（火）～9月19日（金）	
対象：本年7月時点の全会員	実施方法：ファクシミリ・WEB
送付数（ファクシミリ番号不明の会員を除く）：34586	有効回答数：3724　（回収率：10．8%）

問2　年齢（2014年4月1日の満年齢）

	回答数	%
25歳未満	9	0.2
25歳以上30歳未満	320	8.6
30歳以上35歳未満	620	16.6
35歳以上40歳未満	560	15.0
40歳以上45歳未満	419	11.3
45歳以上50歳未満	238	6.4
50歳以上55歳未満	177	4.8
55歳以上60歳未満	200	5.4
60歳以上65歳未満	265	7.1
65歳以上70歳未満	301	8.1
70歳以上75歳未満	252	6.8
75歳以上80歳未満	176	4.7
80歳以上	182	4.9
無回答	5	0.1
合計	3724	100.0

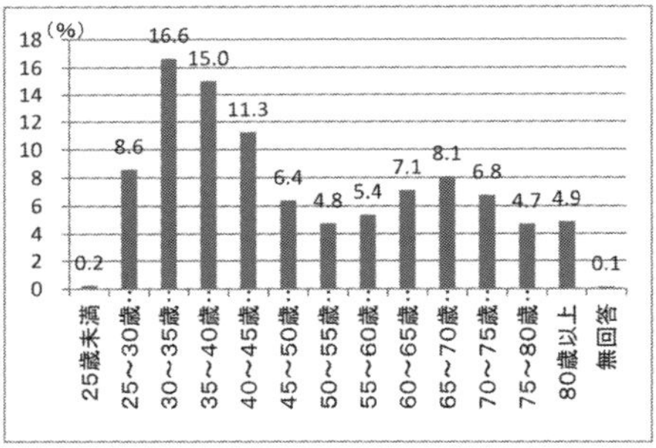

問3　あなたが弁護士登録をされてから満何年になりますか。

	回答数	%
5年未満	1146	30.8
5年以上10年未満	712	19.1
10年以上15年未満	333	8.9
15年以上20年未満	217	5.8
20年以上25年未満	172	4.6
25年以上30年未満	199	5.3
30年以上35年未満	235	6.3
35年以上	697	18.7
無回答	13	0.3
合計	3724	100.0

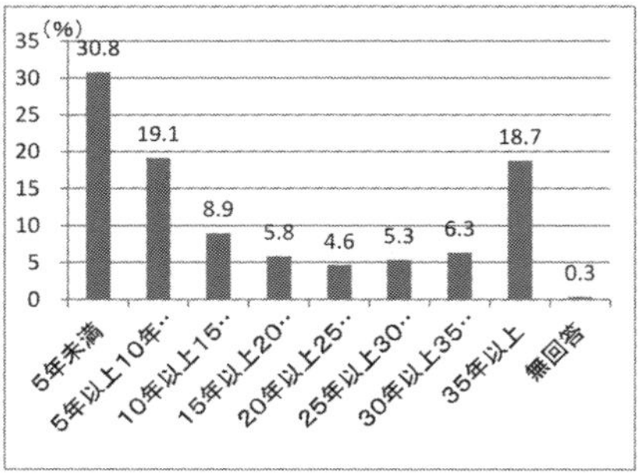

問5　あなたの勤務形態として該当する番号をお答えください。

	回答数	%
経営弁護士	2472	66.4
勤務弁護士	780	20.9
事務所内独立採算弁護士（いわゆる「ノキ弁」を含む）	229	6.1
日本司法支援センタースタッフ弁護士	53	1.4
民間企業・団体等の組織内弁護士	128	3.4
公務員	9	0.2
その他	41	1.1
無回答	12	0.3
合計	3724	100.0

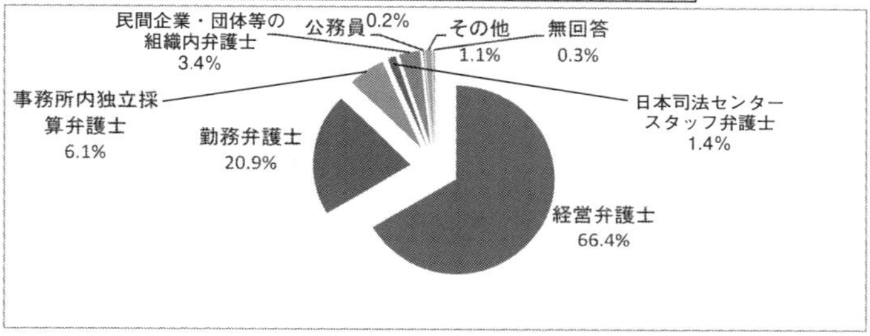

問10　あなたが現在取り扱っている事件（裁判所事件，交渉事件を含め，報酬請求の単位となるものを事件とします）の件数は何件ありますか。

	回答数	%
10件未満	610	16.4
10～20件未満	640	17.2
20～30件未満	658	17.7
30～40件未満	614	16.5
40～50件未満	328	8.8
50～60件未満	295	7.9
60～70件未満	125	3.4
70～80件未満	94	2.5
80～90件未満	76	2.0
90～100件未満	27	0.7
100～110件未満	88	2.4
110～120件未満	5	0.1
120件以上	73	2.0
無回答	91	2.4
合計	3724	100.0

	0を含む	1以上
平均値	33.89	35.35
中央値	25.00	28.00

（件）

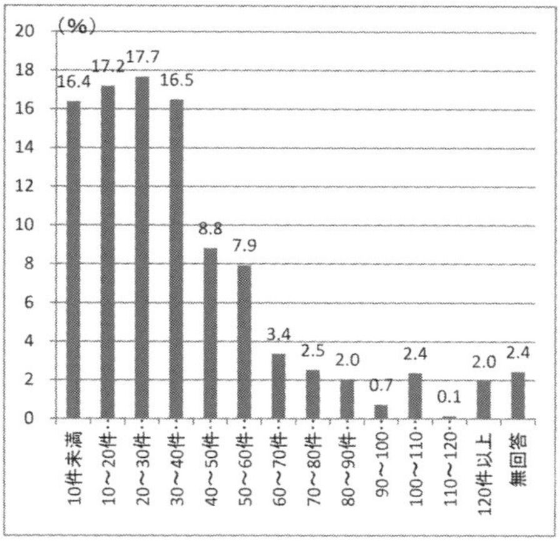

問11－a　問10で答えた全事件のうち，裁判所事件（調停を含む）は何件ありますか。

	回答数	%
5件未満	747	20.1
5～10件未満	627	16.8
10～15件未満	624	16.8
15～20件未満	455	12.2
20～25件未満	444	11.9
25～30件未満	179	4.8
30～35件未満	203	5.5
35～40件未満	55	1.5
40～45件未満	108	2.9
45～50件未満	16	0.4
50～55件未満	58	1.6
55～60件未満	8	0.2
60～65件未満	16	0.4
65～70件未満	8	0.2
70～75件未満	10	0.3
75件以上	39	1.0
無回答	127	3.4
合計	3724	100.0

	0を含む	1以上
平均値	16.20	17.26
中央値	12.00	13.00

（件）

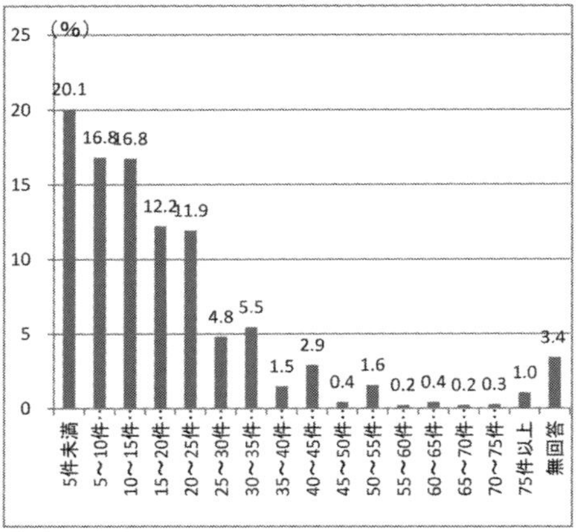

問11－e　問10で答えた全事件のうち，家事事件は何件ありますか。

	回答数	%
0件	728	19.5
1件	495	13.3
2件	431	11.6
3件	376	10.1
4件	227	6.1
5件	366	9.8
6件	128	3.4
7件以上	819	22.0
無回答	154	4.1
合計	3724	100.0

	0を含む	1以上
平均値	4.71	5.91
中央値	3.00	4.00

（件）

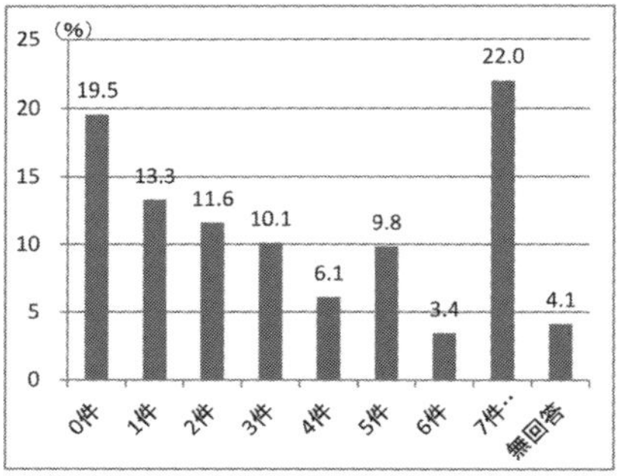

問13　あなたの弁護士としての活動による収入・所得について伺います(その他の事業による収入，不動産収入，利子，配当，年金，恩給等は除きます)。
　今年3月のあなたの確定申告に基づいて，以下の項目について年額を記入してください。ただし，収入－経費＝所得とします。

問13－a　申告した収入額(弁護士の活動としての)

	回答数	%
1000万円未満	1136	30.5
1000～2000万円未満	809	21.7
2000～3000万円未満	494	13.3
3000～4000万円未満	269	7.2
4000～5000万円未満	153	4.1
5000～6000万円未満	96	2.6
6000～7000万円未満	63	1.7
7000～8000万円未満	41	1.1
8000～9000万円未満	33	0.9
9000万～1億円未満	17	0.5
1億～1億1000万円未満	22	0.6
1億1000万～1億2000万円未満	8	0.2
1億2000万～1億3000万円未満	9	0.2
1億3000万～1億4000万円未満	6	0.2
1億4000万円以上	43	1.2
無回答	525	14.1
合計	3724	100.0

	0を含む	1以上
平均値	2402.44	2502.58
中央値	1430.00	1500.00

(万円)

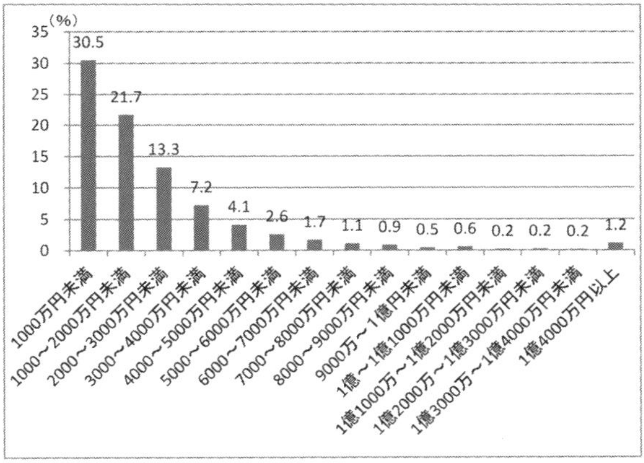

問13－b　申告した所得額（弁護士の活動としての）

	回答数	%
100万円未満	394	10.6
100～500万円未満	817	21.9
500～1000万円未満	956	25.7
1000～1500万円未満	430	11.5
1500～2000万円未満	219	5.9
2000～2500万円未満	116	3.1
2500～3000万円未満	60	1.6
3000～3500万円未満	40	1.1
3500～4000万円未満	19	0.5
4000～4500万円未満	19	0.5
4500～5000万円未満	6	0.2
5000～5500万円未満	17	0.5
5500～6000万円未満	7	0.2
6000万円以上	28	0.8
無回答	596	16.0
合計	3724	100.0

	0を含む	1以上
平均値	907.35	1007.32
中央値	600.00	695.00

（万円）

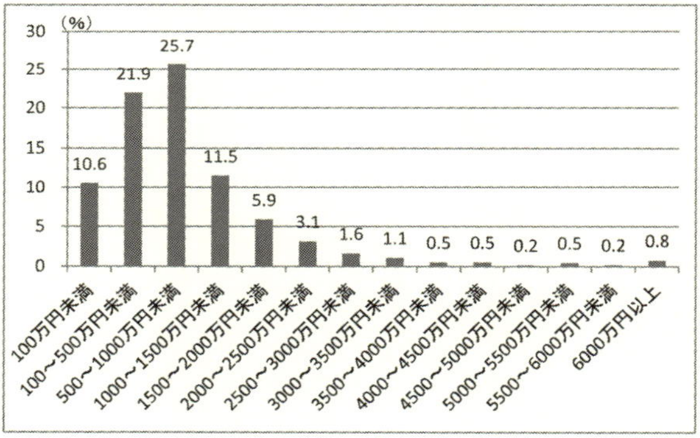

問16　あなた個人で依頼者との間に顧問契約を結んでいますか（顧問契約がある方は顧問先の件数もお書きください）。

■顧問契約の有無

	回答数	%
ある	2048	55.0
ない	1592	42.7
無回答	84	2.3
合計	3724	100.0

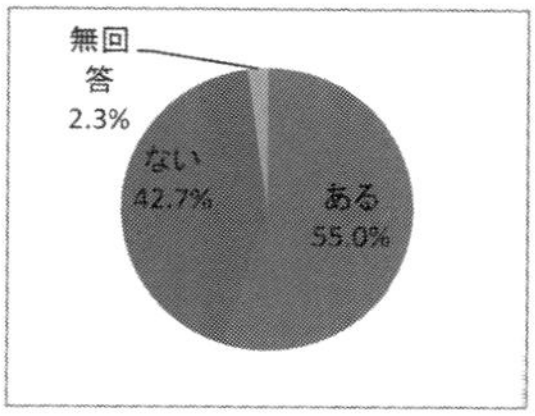

■（顧問契約を結んでいる場合）件数

	回答数	%
5件未満	886	43.3
5～10件未満	448	21.9
10～15件未満	238	11.6
15～20件未満	134	6.5
20～25件未満	107	5.2
25～30件未満	37	1.8
30～35件未満	54	2.6
35～40件未満	11	0.5
40～45件未満	32	1.6
45～50件未満	6	0.3
50～55件未満	18	0.9
55～60件未満	1	0.0
60件以上	27	1.3
無回答	49	2.4
合計	2048	100.0

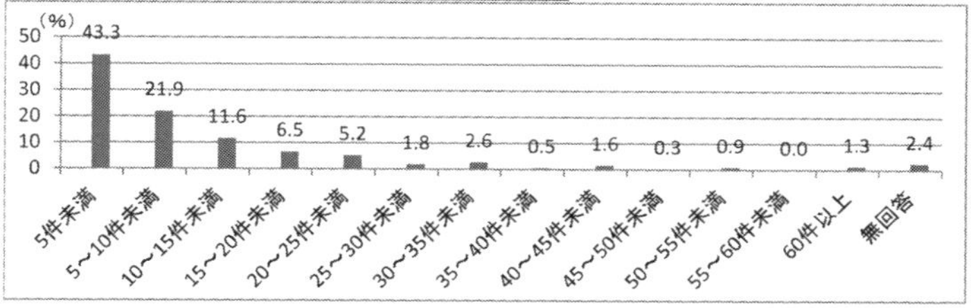

問23 自身の勤務先において，弁護士業務のために工夫していることについて，A～Cそれぞれ該当する番号全てに○をつけてください。（複数回答可）

【A】業務に関する宣伝・広告や情報提供のための利用媒体

	回答数	%（回答数／回答対象者）
電話帳	753	20.2
事務所報	269	7.2
母校・出身県機関紙	159	4.3
テレビ・ラジオ	93	2.5
公共交通機関広告	99	2.7
事務所HP・ブログ	1534	41.2
個人HP・ブログ	216	5.8
その他	227	6.1
特に工夫していない	1625	43.6
無回答	89	2.4
合計	3724	

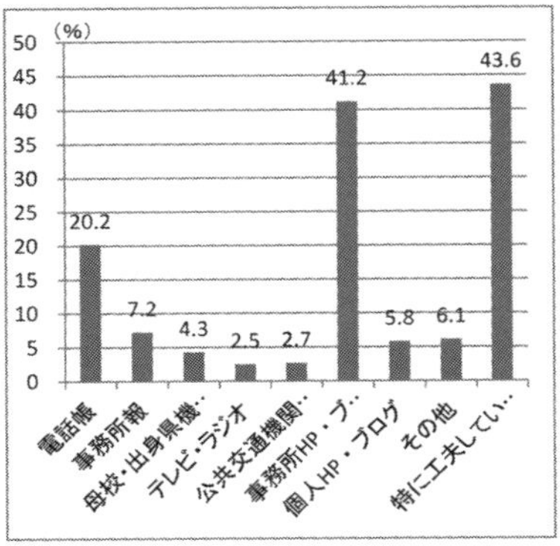

【B】報酬・手数料の設定

	回答数	%（回答数／回答対象者）
報酬基準の低額化	845	22.7
相談料の低額化	494	13.3
相談料の無料化	687	18.4
その他	129	3.5
特に工夫していない	2049	55.0
無回答	155	4.2
合計	3724	－

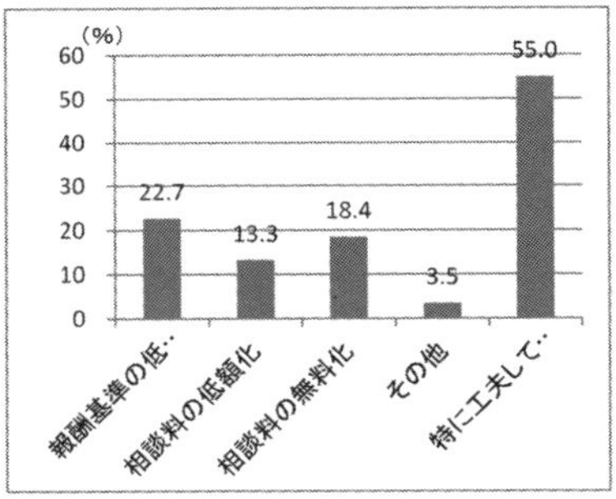

【C】相談受付方法

	回答数	%（回答数／回答対象者）
夜間相談	685	18.4
土日・祝日相談	904	24.3
メール・ネット相談	430	11.5
その他	62	1.7
特に工夫していない	2287	61.4
無回答	167	4.5
合計	3724	－

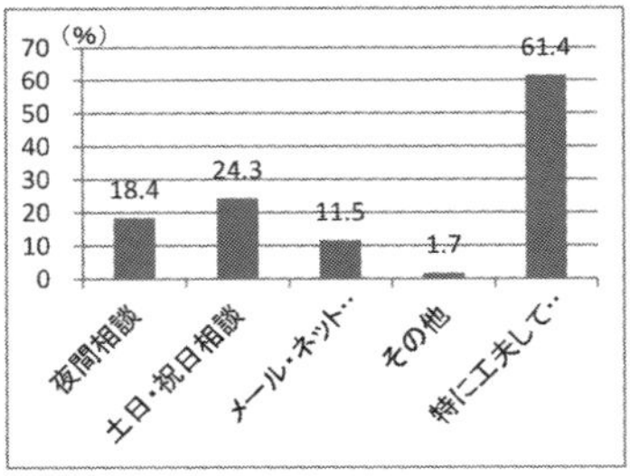

問25　最近3ヶ月の間で，弁護士として1週間に平均何時間くらい働いていますか（会務活動を含む）。

	回答数	%
20時間未満	291	7.8
20～30時間未満	132	3.5
30～40時間未満	318	8.5
40～50時間未満	797	21.4
50～60時間未満	859	23.1
60～70時間未満	694	18.6
70～80時間未満	332	8.9
80時間以上	181	4.9
無回答	120	3.2
合計	3724	100.0

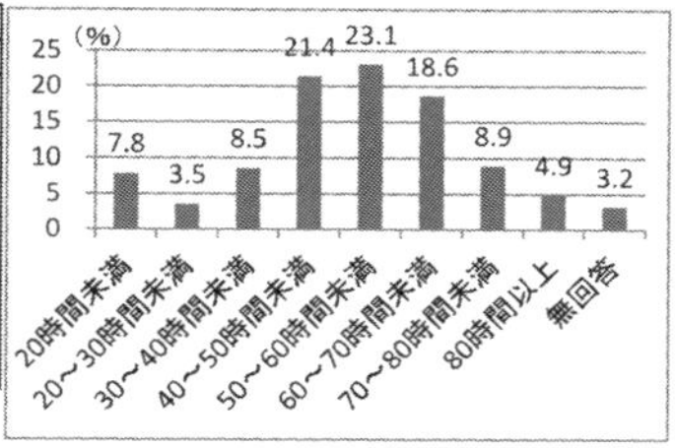

問26　問25で回答した1週間の勤務時間について，内訳の平均をお答えください。

■裁判所事件

	回答数	%
10時間未満	783	21.0
10～20時間未満	647	17.4
20～30時間未満	792	21.3
30～40時間未満	567	15.2
40～50時間未満	313	8.4
50時間以上	192	5.2
無回答	430	11.5
合計	3724	100.0

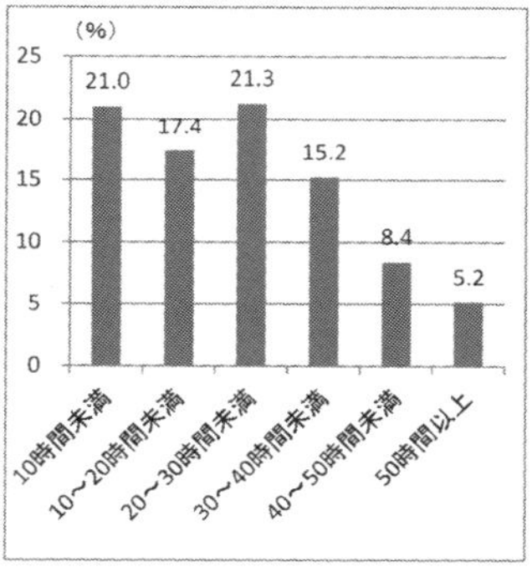

■裁判所事件以外

	回答数	%
10時間未満	548	14.7
10～20時間未満	703	18.9
20～30時間未満	893	24.0
30～40時間未満	563	15.1
40～50時間未満	350	9.4
50～60時間未満	141	3.8
60時間以上	89	2.4
無回答	437	11.7
合計	3724	100.0

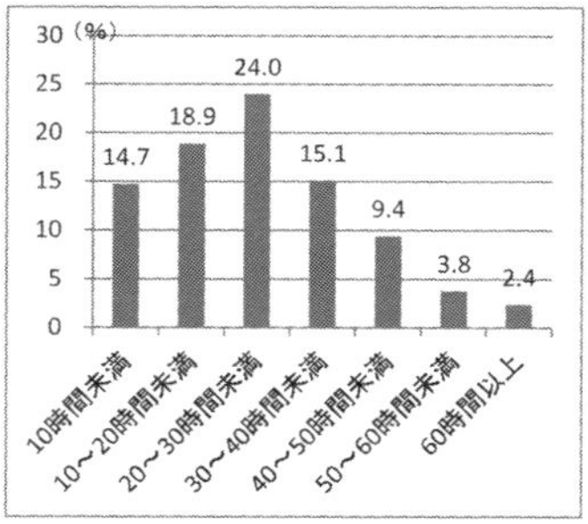

■会務活動

	回答数	%
10時間未満	2635	70.8
10～20時間未満	310	8.3
20～30時間未満	61	1.6
30～40時間未満	28	0.8
40～50時間未満	13	0.3
50～60時間未満	4	0.1
60時間以上	3	0.1
無回答	670	18.0
合計	3724	100.0

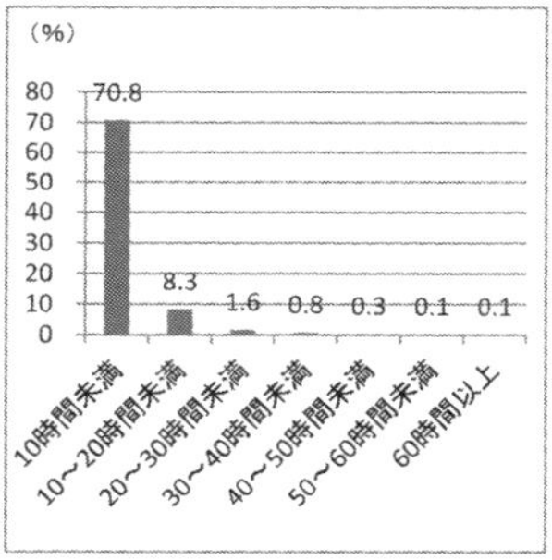

問27　あなたは最近半年の間に平均して月に何件くらい新件を受任していますか。

	回答数	%
0件	246	6.6
1件	484	13.0
2件	656	17.6
3件	610	16.4
4件	279	7.5
5件	492	13.2
6件	105	2.8
7件	62	1.7
8件	61	1.6
9件	6	0.2
10件	202	5.4
11件	2	0.1
12件	9	0.2
13件	9	0.2
14件	2	0.1
15件以上	217	5.8
無回答	282	7.6
合計	3724	100.0

	0を含む	1以上
平均値	4.87	5.24
中央値	3.00	3.00

（件）

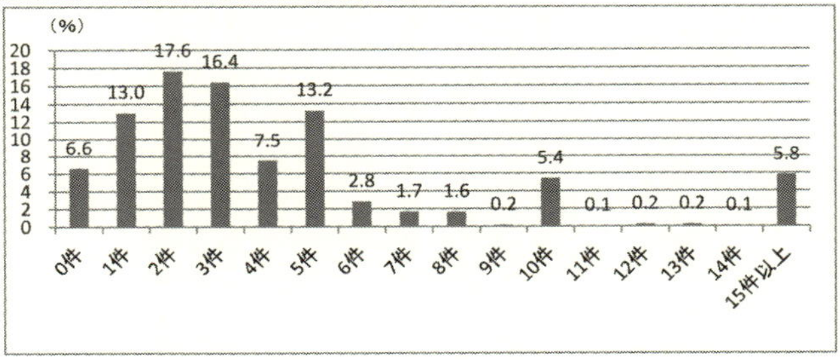

4　日弁連アンケート　65、66期会員に対するアンケート調査　単純集計結果（2014年7月31日〜8月29日）

65・66期会員に対するアンケート調査　単純集計結果

実施期間：2014年（平成26年）7月31日（木）〜8月29日（金）
対象：本年7月時点の現新65期会員・66期会員　実施方法：郵送
送付数（郵送物未着分を除く）：3618名　有効回答数：990（回収率：27．4％）

★御回答者御自身についてお尋ねします。

(1) 修習期

	回答数	%
現行65期	23	2.3
新65期	511	51.6
66期	455	46.0
無回答	1	0.1
合計	990	100.0

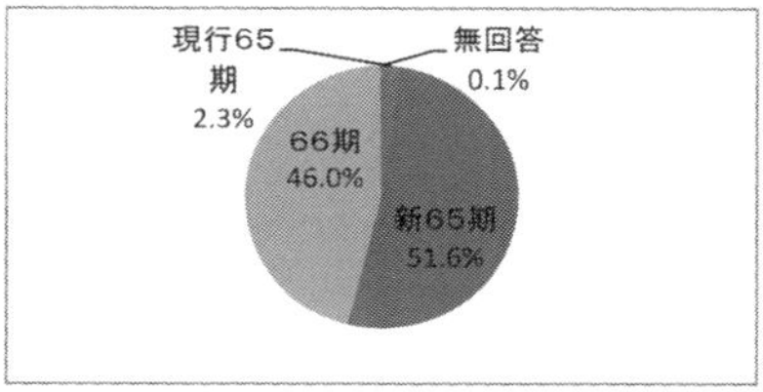

(2) 司法試験受験資格（新修習の場合）

	回答数	%
法科大学院修了	960	99.3
予備試験合格	7	0.7
合計	967	100.0

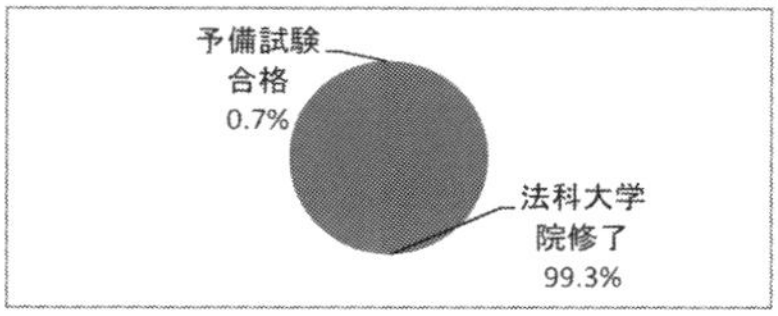

(7) 社会人経験の有無

	回答数	%
ある	209	21.1
ない	778	78.6
無回答	3	0.3
合計	990	100.0

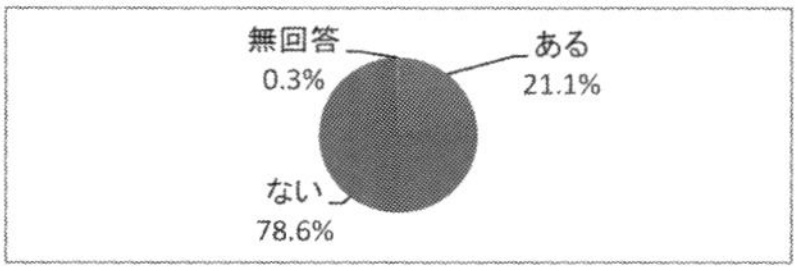

社会人経験の内訳　※

	回答数	%（回答数／回答対象者）
会社員	124	59.3
公務員	35	16.7
専門職	34	16.3
その他	25	12.0
無回答	4	1.9
合計	209	-

※複数の社会人経験がある回答者がいるため，割合の合計は100%にならない。

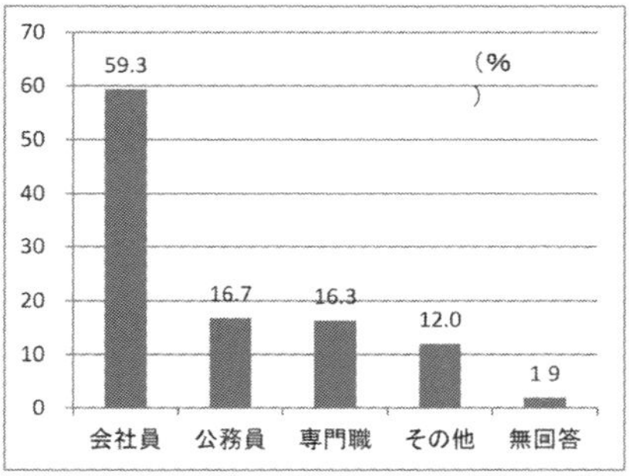

第1　新規登録時の就業状況について

問1　新規登録を行った時期を御回答ください。

	回答数	%
一斉登録日	708	71.5
一斉登録日から1ヶ月未満	139	14.0
一斉登録日1ヶ月後から3ヶ月未満	89	9.0
一斉登録日3ヶ月後から6ヶ月未満	46	4.6
一斉登録日6ヶ月後から9ヶ月未満	4	0.4
一斉登録日9ヶ月後から1年未満	1	0.1
一斉登録日から1年以降	3	0.3
合計	990	100.0

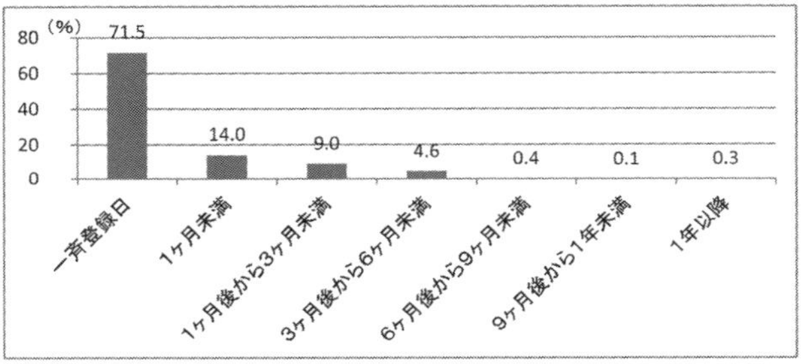

問2　（問1で2～7（一斉登録日より後）と回答された方のみ御回答ください。）一斉登録日に登録しなかった理由として最も該当する番号1つに○を付けてください。

	回答数	%
就職先は決まっていたが、一斉登録の審査日に間に合わなかったため	56	19.9
就職先は決まっていたが、入所（入社）予定日が一斉登録日以降だったため	82	29.1
就職活動継続中のため	118	41.8
開業準備のため	7	2.5
その他	19	6.7
合計	282	100.0

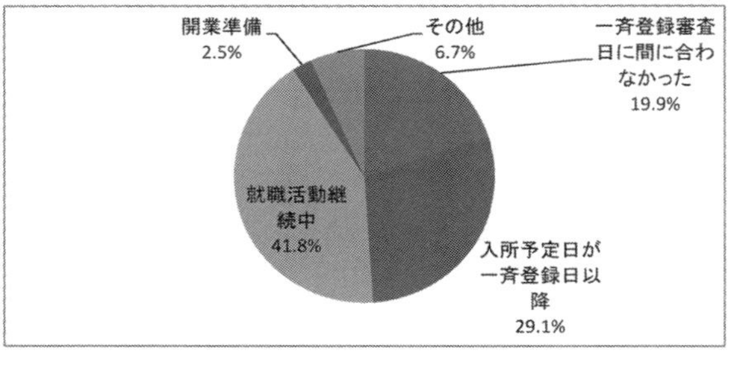

問3　新規登録時の就業形態について，該当する番号1つに○を付けてください。

	回答数	%
勤務弁護士	744	75.2
既存事務所の共同経営弁護士	38	3.8
事務所内独立採算弁護士	71	7.2
独立開業	40	4.0
日本司法支援センターのスタッフ弁護士	31	3.1
民間企業・団体への就職	57	5.8
公務員	2	0.2
その他	6	0.6
無回答	1	0.1
合計	990	100.0

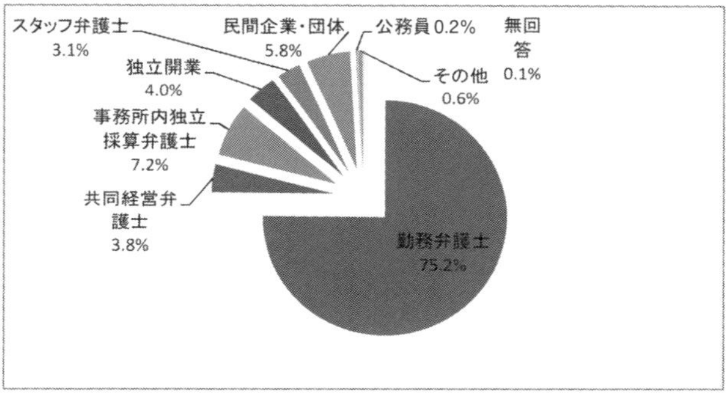

問7　現在の就業形態について，該当する番号1つに○を付けてください。

	回答数	%
勤務弁護士	702	70.9
既存事務所の共同経営弁護士	53	5.4
事務所内独立採算弁護士	68	6.9
独立開業	61	6.2
日本司法支援センターのスタッフ弁護士	32	3.2
民間企業・団体への就職	62	6.3
公務員	2	0.2
その他	6	0.6
無回答	4	0.4
合計	990	100.0

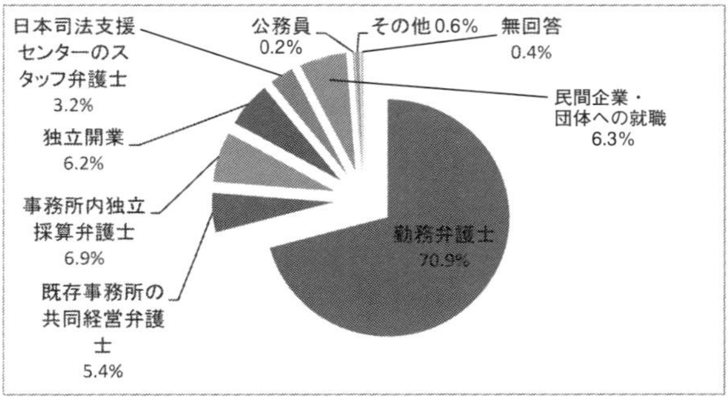

問9 （問7で1～3（勤務弁護士・既存事務所の共同経営弁護士・事務所内独立採算弁護士）と回答された方のみ御回答ください。）所属先からの金銭支払いの形態について，該当する番号1つに○を付けてください。

	回答数	%
固定給のみ	480	58.2
固定給＋歩合制	186	22.5
完全歩合制	36	4.4
最低所得保障のみ	15	1.8
最低所得保障＋歩合	19	2.3
金銭支払いはない	41	5.0
その他	12	1.5
無回答	36	4.4
合計	825	100.0

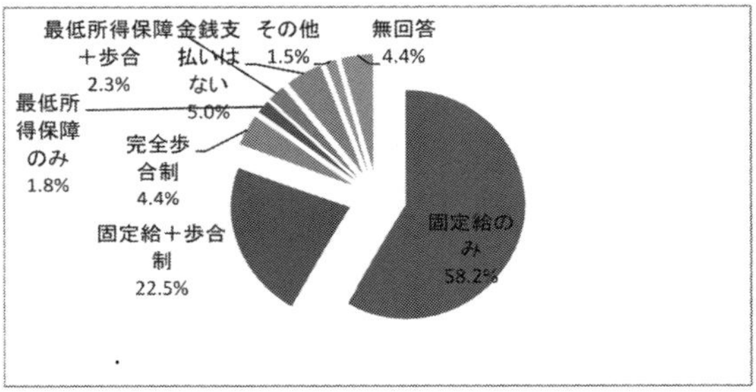

問10 （問9で1～2（固定給のみ・固定給＋歩合制）と回答された方のみ御回答ください。）事務所から支払われる固定給の額（年額）を御回答ください。

	回答数	%
200万円未満	9	1.3
200万円～300万円未満	21	3.1
300万円～400万円未満	116	17.4
400万円～500万円未満	205	30.7
500万円～600万円未満	148	22.2
600万円～700万円未満	79	11.8
700万円～800万円未満	37	5.5
800万円～900万円未満	10	1.5
900万円～1000万円未満	13	1.9
1000万円以上	22	3.3
無回答	7	1.0
合計	667	100.0

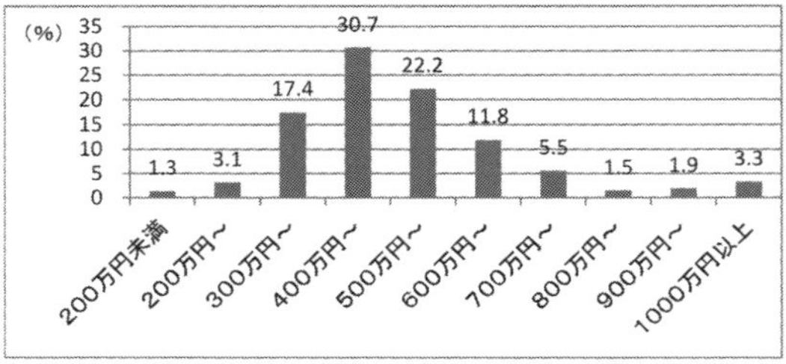

問11　(全員御回答ください。)2014年(1月～12月)の年額所得(収入－経費)(見込み)について，該当する番号1つに○を付けてください。

	回答数	%
200万円未満	71	7.2
200万円～300万円未満	85	8.6
300万円～400万円未満	151	15.3
400万円～500万円未満	217	21.9
500万円～600万円未満	186	18.8
600万円～700万円未満	125	12.6
700万円～800万円未満	64	6.5
800万円～900万円未満	30	3.0
900万円～1000万円未満	13	1.3
1000万円以上	38	3.8
無回答	10	1.0
合計	990	100.0

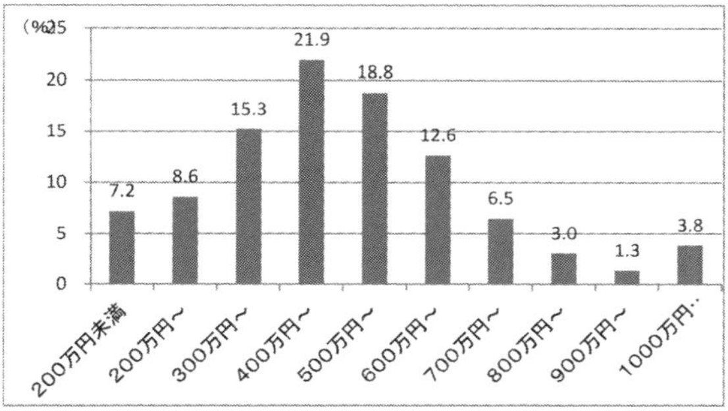

問12　最近3ヶ月の週当たりの平均労働時間について，該当する番号1つに○を付けてください。

	回答数	%
週40時間未満	40	4.0
週40時間以上50時間未満	220	22.2
週50時間以上60時間未満	332	33.5
週60時間以上70時間未満	205	20.7
週70時間以上80時間未満	113	11.4
週80時間以上	76	7.7
無回答	4	0.4
合計	990	100.0

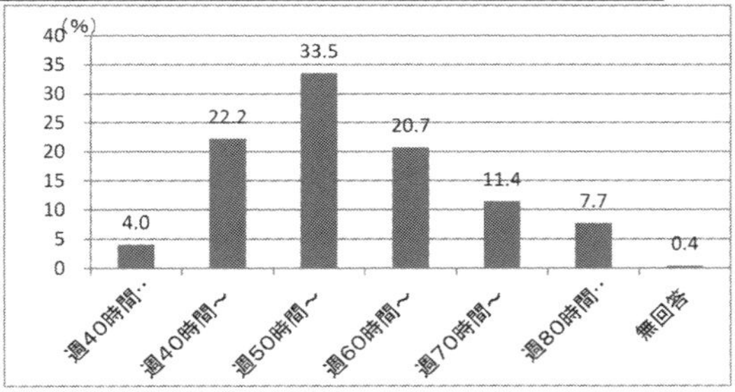

第3　OJT・事件相談について

問13　業務を行うに当たって，日常的に事件処理の指導を受ける機会がありますか。(例：先輩弁護士と事件を共同受任するなど)

	回答数	%
ある	837	84.5
ない	149	15.1
無回答	4	0.4
合計	990	100.0

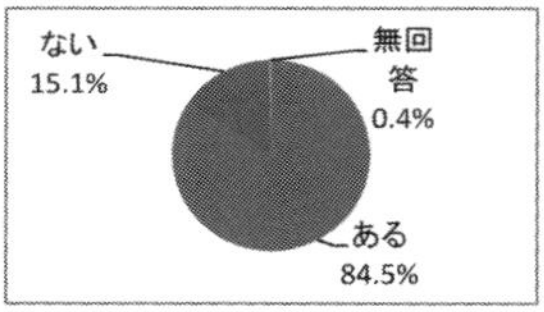

問14　事件処理等に迷ったときに相談する相手がいますか。

	回答数	%
いる	955	96.5
いない	30	3.0
無回答	5	0.5
合計	990	100

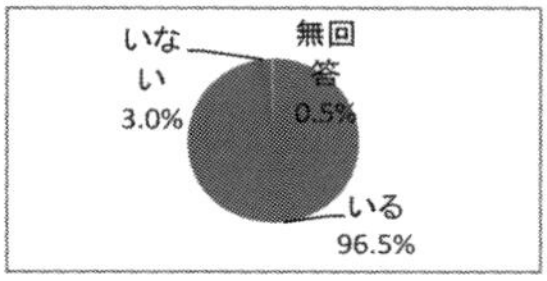

第5　法科大学院等の奨学金債務・司法修習時の貸与金債務について

問26　学部・法科大学院の学費のための奨学金（学資ローン含む）の債務を負担していますか。

	回答数	%
負担している	504	50.9
負担していない	483	48.8
無回答	3	.3
合計	990	100.0

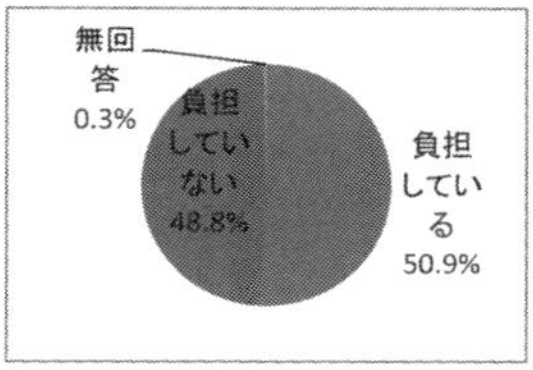

問27　（問26で1（負担している）と答えた方のみ御回答ください。）奨学金債務（自身が負担した額）の総額として，該当する番号1つに○を付けてください。

	回答数	%
100万円未満	16	3.2
100万円以上200万円未満	95	18.8
200万円以上300万円未満	103	20.4
300万円以上400万円未満	83	16.5
400万円以上500万円未満	37	7.3
500万円以上	168	33.3
無回答	2	0.4
合計	504	

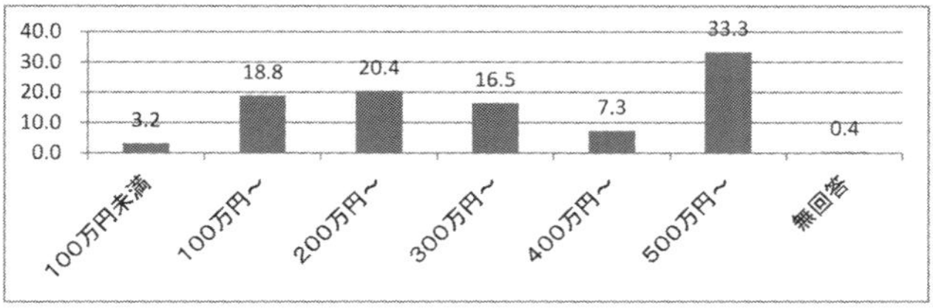

問29　司法修習時に修習資金の貸与を受けていましたか。

	回答数	%
貸与を受けていた	816	82.4
貸与を受けていなかった	168	17.0
無回答	6	0.6
合計	990	100.0

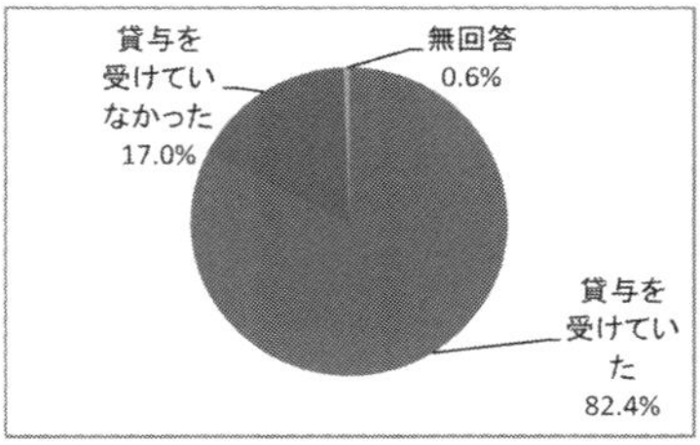

問32　弁護士登録前に，どのような法曹になりたいと思っていましたか。最も該当するもの１つに○を付けてください。

	回答数	%
1 一般民事事件中心の市民弁護士	613	61.9
2 企業法務中心のビジネスローヤー	175	17.7
3 国際取引を扱う渉外弁護士	21	2.1
4 労働事件を多数扱う労働弁護士	22	2.2
5 知的財産権を扱う知財専門弁護士	26	2.6
6 刑事事件を多数扱う刑事弁護士	30	3.0
7 行政事件を多数扱う弁護士	10	1.0
8 企業内弁護士	26	2.6
9 官庁・地方公共団体内の公務員弁護士	10	1.0
10 国際機関で働く弁護士	5	.5
その他	50	5.1
無回答	2	.2
合計	990	100.0

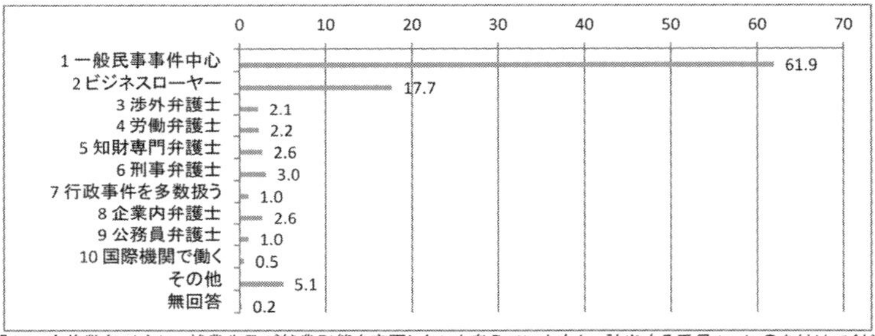

問33　今後数年以内に，就業先及び就業形態を変更したいと考えていますか。該当する番号１つに○を付けてください。

	回答数	%
就業先・就業形態ともに変更したい	269	27.2
就業形態は変えず，就業先のみ変更したい	78	7.9
就業先は変えず，就業形態のみ変更したい	83	8.4
現状のままでよい	545	55.1
無回答	15	1.5
合計	990	100.0

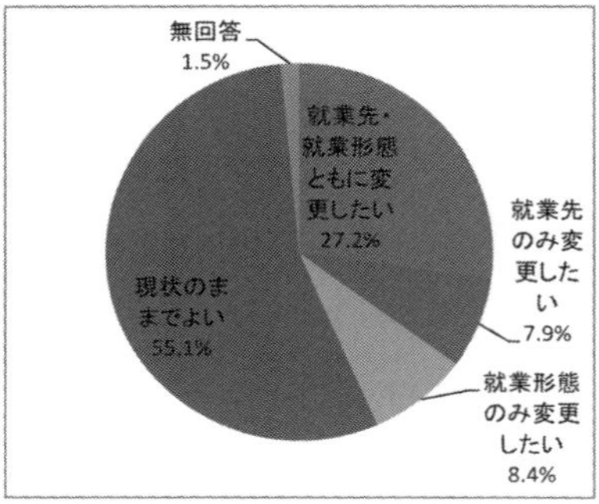

問35　今までに弁護士登録の取消を考えたことがありますか。

	回答数	%
考えたことがある	177	17.9
考えたことはない	782	79.0
無回答	31	3.1
合計	990	100.0

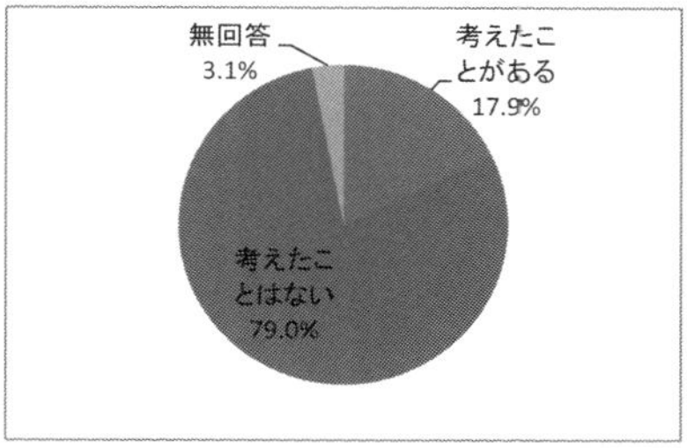

問36　（問35で1（ある）と答えた方のみ御回答ください。）登録取消を考えた理由について，該当するもの全てに○を付けてください。

	回答数	%（回答数／回答対象者）
1 収入が不安定	78	44.1
2 時間にゆとりがない	57	32.2
3 体力の限界	36	20.3
4 会費負担が重い	92	52.0
5 会務負担が重い	23	13.0
6 任官を考えた	3	1.7
7 法曹以外への転職を考えた	77	43.5
8 留学を考えた	8	4.5
9 出産・育児のため	15	8.5
10 その他	45	25.4
無回答	1	0.6
合計	177	－

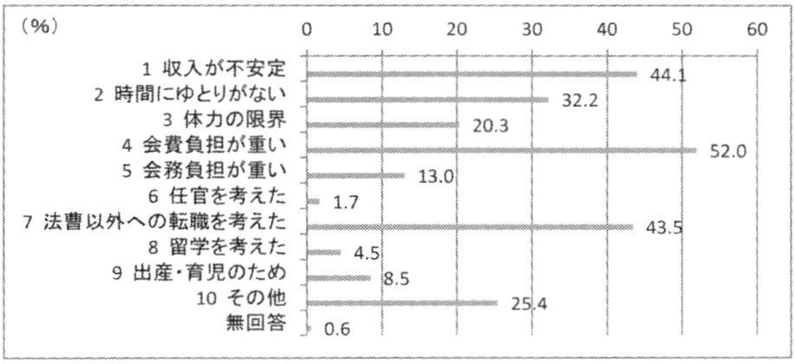

5-1 法曹人口問題全国会議アンケート結果報告 2011 年 10 月 5 日

弁護士鈴木 秀幸先生

8割弱が1000人以下！

法曹人口問題全国会議アンケート結果報告

日本弁護士連合会会員 各位

2011 年 10 月 5 日

法曹人口問題全国会議アンケート呼かけ人

辻公雄(大阪・20 期) 小川修(埼玉・29 期) 正木みどり(大阪・31 期) 山口直樹(愛媛・48 期)
武本夕香子(兵庫・48 期) 鹿倉祐一(愛知・50 期) 八十島保(札幌・50 期) 及川智志(千葉・51 期)
増田尚(大阪・52 期) 坂野真一(大阪・53 期) 横井快太(千葉・54 期) 向原栄太朗(福岡・新 60 期)
檜山正樹(第一東京・現 62 期) 大和幸四郎(佐賀・51 期)

先日の「弁護士人口に関するアンケート」には，突然のお願いにもかかわらず 1662 名(9 月 27 日現在)もの多数の会員の皆様からご回答を戴きました。ご回答頂いた方々に感謝致しますとともに，受信回線が混雑した関係で一部の方の御返信をお受けできず大変ご迷惑をお掛けしましたことを併せお詫び申し上げます。

さて，今般，皆様から頂戴したアンケート結果の集計が整いましたのでご報告致します。

以下のとおり，最近の相談や受任件数の分量について**「減少」**と回答された方が**7割近く**，**弁護士の需要拡大が望める分野や範囲は「ない」**と答えた方が**半数**を超えました。また，**5万人の需要**については**「ない」**との回答が**9割を超え**，また，年間司法試験合格者数は**1000人以下**の回答で**8割近く**に上りました！

昨年の弁護士一括登録日の未登録者数は 258 名(現 44 名・新 214 名)でしたが，今後益々就職難が進みOJTの機会が失われます。これら技能修得が困難なことの弊害のみならず，経営難による質の低下や弁護士の公益活動の衰退，弁護士自治の崩壊といった様々な社会的弊害が噴出する可能性が高いと考えられます。

このアンケート結果は，昨日，日弁連執行部に対して報告致しましたが，その際，日弁連に対し，正式な弁護士人口についての会員アンケート実施の申入れを致しました。

※今後の活動のためカンパのご協力をお願い申し上げます！
振込先　　三菱東京ＵＦＪ銀行大宮支店，普通預金，口座番号　「０１７８５３１」
「法曹人口問題全国会議　弁護士　小出重義」名義
※メーリングリストにて、法曹人口問題等についての情報・意見交換を行っています。ご加入戴ける方は，ご貴名・所属・期をご明記の上，件名「法曹人口全国会議ML」で「veritas7@abeam.ocn.ne.jp」にメールを頂戴できれば幸いです。

記

1）貴方の最近の相談や受任件数の分量は，どのような増減傾向ですか。
増加(3．9%) 減少(69．8%) 変わらない(16．1%) わからない(7．4%) その他(2%)

2）今後新たに弁護士に需要拡大が望める分野・範囲があるとお考えですか。
ある(12．3%) ない(50．9%) わからない(35．9%)
2－2)あるとすれば，どの分野・範囲があるとお考えですか。(省略)

3）2011 年 4 月現在，弁護士人口約 3 万 0500 人についてどのようにお考えですか。
多い(62．0%) 少ない(2．2%) 適当(22．2%) わからない(8．7%) その他(3．7%)

4）我が国で，今後 10 年ほどの間に弁護士 5 万人の法的需要が見込めると思いますか。
思う(2．2%) 思わない(90．4%) わからない(5．6%) その他(1．0%)

5）司法試験年間合格者数は何人程度にすべきだと思いますか。
500人以下(11．6%) 500人超800人以下(20．9%) 800人超1000人以下(45．1%)
1500人以下(14．2%) 2000人以下(1．9%) 3000人以下(0．8%) わからない(2．4%)

6）その他御意見　(省略)

5-2　法科大学院に関するアンケート（日弁連全会員）（法曹人口問題全国会議有志代表）2012年4月19日

法科大学院に関するアンケート（日弁連全会員）

２０１２年4月１９日

法曹人口問題全国会議の有志代表
伊澤正之（栃木）、鈴木博之（愛知）、及川智志（千葉）
坂野真一（大阪）、田中重仁（埼玉）、武本夕香子（兵庫）
事務局長武本・ＴＥＬ072- 787- 8010

法科大学院制度の諸問題について，法曹の養成に関するフォーラム（政府），法科大学院の評価に関する研究会（総務省），日本学術会議法学委員会等及び日弁連の法科大学院センター，法曹養成検討会議が，重要な課題として検討しています。日弁連執行部は，５月末を締切として全単位会に意見照会しており，７月頃に意見をまとめることが予定されています。

そこで，今回は、法科大学院制度について，日弁連の全会員に意見を伺い，今後の審議に反映させようと考えました。お手数ではありますが、ご記入の上ファックスにてご返信戴ければ幸いです。

【回答方法】４月２７日までにデータ処理業者ＦＡＸ（０４５－ ９１２－ ３３９９）に送信願います。

（旧　　　　　）期，（新　　　　　）期　※ご記入願います。
（　　　　　）弁護士会　氏名（　　　　　　　　　）匿名可

問１　法科大学院の目的が「多様で質の高い法曹養成」とされているが，質の向上の達成度について。
イ　達成している　　ロ　相当程度達成している　　ハ　余り達成していない
ニ　達成していない　　ホ　わからない　　ヘ　その他（　　　　　）

問２　法曹養成に特化した法科大学院制度について。
イ　賛成　　ロ　反対　　ハ　わからない　　ニ　その他（　　　　　）

問３　法科大学院制度を廃止し，２年間の司法修習制度を復活させることについて。
イ　賛成　　ロ　反対　　ハ　わからない　　ニ　その他（　　　　　）

問４　前期修習の復活について
イ　賛成　　ロ　反対　ハ　わからない　　ニ　その他（　　　　　）

問５　法科大学院において，実務教育の分量（現在，必修６単位）を増加させる考え方について。
イ　賛成　　ロ　反対　　ハ　わからない　　ニ　その他（　　　　　）

問６　法科大学院の修了を司法試験の受験資格にしていることについて。
イ　賛成　　ロ　反対　　ハ　わからない　　ニ　その他（　　　　　）

問７　２０１１年度の予備試験において受験者６４４７人，合格者１１６人であったが，予備試験制度と予備試験合格者数について。
イ　廃止すべき　　ロ　合格者を削減　　ハ　この程度の合格者数が妥当
ニ　合格者を増加　　ホ　わからない　　ヘ　その他（　　　　　）

問８　現在の司法試験の合格率（２０数%）が低すぎるので高くすべきとの考え方について。
イ　賛成　　ロ　反対　　ハ　わからない　　ニ　その他（　　　　　）

問９　教育の質の向上のために入試倍率と司法試験合格率を基準にして，補助金カット及び調査・指導などで法科大学院の校数と学生数を減少させる考え方（Ａ説）と大学の自主的判断に任せる考え方（Ｂ説）があるが，どちらを支持しますか。
イ　Ａ説　　ロ　Ｂ説　　ハ　わからない　　ニ　その他（　　　　　）

問10　司法試験の回数制限ついて。
イ　法科大学院修了後５年以内３回まで（現行）　ロ　法科大学院修了後５年以内５回まで
ハ　制限の撤廃　　ニ　わからない　　ホ　その他（　　　　　）

※アンケート結果は，５月１０日頃ホームページ(http://jinkoumondai.housou.org/)に掲載予定。
※メーリングリストにご加入希望の方は，氏名・所属・期を明記のうえ件名「法曹人口全国会議ＭＬ」で「veritas7@abeam.ocn.ne.jp」にメールして戴きますようお願い申し上げます。
※カンパのご協力をお願い申し上げます。（振込先）三菱東京ＵＦＪ銀行大宮支店，普通預金
口座番号「０１７８５３１」「法曹人口問題全国会議　弁護士　小出重義」名義

5-3　法科大学院に関するアンケート結果について（法曹人口問題全国会議有志）文責武本夕香子 2012 年 5 月 14 日

法科大学院に関するアンケートの集計結果について
（日弁連全会員対象，２０１２年４月１９日～５月２日実施）

2012 年 5 月 14 日

法曹人口問題全国会議事務局長
（文責）兵庫県弁護士会所属　　武　本　夕　香　子

問1.　法科大学院の目的「多様で質の高い法曹養成」の向上の達成度について，「達成している」**2%**「相当程度達成している」**10%**「余り達成していない」**28%**「達成していない」**41%**，「わからない」**18%**「その他」**2%**と，否定的評価が 69%にのぼる。特筆すべきは，旧養成制度の法曹（以下，「旧法曹」という。）に限ると「達成」1%「相当達成」5%と肯定的評価 6%に対し，「余り達成していない」26%「達成していない」48%と否定的評価が 74%にのぼり，新６０期以後の新養成制度の法曹（以下，「新法曹」という。）と旧法曹とで評価が著しく異なることである。他方，新法曹に限っても「達成」3%「相当達成」23%と達成度に対する肯定的評価は低い。

問2.　法科大学院制度については，「賛成」**26%**「反対」**51%**「わからない」**19%**「その他」**4%**であるが，旧法曹に限ると「賛成」15%「反対」61% である。他方で，賛成 806 名のうち 441 名を新法曹が占めるが，新法曹 865 名のうち「賛成」の割合は 51%にとどまる。

問3.　法科大学院制度を廃止し，2 年間の司法修習制度を復活させることについて，「賛成」**61%**「反対」**21%**「わからない」**12%**「その他」**5%**で，これも旧法曹に限ると「賛成」72%「反対」13%となる。他方，新法曹のみで見ても「反対」回答が 39%にとどまり，「賛成」31%「わからない」22%の回答が「反対」回答を上回る。

問4.　前期修習復活について，「賛成」**88%**「反対」**4%**「わからない」**6%**「その他」**1%**である。新法曹においても「賛成」86%「反対」5%で，旧法曹と回答が変わらない。前期修習の復活については，旧・新法曹を問わず，賛成していることがわかる。

問5.　法科大学院において実務教育の分量を増加させることについて「賛成」**33%**「反対」**30%**「わからない」**31%**「その他」**6%**と回答が３分される。新法曹においては「賛成」47%「反対」30%「わからない」17%と「わからない」の回答が少なく，その分「賛成」が多い。

問6.　法科大学院の修了を司法試験受験資格にすることについて，「賛成」**23%**「反対」**64%**「わからない」**11%**「その他」**3%**である。旧法曹に限ると，「賛成」14%「反対」75%「わからない」8%である。「賛成」730 名のうち新法曹が 399 名と賛成票を押し上げている。しかし，新法曹に限って見ても「賛成」回答は 46%にとどまっている。

問7.　予備試験制度と予備試験合格者数(受験者数 6447 名のうち合格者数 116 名)について，「廃止すべき」**14%**「合格者を削減」**4%**「妥当」**16%**「合格者数を増加」**35%**「わからない」**24%**「その他」**6%**と，予備試験に対する否定的評価の割合は少ない。新法曹に限っても「廃止」17%，「合格者を削減」6%と少ない。

問8.　司法試験の合格率(20 数%)を高くすべきとの考え方について，「賛成」**14%**「反対」**67%**「わからない」**13%**「その他」**7%**と，司法試験合格率を高くすることに賛成する人の割合が極めて低い。新法曹においても同様である。

問9.　補助金カット及び調査・指導などで法科大学院の校数と学生数を減少させる考え方(A 説)と大学の自主的判断に任せる考え方(B 説)について，「A 説」**43%**「B 説」**30%**「わからない」**18%**「その他」**9%**と，大学の自治に任せるとの考え方Ｂ説よりも積極的に統廃合と学生数の減員のＡ説に賛成する人の方が上回っている。

問10.　司法試験の受験回数制限について，「5 年 3 回に賛成」**15%**「5 年 5 回」**15%**「制限撤廃」**62%**「わからない」**6%**「その他」**3%**と，回数制限撤廃回答が回数制限を肯定的評価している割合の 2 倍を超えていることがわかる。

以上，今回のアンケート調査から，新法曹と旧法曹で割合が異なる設問（２，５，６）があるが，①法科大学院制度及び新司法試験制度に対する評価は高くなく，②回答の多数が，前期修習，更には２年間の司法修習制度の復活を求めるという調査結果となっている。③更に，圧倒的多数が，法科大学院での質の高い養成の達成を否定し，合格率を高めること及び受験回数制限に反対している。

※ご回答にご協力頂いた皆様有り難う御座いました。

法科大学院に関するアンケート
(N=3215)

法曹人口問題全国会議有志(2012/4/19～2012/5/2実施)

問1　法科大学院の目的が「多様で質の高い法曹養成」とされているが、質の向上の達成度について。

	件数	%
イ 達成している	50	2%
ロ 相当程度達成している	328	10%
ハ 余り達成していない	878	28%
ニ 達成していない	1291	41%
ホ わからない	578	18%
ヘ その他	60	2%
合計	3185	100%
無回答	30	

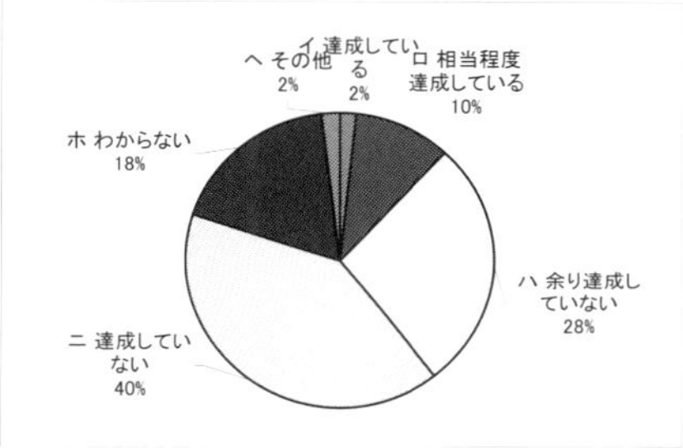

問2　法曹養成に特化した法科大学院制度について。

	件数	%
イ 賛成	806	26%
ロ 反対	1611	51%
ハ わかならい	595	19%
ニ その他	137	4%
合計	3149	100%
無回答	66	

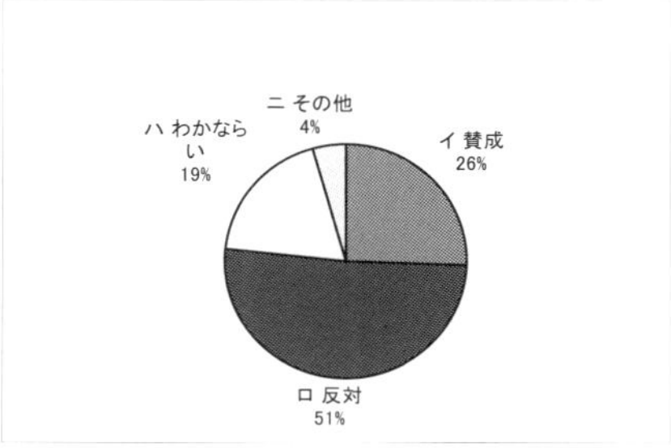

問3　法科大学院制度を廃止し、2年間の司法修習制度を復活させることについて。

	件数	%
イ 賛成	1953	61%
ロ 反対	666	21%
ハ わかならい	396	12%
ニ その他	171	5%
合計	3186	100%
無回答	29	

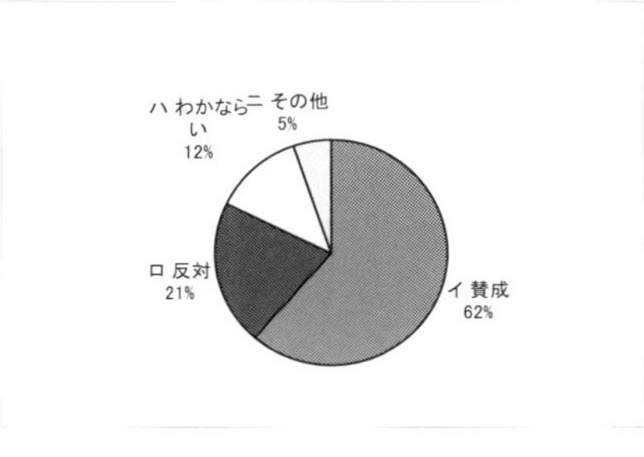

問4　前期修習の復活について

	件数	%
イ 賛成	2845	89%
ロ 反対	116	4%
ハ わかならい	180	6%
ニ その他	42	1%
合計	3183	100%
無回答	32	

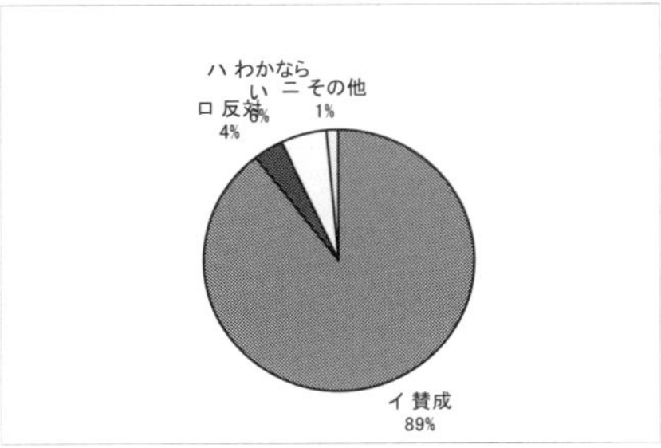

問5　法科大学院において、実務教育の分量(現在、必修6単位)を増加させる考え方について。

	件数	%
イ 賛成	1026	33%
ロ 反対	927	30%
ハ わかならい	968	31%
ニ その他	201	6%
合計	3122	100%
無回答	93	

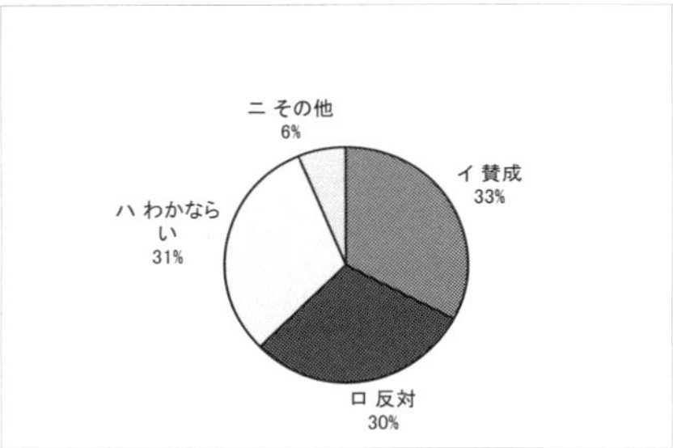

問6　法科大学院の修了を司法試験の受験資格にしていることについて

	件数	%
イ 賛成	730	23%
ロ 反対	2018	64%
ハ わかならい	344	11%
ニ その他	85	3%
合計	3177	100%
無回答	38	

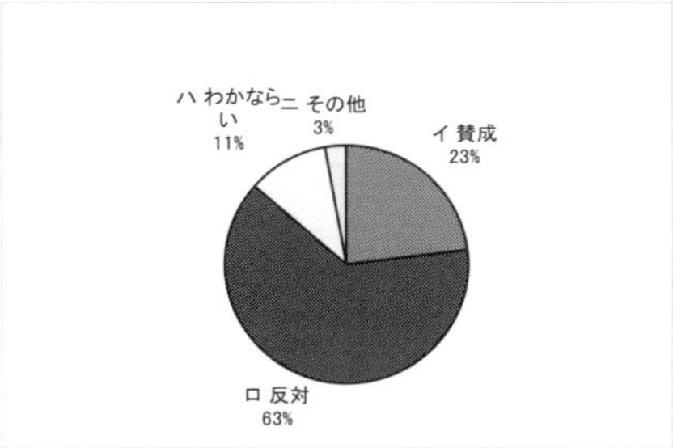

問7　2011年度の予備試験において受験者6447人、合格者116人であったが、
予備試験制度と予備試験合格者数について。

	件数	%
イ 廃止すべき	428	14%
ロ 合格者を削減	135	4%
ハ この程度の合格者数が妥当	515	16%
ニ 合格者を増加	1090	35%
ホ わからない	767	24%
ヘ その他	204	6%
合計	3139	100%
無回答	76	

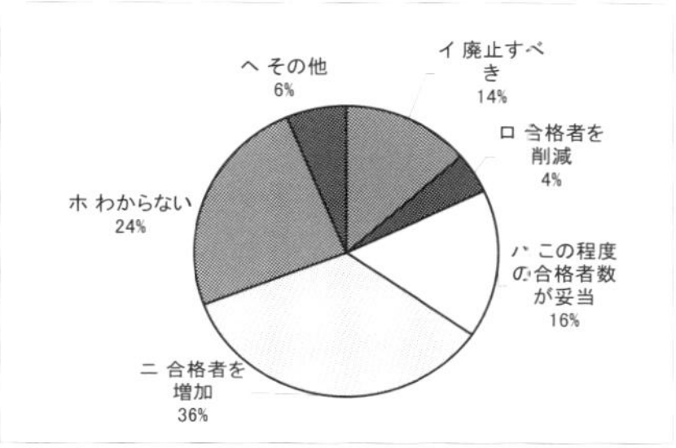

問8　現在の司法試験の合格率(20数%)が低すぎるので高くすべきとの考え方について。

	件数	%
イ 賛成	430	14%
ロ 反対	2115	67%
ハ わかならい	401	13%
ニ その他	223	7%
合計	3169	100%
無回答	46	

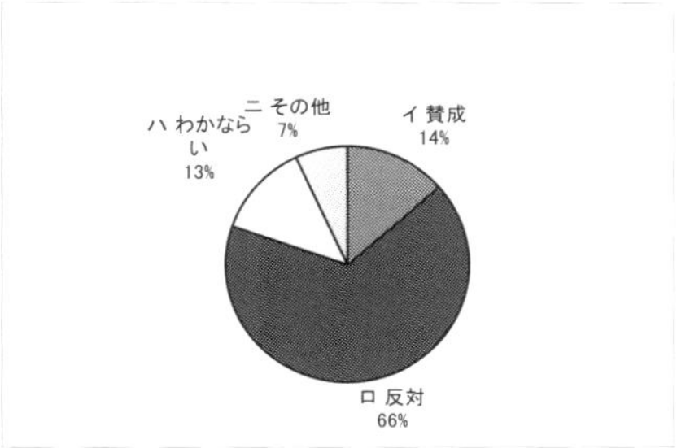

問9　教育の質の向上のために入試倍率と司法試験合格率を基準にして、
補助金カット及び調査・指導などで法科大学院の校数と学生数を減少させる考え方(A説)と
大学の自主的判断に任せる考え方(B説)があるが、どちらを支持しますか。

	件数	%
イ A説	1361	43%
ロ B説	932	30%
ハ わかならい	560	18%
ニ その他	288	9%
合計	3141	100%
無回答	74	

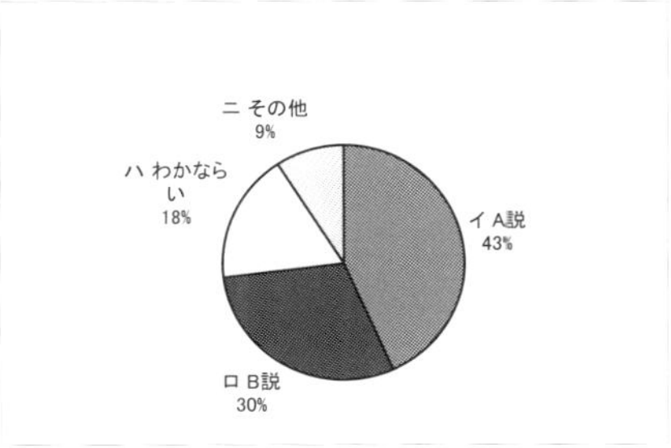

問10　司法試験の回数制限について。

	件数	%
イ 法科大学院修了後5年以内3回まで（現行）	465	15%
ロ 法科大学院修了後5年以内5回まで	479	15%
ハ 制限の撤廃	1980	62%
ニ わからない	178	6%
ホ その他	84	3%
合計	3186	100%

無回答　29

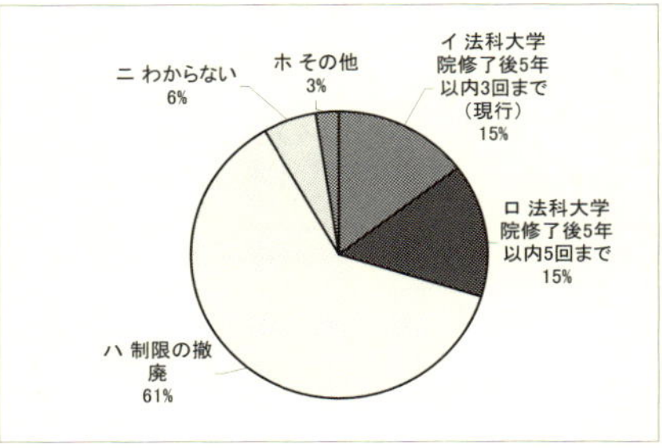

法科大学院に関するアンケート

法曹人口問題全国会議(2012/4/19～2012/5/2実施)

日本弁護士連合会所属弁護士アンケート調査書送達人数			29,339人
アンケート回答数	3,215人	回答率	11%

	1～19		20～29		30～39		40～49		50～59		旧60～		新60～		不明	
【修習期別回答率】	208	6%	381	12%	392	12%	380	12%	649	20%	223	7%	865	27%	117	4%

問1　法科大学院の目的が「多様で質の高い法曹養成」とされているが、質の向上の達成度について。

		修習期別								合計							
		1～19	20～29	30～39	40～49	50～59	旧60～	新60～	不明	旧	(%)	新	(%)	不明	(%)	合計	(%)
イ	達成している	2	4	11	5	3	1	23	1	26	1%	23	3%	1	1%	50	2%
ロ	相当程度達成している	10	28	35	17	15	9	200	14	114	5%	200	23%	14	12%	328	10%
ハ	余り達成していない	62	113	91	95	164	47	276	30	572	26%	276	32%	30	26%	878	27%
ニ	達成していない	87	175	186	206	326	98	163	50	1078	48%	163	19%	50	43%	1291	40%
ホ	わからない	40	50	56	48	130	67	167	20	391	18%	167	19%	20	17%	578	18%
へ	その他	2	8	11	7	8	1	22	1	37	2%	22	3%	1	1%	60	2%
	無回答	5	3	2	2	3	0	14	1	15	1%	14	2%	1	1%	30	1%
	合計	208	381	392	380	649	223	865	117	2233	100%	865	100%	117	100%	3215	100%

問2　法曹養成に特化した法科大学院制度について。

		修習期別								合計							
		1～19	20～29	30～39	40～49	50～59	旧60～	新60～	不明	旧	(%)	新	(%)	不明	(%)	合計	(%)
イ	賛成	40	84	80	50	54	24	441	33	332	15%	441	51%	33	28%	806	25%
ロ	反対	124	243	211	244	421	128	182	58	1371	61%	182	21%	58	50%	1611	50%
ハ	わからない	35	38	69	65	127	57	184	20	391	18%	184	21%	20	17%	595	19%
ニ	その他	2	11	24	18	30	11	38	3	96	4%	38	4%	3	3%	137	4%
	無回答	7	5	8	3	17	3	20	3	43	2%	20	2%	3	3%	66	2%
	合計	208	381	392	380	649	223	865	117	2233	100%	865	100%	117	100%	3215	100%

問3　法科大学院制度を廃止し、2年間の司法修習制度を復活させることについて。

		修習期別								合計							
		1～19	20～29	30～39	40～49	50～59	旧60～	新60～	不明	旧	(%)	新	(%)	不明	(%)	合計	(%)
イ	賛成	149	261	255	293	497	162	265	71	1617	72%	265	31%	71	61%	1953	61%
ロ	反対	29	83	72	44	46	27	337	28	301	13%	337	39%	28	24%	666	21%
ハ	わからない	23	23	35	22	68	23	189	13	194	9%	189	22%	13	11%	396	12%
ニ	その他	3	9	26	18	37	11	63	4	104	5%	63	7%	4	3%	171	5%
	無回答	4	5	4	3	1	0	11	1	17	1%	11	1%	1	1%	29	1%
	合計	208	381	392	380	649	223	865	117	2233	100%	865	100%	117	100%	3215	100%

問4　前期修習の復活について

		修習期別								合計							
		1～19	20～29	30～39	40～49	50～59	旧60～	新60～	不明	旧	(%)	新	(%)	不明	(%)	合計	(%)
イ	賛成	182	331	348	344	608	205	742	85	2018	90%	742	86%	85	73%	2845	88%
ロ	反対	6	20	9	8	12	6	45	10	61	3%	45	5%	10	9%	116	4%
ハ	わからない	15	20	19	14	22	10	63	17	100	4%	63	7%	17	15%	180	6%
ニ	その他	0	5	10	8	4	1	12	2	28	1%	12	1%	2	2%	42	1%
	無回答	5	5	6	6	3	1	3	3	26	1%	3	0%	3	3%	32	1%
	合計	208	381	392	380	649	223	865	117	2233	100%	865	100%	117	100%	3215	100%

問5　法科大学院において、実務教育の分量(現在、必修6単位)を増加させる考え方について。

		修習期別								合計							
		1～19	20～29	30～39	40～49	50～59	旧60～	新60～	不明	旧	(%)	新	(%)	不明	(%)	合計	(%)
イ	賛成	76	123	107	93	131	49	408	39	579	26%	408	47%	39	33%	1026	32%
ロ	反対	48	112	119	115	184	54	262	33	632	28%	262	30%	33	28%	927	29%
ハ	わからない	70	106	117	126	265	97	150	37	781	35%	150	17%	37	32%	968	30%
ニ	その他	9	21	32	34	53	16	34	2	165	7%	34	4%	2	2%	201	6%
	無回答	5	19	17	12	16	7	11	6	76	3%	11	1%	6	5%	93	3%
	合計	208	381	392	380	649	223	865	117	2233	100%	865	100%	117	100%	3215	100%

問6　法科大学院の修了を司法試験の受験資格にしていることについて

		修習期別								合計							
		1～19	20～29	30～39	40～49	50～59	旧60～	新60～	不明	旧	(%)	新	(%)	不明	(%)	合計	(%)
イ	賛成	37	80	79	42	48	21	399	24	307	14%	399	46%	24	21%	730	23%
ロ	反対	148	272	274	290	514	168	275	77	1666	75%	275	32%	77	66%	2018	63%
ハ	わからない	15	19	19	29	72	28	148	14	182	8%	148	17%	14	12%	344	11%
ニ	その他	6	4	17	15	11	2	29	1	55	2%	29	3%	1	1%	85	3%
	無回答	2	6	3	4	4	4	14	1	23	1%	14	2%	1	1%	38	1%
	合計	208	381	392	380	649	223	865	117	2233	100%	865	100%	117	100%	3215	100%

問7　2011年度の予備試験において受験者6447人、合格者116人であったが、
予備試験制度と予備試験合格者数について。

		修習期別								合計							
		1～19	20～29	30～39	40～49	50～59	旧60～	新60～	不明	旧	(%)	新	(%)	不明	(%)	合計	(%)
イ	廃止すべき	36	62	56	35	51	17	148	23	257	12%	148	17%	23	20%	428	13%
ロ	合格者を削減	5	17	19	14	14	5	55	6	74	3%	55	6%	6	5%	135	4%
ハ	この程度の合格者数が妥当	36	56	38	29	56	27	252	21	242	11%	252	29%	21	18%	515	16%
ニ	合格者を増加	56	112	164	157	306	106	166	23	901	40%	166	19%	23	20%	1090	34%
ホ	わからない	57	96	79	90	164	45	200	36	531	24%	200	23%	36	31%	767	24%
ヘ	その他	5	18	30	48	48	19	31	5	168	8%	31	4%	5	4%	204	6%
	無回答	13	20	6	7	10	4	13	3	60	3%	13	2%	3	3%	76	2%
	合計	208	381	392	380	649	223	865	117	2233	100%	865	100%	117	100%	3215	100%

問8　現在の司法試験の合格率(20数%)が低すぎるので高くすべきとの考え方について。

		修習期別								合計							
		1～19	20～29	30～39	40～49	50～59	旧60～	新60～	不明	旧	(%)	新	(%)	不明	(%)	合計	(%)
イ	賛成	35	64	61	27	33	19	177	14	239	11%	177	20%	14	12%	430	13%
ロ	反対	143	255	248	277	495	171	441	85	1589	71%	441	51%	85	73%	2115	66%
ハ	わからない	17	30	40	36	71	19	176	12	213	10%	176	20%	12	10%	401	12%
ニ	その他	6	22	32	37	45	13	62	6	155	7%	62	7%	6	5%	223	7%
	無回答	7	10	11	3	5	1	9	0	37	2%	9	1%	0	0%	46	1%
	合計	208	381	392	380	649	223	865	117	2233	100%	865	100%	117	100%	3215	100%

問9　教育の質の向上のために入試倍率と司法試験合格率を基準にして、
補助金カット及び調査・指導などで法科大学院の校数と学生数を減少させる考え方（A説）と
大学の自主的判断に任せる考え方(B説)があるが、どちらを支持しますか。

		修習期別								合計							
		1～19	20～29	30～39	40～49	50～59	旧60～	新60～	不明	旧	(%)	新	(%)	不明	(%)	合計	(%)
イ	A説	89	158	146	138	249	90	447	44	870	39%	447	52%	44	38%	1361	42%
ロ	B説	77	124	137	101	160	48	246	39	647	29%	246	28%	39	33%	932	29%
ハ	わからない	27	55	51	81	151	49	124	22	414	19%	124	14%	22	19%	560	17%
ニ	その他	8	30	45	53	81	30	34	7	247	11%	34	4%	7	6%	288	9%
	無回答	7	14	13	7	8	6	14	5	55	2%	14	2%	5	4%	74	2%
合計		208	381	392	380	649	223	865	117	2233	100%	865	100%	117	100%	3215	100%

問10　司法試験の回数制限について。

		修習期別								合計							
		1～19	20～29	30～39	40～49	50～59	旧60～	新60～	不明	旧	(%)	新	(%)	不明	(%)	合計	(%)
イ	法科大学院修了後5年以内3回まで（現行）	31	63	31	27	60	23	214	16	235	11%	214	25%	16	14%	465	14%
ロ	法科大学院修了後5年以内5回まで	34	68	58	39	37	20	205	18	256	11%	205	24%	18	15%	479	15%
ハ	制限の撤廃	127	221	279	270	481	152	379	71	1530	69%	379	44%	71	61%	1980	62%
ニ	わからない	8	12	15	25	46	21	40	11	127	6%	40	5%	11	9%	178	6%
ホ	その他	4	11	6	16	19	4	24	0	60	3%	24	3%	0	0%	84	3%
	無回答	4	6	3	3	6	3	3	1	25	1%	3	0%	1	1%	29	1%
合計		208	381	392	380	649	223	865	117	2233	100%	865	100%	117	100%	3215	100%

5-4　法曹人口と法曹養成の危機打開のための提言 2012 年 9 月 13 日

法曹人口と法曹養成の危機打開のための提言

2012 年 9 月 13 日

弁護士１万人による法曹問題に関する提言運動の呼びかけ人

原洋司 堀江健太（札幌）藤原秀樹 森越清彦（函館）井上雅樹 菅沼和歌子（旭川）坂野智憲 小野寺照東 勅使河原安夫 村上匠 村上敏郎（仙台）広田次男（福島）五十嵐幸弘 伊原茂 佐藤欣哉（山形）倉重安雄 吉村一洋（新潟）網野雅広 姜文江 黒田和夫 呉東正彦 馬場葉子 船橋俊司 森下忠（横浜）富岡規雄 須藤博（栃木）小出重義 立石雅彦 新穂正俊 岩佐憲一 大倉浩 尾崎康 工藤啓介 小林史芳 権田陸奥雄 田澤俊義 田中登 髙橋毅久男 野崎正 宗像英明 村田良介 山下茂（埼玉）上澤一朗 坂本博之 戸張順平 宮本芳孝（茨城）樋口和彦 稲毛正弘 小澤真吾 田中善信 長井友之（群馬）及川智志 伊藤愛彦 井上隆行 陶山嘉代 田久保公規 田中三男 土屋寛敏 中川裕一郎 錦織明 家頭恵 若穂井透（千葉）髙橋清一 伊藤真 伊藤伴子 上野伊知郎 大野裕 加藤芳文 河内謙策 片山和英 桑原慎也 佐々木務 齋藤鳩彦 佐々木健二 髙橋和敏 辻嶋彰 野口忠 野間啓 畠山正誠 福島晃 山口治夫（東京）檜山正樹 落合長治 小椰和美 正田昌孝 棚町祥吉 長門英悟（一弁）伊藤嘉章 尾崎太朗 菊池武 佐藤昭夫 戸舘圭之 野本智之 渡邉博（二弁）阿部浩基 家本誠 倉田雅年 谷川樹史（静岡）小林正 徳竹初男 宮井麻由子 一由貴史 岩崎功 松葉謙三（長野）岩月浩二 打田正俊 鹿倉祐一 鈴木秀幸 鈴木博之 寺本ますみ 野間美喜子 浅井淳郎 浅井得次 天野太郎 加藤毅 加藤孝規 鍵谷恒夫 粕谷誠 亀井とも子 北口雅章 小林修 佐藤成俊 柴田肇 柴田幸正 杉浦龍至 鈴木泉 鶴見恒夫 中村貴之 二宮広治 西野泰夫 二宮純子 丹羽日出夫 原山恵子 平野保 宮道佳男 村田武茂 山田信義 吉川哲治 吉見秀文（愛知）伊藤知恵子 大岡琢美 冨田武生 美和勇夫（岐阜）笠原一浩（福井）敦賀彰一 中上勇輔 長谷川紘之 米澤龍信（金沢）坂野真一 岸本由起子 辻公雄 藤井薫 愛須勝也 青木永光 浅岡建三 岩城穣 植田勝博 江角健一 小田耕平 小田周治 奥田昌宏 片山善夫 上将倫 河内良 北林博 北本修二 小久保哲郎 酒井信雄 七堂眞紀 城塚健之 多田大介 田中厚 田中清和 田中俊 田中幹雄 田中康之 武村二三夫 段林建二郎 辻野和一 手塚大輔 東垣内清 富﨑正人 冨田典良 豊永泰雄 中嶋進治 永田雅也 西尾剛 畑村悦雄 原啓一郎 東中光雄 藤田大輔 前川拓郎 松浦武 松村信夫 三浦直樹 山中健司 吉岡良治 吉田泰郎（大阪）佐野就平 古川拓 牧野聡（京都）柏木利博 佐々木伸 武本夕香子 富田智和 中尾英夫 村上英樹 山口智康 池上徹 井上伸 大搗幸男 太田吉彦 古髙健司 後藤伸一 小林廣夫 小西隆 澤田恒 田邉信好 谷口彰一 徳岡宏一朗 中嶋知洋 中野二郎 西村文茂 平田元秀 深草徹 本田有紀 山﨑満幾美（兵庫）月山桂 山口修（和歌山）加藤寛 久保豊年 坂本皖哉 高洲昭孝 秦清 本田兆司（広島）古津弘也（島根）田畑元久（山口）久保和彦（香川）梶原守光 谷脇和仁（高知）山口直樹 井上正実 薦田伸夫 菅陽一 友澤宗城 本多克字（愛媛）向原栄大朗 出雲敏夫 木﨑博 林和正 堀哲郎 松田哲昌 三溝直喜（福岡）大和幸四郎（佐賀）飯田直樹 高尾徹（長崎）古田邦夫 松田めぐみ（大分）加藤修 田中裕司 山本好郎（熊本）池田亘 木山義朗 山下勝彦（鹿児島）小林孝志 長友慶徳 成合一弘 宮田尚典（宮崎）上間敏男 岡田弘隆 仲山忠克（沖縄）

以上合計２７１名

事務局　武本夕香子（兵庫）ＴＥＬ072（787）8010　及川智志（千葉）047（362）5578

司法改革により法曹養成制度及び弁護士制度が崩壊の危機に瀕した現状を打開すべく、下記の提言をする。

記

第１　提言の趣旨

１　司法試験合格者数を適正規模（年間１０００人以下）にする。

２　司法試験の受験資格の制限（法科大学院修了、5 年以内 3 回受験）を撤廃する。

３　司法修習の前期修習及び給費制を復活させる。

第２　提言の理由

１　法曹養成と弁護士制度の危機的状況（合格者激増の弊害）

2001 年 6 月の司法制度改革審議会意見書を受け、2002 年 3 月の閣議で司法試験合格者を 2010 年までに年間 3000 人に増員することを決定し、この 10 年に年間 1000 人から 2200 人程度まで増員された。この合格者の激増に伴い、2006 年に司法修習修了試験の不合格者が 100 人を超え、2008 年に最高裁判所が修習生の質の低下を懸念する文書を公表するなど法曹の質の低下が問題とされてきた。合格者数を急増するのであれば教育を充実すべきであったが修習期間は 2 年から 1 年に短縮され、就職難によりオン・ザ・ジョブトレーニングの機会が失われ、2011 年 12 月の弁護士一括登録日の未登録者は400人に上り、加えて従来の勤務弁護士でない不安定な就労形態の弁護士が増加している。

裁判官と検察官の増員などを抑え、弁護士だけを急増させたため、弁護士が過当競争にさらされ、宣伝と商売上手を競い、職務の適正と独立性を失い、事件漁りや依頼者に従属する傾向を強め、濫訴が増える一方で、公益活動を担う余裕を失い、弁護士会は会員からの求心力を失い弱体化し、会内の民主制は形骸化し、国民の人権を擁護し如何なる権力にも対峙すべく認められた弁護士自治が空洞化し、危機に瀕している。司法を担う法曹の土台が崩されている。

２　司法試験の合格者数を適正規模（年間 1000 人以下）にすること

上記の閣議決定は、「現在の法曹人口が」「法的需要に十分に対応することができていない」ことが理由であった。しかし、2003 年の弁護士数 1 万 9508 人から 2011 年に 3 万 0485 人と 56%増加したにもかかわらず、裁判所の事件数は 2003 年の 611 万 5202 件から 2011 年に 405 万 9773 件と 34%も減少した。そのうち地裁民事第一審通常訴訟事件（ワ号）は 2009 年の 23 万 5508 件から 2011 年に 19 万 6380 件に減少し、過払金事件を除くと約 10 万件で、弁護士 1 万人の昭和 50 年代に戻る件数である。裁判官と弁護士の割合が 50 年で 1 対 4 から 1 対 11 にまで拡大した。

官僚制司法の下で裁判官が少なく（外国と比較するならば、弁護士より裁判官の数の方が、より少ない）、裁判が権利救済に消極的であることのほか、幾つかの理由により、国民の裁判利用が減少している。弁護士会の有料法律相談は 2003 年の 40%に激減し、渉外・企業法務系の事務所の採用数も半減し、企業内や国と地方自治体内の弁護士採用数は弁護士の供給量に全く追いつかず、大幅な供給過剰である。もともと、「二割司法」と称して「大きい司法」が唱えられたとき、膨大な潜在的需要を裏付ける資料があったわけではなく、むしろ否定するものばかりであった。

司法試験合格者数は、充実した司法修習とオン・ザ・ジョブトレーニングが可能であり、弁護士過剰による社会的な弊害が生じない適正規模に抑える必要がある。弁護士人口は、現在 3 万 2000 人で既に大幅に過剰である。1964 年から 1990 年までの司法試験合格者数は 500 人であったことから、1000 人に減員させたとしても毎年 500 人ずつ増加し、弁護士は将来約 4 万 6000 人になり、弁護士不足の支障はない。年間 1500 人であれば約 6 万 3000 人、年間 2000 人であれば約 8 万人に達するが、6 万人も 8 万人も五十歩百歩の違いでしかなく、大きな弊害を避けられない。

我が国には、総計百数十万人に達する法学部終了者が世の中にあふれ、弁護士の隣接業種は二十数万人存在する。それを無視して弁護士人口のみ外国と比較するのではなく、まずは各国の弁護士と裁判官の割合を比較すべきである。

将来の人口減少や少子高齢化に伴う経済活動の縮小を考慮すれば、可及的速やかに司法試験合格者を年間 1000 人以下にする必要がある（昨年の全弁護士対象のアンケートで、1000 人以下の回答が 77.6%）。

３　司法試験の受験資格の制限（司法試験法４条）の撤廃

(1) 法科大学院志願者が激減を続け本年は前年より 1400 人少ない 5801 人、入学者は 470 人少ない 3150 人であるから、３年後には志願者が三千数百人、入学者が二千人、非法学部出身合格者が十%程度に減少することが予想される。

日弁連の本年７月の「法科大学院制度の改善に関する具体的提言」は、法科大学院制度と受験資格制限の存続を前提としているが、会員の多数意見と乖離している（本年の全弁護士対象のアンケートで、法科大学院で質の高い法曹養成を達成しているかの設問に肯定の回答 12%否定の回答 69%、法科大学院制度に賛成 26%反対 51%、受験資格制限に賛成 23%反対 64%）。日弁連提言は、法科大学院の校数と学生数の削減及び実務家重視を唱え、大学に不可能事を強い大学の自治を侵害し、司法改革によって崩された司法の土台の修復などの解決策に全くならない内容である。

(2) 法科大学院志願者数の激減は、莫大な金と時間を要すること、就職難、弁護士の仕事の減少及び我が国の司法のあり方などに起因する。仕事が減少し魅力を失った分野に金と時間を使って参入する人の層に偏りが生じ、人数も限られる。その結果、法曹が変質させられ、職務の独立性が危うくなり、司法の機能が低下する。

法科大学院修了を受験資格にすることは、法曹を目指す者への参入障壁にほかならず、試験の公平性・開放性を害する。それを続けるならば、法曹の給源の狭小化と志願者の激減に歯止めがかからず、法曹界に来る有為な人材が少なくなる。本年度の短答式試験で、予備試験合格者は 85 人中 84 人（1 人途中退席）で合格率が実質 100%であり、まずは予備試験らしく簡略化し短期に行い、合格枠を広げることが公平である。

法科大学院修了後に５年間３回の受験制限をしているが、個別事情を無視して修了直後から受験を強いたり、法曹を志して何年も努力する自由を奪うことに合理性はなく、余分な精神的圧迫という弊害を生んでいる（上記アンケートで、3 回又は 5 回制限に賛成合計 30%、回数制限に反対 62%）。法科大学院再修了という受験要件は、理解し難い。

４　前期修習の復活、給費制の復活

法科大学院制度は、法学部と司法修習が存在しない判例法の国の制度であり、法学部教育、法学研究、研究者養成を困難にしている。司法試験に合格していない法科大学院段階での法曹実務教育は不合理と言うほかない。司法修習が法曹養成の中核に位置づけられなければならない（上記のアンケートで、２年修習復活に賛成 61%、反対 21%）。

司法修習生の質の低下問題に対処するには、少なくとも司法試験合格から実務修習までの間に前期修習を復活させることが不可欠である（上記のアンケートの結果は、前期修習を復活させるとの回答が 88%）。

司法は、三権分立の一翼を担い、国政の中で、国民の人権擁護と社会正義の実現をはかる最後の砦として重要な役割を負い、弁護士は、その司法において重要な役割を担い、公共的な業務を行っている。弁護士が裁判官・検察官と平等に公費で２年間充実した養成を受ける制度は、歴史の教訓からであり、戦後改革の統一修習制度を維持することは、我が国の司法及び国民にとって極めて重要な意義がある。給費制廃止は、統一修習制度の存続を困難にする。

5-5　法曹養成制度検討会議・中間的取りまとめに対する批判意見の要旨（法曹人口問題全国会議）2013年4月15日

法曹養成制度検討会議・中間的取りまとめに対する批判意見の要旨

この提言では弁護士大幅過剰と法曹の質の低下の問題が解決せず、一層悪化する！

（取りまとめのパブリックコメントに意見表明を！　締め切り５月１３日）

２０１３年4月１５日

法曹人口問題全国会議　代表　伊澤正之（栃木）　小出重義（埼玉）　立松　彰（千葉）　辻　公雄（大阪）
事務局長　武本夕香子（兵庫）TEL 072(787)8010　次長　及川智志（千葉）TEL 047(362)5578

第１　「法曹有資格者の活動領域の在り方」について

1　法曹有資格者を社会の隅々に配置することが国民の幸福に結びつくかの如き理念自体を，根本的に見直すべきである。また，法学部のある我が国において，時間も金もかかる法科大学院を上乗せする制度も，設計ミスである。

2　活動領域について「広がりがいまだ限定的」としているが，もともとそれほどニーズが無いのである。「社会がより多様化複雑化する中，法曹に対する需要は今後も増加していくことが予想される」との推測のもとに大増員が行われたが，嘘で間違いであった。中間とりまとめには，誠実な総括と反省が一切なく，同じ誤りを繰り返そうとしている。

3　「関係機関，団体が連携して有資格者の活動領域の開拓に積極的に取り組むことが重要である」と言うが，法曹に対するニーズがあるとして増加させたはずで本末転倒である。また，法曹の増加（供給）が需要を顕在化させるという主張が間違いであることは，既に実証されている。専門家に対する費用支払の財源が無ければ需要は拡大しない。

4　企業法務，地方自治体，福祉分野，海外での活動領域の拡大と言うが，法曹資格が必要な領域ではない。司法試験や司法修習で要求される資質ではなく，法科大学院及び司法研修所で修練される分野でない。基本的には法学部の教育課程で対応すべき分野である。これまで平均年間約４万人合計約200万人の法学部修了者と約20万人の弁護士隣接業種などが，適材適所に役割を分担し，それで十分足りる。

5　法テラス常勤，企業内，地方自治体，海外での活動領域の拡大と言っても，大幅な供給過剰は全く解消しない。財源の問題があり，多くが期限付きで立場が不安定である。

第２　「今後の法曹人口の在り方」について

1　司法試験合格者の年間3000人目標の大増員は大きな間違いであったが，この間違いを犯した原因を全く検証していない。法曹に対する需要拡大はなく，弁護士が大幅な過剰状態にある。今後も需要が増加する見込みがほとんどなく，法曹に対するニーズが増えるとする記述は虚偽である。

2　3000人目標は撤廃するが，新たに数値目標を設けずに，「その都度検討する」と言うが，無責任である。事件数と法律相談が減少し，就職難が年々厳しくなっている現状からして，合格者数1000人以下の方向性を明示すべきである（1000人合格でも毎年500人増加し，法曹人口は５万人以上になる)。そうしなければ，法曹の職業的魅力（法曹資格の価値）が著しく低下し，そのために志願者激減という危機的な事態に歯止めをかけられない。今後，有為な人材が益々司法に来なくなり，法曹の質が低下し，独立して職務を適正に行うことが困難となり，司法の機能を低下させる。法曹過剰は司法と国民の権利と生活に重大な影響を及ぼす。

3　このような，極めて深刻な法曹の質の低下と弁護士過剰による過当競争の弊害について，全く議論されていない。法曹志願者の激減，就職難及び法律事務所の経営破綻に対する危機感が不足し，委員によっては，全く欠如している。

4　司法拡充のための財政的裏付けがない。裁判官や検察官の採用が減少傾向に転じ，司法予算は１割も減少している。

5　裁判所改革が全く触れられてない。裁判が被害救済に不十分で利用価値が低いままでは，弁護士需要は増加しない。

第３　法曹養成制度の在り方について

1　法曹志願者激減の分析が行われていない。旧試験で合格率が約2%でも志願者が非常に多く，志願者激減の原因は，低い合格率ではなく，弁護士の大幅な供給過剰である。

2　法学未修者の法的知識を受入時に問わず，１年で既修者と同じレベルになることを求める制度設計自体が無理であり，未修者コースにおいても，法学既修者の割合が70%を越えること（全体では87%）について，検討が行われていない。

成文法の我が国において，ソクラテスメソッド等双方向の議論を重視した教育は法曹養成課程として合理性がない。

3　受験資格要件は撤廃すべきである。予備試験受験者が多いので将来見直しを検討すると言うが，予備試験組の司法試験合格率が大学院組より約３倍も高いので，合格率が均衡するように予備試験合格者を拡大することが公平である。

4　受験回数制限の「緩和も考えられる」としたが，制限する理由に合理性がなく，制限を撤廃すべきである。「法科大学院の教育が薄れないうちに」と言うが，５年しか教育効果が持続しないなら法科大学院の教育を改善すべきである。

5　実務家の法曹養成の中核は，法科大学院ではなく司法修習である。ＯＪＴも重要である。法科大学院創設のための「点からプロセスへ」というスローガンは，誤導である。法曹養成全過程を検証し制度を根本的に見直す必要がある。

6　司法修習について「多様な分野について知識，技能を修得する機会がより多く設けられていることが望ましい」と言うが，専門性の高い養成を行うべきであり，広く浅い教育をしかも１年で行おうとすること自体が間違いである。

7　前期修習は，実務修習の効果を上げるために必要不可欠である。強い復活の要求があるのに，十分検討していない。

8　司法修習生の貸与制を維持するとしたが　司法制度を担う法曹養成は国の責務であり，給費制は絶対に必要である。

法曹人口・法曹養成問題シンポジウム
検討会議中間取りまとめの批判的検討と養成制度再構成問題
２０１３年６月８日(土)　午後１時~４時
場所　主婦会館プラザエフ（東京中央線四ッ谷駅麹町口前）
講師　弁護士和田吉弘（法曹養成制度検討会議委員）
ほか２名ほど予定

※カンパのお願い。（振込先）三菱東京ＵＦＪ銀行大宮支店・普通預金・口座番号　０１７８５３１　口座名義「法曹人口問題全国会議 弁護士 小出重義（コイデシゲヨシ)」
※メーリングリストにご加入希望の方は，氏名・所属・期を明記のうえ件名「法曹人口問題全国会議ＭＬ」で「veritas7@abeam.ocn.ne.jp」にメールして下さい。

5-6　法曹人口と法曹養成制度の日弁連全会員アンケートの調査結果とシンポジウムのお知らせ（法曹人口問題全国会議）2013 年 7 月 24 日

法曹人口と法曹養成制度の日弁連全会員アンケートの調査結果とシンポジウムのお知らせ

２０１３年7月２４日

今回のアンケート調査は、本年７月１日から１７日まで実施し、３１１３７名に送達され、２９６５名から回答を得た（回答率 9.5%）。調査結果を概観すると、６月２６日の法曹養成制度検討会議取りまとめ及び７月１６日の同関係閣僚会議推進案の内容と全く逆の回答が多数です。仕事が減少合計 68%、弁護士が過剰合計 84%、他の分野へ就職のための合格者増に反対 90%、合格者 1000 人以下合計 84%、弁護士供給過剰は悪い 79%。前期修習復活 91%、２年修習 77%、給費制復活 91% が賛成の回答。一方、合格率が低すぎるの回答は 8%、法科大学院廃止反対 21%、予備試験合格者増加反対 27%に過ぎない。志願者激減の原因は、弁護士の職業的魅力低下 78%、就職難 77%、時間と金がかかる 73%であり、低い合格率の回答は 36%に過ぎない。この調査結果に最も近いのが、６月１８日の自民党政調会司法制度調査会の中間提言です。

今後、この調査結果を政府、政党、審議会、日弁連、マスコミ等に配布、説明し、理解を得るよう努める次第です。
ご協力ありがとうございました。８月２４日のシンポジウムに、是非、ご参加下さい。

法曹人口問題全国会議　代表　小出重義（埼玉）　伊澤正之（栃木）　立松　彰（千葉）　辻　公雄（大阪）
事務局長　武本夕香子（兵庫）TEL 072(787)8010　次長　及川智志（千葉）TEL 047(362)5578

問１　あなたの相談及び受任の件数は、今後どのような増減傾向になると予想されますか。

イ　大幅に増加　1.8%　ロ　少し増加　6.6%
ハ　変化なし　9.9%　ニ　少し減少　28.3%
ホ　大幅に減少　39.6%　へ　わからない 13.7%

問２　あなたの所属弁護士会の現在の弁護士の過不足について

イ　不足　0.3%　ロ　少し不足　1.0%
ハ　需給均衡　5.4%　ニ　少し過剰　21.7%
ホ　過剰　62.1%　へ　わからない　9.5%

問３　司法試験に合格しても、法曹にならず、他の分野に就職すればよいから、合格者を多くするという政策について

イ　賛成　4.1%　ロ　反対　90.2%
ハ　わからない　5.7%

問４　法曹有資格者の活動領域の今後の拡大を加味したうえで、適正な司法試験の合格者数は、年間何人程度だと思いますか

イ　５００人　17.8%　ロ　８００人　26.3%
ハ　１０００人　39.4%　ニ　１５００人　10.0%
ホ　２０００人　2.8%　へ　わからない　3.8%

問５　弁護士需要を上回って弁護士が供給されることは、国民にとって良いことだと思いますか、悪いことだと思いますか

イ　良い　3.6%　ロ　悪い　79.3%
ハ　どちらとも言えない 17.2%

問６　法科大学院制度の廃止について

イ　賛成　57.1%　ロ　反対　21.0%　ハ　わからない　21.9%

問７　法科大学院修了を司法試験の受験要件から外すことについて

イ　賛成　70.0%　ロ　反対　15.7%
ハ　わからない　14.3%

※カンパのお願い（振込先）三菱東京ＵＦＪ銀行大宮支店・普通預金・口座番号　０１７８５３１　口座名義「法曹人口問題全国会議 弁護士 小出重義（コイデシゲヨシ）」
※メーリングリストにご加入希望の方は，氏名・所属・期を明記のうえ、件名「法曹人口問題全国会議ＭＬ」で「veritas7@abeam.ocn.ne.jp」にメールして下さい。

問８　予備試験合格者と法科大学院修了者の司法試験の合格率を均衡させること（予備試験合格者が増加）について

イ　賛成 45.5%　ロ　反対　27.0%　ハ　わからない 27.6%

問９　今の司法試験の合格率（昨年約２５％）につき、法曹の質の確保の観点から、どのようにお考えですか

イ　低すぎる　8.1%　ロ　適当　12.7%
ハ　高すぎる　54.8%　ニ　わからない 24.4%

問１０　前期修習の復活について

イ　賛成 91.2%　ロ　反対　2.7%　ハ　わからない　6.1%

問１１　修習期間を２年間に戻すことについて

イ　賛成　76.6%　ロ　反対 11.2%　ハ　わからない 12.2%

問１２　給費制の復活について

イ　賛成　91.2%　ロ　反対　3.3%　ハ　わからない 5.4%

問１３　法科大学院の志願者の激減は、何が、根本的な原因だと思いますか（複数回答可）

イ　法科大学院に時間と金がかかる　73%
ロ　法科大学院の教育が評価できない　29%
ハ　司法試験の合格率が低い　36%
ニ　司法修習生の就職難　77%
ホ　弁護士過剰のために職業的魅力が低下　78%
へ　わからない　0%　ト　その他　4%

法曹人口・法曹養成問題のシンポジウムと懇親会のお知らせ

【シンポジウム】２０１３年8月２４日(土)　午後１時~４時
場所　主婦会館プラザエフ（東京中央線四ッ谷駅麹町口前）
メッセージの紹介『司法改革の挫折とその「再改革」の必要性』（小田中聰樹東北大学名誉教授）
講演　「プロセスとしてのプロフェッション教育について ― 医科大学の片隅から」小沢隆一（憲法 慈恵医大）
報告　「法科大学院の理念と実態」研究者（予定）
「弁護士の売上からみる需要動向」弁護士鈴木秀幸（愛知）
「自主独立の弁護士制度を守る」弁護士小出重義（埼玉）
【懇親会兼出版記念パーティ】続いて同じ会館で。
花伝社出版の『アメリカ・ロースクールの凋落』『法曹養成制度の問題点と解決策』『司法崩壊の危機』
※懇親会にご参加戴ける方は、上記事務局にご連絡下さい。

5-7　法曹養成制度検討会議取りまとめ及び関係閣僚会議決定に対する批判声明（法曹人口問題全国会議）2013年8月24日

法曹養成制度検討会議取りまとめ及び関係閣僚会議決定に対する批判声明

２０１３．８．２４

法曹人口問題全国会議　代表・伊澤正之　小出重義　立松　彰　辻　公雄　　事務局長・武本夕香子

本取りまとめ及び関係閣僚閣議決定に対し、下記の通り批判する。

記

第１　「法曹有資格者の活動領域の在り方」について

１　法曹有資格者を社会の隅々に配置することが市民の幸せに結びつくとする理念及び法学部がある我が国で時間も金もかかる法科大学院を上乗せするという**制度設計は間違い**である。

２　企業法務、地方自治体、福祉分野、海外での活動領域は、**必ずしも法曹資格が必要な領域ではない**。

３　法テラス常勤弁護士、企業内弁護士、地方自治体、海外での活動領域拡大を指摘している。しかし、これら領域に就職する法曹資格者が増加すると言っても、大きな数にはならず、現在の大幅な過剰供給の**解決にはならない**。財源の問題があり、期限付きでは立場が不安定である。

４　新たな分野への活動の拡大が未だ「限定的である」というのは、**ニーズがない**ということである。

５　今後、「各分野の有識者等で構成される有識者会議を設け、その下に企業、国・地方自治体、福祉及び海外展開等の各分野別に」「分科会を置」き、「活動領域の拡大を図っていく」とある。しかし、この１０年間以上、法曹有資格者の活動領域を広げる努力をしても広がらなかったのである。そもそも法曹に対するニーズがあるから法曹を増加させたはずで、**本末転倒**である。

第２　「今後の法曹人口の在り方」について

１　弁護士急増策により、大幅な過剰状態にある。司法試験合格者年間3000人目標の大増員という**大きな間違いを犯した原因について、全く触れていない**。法曹に対する大幅な需要拡大は認められず、今後増加する見込みもない。**法曹に対するニーズがあるかの如き記載は虚偽**である。

２　年間司法試験合格者数の**数値目標**を設けないのは無責任であり、問題の先送りである。司法試験合格者が多過ぎることによる社会的弊害は顕著で司法制度は崩壊の危機に直面している。法科大学院志願者の激減、事件数等の減少及び就職難が年々厳しくなっている現状等からして直ちに合格者数1000人以下の方向性を明示すべきであった（1000人合格でも毎年500人増加し、法曹人口は５万人以上になる）。現状維持を続ければ、益々法曹になる魅力が著しく低下し、そのために法曹志願者が減少している現実に歯止めをかけられない。有為な人材が司法に来ない。法曹供給過剰は、明白かつ危機的であり、先送りをせず、２年の検討期間中にも減員を始め、激増を止めなければならない。

３　**法曹の質の低下と弁護士過剰（弁護士過当競争）の弊害**について議論されていない。

４　裁判官や検察官の採用は減少傾向に転じ、**司法予算**も(約10%)減少している。**裁判所改革**が、全く触れられていない。

第３　法曹養成制度の在り方について

１　**法科大学院志願者激減の分析**が全く行われていない。旧試験で合格率が2%前後でも志願者は増えていた。予備試験受験者数も増えている。**合格率の低さでは志願者激減の説明がつかない**。法曹志願者激減の原因は、弁護士の大幅な過剰供給である。

２　実務家の**法曹養成の中核**は、法科大学院ではなく、**司法修習であり、法学部及びＯＪＴも重要**である。そもそも**「点からプロセスへ」とのスローガンが誤導**である。法学部修了者が、そのまま司法試験を受験できないことは全く不合理なことであり、**司法試験の受験資格要件から法科大学院修了を撤廃すべきである。**

３　法学未修者の受入時に法的知識を問わず、１年で既修者と同じレベルを求める制度設計自体に無理がある。未修者コースの法学部出身者の入学割合が高くなっていることについて分析が行われていない。

４　成文法の我が国において、ソクラテスメソッド等双方向の議論を重視した教育は合理性がない。

５　**受験回数制限の理由に合理性はない**。「法科大学院の教育が薄れないうちに」という意味が不明である。法科大学院教育の継続性が５年しかないのであれば、法科大学院教育を改善すべきである。

６　司法修習について「多様な分野について知識、技能を習得する機会がより多く設けられていることが望ましい」とある。しかし、専門性を高める養成を行うべきで、広く浅い教育を、しかも、１年で行おうとすること自体が間違いである。

７　実務修習に入るのに必要不可欠な**前期修習の復活**の要求について、全く触れていない。

取りまとめは、「法曹養成」過程を検討しようとしているとは思えない。

８　予備試験合格者の合格率が法科大学院修了者よりも著しく高いことについて、正しい分析が行われていない。合格率が均衡するように**予備試験の合格者を拡大**すべきである。また、今後も法科大学院在学生や年齢など、受験資格の制限を一切すべきではない。

９　司法制度を担う法曹の養成は国の責務で、司法修習生の**給費制復活は必要不可欠**である。

第４　人選について

これまでの審議会の人選には偏りがあり、司法問題を虚心坦懐に検討する姿勢に欠けていた。司法改革に批判的立場の委員を半数程度入れる等々、人選は慎重かつ公正に行われるべきである。

5-8　法曹養成制度改革推進会議に対する要望書 平成 25 年 12 月 4 日

法曹養成制度改革推進会議　　御中

要　望　書

平成２５年１２月４日

法曹人口問題全国会議
代　　表　伊澤　正之（栃木県弁護士会）
代　　表　小出　重義（埼玉弁護士会）
代　　表　立　松　彰（千葉県弁護士会）
代　　表　辻　公　雄（大阪弁護士会）
事務局長　武本夕香子（兵庫県弁護士会）
事務局次長　及川　智志（千葉県弁護士会）

第１　要望の趣旨

弁護士人口の適正化を図るために、司法試験の年間合格者数を平成２６年に１５００人以下に減員し、その後は、早期に１０００人以下に減員するように適切な対応を求める。

第２　要望の理由

１　法曹養成制度検討会議は、平成２５年６月２６日付法曹養成制度検討会議取りまとめの第２項「今後の法曹人口の在り方」において、「新たな検討体制の下、その時点における法曹有資格者の活動領域等の状況及び法科大学院、司法修習や弁護士に対する継続教育等の法曹養成制度の状況、規模等を踏まえ、法曹人口についての必要な調査を行うとともに、その結果を２年以内に公表するべきである。その後も継続的に調査を実施するべきである」と指摘した。また、政府は、同年７月１６日付の「法曹養成制度改革の推進について」と題する法曹養成制度関係閣僚会議決定を公表し、その中で法曹人口の在り方について、「法曹としての質を維持することに留意しつつ、法曹有資格者の活動領域の拡大状況、法曹に対する需要、司法アクセスの進展状況、法曹養成制度の整備状況等を勘案しながら、あるべき法曹人口について提言をするべくその都度検討を行うこととする。そのために、閣僚会議の下で、法曹人口についての必要な調査を行い、その結果を２年以内に公表する。また、その後も継続的に調査を実施する」とした。

２　平成１３年６月の司法制度改革審議会の意見書は、司法試験の年間合格者数を段階的に増加させて行き、２０１０年（平成２２年）には年間３０００人にすることを提言したが、この提言は全く根拠を欠き、逆に、統計や調査結果を間違って理解したことによるものである。この意見書にもとづいて司法試験合格者の大幅な増員がなされたために、弁護士人口は、平成１５年３月末１万９５０８人から平成２４年３月末３万２０８８人と約６４％増加している。これに対して、訴訟事件数は、平成１５年に６１１万５２０２件であったが、以後ほぼ右肩下がりで減少し続けており、平成２４年は３７９万７９４５件（平成２３年４０５万９７７８件）と平成１５年の約６２％に減少している。

　また、弁護士一括登録日における未登録者数は、平成１９年１０２人、平成２０年１２２人、平成２１年１８４人、平成２２年２５８人、平成２３年４００人、平成２４年には５４６人と急増し続けている。

　司法試験の年間合格者数を２０００人とするような法曹の需要が存在しないことは明白である。

３　法曹養成制度検討会議の取りまとめにおいて、「法曹有資格者」の活動領域の拡大が強調されている。「法曹」と「法曹有資格者」とは異なる。「法曹有資格者」の活動領域の拡大という議論は、すなわち、「法曹」に対する需要がないことを裏付けている。そして、法曹実務家としての経験のない法曹有資格者が、就職難のために、職務の独立性の保障が不十分なまま、企業内弁護士や任期付き公務員になることは、独立した弁護士制度とは違うものであり、その弊害を看過してはならない。そして、もともと任期付き公務員は、任期満了で人が入れ替わるにすぎない。更には、企業内弁護士や任期付き公務員の人数も司法試験合格者数の増加に見合う数ほど増えておらず、多くの人数を抱えるほど法曹有資格者の活動領域の拡大を見込むことはできない。

４　法科大学院の志願者数と入学者数は、右肩下がりで減少し続けており、平成２５年の入学者数は２６９８人（平成２４年３１５０人）に、平成２５年の法科大学院全国統一適性試験の入学有資格受験者数は４７９２人（平成２４年５８０１人）にまで、それぞれ落ち込んでいる。法科大学院の修了者の割合も減少し続け、平成１７年に９２．６パーセントであったのが、平成２３年には６８．７％になっている。

　予備試験受験者数は増えているものの、司法試験受験資格のある法曹志願者全体の数は減少を続けている。

　志願者数が著しく減少する中で、２０００人の司法試験合格者を維持し続けたのでは、ますます法曹の質を低下させることになる。

５　国税庁の所得種類別（業種別）人員、所得金額の統計によれば、平成２０年から同２４年の４年間に確定申告をした弁護士の数は、２万３４７０人から２万８１１６人と２０％程度増加しているにもかかわらず、弁護士の所得金額の総額は、平成２０年３２９９億円から同２４年２６９９億円と２０％程度減少した。そのために、弁護士一人当りの所得は、既に６７％（３分の２）程度に減少している（概算で、確定申告した者の所得の平均値は、平成２０年１４００万円から同２４年９５０万円に減少し、弁護士間の格差が拡大していることから、所得の中央値は、同２０年９００万円、同２４年６００万円に激減している）。弁護士会及び弁護士グループのアンケート調査によれば、弁護士の事務所の仕事及び売上げが著しく減少している。

　また、弁護士のうち年間所得７０万円以下の人数が、平成２０年には２

６６１人（申告者２万３４７０人の約１１％）だったのが、平成２４年には５５０８人（申告者２万８１１６人の約２０％）とほぼ倍増している。

結局のところ、「司法改革」以後弁護士が倍増したが、需要はほとんど増加せず、そのため、司法制度改革審議会が発足した平成１１年と、その２０年後の平成３１年を比較した場合、弁護士人口は約２．５倍になるが、弁護士の所得は４０％程度に激減し、所得の平均値が６００万円、中央値が４００万円程度になるであろう。これでは、優秀な人材が多くは集まらない。

このように、弁護士の職業的魅力が著しく減少し、弁護士という職業が成り立たない者が相当数にのぼることは、法曹志願者の激減の根本的な理由であり、有為な人材を法曹から遠ざけていると言わざるを得ない。

6　弁護士は、政治的・経済的・社会的弱者の人権擁護のために公権力と対峙し、社会正義実現の職務を果たすために、弁護士の職務の独立性、適正性を確保する必要があり、そのためには、弁護士の経済的な自立性を欠くことができない。

司法試験の合格者を急増させる場合には、本来であれば、実務に就くまでに、旧制度よりも手厚い教育を受けさせる必要があったが、逆に司法修習期間が短縮され、教育の内容も希薄化し、空洞化させている。

また、弁護士需要をはるかに超えた供給により大幅な弁護士過剰を発生させ、法律事務所の経営が悪化していることから、司法修習修了者を雇うことができないため、司法修習生の就職難が生じ、オン・ザ・ジョブトレーニングの機会に恵まれない弁護士が急増している。弁護士が、その職務を果たすべく技能を習得するには、机上で学ぶだけでは足りず、実際の事件を通じた責任ある立場で、先輩弁護士からの教育や試練が必要不可欠であるが、十分なオン・ザ・ジョブトレーニングの機会を経ることができなくなっている。このように、法曹、とりわけ弁護士の質の低下は、あらゆる面から免れなくなっている。

7　改めて指摘するまでもなく、法曹、とりわけ弁護士の職責は、社会正義の実現であり、基本的人権の擁護である。司法制度は、人権の最後の砦である。しかるに、法曹の質の低下は、国民の人権擁護に直結する極めて重大な問題である。司法試験合格者が多過ぎることによる弁護士過剰の社会的弊害は顕著であり、司法制度は既に崩壊の危機に直面している。

これまでにも、日弁連の委員会、司法シンポジウム、法曹養成制度等改革協議会、司法制度改革審議会、研究会、総務省、最高裁の調査及び統計など、既にかなり出尽くしている。これに、弁護士会、弁護士グループなどが実施した調査結果及び国税庁の弁護士の所得の統計などを加えれば、今後２年間の法曹人口の調査結果を待つまでもなく、既に司法試験合格者数が大幅に多すぎることは明白である。

よって、要望の趣旨記載の要望を行う次第である。

5-9　法曹人口と法曹養成に関する声明（法曹人口問題全国会議）2014年1月20日

法曹人口と法曹養成に関する声明

2014. 1. 20

今回の法曹養成改革は、法の支配と称して「法曹像の転換」を唱え、法科大学院を擁護して、「法曹有資格者」の活動領域を拡大することを一番の目的としています。それでは、プロフェッションとしての法曹の役割を変え、資格の価値を引き下げる結果となります。このままでは、弁護士の対応が不十分なまま、以下の極めて重大な政策決定がなされてしまいます。

①「法曹有資格者」制度を新設し、法曹資格付与、非弁活動禁止及び弁護士強制加入などの制度の適用を除外する。

② 司法試験合格者数について、１５００人への減員のみならず２０００人の減員すら提言しない。

③ 法科大学院の入学者を確保し、法曹有資格者を作り出すために、予備試験の受験資格制限を設ける。

④「共通到達度確認試験」制度を導入し、教育と司法試験の内容を変更し、司法試験の合格率を上げる。

全国の弁護士の有志の集まりである法曹人口問題全国会議は、政府の改革推進会議に対し、１２月４日に、早期に合格者を１０００人以下にする旨の要望書※を提出しました。今以上に優秀な人材が法曹を目指さなくなり、法曹の質が低下し、弁護士の職務の独立性と適切さが奪われることを避けるために、弁護士と弁護士会は、絶対に反対しなければならないと考えます。

法曹人口問題全国会議
代表　伊澤正之（栃木）小出重義（埼玉）
立松　彰（千葉）辻　公雄（大阪）
事務局長　武本夕香子（兵庫）tel 072-787-8010
事務局次長　及川智志（千葉）

1　法曹養成制度改革推進会議の検討体制と検討期間

政府は、法曹養成制度検討会議及び同関係閣僚会議（平成２４年８月～同２５年７月）の後継組織として平成２５年９月、法曹養成制度改革推進会議（議長官房長官と５人の閣僚）を発足させた。その下に、法曹人口と法曹養成については顧問会議、法曹有資格者の活動領域の拡大について法務省に有識者会議(その下に三つの分科会)を設置し、研究者グループの法曹人口調査検討会合も設けた。

この推進会議の庶務は内閣官房が担当し、その下に実務組織として法曹養成制度改革推進室を設置し、審議を主導する体制を敷き、平成２７年７月までに結論を出す。

2　弁護士のあり方と経済的自立の必要性、「法曹有資格者」制度の危険性

弁護士が人権擁護と社会正義実現の役割を果たし、職務の独立性と適正性を確保し、弁護士のあり方を変質させず、業務の劣化を回避するには、弁護士過剰によって弁護士の経済的な自立性が奪わることを阻止しなければならない。

また、司法修習や弁護士の経験がないか、経験の浅い者が「法曹有資格者」として、職務の独立性の保障がないままに企業内弁護士や任期付公務員になることは、自主・独立の弁護士制度とは異質で、法曹養成制度と強制加入制度を崩し、非弁活動禁止に反し、弁護士業務を縮小させる。

3　司法試験合格者年間１０００人以下に減員する必要性

司法試験合格者２０００人が続けば、弁護士人口が8万人、１５００人で6万３０００人、１０００人でも４万６０００人となる。１９９９年の合格者１０００人のままでも３万７０００人になり、弁護士需要に足りたはずである。

日弁連、司法審、閣議の「合格者年間３０００人と合格率８０％」という、とんでもない計画と政策を総括せず、根本的な誤りを看過することは、許されないはずである。

4　法科大学院の志願者の激減、予備試験の受験資格制限

入学者数は平成２５年に前年の３１５０人から２６９８人に減少し、平成２５年の法科大学院全国統一適性試験の入学有資格受験者数も前年の５８０１人から４７９２人に減少した。平成２６年の入学者は２３００人程度と推測され、数年後には１５００人程度に落ち込むであろう。

有為な人材が法曹を目指さなくなったのに司法試験合格者数を維持することはレベルを下げ法曹の質を劣化させる。

予備試験の合格者数を厳しく制限し、在学生や２５歳未満の受験制限をする制度は、不合理、かつ不公正である。

5　弁護士の経済基盤の喪失（所得格差と貧困化）

国税庁の統計の２００８年と２０１２年を比較すると、確定申告をした弁護士の数が2万３４７０人から2万８１１６人に増加しているのに、事業所得の総額が３２９９億円から２６９９億円に減少し、そのため、一人当りの所得の平均値が１４０６万円から９６０万円に激減している。

しかも、この平均値は、見かけ上の数値で、弁護士間の所得格差により極端に歪められている。即ち、国税庁の統計から推計すると、上位７%のグループが全弁護士の所得の５２%を占め、一人当りの所得が６７４５万円である。

これに対し、残る９３%のグループの一人当りの所得は５０１万円にすぎない。以上は事業所得だけで、総所得は４割程の給与所得等を加算し、平均７００万円になる。

開業医の所得の４分の１、勤務医、主なマスコミや商社等の給与の半分くらいで、公務員と同じ程度である。

更に深刻なことに、今後も弁護士が年４、５%増加し、一人当りの売上が落ち、事務所の維持が出来なくなる。弁護士過剰により職業的魅力を失った弁護士層に優秀な人材がますます集まらず、司法の機能の低下をもたらす。

※ 週刊法律新聞　平成２６年1月１０日号　７頁

＊カンパのお願い　（振込先）三菱東京ＵＦＪ銀行大宮支店
普通預金　口座番号 ０１７８５３１
口座名義「法曹人口問題全国会議 弁護士 小出重義」
＊情報交換の場としてメーリングリストに加入希望の方は、氏名・所属・期を明記し、件名「法曹人口問題全国会議ＭＬ」で「veritas7@abeam.ocn.ne.jp」へメールして下さい。

法曹人口と法曹養成制度の研究会と懇親会
（参加は自由です。是非ご参加ください）
日時　２０１４年2月8日（土）午後２～5時
場所　貸会議室プラザ八重洲北口　　徒歩5分
（東京都中央区八重洲 1-7-4　矢満登ビル　3階6号室
ＴＥＬ　０３－３２７４－７７８８）

5-10　司法試験合格者数と予備試験制限に関する意見表明（法曹人口問題全国会議）2014年11月10日

2014年11月10日

司法試験合格者数と予備試験制限に関する意見表明

法曹養成制度改革推進会議等に対する要請書提出という方法により、本日、当会議の意見を表明しました。
弁護士人口及び法曹養成制度の見直しについて関心を寄せ、私どもの研究と活動にご理解とご協力をお願いします。

法曹人口問題全国会議　代表　伊澤正之（栃木）小出重義（埼玉）纐纈和義（愛知）立松　彰（千葉）辻　公雄（大阪）
事務局長　武本夕香子（兵庫）TEL 072(787)8010　次長　及川智志（千葉）TEL 047(362)5578

司法試験合格者数と予備試験に関する要請書

要請の趣旨

当会議は政府に対し、司法試験の年間合格者数を速やかに1000人以下に減員すること及び予備試験に制限を設けないことを求める。

要請の理由

1　司法試験の合格者数の減員について

本年の司法試験の合格者数は1810人で、昨年の2049人から相当減少したが、低い合格基準と弁護士の大幅過剰が続いている状況からして、この程度の減員では全く不十分である。本年の法科大学院入学者は2272人であるが、適性試験受験者は4091人で2003年に比べ10分の1以下に落ち込み、来年の入学者は2000人以下になる可能性が高い。また、昨年12月の一括登録日に弁護士登録しなかった修習修了者は584人であった。独立開業、事務所内独立採算及び未登録の者の合計は350人程度と推計される（2014年7月の日弁連調査）。

弁護士人口は、1999年から2013年の14年間で2倍に急増したが、需要拡大がなく、弁護士の所得は半減し、2013年の平均値907万円、中央値600万円である（2014年日弁連調査）。所得格差が著しく拡大し、上位7%の者が平均7000万円で全体の所得の52%を占め、一方、400万円以下の者が35%を占める（国税庁の2013年分の統計）。弁護士の職業としての魅力が急速に失われ、優れた人材が法曹界を敬遠し、有利な他の職業を選択する傾向を強めている。就職難、弁護士登録後のＯＪＴの環境悪化ばかりか、多くの弁護士が人権活動、弁護士会の委員会活動等に消極的になっている。更には、弁護士が独立して適正に職務を遂行することが困難となり、弁護士の質の低下と信用の失墜が指摘される事態が生じている。

弁護士は、基本的人権の擁護と社会正義の実現を使命とする（弁護士法第1条）が、弁護士過剰は、弁護士が社会的使命を果たすために不可欠な経済的基盤と弁護士自治を破壊し、不祥事を多発させる。これまで政府機関、有識者会議、マスコミ及び日弁連が、弁護士の使命と職務環境について理解を欠き、弁護士大幅増員政策を遂行してきたが、その弊害を国民が蒙ることになる。法曹の人材の劣化と弁護士過剰の弊害による深刻な事態は、司法改革による急激かつ大幅な合格者増員政策に起因するものであるから、早急に合格者を大幅に減員する必要がある。これまで15の弁護士会と2つのブロック会が司法試験合格者数を1000人以下に減員することを求める決議や会長声明を行っている。また、会員のアンケート調査によると、適正な合格者数を1000人以下とする回答は合計約80%を占め、1500人以上の回答は十数%にすぎない。

「法曹有資格者」の活動領域の拡大の問題について、当会議の2013年7月実施の会員アンケートの問3「司法試験に合格しても法曹にならず、他の分野に就職すればよいから、合格者を多くするという政策について」、90.2%が反対の回答で、賛成の回答は4.1%にすぎない。この問題は、自主独立の弁護士制度に深刻な影響を及ぼすことが考えられるから、非弁活動の禁止と任期付撤廃など、条件整備が不可欠である。

2　予備試験の制限について

本年の法科大学院全国統一適性試験の受験者は4091人であるのに対し、予備試験の受験者は1万0347人と約2.5倍である。また、本年の司法試験において、法科大学院修了者は合格者1647人、合格率21.2%であるのに対し、予備試験合格者は合格者163人、合格率66.8%である。合格率が1対3以上の大きな差が生じている。両者の司法試験の合格率を均衡させなければならないとする2005年3月25日の閣議決定によるならば、予備試験合格者を3倍以上に増加させ司法試験の合格率が下がれば、合格率の差が縮まる。このままでは、国家試験の公正・平等に反し、憲法に違反している。

2014年の予備試験の最終合格者は365人と昨年より5人増えただけで頭打ちにされており、2015年の司法試験においても、「予備試験合格者数が絞られることで、実質的に予備試験受験者が法科大学院を修了した者と比べて本試験受験の機会において不利に扱われることのないようにする」という閣議決定に違反する事態は解消しない。法科大学院協会及び日弁連は、法科大学院が法曹養成の中核であるとする立場から、予備試験制度に何らかの制限を加えることを主張し、法学部三年生からの飛び級まで議論している。予備試験を制限すれば法科大学院の入学者が増加するであろうが、弁護士人口が大幅過剰状態であるのに、司法試験合格者を大幅に削減しないとしているから、優れた人材が多く集まる状況を回復することができず、入学者の数もそれほど増加しないであろう。

もともと、我が国は、アメリカのロースクール制度と違い、四年制の法学部が存在し、法学部を充実させれば法科大学院は不可欠な制度ではない。予備試験の受験資格の要件として、年齢、在学中、経済的事情という事柄を取り上げることは、司法試験と同様、合理性がない。法学の修得は大学院の授業を受けなくとも可能であり、法学部修了者がそのまま司法試験を受験できない制度は、法学部の教育課程を否定するものである。地方の法科大学院の廃校が進めば進むほど、予備試験の制限は地方の法学部生にとって大変に不利になる。

このように、予備試験の制限は、著しく正義と公平の観念に反すると言わざるを得ない。むしろ、予備試験を簡素・短期化して、同じ年に司法試験を受験できるようにすべきである。合格者数を減少させ給費制と修習期間を元に戻すべきである。

※カンパのお願い（振込先）三菱東京ＵＦＪ銀行大宮支店・普通預金・口座番号　０１７８５３１　口座名義「法曹人口問題全国会議 弁護士 小出重義（コイデシゲヨシ）」

※最新情報入手のためにメーリングリストにご加入下さい。
氏名・所属・期を明記のうえ、件名「法曹人口問題全国会議ＭＬ」で「veritas7@abeam.ocn.ne.jp」にメールして下さい。

6-1　単位会の共同の法曹養成制度改革推進会議への申入書

法曹養成制度改革推進会議　御中

申　　入　　書

２０１３（平成２５）年１２月２日

埼玉弁護士会
会長　池　本　誠　司
（公印省略）

千葉県弁護士会
会長　湯　川　芳　朗
（公印省略）

栃木県弁護士会
会長　橋　本　賢　二　郎
（公印省略）

群馬弁護士会
会長　小　磯　正　康
（公印省略）

長野県弁護士会
会長　諏　訪　雅　顕
（公印省略）

兵庫県弁護士会
会長　鈴　木　尉　久
（公印省略）

山口県弁護士会
会長　大　田　明　登
（公印省略）

佐賀県弁護士会
会長　桑　原　貴　洋
（公印省略）

大分県弁護士会
会長　千　野　博　之
（公印省略）

札幌弁護士会
会長　中　村　隆
（公印省略）

第１　申入れの趣旨

年間司法試験合格者数の大幅減員への早急な対応を求める。

第２　申入れの理由

１　政府は、法曹養成制度関係閣僚会議の決定において、本年７月１６日、法曹養成制度検討会議の取りまとめを受け、今後の法曹人口の在り方について、法曹人口に関する調査を行い、その結果を２年以内に公表するとした。

２　しかし、法曹人口は、司法制度改革審議会意見書（２００１年６月）において増員が提言されていた裁判官、検察官の増員がもっぱら予算上の理由のみで抑制されたまま、弁護士人口のみが急増している。また、司法修習終了後の一括登録時における未登録者数は、年々増加の一途を辿り、昨年度は５４６人、今年度はさらにその数を上回る状況である。

その結果、新規登録弁護士の就職難が社会問題化していることは周知の事実である。既存の法律事務所において研鑽（ＯＪＴ）の機会すらない新人弁護士が急増すると、国民の基本的人権の尊重や社会正義の実現という弁護士の責務を充分に尽くすことができず、その不利益が国民に及ぶおそれを生じさせる。

３　しかも、弁護士需要の主たる指針となる裁判所での訴訟件数は、弁護士数が急増しているにも関わらず減少の一途である。このような現状では、新規登録弁護士は、就職難とあいまって研鑽の機会がさらに減少するおそれが大きい。

４　さらに、法科大学院入学志望者数の推移にみられるように法曹志望者が激減している実情は、この問題が一刻の猶予も許されない極めて深刻な事態であることを示している。法曹志望者の激減の原因は、法曹資格取得後の就職や開業に十分な見通しを立てることができない司法修習修了者や新規登録弁護士の実情が明らかになっているためである。このような状況が今後も続く限り、将来法曹を担うべき有為な人材がいなくなることになり、司法が機能しなくなる可能性も否定できない。

弁護士人口が既に供給過多に陥っていることは総務省による政策評価（２０１２年４月）によって明らかにされ、長野県議会（２０１０年７月）、埼玉県議会（２０１２年１２月）、北海道議会（２０１３年７月）、静岡県議会（２０１３年１０月）でも需要に見合った司法試験合格者数の減員を求める意見書が採択されている。

５　そのような中で今年度の司法試験合格者数も２０００人を超えた。この状況を放置し２年間も結論を先送りすることは法曹制度そのものの崩壊を招くことにならざるを得ない。

よって、来年度に向けて直ちに司法試験合格者数の大幅な減員のための方策を具体化することを強く求める。

以　上

2

6-2　申入書（2014年3月19日）

２０１４（平成２６）年３月１９日

法曹養成制度改革推進会議　御中

法曹養成制度改革顧問会議　御中

法曹養成制度改革推進室　御中

申　入　書

埼玉弁護士会
会長　池　本　誠　司（公印省略）
千葉県弁護士会
会長　湯　川　芳　朗（公印省略）
栃木県弁護士会
会長　橋　本　賢　二　郎（公印省略）
群馬弁護士会
会長　小　磯　正　康（公印省略）
山梨県弁護士会
会長　東　條　正　人（公印省略）
長野県弁護士会
会長　諏　訪　雅　顕（公印省略）
兵庫県弁護士会
会長　鈴　木　尉　久（公印省略）
愛知県弁護士会
会長　安　井　信　久（公印省略）
山口県弁護士会
会長　大　田　明　登（公印省略）
佐賀県弁護士会
会長　桑　原　貴　洋（公印省略）
大分県弁護士会
会長　千　野　博　之（公印省略）
仙台弁護士会
会長　内　田　正　之（公印省略）
山形県弁護士会
会長　伊　藤　三　之（公印省略）
秋田弁護士会
会長　江　野　栄（公印省略）
札幌弁護士会
会長　中　村　隆（公印省略）

- 1 -

第１　申入の趣旨

現在構想されている法曹人口調査検討の手法を抜本的に見直すとともに、調査検討の結果を待つことなく２０１４（平成２６）年司法試験から直ちに司法試験合格者数の大幅減少に踏み切ることを求める。

第２　申入の理由

１　現在、法曹養成制度改革推進室（以下、推進室という）は、法曹人口に関する調査を２０１５（平成２７）年３月まで続け、この調査結果が出るまで法曹人口に関する政策的提案は行わないという見解を表明している。そして、その調査の視点、具体的な調査方法、調査項目等については、学者で構成される法曹人口調査検討会合（以下、調査検討会合という）における検討に委ねることになっている。しかし、このような法曹人口問題に関する調査検討の方法には、以下に述べるように重大な疑義があると言わざるを得ない。

２　まず第１に、調査が終わるまで一切の政策的提案を行わないとしている点である。上記のような調査を行うまでもなく、現状の２０００人の司法試験合格者数で様々な弊害が生じていることは明らかであり、これに対する対処は一刻の猶予も許されない状況になっている。法曹養成制度検討会議と法曹養成制度関係閣僚会議が「司法試験合格者数を３０００人程度とする数値目標は現実性を欠く」旨を決めたのも、現状で弊害が認められるからである。

既に２０１２（平成２４）年に総務省による政策評価がなされているのであるから、改めて大がかりな調査を行うまでもなく、２０１４（平成２６）年の司法試験から直ちに司法試験合格者数の削減に踏み切るべきである。この点は、すでに２０１３（平成２５）年１２月２日付の１０弁護士会連名による申入書でも述べたとおりである。

３　第２は、これから行われようとしている調査検討手法の問題点である。推進室は、法曹人口調査の視点・考慮要素例（案）として、需要、質の確保・法曹の供給、対比的視点、均衡的視点、公益的業務等をあげた上で、既存のデータ分析に加えて新しいデータの収集・分析を学者からなる前記調査検討会合に委ねようとしている。

しかし、１年以上にわたる大がかりな調査検討を経なければ、当面の司法試験合格者数を動かし得ないということは、およそ理解しがたいことである。たとえば、公認会計士、医師、歯科医師等においても、その人口の過不足が問題とされ、養成数の増減が行われたことがあるが、その際においても上記のような大がかりな調査が行われたことはない。側聞するところによれば、調査検討会合は、インターネットによる意識調査等を検討しているようであるが、そのような一般的な意識調査が差し迫って必要なものとは思われない。今行わなければならないことは、現実に発生している弊害をいかにして除去するかという現実的・実践的な課題であり、理想的な法曹人口はいかにあるべきかという抽象的な議論ではない。

また、前記調査検討会合の構成員に、実務を担う法曹三者（裁判官・検察官・弁護士）が含まれていないことは問題である。どのような調査をいかにして行なうのかという調査の在り方自体にも法曹三者の意見を反映させなければ、実務と遊離した意味に乏しい調査となるおそれがある。

4　以上のとおり、データの収集・分析を学者グループによる学術的研究に委ね、理想的な法曹人口はいかにあるべきかという抽象的な議論を悠長に行うのではなく、現実に発生している弊害を除去するという実践的な観点から、当面する法曹人口の調査検討が行われるべきである。こうした観点からは、次回の司法試験から直ちに合格者数の削減に踏み切るべきであるとともに、一度合格者数を変更したからといって、それを固定化する必要もない。削減によって弊害が除去されたかどうかを年々検証しながら、その後の合格者数をどうするべきかについて継続的に検討していく態勢を整備するべきである。学者のみによって構成される調査検討会合のあり方についても、抜本的に見直すべきである。

以上

6-3　申入書（2014 年 10 月 14 日）

２０１４（平成２６）年１０月１４日

法曹養成制度改革推進会議　御中
法曹養成制度改革顧問会議　御中
法曹養成制度改革推進室　　御中

申　入　書

埼玉弁護士会
会長　大 倉　浩
（公印省略）

千葉県弁護士会
会長　蒲 田　孝 代
（公印省略）

栃木県弁護士会
会長　田 中　真
（公印省略）

群馬弁護士会
会長　足 立　進
（公印省略）

山梨県弁護士会
会長　小 野　正 毅
（公印省略）

長野県弁護士会
会長　田 下　佳 代
（公印省略）

新潟県弁護士会
会長　小 泉　一 樹
（公印省略）

兵庫県弁護士会
会長　武 本　夕香子
（公印省略）

愛知県弁護士会
会長　花 井　増 實
（公印省略）

1

山口県弁護士会
会長　松 村　和 明
（公印省略）

岡山弁護士会
会長　佐々木　浩 史
（公印省略）

鳥取県弁護士会
会長　佐 野　泰 弘
（公印省略）

佐賀県弁護士会
会長　牟 田　清 敬
（公印省略）

大分県弁護士会
会長　岡 村　邦 彦
（公印省略）

鹿児島県弁護士会
会長　堂 免　修
（公印省略）

仙台弁護士会
会長　齋 藤　拓 生
（公印省略）

福島県弁護士会
会長　笠 間　善 裕
（公印省略）

山形県弁護士会
会長　峯 田　典 明
（公印省略）

青森県弁護士会
会長　源 新　明
（公印省略）

札幌弁護士会
会長　田 村　智 幸
（公印省略）

第１　申入れの趣旨

２０１５（平成２７）年司法試験における司法試験合格者数の更なる減員を求める。

第２　申入れの理由

１　政府は、法曹養成制度関係閣僚会議の決定において、２０１３（平成２５）年７月１６日、法曹養成制度検討会議の取りまとめを受け、今後の法曹人口の在り方について、法曹人口に関する調査を行い、その結果を２年以内に公表するとした。

２　これに対し、埼玉、千葉県、栃木県、群馬、長野県、兵庫県、山口県、佐賀県、大分県、札幌の１０弁護士会は、２０１３（平成２５）年１２月２日付連名の申入書において、司法修習生の就職難の拡大、訴訟事件の減少、新人弁護士の研鑽（ＯＪＴ）機会不足等の事実を指摘した上で、法曹資格取得後の就職や開業に見通しが立たないことが、法科大学院入学志望者の激減に繋がっており、このような状況が今後も続く限り、将来法曹を担うべき有為な人材がいなくなり、司法が機能しなくなる可能性も否定できないとして、年間司法試験合格者数の大幅減員への早急な対応を求めた。

また、上記１０弁護士会に山梨県、愛知県、仙台、山形県、秋田を加えた１５弁護士会は、本年３月１９日付連名の申入書において、法曹養成制度検討会議と法曹養成制度関係閣僚会議が「司法試験合格者数を３０００人程度とする数値目標は現実性を欠く」としたのは現状の２０００人の司法試験合格者数で様々な弊害が生じているからであり対処に一刻の猶予も許されないこと、既に２０１２（平成２４）年に総務省による政策評価がなされており改めて大がかりな調査を行うまでもないことなどから、２０１４（平成２６）年の司法試験から直ちに司法試験合格者数の大幅減少に踏み切ることを求めた。

なお、日弁連は、２０１２（平成２４）年３月１５日の時点で、「法曹人口政策に関する提言」において、「司法試験合格者数をまず１５００人にまで減員し、更なる減員については法曹養成制度の成熟度や現実の法的需要、問題点の改善状況を検証しつつ対処していくべきである。」とまとめているところである。

３　その後、自由民主党政務調査会司法制度調査会・法曹養成制度小委員会合同会議は、本年４月９日付「法曹人口・司法試験合格者数に関する緊急提言」において、「在るべき法曹人口について政府は内閣官房法曹養成制度改革推進室が行う法曹人口調査の結果を待って判断するとしているが、この調査には今後１年以上も時間がかかり、調査結果を待ってさらに議論を重ねるということでは遅きに失することが明白である。このような徒に時を重ねる対応では、わが国の法曹養成制度及び司法制度は早晩危機に瀕すと言っても過言ではない。」との認識の下、「まずは平成２８年までに１５００人程度を目指すべき」と結論付けた。

また、公明党法曹養成に関するプロジェクトチームも、同日付「法曹養成に関する緊急提案」において、「次世代の法曹界への希望や熱意を冷まし、有為な人材を遠ざけ、法曹志望者の裾野を狭めている」と現状を憂慮し、「現在の体制のまま、漫然と司法試験合格者の数を維持、ないし増加することは、残念ながら、国民の権利を守るどころか、むしろこれを損なうおそれすらあると言わざるをえない。」とした上で、「合格者数を２０００人程度とする現状で、こうした事態が生じていることに鑑みれば、司法試験の年間合格者数を、まずは１８００人程度とし、その後、今後の内閣官房法曹養成制度改革推進室の法曹人口調査検討を踏まえつつ、１５００人程度を想定する必要もあるのではないかと思料する。」と結論付けた。

前述のとおり、総務省は既に２０１２（平成２４）年４月に政策評価を発表しており、そこでは、「現状では２，０００人規模の増員ペース（年間合格者数）を吸収する需要は顕在化しておらず、現在の需要規模と増員ペースの下、弁護士の供給過多となり、新人弁護士の就職難や即独、ノキ弁が発生・増加し、ＯＪＴ不足による質の低下などの課題が指摘される状況となっている。」として早期減員の必要性を示唆する勧告を行っている。

このように、司法試験合格者数を早急に減少させる必要があることは、弁護士会のみならず、政党、省庁においても十分認識されるに至っている。

4　本年の司法試験合格者は１８１０人であり、昨年の２０４９人から一定程度減少したものの、各方面から指摘されている供給過多による弊害の解消にはまだ不十分であり、引き続いて更に減員を進めることが不可欠である。

よって、２０１５（平成２７）年司法試験における司法試験合格者数の更なる減員を求める。

以　上

6-4　院内集会開催のご案内（平成 26 年 5 月 21 日）

弁護士激増の問題を考える！

～　院内集会開催のご案内　～

日　時：　平成26年5月21日（水）　12時～13時 （開場 11時45分）

場　所：　衆議院第二議員会館　1階　多目的会議室 （定員141名）

司法試験合格者数の大幅減員を早急に

政府の増員政策のもと弁護士人口は激増の一途を辿っています。新人弁護士の就職難が社会問題化し，既存の法律事務所での研鑽（ＯＪＴ）の機会すらない新人弁護士が急増しています。このような状況を背景に，弁護士を目指そうとする者が激減するなど，弁護士の激増が司法界にもたらす弊害は深刻です。このままでは，司法の利用者である国民の基本的人権の尊重や社会正義の実現にも影響を及ぼす危険があります。

弁護士人口が供給過剰の状況にあることは明らかであり，各地の県議会，市議会で司法試験合格者数の減員を求める旨の意見書が採択されています。司法試験合格者数の大幅減員の早期実現を目指す中，多くの国会議員，識者、弁護士の方々からご意見をいただくため、このたび院内集会を開催することになりました。多くの皆様のご参加をお待ちしております。

主催　埼玉弁護士会，札幌弁護士会，千葉県弁護士会，長野県弁護士会，青森県弁護士会，兵庫県弁護士会，山梨県弁護士会，愛知県弁護士会，新潟県弁護士会，大分県弁護士会，宮崎県弁護士会，山形県弁護士会，栃木県弁護士会，仙台弁護士会，山口県弁護士会，佐賀県弁護士会，富山県弁護士会，福島県弁護士会

【事前の申込が必要です】

※5月19日までにお申し込みください。但し，定員になり次第，受付を締め切らせていただきます。
※当日は，衆議院第二議員会館の入口受付付近にて，通行証をお渡しします。
※国会議員の方は事前申込不要です（可能な限り事前申込に御協力ください）。

参加申込書　送信先　ＦＡＸ　０４８－８６６－６５４４　埼玉弁護士会行

所属（所属弁護士会等）＿＿＿＿＿＿＿＿＿＿＿＿＿＿＿＿＿＿

名前＿＿＿＿＿＿＿＿＿＿＿＿＿＿＿＿＿＿

ＴＥＬ＿＿＿＿＿＿＿＿＿＿　ＦＡＸ＿＿＿＿＿＿＿＿＿＿

お問い合わせ先　弁護士　尾崎　康　TEL048-829-9107　弁護士　大塚信之介　TEL048-862-1853

7　憲法と人権の日弁連をめざす会の文書

めざす会ニュース 144号
2014/4/25

発行：憲法と人権の日弁連をめざす会〔代表 高山俊吉〕
〒105-0003 東京都港区西新橋 1-8-12　端谷ビル２階
TEL：03(5157)5488　FAX：03(5157)5489
メール：mezasukai.mail@gmail.com　ホームページ：http://mezasukai.jp/

日弁連つぶしの「法曹有資格者」制度！

日弁連定期総会（5. 30 仙台）に出席し議論しよう

■法務省の下に設かれた「法曹有資格者の活動領域の拡大に関する有識者懇談会」が、司法試験合格者をすべて「法曹有資格者」とし、司法修習を経ず、弁護士登録をしなくても、企業や国・地方自治体に雇用されたり、企業・公的機関などの海外展開に対する法的サービスの提供に従事する場合は、法律業務を取り扱うことを認め、その「活動領域」を拡大しようとしている。「法曹」ではなくその「有資格者」と名付けた法律業務取扱資格を設ける理由は何か。その「活動領域」を拡大しなければならない理由は何か。

■「懇談会」は、「法曹有資格者」は、法科大学院の多額の学費負担に対する見返りとして、また司法修習生の給費制廃止による経済的負担の困難性と激増による弁護士としての収入の激減を逆手にとり、修習や弁護士登録をせずとも法律業務を取り扱える職種を設けようというものである。それは人気急落中の法科大学院制度の延命をはかるためだけではない。弁護士法や会則等の適用を受けず、会費や会務の負担もなく、基本人権の擁護は使命とされず、雇用主である企業や国・地方自治体等に対して忠実で使い勝手のよい法律業務取扱者を大量に作り出そうというのだ。

■それを許せば弁護士資格の意味は低下し、日弁連も弱体化して弁護士自治は無意味となる。「法曹有資格者」は、私たち弁護士・弁護士会の対立物にほかならない。この制度は、憲法改悪と戦争国家化の障害となる日弁連つぶしがその狙いにある。ところが日弁連執行部は「キャリアサポートセンター」なる組織を作り、人と資金を投じてそれを育成・研修をしようとしている。

　定期総会では本年度の予算案が議論される。会費を弁護士・弁護士会と対立するものに使うことなど認められない。

5.21 裁判員制度はいらない！市民集会へ

日時　5月21日（水）開場 18:00　開会 18:30
会場　日比谷公園・日比谷図書文化会館　B1F
発言　☆高山俊吉（東弁）
　　　☆遠藤きみ（元裁判官・東弁）“『絶望の裁判所』の先に”
　　　☆福島裁判員ストレス損害賠償訴訟の現場から
主催　裁判員制度はいらない！大運動
入場無料

●裁判員制度はいよいよ破局・崩壊です。昨年の裁判員候補者の平均出席率は制度実施以来初めて 30% を割り、今年 1 月末に早くも 26% 台に。出頭サボタージュ現象に拍車がかかり、いまやつるべ落とし状態。この 5 年間、判決を言い渡した被告人の数が 8% も減っているのに、公判前整理手続きの期間は 20% も長くなり、平均審理期間も否認事件で 9% も長くなっています。

●裁判員を義務づけたのは国民の意見をまんべんなく反映させるためというのが政府・最高裁の立場でした。裁判員参加で審理期間を短縮するのだとも言われました。しかしいまや、裁判員裁判はまんべんない世論どころか、ごく一部の国民の特異な司法観によって辛くも支えられる状態になり、しかも当初のもくろみとは正反対に起訴から判決までの期間が裁判官裁判の時代よりも長くなりました。制度は順調どころの話ではありません。

●一審裁判員裁判の控訴審逆転の頻出、裁判員裁判経験者の国家賠償請求訴訟提起、裁判員の一斉「職場」放棄など、この 1 年間の裁判員裁判をみただけでも、無謀な制度の終焉を知らせる重大事件が頻発しています。

●裁判員制度廃止！市民集会の成功へ。弁護士の方々の参加を呼びかけます。

「法曹有資格者」制度粉砕！　集団的自衛権の容認を許さない

4. 9弁護士・市民集会（クレオ）のスピーチから

■発言１「司法改革の破綻と『法曹有資格者制度』の狙い」

武内更一弁護士　・2014年日弁連会長選挙候補者

●弁護士激増政策の結果、法曹志望者が年間３万５千人から９千に激減し、法科大学院制度導入の結果、新人弁護士は数百万円から一千万円以上の借金を負わされ、多くの弁護士が経済的苦境に追い込まれるなど、司法改革は破綻状況にある。

●そのため、政府は、司法試験に合格しても弁護士登録をしない「法曹有資格者」を制度化し、企業の利益や海外侵略の手先や、公営住宅の家賃や病院の治療費、税金の取立人にして、法務省の監督下に置こうとしている。

■発言２「改憲とメディア支配」

鈴木達夫弁護士　・2014年東京都知事選候補者

●米国の凋落で、米国を軸とする戦後世界の一定の秩序が流動化し、ＥＵ（中心はドイツ）、日本、ロシア、中国が資源・労働力・市場を求めて古典的とも言えるぶんどりあいを始めている。安倍政権のむき出しの国家主義、改憲・集団的自衛権容認は、そのような情勢下での対米対抗性、つまり、目下の同盟者だった日本が米国と対等となり、軍事協力をするための仕掛けづくりだ。

●その安部政権がＮＨＫに右翼を送り込み、籾井会長を選出させたのは、メガメディアとも言われる第４の権力をあやつり、大本営放送にするためである。また、新最高裁長官に就任した寺田逸郎氏は26年間、法務省や外務省の官僚をつとめており、安部首相が安心できる人物として送り込んだ。

★カンパをぜひお願いします。
銀行口座：三菱東京 UFJ 銀行・銀座通支店
　　　　　普通１００８０５５
郵便振替：００１１０−７−１６５１３９
　　　　　（ゆうちょ銀行：019・店当座）
名義「憲法と人権の会」（ケンポウトジンケンノカイ）

めざす会ニュース 145号
2014/5/28
発行：憲法と人権の日弁連をめざす会〔代表 高山俊吉〕
〒105-0003 東京都港区西新橋 1-8-12　端谷ビル２階
TEL：03(5157)5488　FAX：03(5157)5489
メール：mezasukai.mail@gmail.com　ホームページ：http://mezasukai.jp/

「法曹有資格者」制度粉砕 日弁連定期総会（5.30 仙台）へ
法科大学院制度廃止！ 予備試験をなくすな！

日弁連が設置した法律サービス展開本部の第１回会議が４月１７日に開催され、その下に「ひまわりキャリアサポート」「自治体等連携」「国際業務推進」の３つのセンターが設けられた。３センターは、法務省の「法曹有資格者の活動領域の拡大に関する有識者懇談会」（「法曹有資格者懇」）の下につくられた「企業」、「国・地方自治体・福祉等」、「海外展開」の３分科会にそれぞれ対応する。日弁連は、「法曹有資格者懇」で、司法試験合格者を「法曹有資格者」と呼び、司法修習を経ず弁護士登録をしない者についても日弁連・弁護士会が企業、国・地方公共団体、国際機関等への就職を斡旋し、継続研修を施す体制を作ることを約束し、２０１４年度予算でこれに４５８０万円も計上している。これは法曹志望者から拒否され崩壊に直面した法科大学院制度を延命させるとともに、弁護士制度と日弁連自体の解体を推し進めるものである。

経済同友会は、今年５月９日に発表した提言「社会のニーズに質・量の両面から応える法曹の育成を」において、①司法試験合格者年３０００人への拡大と合格基準見直し、②予備試験廃止、③法科大学院の就学期間短縮、④司法研修所の廃止ないし裁判官・検察官養成機関化、⑤弁護士のさらなる競争と費用の「最小限」化、などを主張している。

全国の弁護士は結束して弁護士・日弁連　つぶしの攻撃と対決しよう。

弁護士は固く手を結び安部政権と対決しよう

安倍首相は、５月１５日、「安全保障の法的基盤の再構築に関する懇談会（安保法制懇）」の報告を受け、集団的自衛権の行使容認に向け憲法解釈見直しをめざす「基本的方向性」を発表した。政府の解釈で改憲を断行する暴論の登場だ。政権は「他の国を守る」と称して現実に武力を行使する路線を走り始めた。

靖国に参拝して戦争犯罪人たちに手を合わせ、アジアの民衆を相手に再び軍事力を使うことを厭わない思想を、私たちは決して許さない。

「基本的方向性」に対する日弁連会長の声明を私たちは承認しない。それは、「安保法制懇の指摘をそのまま受け入れはしなかった」首相の対応に異様に多くの字数を割いてこれを評価し、また憲法原理の解釈変更は「国民的な議論がないままに行う」手法が問題だという批判を前面に押し出す驚くべき内容のものだ。明文改憲すればよいと言うのか。

集団的自衛権の行使容認は現行憲法が絶対に認めない違憲の暴挙であり、「クーデタ」とも言うべき許し難い行動である。

全国の日弁連会員の皆さんに訴える。憲法の下でこの国に生きる法律家として、今こそ「安倍戦争政権の暴走を許さない」の声を高くあげよう。

新捜査手法導入絶対反対
可視化との取引を許すな

◆法制審刑事司法特別部会で４月３０日発表された法務省「事務当局試案」は、刑事訴訟法を大転換させる新たな捜査手法の導入案を打ち出している。

◆①盗聴捜査の大幅拡大・密室化、②他人売り渡しの見返りに自分が助かる司法取引、③証人は名前も秘密だし裁判に出なくてよいという匿名証人制度、④被告人の虚偽供述を禁止する制度の４つの方向である。

◆盗聴は、室内盗聴は見送られたものの、対象犯罪を、傷害や窃盗、詐欺、恐喝など一般的な犯罪に広げ、警察にある機器に送り込んで、立会不要で警察だけで好きなときに盗聴できるようになっている。司法取引制度、証人の氏名住所の秘匿という匿名証人制度は、組織的な事件に対する捜査の新たな武器になる。被告人の虚偽供述禁止は、黙秘権侵害につながる。刑事訴訟を根本からひっくり返す制度を一挙に取り入れようとしている。ＣＩＡ型ともいうべき新捜査手法の導入は、私たちは絶対に許してはならない。

◆可視化とセットの一括採決で新捜査手法に賛成しようとする日弁連の裏切りは許されるものではない。

内部被曝から目を背けるな！

●ＪＲ東日本は、常磐線をいまだ事故が収束していない福島第一原発から僅か２０キロ圏内の竜田駅まで運行を再開しようとしている。それに対し労組「動労水戸」が反対のストライキを決行して闘っている。その闘いに現地では「放射能のある地域に電車を走らせるのはおかしい」「延伸は楢葉帰町の強制につながる」と連帯の声が拡がっている。

●全原発を廃炉へ。これは、３．１１で福島第一原発の事故を経験し、これまでの政府・東電らのウソに見切りをつけた私たちの怒りの確信である。原発差止判決（福井地裁 5/21）をもぎとったのも皆の怒りが結集したからだ。

●しかし、「原子力ムラ」のペテンはまだ続いている。検査を行った２８万７千人のうち９０人が甲状腺がんやその疑いがあると診断された（5/19）にもかかわらず、福島県は「現時点では被曝の影響は考えにくい」などとゴマかそうとしている。安倍首相が漫画「美味しんぼ」に対し「根拠のない風評を払拭する」（5/17）などとして、福島の現実を覆い隠そうとしているのもそのためだ。

●「なかったこと」にしたいのは福島の子どもたちの甲状腺がんや内部被曝の現実だ。だからこそ、私たちはそこから目を背けずに福島の人々と手を携えて闘おう。

●今、日弁連に求められているは、福島切り捨てを許さず、留保なしにきっぱりと原発の再稼働に反対し全原発の廃炉を求めることだ。

福島切り捨てを許さない！竜田延伸反対！
いわき総決起集会　５月31日（土）午後１時～
主催　動労水戸

資料２

8 「弁護士の危機」『法律新聞』（森長英三郎）1936 年 2 月 23 日

9 小田中聰樹氏への手紙（鈴木秀幸）1995 年 2 月 1 日

10 − 1 日弁連の法曹人口に関する第 1 回臨時総会関連決議と提案理由、提案者辻誠（1994 年 12 月 21 日）

10 − 2 関連決議の合意までの経過についての説明書（野間美喜子、名古屋）

11 − 1 辻誠氏より松浦武氏への手紙（辻誠）1995 年 7 月 19 日

11 − 2 藤井英男氏より松浦武氏への手紙（藤井英男）1995 年 7 月 19 日

11 − 3 藤井英男氏の意見書 1995 年 9 月 28 日

12 第 16 回司法シンポジウム「市民のための司法へ――法曹の在り方と法曹人口」の基調報告の要旨（鈴木秀幸）1996 年 11 月 29 日

13 「日弁連会員に訴える」2000 年 1 月高山俊吉（東京弁護士会所属）

14 「法学教育と法曹養成に関するアンケート結果について」『名古屋弁護士会会報 471 号』（鈴木秀幸） 2000 年 5 月

15 ロー・スクールは「人権」を教えられるか（藤倉皓一郎）『日弁連新聞』2000 年 7 月 1 日、及び鈴木秀幸連絡文 2000 年 10 月 13 日

16 「司法改革」の現状と問題点について（鈴木秀幸） 2002 年 1 月 22 日

17 「税理士脱税指南無罪事件から裁判員制度の問題点を考える」『刑事弁護ニュース 27 号』（鈴木秀幸） 2003 年 4 月 30 日

18 あるべき司法政策と今回の司法改革（鈴木秀幸） 2003 年 5 月 17 日

19 「裁判所制度改革のあり方と司法審意見」『名古屋弁護士会会報 513 号』（鈴木秀幸）2003 年 11 月

20 法科大学院に関する意見書（愛知県弁護士会司法問題対策委員会、委員長鈴木秀幸）2012 年 5 月 7 日と添付アンケート 2012 年 4 月 19 日等 3 枚

21 「新聞の再販廃止問題 危険な規制緩和万能論」『毎日新聞』1997 年 10 月 27 日（本間重紀）

22 弁護士も格差拡大『毎日新聞』2013 年 5 月 9 日

23 下位校、「崖っぷち」の危機感『朝日新聞』2014 年 9 月 20 日

24 「司法試験 3000 人合格を実現する国民大集会」のご案内 2014 年 10 月 27 日

25 『公正な裁判を守るために裁判官・検察官・弁護士養成の分離修習に反対する国民の皆さんへ』（日本弁護士連合会）1970 年 10 月

26 『弁護士自治の歴史』上野登子（弁護士自治）1998 年 8 月

8 「弁護士の危機」『法律新聞』（森長英三郎）1936年2月23日

（四）　昭和十一年二月二十三日發行　法律新聞第三千九百四十九號　第三種郵便物認可

辯護士の危機

辯護士　森長英三郎

一

辯護士はその本來の性質に於て自由主義的である。これを辯護士の發生過程に付て見るに、辯護士の生誕は自由主義の生誕と時を同じうして居る。即ち民事に於ても刑事に於ても、辯護士に依る訴訟代理を許されるに至つたのは、西歐諸國に於ても十七、八世紀以後のことに屬する。そしてこの時代は所謂產業革命の時代であつて、文藝復興期の後を受けた自由主義を基底とする資本主義が今や將に勃興せんとしつゝある時であつた。個人の自由を擁護し、私有財產制度の安全を期せんとするところに辯護士制度の必要が生ずるのであつて、個性の自由も尊貴もなく、財產の安全も保障せられない封建時代に於ては、辯護士制度の認められる餘地のある筈はない。我國に於ても亦同樣に辯護士又はその前身たる代言人の認められるに至つたのは、明治時代以後に屬すること周知の通りである。

次に辯護士の職務に付て見るも辯護士は自由主義的活動を爲すを以てその本來の使命とする。即ち民事に於ては私權が他から侵害せられることを防ぎ、刑事に於ては個人が國家から不當なる刑罰を受けることを防いで、共に個人の自由を擁護することをその職務とする。而して現代に於て個人の自由は法治主義を維持することに因つて保障せられる。辯護士こそはこの法治主義を維持し强張することに因つて、個人の自由を擁護せんとするものである。

二

かくの如く辯護士はその發生過程に付て見るも、その職務に付て見るも、自由主義を以て生命とする。然るに近年に於て自由主義ほど評判の惡いものはない我々は既に數年前所謂〇〇事件に於て、自由主義が一の危險に面したことを知つた。そして更に昨年の〇〇〇〇〇の問題に因つて、自由主義の最後の堰は切り崩されたものと見られて居る。社會主義者の自由獲得運動は古くから彈壓せられて來たところであるが、このやうな單純なる自由主義者が排擊せられるのは、明治初年はいざ知らず、その後に於ては最近初めて見られる現象である。そしてこれは資本主義が內部的に變化を遂げていつたのみならず、何等かの問題に直面して、最早從來の如く自由主義を許容するだけの寬容さを持ち合はさなくなつた爲めであらうと思はれる。

何れにしてもこの自由主義者に對する排擊は、直ちに自由主義的活動を使命とし、常に國家の機關たる檢事と對立する地位に置かれて居る辯護士の排擊となつて現はれるといふことは、容易に想像出來ることである。そして事實我國に於ても以下述べるやうに、或は辯護士の生活權を奪ふことに因り、或は直接にその地位を脅やかすことに因つて、直接に間接に辯護士に對する壓迫が行はれて居るやうに思ふ。

辯護士に對する壓迫は、同時に法治主義の拋棄である。現在に於ても既に法治主義はその實質的意義を喪ひ、裁判所は唯形式上法律を適用するに過ぎない殘骸と化しつゝあるやうである。かく法治主義をかなぐり捨てゝ、他方辯護士の地位を壓迫するといふことは、辯護士にとつては死活問題であることは勿論、一般國民にとつても亦重大問題であらねばならぬ。殊に我國に於ける如く未だ完全なる自由主義を獲得したことの一度もない國に於ては、一層この問題を重視しなければならない。以下二、三の方面より辯護士に對する壓迫の事例を擧げて、滿天下の辯護士諸君からこれに對する對策を伺ひたい。

三

辯護士の生活問題である事件數の減少は、近年に於ける著しい現象である。これは辯護士の數が增加したこと（昭和元年五、九三四人に對し昭和八年七、〇七五人）も重大なる影響があると思はれるが、それよりも最も重大なる影響を與へて居るものは調停裁判の激增であることは、こゝで繰返す必要はあるまい。これを昭和七年度に付て言ふも、借地借家調停事件數は二〇、三八一件の多數に達し、その外商事調停事件は二、八三九件、小作爭議調停事件は三、六八五件、金錢債務調停事件に至つては昭和七年の二二、三七六件から、昭和九年の七九、七四四件へといふ驚くべき激增振りを示して、辯護士を必要としない裁判は益々その數を增加しつゝあるのである。

この調停裁判は、直接には辯護士を排斥するために始められたるものではあるまい。しかし辯護士の生活權を奪ふことに因つて間接に辯護士を壓迫して居ることは現實の事實であり、この現實の事實を充分に承知しながらも、尙ほ調停裁判を益々擴張せんとしつゝあることも現實の事實である。

原被兩告が法廷に於て互に戰術を盡して、法律に依つて自己の權利を主張し擁護するために戰ふといふことは、自由主義、個人主義、從つて本來の意味に於ける資本主義社會に相應するところの裁判であらう。之に對して調停裁判に於ては、金錢債務臨時調停法第七條に於ける如く强制調停の途を開いた場合は勿論のこと、然らざる場合に於ても著しく職權主義を加味し、自由主義、個人主義を基調とする裁判から遠いのみならず、それは法律を適用しない裁判（假りに裁判と呼ぶ）であつて、法治主義を捨てゝしまつたものである。かゝる調停裁判の增加は、辯護士の生活問題は兎も角、社會のために喜ぶべき現象であるや否やはこゝでは言はない。唯調停裁判に依つて辯護士の生活權が脅やかされて居ると共に、これと關聯して所謂自由主義の領域も漸次狹められつゝあることを理解して貰へばよい。

四

昭和十一年二月廿三日發行　法律新聞第三千九百四十九號　第三種郵便物認可　（五）

辯護士の必要性又は重要性の低下は、民事々件にのみ限らない。刑事々件に於ても所謂新派刑法學の發展は、辯護士の重要性を漸次喪はしめて行く傾向にあるやうに思ふ。被告人が國家の機關たる檢事と對立して、自己の防禦權を行使する間は、辯護士の必要性は大であり、又訴訟に於ける辯護士の地位も高い。然るに新派刑法學は被告人は完全なる人格者に非ずして一種の病人であると爲し、罰すべき者は被告人自身に非ずして被告人の持つ惡性であり、又その環境であると爲す。新派刑法學の勢力は現在はそれほどに强くはあるまい。併し乍らこれが完全に發展するときは、裁判所は法廷ではなくして診斷所となり、檢事と被告人の對立は消失し、若し辯護人が許容せられても、それは裁判所の單なる補助者の地位に墜つるであらう。そして舊派刑法學が自由主義、法治主義を基調とするに對して、新派刑法學は何と言はうと、これに對立する思想を基調とすることは明かであらう。

更に新派刑法學は刑事政策と共に發展して居るのであるが、刑事政策に因つて裁判の結果が左右せられるといふことは、近年に於ても我々の屢々目擊するところである。かくして犯人を罰するものは法律ではなくして政策であり、犯人を處罰するや否やは既に裁判前に於て決定せられて居るとしたら、依頼者はどうして高い報酬を拂つて辯護士に頼まうか。

現に角、裁判所に於ける辯論が法律適用の問題を中心とするときは辯護士の活動の餘地は大であるが、それが刑事政策や被告人の性格を中心とするに至るときは、辯護士よりも寧ろ被告人の親戚や知已に依つてより效果的なる辯論が爲し得るかも知れない。

以上述べたる如く民事々件に於ても刑事々件に於ても辯護士の活動の餘地は次第に減少しつゝある。そしてこの現象は何れの場合に於ても、自由主義の領域が狹められて行くのと併行して居るのである。

五

辯護士は本來の性格に於て自由主義的であるから、自由主義の認められない國に於ては、辯護士の地位が薄弱であることは當然のことであらう。伊太利や獨逸のファッシスト國家に於ては、辯護士の活動は甚だしく制限せられたのみならず、ファシスト政府は何時にても自分の氣に食はぬ辯護士の地位を簡單に剝奪する權利を持つて居るのであつて、これはまさしく植民地流の政治である。

我國に於ても植民地である朝鮮に於ては、辯護士たるの資格を有する者に對しても、その登錄を認可するや否やは、朝鮮總督の自由裁量に依り決するところであり（朝鮮辯護士規則第一條）、辯護士の懲戒に依る地位の剝奪は、懲戒裁判に依らずして專斷的に朝鮮總督がこれを行ふことになつて居り（同第二七條）、その地位は大分薄弱である。併し乍ら內地の辯護士と雖もこれを對岸の火災として觀ることは出來ないのである。

辯護士の地位は前述の如く、その生活權を脅かすことに因つて間接に、或は無意識的に壓迫せられて居るのである。

六

改正辯護士法は、辯護士の資格の制限に於て一率に禁錮以上の刑に處せられたる者の資格を剝奪し、辯護士試補修習制度を設け、辯護士の事務所を一ケ所に制限し、辯護士の辯護士會に入會することを强制してその統制監督に便ならしめ、又辯護士會をして會の秩序又は信用を害する虞ある者の登錄若くは登錄換の請求の進達を拒絕し又は退會を命ずることを得せしめる等、辯護士の統制に腐心して居るのであるが、これに因つて辯護士の地位は植民地流に大分薄弱なものにせられて居ると見るのは偏見であるだらうか。又これに因つて辯護士の本來的の活動を骨拔き的に制限して行くのではないかと危惧を感ずるのは思ひ過ごしであらうか。

又辯護士の地位、殊にその生活權を保障せずして、專ら之が統制を强行しようとするのは矛盾であると言はねばならぬ。これでは徒らに不良辯護士狩りを盛んならしめ、辯護士の信用を愈よ失墜せしむるのみであらう。この點改正辯護士法が試補修習制度を設けて一年半辯護士の簇出を防止する結果を生ぜしめたり、所謂三百代言の法律事務を禁止することに因つて、辯護士の生活の保障に一應留意したかの如く見える。そして我々もこの三百禁止の取締規則の勵行には努力を致さねばならぬこと勿論であるが、これが實效は今のところ未知數であり、これに因つて辯護士の生活が少しでも樂になるなど考へることは早計に過ぎる。

そして辯護士がその自己の社會的基礎の動搖に無關心であり、唯表面的問題に付てのみ騷いで居るときに、もつと大きな壓迫の波が、自由主義と共に辯護士の上に漸次迫りつゝあるのではあるまいか。資本主義と共に生れた辯護士の地位は資本主義がその本來の性質を失ひ初めると共に危機に直面して行くのではあるまいか。（完）

佛國の二辯護士
意見相違で決鬪

佛國パリーの辯護士が意見の相違を解決する爲め裁判所に依らず劍に訴へたので大評判。

二人は事務所へ出る數時間前の夜明に決鬪する爲め「名譽の場所」で會つた。年長者のマルセル・ムーローが劍の名手で年少者の相手イヴオン・ルブリを一分間許りで壓迫し、右腕に輕い傷を負はせ、ルブリは突きを食つた時眼鏡を落してしまつた。結局二人は和解なしに決鬪場を去つた。

9　小田中聰樹氏への手紙（鈴木秀幸）1995年2月1日

一、先生の『法と民主主義』一九九五年一月号に掲載された「司法の公共性と司法改革の課題」を拝読させていただきました。そこで、突然ですが、主に情報提供の趣旨で、本書と資料を送付させていただきます。

私は、名古屋で二〇年間弁護士をしている日民協と青法協の会員です。

司法試験の受験勉強時代から、最高裁の裁判官不採用に憤りを覚え、弁護士になってからも司法問題を中心に弁護士会で委員会活動をしてきました。そして、日弁連の昭和六一年の第一一回司法シンポジウムにおいて裁判遅延と裁判官増員の必要性についての報告者にもなり、日弁連の中では裁判所の人的・物的設備の拡充を最も強く主張してきた者の一人です。（資料①②）

二、法務省、最高裁は、これまで長年、裁判所予算や法律扶助の拡充に努めることなく、統制的で小さい司法で構わないという政策をとってきたと思います。そして昭和六二年頃からは、裁判遅延については民訴法の改悪で効率化を図って乗り切る方法を打ち出し、一方で本格的に日本の戦後の弁護士制度を改変することを意図し、事を進めているように思います。法務省及び最高裁こそが「こんな司法」にしてしまった張本人であるにもかかわらず、鉄面皮にも、何等の反省もせず、司法が国民の期待に応えられていないのは弁護士集団に原因があるかのようなキャンペーンを張ってきたように思います。

昭和六二年の法曹基本問題懇談会の設置の目的及び同六三年の同懇談会意見書では、司法試験の合格者数の若年化と大幅増員（イコール弁護士のみの大量増員）が強調されています。その狙いは、第一に、特権的な判・検の官僚的選抜と養成の強化であり、第二に、弁護士大量増員による弁護士集団の変質ではないかと思います。右の二つは、「国民のための司法の確立」に役立つものではなく、逆の方向に事が進行させられるのではないかと思います。

三、弁護士集団が、急に法務省・最高裁から、あるいはマスコミから、口をそろえて悪口を言われるようになったと思います。私の弁護士登録は昭和五〇年ですが、日本弁護士連合会及び弁護士は、長年にわたって、弁護士法第一条の掲げる使命にもとづき、日本国憲法の定める国民の基本的人権の擁護のために、個々の事件及び一般法を通して懸命に取り組み、諸状況からの制約を考えると、それなりに輝かしい成果をおさめてきたのではないかと思います。また、日弁連は、我が国の裁判、検察及び司法関連諸制度の状況と在り方を調査・研究し、数年前までは、ほぼ正しい方向で改善の方策を提言してきたのではないかと思います。職業集団としては、国民のために良くやってきた集団ではないかと思います。

にもかかわらず、急に弁護士の悪口が言われ出したのは、支配層が自らの司法政策を貫徹したいがために、意図的にキャンペーンを張るため、各方面に働きかけてきた成果ではないかと思います。

なお、弁護士過疎問題にしても、基本的には弁護士側の問題ではありません。（資料③）

四、このように昭和六二年頃以来意図的に遂行してきた法務省の政策に対し、日弁連は、平成二年、司法試験合格者数について会内合意を形成したうえ、基本方針を確立しています（合格者数七〇〇名枠以後の更なる増員は、七〇〇名増員実施後における法曹三者の充足状況をふまえつつ、今後長期的視野にたって、司法試験合格者数や法曹人口の適正規模及び整備されるべき諸条件を検討するなかで検討されることで、七〇〇名増員の結果が全く出ていない時期において決定されるべきではない。資料④⑤）。

ただし、法務省の司法試験合格者の若年化要求に対し、当時の日弁連執行部（中坊会長）が、会員の大多数の反対を無視し、平成二年一〇月、丙案導入の合意をしてしまいました。司法試験合格者数は、六〇〇名、続いて七〇〇名に増加させることが決められました。

五、最初の七〇〇名の司法試験合格者が修習を終えるのは平成八年四月であり、その時から弁護士新規登録者が大量五〇〇人という時代に入ることになります。修習終了者が六〇〇人である今春においても、弁護士の新規登録希望者が既に就職難です。経済は低成長時代に入り、国民の人口増加の傾向も近く終わることが予想される状況下で、今後どの程度急増した司法修習終了者を弁護士事務所が受け入れられるかどうか大変危惧されています。

弁護士以外の人々に、我が国における弁護士業界の現実の需給バランスにつき理解してもらうことは難しいことだと思いますが、議案書（資料⑧）において分野別に需給のバランス状況を説明していますので、お読み下さい。

そして、弁護士需要が低下している状況下で、かつてないほどの任官希望者が出ています。研修所では、数多くの任官希望者に任官断念の説得工作をしているというのが実情です。

六、ところが、昨年四月に発足した現在の日弁連執行部は、昨年八月、突然、ほとんど何等の根拠もなく、また、多数の会員の意見がそうでないことを承知のうえで、司法試験合格者数を一〇〇〇名にする案を法曹養成制度改革協議会に提案しようとしました。（資料⑥）

そのため、私は、昨年八月以後、司法試験合格者七〇〇名以後のさらなる増員については、七〇〇名増員の結果を検証することが必要であり、裁判官・検察官の大幅な増員、法律扶助制度の拡充等の計画策定と完全にリンクされる必要があると考え（これが従前からの日弁連の方針でした）、有志を募り、中部弁護士連合会の理事にも働きかけました。中弁連理事の全員が、日弁連の執行部案では弁護士急増だけの結果になることを危惧して修正案を提出してくれました。また、

全国の一二〇〇名程度の会員で、臨時総会請求権を行使することにしました。（資料⑦⑧⑨⑩）

日弁連執行部は、我々の主張を慎重に受け止めようとせず、一〇月の理事会で合格者一〇〇〇名増員（弁護士のみ毎年七〇〇名増員が予想される）につながる案を強行に押し通しました。一九名の理事は反対しました。このようなことは、日弁連の歴史の中で一度もなかったのではないかと思います。

七、私は、弁護士の大量増員が、裁判所・検察庁の人的・物的設備、法律扶助制度及び刑事弁護制度等の抜本的拡充等、司法の基盤整備の総合的計画の策定と実施にリンクされずに行われることは、国民の司法への信頼や利用を増大させることには結び付かず、弁護士過剰の弊害を生み、国民の生活・福祉・人権、弁護士会及び各弁護士に対し深刻な影響を与えるのみであり、ひいては戦後の民主的改革により発足し発展してきた我国の弁護士制度及び法曹一元をめざす司法修習制度を根本的に崩壊させる恐れがあるのではないかと考えています。

ご存じのことと思いますが、この四〇年間に、我が国の裁判所予算は対国家予算比が半分以下に低下しています。また、我が国の弁護士数が国民の人口増加率一・四二倍を大幅に上回って約二・五一倍に増加したのに対して、裁判官数の増加率は約一・二七倍以下です。かつて弁護士約三・七人に対し裁判官一人の割合であったのが、弁護士約七・四人に対し裁判官一人の割合となり、弁護士と裁判官の数のバランスに大きな不均衡が生じています。特に不均衡が拡大した最近の二〇年では、弁護士は年間約二五〇人増加するのに対し、裁判官の増員は約五人という極端な比率となっています。そのため裁判遅延が改善されず、一方で裁判所の廃止及び裁判手続の簡略化が推し進められているのです。

法律扶助の国庫負担額も、先進国の中ではほとんど笑い者になってしまうような金額で、イギリスの千分の一、他の先進国の数百分の一、韓国の数分の一というひどい状況です。

このような現状をかんがみれば、国民のための司法の確立に必要なことは、年四〇〇名の増加ペースを越えて更に弁護士を急増させることではなく、何よりも、先に述べた司法の基盤整備の総合的計画を策定したうえ、必要な予算を獲得して着実に右計画を実施に移し、国民に対する司法的サービスの提供体制を拡充して行くことです。

八、我々の請求した日弁連の臨時総会は一二月二一日に開催されましたが、その約一週間前頃からの話し合いで、関連決議1の提案が事前に合意されました。（資料⑪）この関連決議1の内容は、ほとんど我々の案であり、内容は明らかに執行部案を大きく修正するものです。当日の採決では、執行部案が可決され、請求者案が否決され、関連決議1は圧倒的多数で可決されました。今後、日弁連は、こ

の関連決議を最も重要な決議として動かなければならないことを決めたことになります。（資料⑫）

会員の多くは、実質において請求者案を支持したと思います。そして、多くの会員は、日弁連の全ての権力が執行部支持の委任状のとりつけに狂奔した揚げ句の今回の票差について、正しく評価をしています。草の根の会員の犠牲的、自立的連帯により日弁連執行部の独走がチェックされ、日弁連と弁護士集団が権力の意図的な罠にはめられることなく、自主、自立の基盤を崩壊から守ったと考えていると思います。

九、現在遂行されようとしている司法政策をどのように理解するのか、弁護士大量増員をどのように評価するのかは、かなり難しい問題で、以上の説明では不十分ではないかと思いますが、かなりの資料を送付しますので、全体で私の考えているところを御理解下さい。司法の問題に大変御理解があり、弁護士の在野性の堅持を強く支持され、進歩的な弁護士及び研究者に大きな影響力を持ってこられた先生に、是非とも実情を把握していただきたく、御連絡する次第です。

平成七年二月一日

名古屋市中区丸の内二丁目二番七号
丸の内弁護士ビル八〇一号
弁護士　鈴木秀幸

小田中聰樹　先生

10-1　日弁連の法曹人口に関する第1回臨時総会関連決議と提案理由、提案者辻誠（1994年12月21日）

関　連　決　議

１．当連合会は、法曹人口のバランスのとれた増加は司法改革と不可分一体のものであり、法曹の層を厚くすることが司法改革全体の推進を促し、また司法改革の前進が現実に法曹人口の増加を可能にするものであることを確認する。

２．裁判による国民の権利実現の強化をめざし、将来における法曹人口のあり方については、改革協の論議を踏まえつつ、法曹三者の協議により「司法基盤整備・法曹人口問題基本計画」（仮称）を策定する。

３．「司法基盤整備・法曹人口問題基本計画」については総会の承認を経なければならない。

４．当面の司法試験合格者数については、今後５年間８００名程度を限度とし、この間に、平成３年度以降の状況も含めて法曹三者の充足状況及び司法改革の進捗状況を検証する。「司法基盤整備・法曹人口問題基本計画」はこの検証の結果を踏まえたものでなければならない。

（提案者・辻　誠）

関連決議（案）提案理由

一、本日の臨時総会は、法曹人口問題をめぐって、会員の間には、様々な意見が存在していることを改めて明らかにした。しかし、そのほとんどの意見が、国民のための司法改革をいかに前進させていくかを真剣に考えているという点において一致している。

　したがって、この一致点を大事にしながら実証的な研究・討議をただちに着手することにより、一段高いレベルでの会内合意を形成して、全会員が司法改革に取り組んでいくことができるような状況をつくるべきである。

　この関連決議はこのような趣旨と意図のもとに提案するものである。

二、関連決議の第一項は、司法改革と法曹人口の基本的関係を明らかにしたものである。この両者は「いずれが先」といった関係ではなく、不可分一体の関係にあるととらえるべきである。

三、第二項は、法曹三者の協議により、「司法基盤整備・法曹人口問題基本計画」（以下「基本計画」という）を策定すべきことを提唱するものである。

　この提唱は、現時点において、法曹人口問題に関する日弁連としての会内合意の形成が十分とはいえない現状にかんがみ、さらに、今後実証的な研究討議を積み重ねる中で、大多数の会員が納得できる会内合意を形成し、これを法曹三者の協議に反映させようとするものである。

四、第三項では、右「基本計画」はきわめて重要なものであるから総会の承認を経ることを求めている。

五、第四項は、①司法試験合格者は、今後五年間八〇〇名程度を限度とすること、②この間に六〇〇名程度に増員された以降の状況も含めて増員による法曹三者の充足状況の結果及び司法改革の進捗状況を継続的に検証すべきこと、③「基本計画」は右検証の結果を踏まえなければならないことを求めている。

六、この関連決議を満場一致で採決することにより、日弁連が団結して司法改革に取り組んでいけるようになることを心から期待するものである。

10-2　関連決議の合意までの経過についての説明書（野間美喜子、名古屋）

（関係者以外非公開）

関連決議の合意までの経過についての説明書

（文責野間）

１、関連決議の原案は、平成６年１１月２４日頃、名古屋の有志の会のメンバーの一人が、「このまま大綱案が裸のまま通ってしまうと大変だから、何か歯止めができないものか」と考えて作成したものである。その案は８００名の増員をみとめ、そこで歯止めをかける案であったが、その頃は委任状集めのピークの時だったので、有志の会全体としては格別の検討をしなかった。

原案作成者の後日談によれば、「日弁連執行部を支持し、司法改革を進める会」（以下進める会という）の中心メンバーが、その頃ようやく、日弁連をまとめなければ・・という気持ちになってきたようなので、統一のための案を名古屋でつくってみたとのことである。

この原案は、東京の進める会の中心メンバーに送られ検討されたが、８００という人数が限定された案ではまとめることが難しいということであった。「じゃどうするのか」ということになったが、よい知恵もなく、そのまま日にちが経過した。ところが１２月６日の改革協で法務省から当面８００という数字が示されたため、右の原案が再度浮上した。一方、執行部支持の委任状の集まりも予想以上に思わしくなかったようで、土壇場で、進める会の一部で統一決議への真剣な模索が始められたらしい。

２、１２月１０日（土）に、東京の進める会のメンバーから名古屋の有志の会のメンバーへ、日弁連の用紙に手書きされた「付帯決議案」なる文書（第１案）がＦＡＸされてきた。　その案は、

①　法曹人口の増加と司法改革とは不可分一体のものであること、

②　将来における法曹人口のあり方については、法曹三者が策定する「法曹人口問題基本計画」によるものとすること、

③　基本計画については総会の承認を得なければならないこと、

④　司法試験合格者については、今後５年間８００名を限度とし、この間平成３年度の状況も含めて法曹の充足状況を総合的に検証する。法曹人口問題基本計画はこの検証を踏まえたものでなければならない、

⑤　修習期間２年をはじめ現行司法修習制度を堅持する

⑥　丙案関連　　　となっていた。

これに対して、名古屋から、②の「法曹人口問題基本計画」を「司法基盤整備・法曹人口問題基本計画」に修正することを申し入れ、修正案を東京へＦＡＸした。

３、１２月１２日（月）、藤井・辻らの調停者により、統一決議について東京で会合がもたれた。進める会、有志の会からも数名が参加し、１２月１０日の名古屋の修正をいれ、「法曹人口基本計画」を「司法基盤整備・法曹人口問題基本計画」にし、⑤⑥の修習問題と丙案関係は別の決議にするという第２案（１２日案）でまとめる方向に向かうことになった。

ところが、翌１２月１３日（火）、「東京では、第２案を執行部案の付帯決議とするから、有志の会は執行部案に反対せずに、棄権してほしいとの意見が強い」という情報が名古屋に入った。名古屋で協議の結果、「第１、第２号議案ともに採決を行う。われわれは最後まで執行部案に反対し、委任状は行使する。その上で第１、第２号議案の関連決議として、満場一致で第２案を可決するという手続きならばよい」と結論し、東京へ回答した。

４、１２月１４日（水）朝、東京から「名古屋の回答では、東京がまとまらない。もう関連決議はダメになりそうだ」という連絡があったので、その夜、名古屋の有志の会のメンバーが、稲田事務局長及び進める会の主要メンバーと電話で、直接の交渉をした。

その交渉の結果、①手続きは名古屋の提案でよい、②内容は第２案とする、ということになり、実質的に関連決議について合意ができた。進める会のメンバーが明日執行部と会って正式に説明するということで交渉は終了した。

５、ところが、１２月１５日（木）の執行部への説明の後、調停者を中心とした１２月１２日の続会が開かれた。有志の会の東京在住のメンバーが出席していたが、この会合のことは前夜直接交渉にあたった名古屋のメンバーは知らなかったため、前夜の交渉の結果が正確に東京のメンバーに伝わっていなかった。そのため、その席上で、再び８００名という数字に難色が示され、関連決議案は、８００名という数字の入らない第３案（第２案から④を抜いたもの）に一気に後退してしまった。そして第３案のペーパーが作成され、進める会、有志の会の双方がこの案で関連決議をまとめることに努力することになってしまった。

そのあと、進める会は、夕方の会合で第３案を了承した。

有志の会では、夜７時頃、東京から名古屋へ１２月１５日の報告書と第３案の文案がＦＡＸされた。１５日の会合のことを知らなかった名古屋は、１４日の合意との違いに驚き、深夜東京の進める会のメンバーに電話を入れ、有志の会内部の連絡の齟齬を詫びるとともに、第３案では到底のめない旨を改めて伝える。

６、１２月１６日（金）、東京で４時から有志の会の世話人会を開き、第３案は論外であることを確認するとともに、第２案にもどす交渉をすること、第２案でまとまらなければ関連決議は合意しないという方針をきめ、交渉団（滝川、今井、鈴木、友光、野間）を選出した。

夜ホテルにて、交渉団と進める会の主要メンバー及び稲田事務総長・柳瀬事務次長と会談する。進める会から、いまさら第２案にもどすことは大変難しいが、なお努力をせよと言うのであれば、第２案の④の「司法試験合格者については今後５年間８００名を限度とし、この間平成３年度の状況も含めて法曹の充足状況を総合的に検証する。司法基盤整備・法曹人口問題基本計画はこの検証を踏まえたものでなければならない」という中の､「８００名を限度とし」という「限度」という言葉をとり、「検証」という言葉を「検討」にしてほしいと言われる。これに対して、有志の会は回答を翌日の正午まで留保した。

この席上、関連決議がまとまった場合には、今後日弁連では、進める会と有志の会の両方が参加する新しい組織で、関連決議に基づく基本計画をつくっていくことを全員が確認した。その夜、有志の会の交渉団はホテルに宿泊し、他の世話人にも手分けして連絡をとりながら深夜まで協議したが、翌朝、結論として、前夜の進める会の提案はいずれも拒否することを決定した。

７、１２月１７日（土）正午から、日弁連の来賓室にて、進める会のメンバー、有志の会の交渉団、藤井・前田ら調停者、稲田事務局長ら出席のもとに会合を開く。

交渉団は前夜の進める会からの二つの提案につき、いずれも不承諾との回答をする。途中から進める会の若手も加わり、有志の会のメンバーと進める会のメンバーとの間で激しい議論の応酬があった。進める会は、「限度」という言葉を抜きたがり、せめて「８００名程度」という表現にしてほしいと強く求めていたが、有志の会は、「われわれは７００名で足りると考えている。今回８００名という譲歩をしたのは、大綱案が増員を打ち出している以上、７００という現状維持の数字では到底まとまらないだろうから、いくらかでも７００を越える数字を認めようと考えて、現在７４０名程度合格させていることにかんがみ、７００名から８００名までを認めることにしたのであるから、『限度』という言葉は絶対に外せない」と強力に主張した。また、「検証」という言葉については、「平成３年以降の４年間と今後５年間の合計９年間の増員結果を科学的に『検証』して、その結果を基本計画に反映させるという意味であり、検証の結果により８００名を減員することも有り得るのだから、これを『検討』に変えることはできない」と強く主張した。一時は決裂しそうな局面もあったが、午後５時近くなり、ようやく進める会側の譲歩があり、「限度」も「検証」も入った第２案で関連決議を行うことに合意が成立した。

なお、この席上、関連決議の基本計画は、今回考え方の分かれた双方のメンバーが参加する新しい組織で、十分時間をかけて策定し、日弁連の合意形成をはかることが再度確認された。提案理由は、進める会が起案し、名古屋へ送ること、総会当日の手続きとしては、第１、第２号議案の採決のあと、辻・藤井が関連決議を提案することが確認され、大体の議事進行を決めて、会合を終える。

８、１２月１８日（日）、有志の会の世話人全員へ関連決議の連絡をする。

総会前日の１２月２０日（火）、東京から名古屋へ、関連決議の提案理由がＦＡＸされたが、内容がきわめて不当であった。驚いて、東京と連絡をとり、急ぎ上京する。新幹線の車中で対案を起案し、日弁連へ対案を持ち込んだ。午後４時から、日弁連の会議室にて、稲葉事務局長、提案者の辻らを入れて、進める会のメンバーと会合し、名古屋の持ち込んだ提案理由を示し説得した。結局名古屋案でまとまり、同日夕刻、関連決議のすべてが確定した。　以上

11-1　辻誠氏より松浦武氏への手紙（辻誠）1995年7月19日

平成七年七月一九日

弁護士　辻　　誠

弁護士　松　浦　　武　先　生

冠省「司法試験合格者一、五〇〇人・修習期間一年案の問題性」一部お送りいただいてありがとうございます。

早速熟読させていただきました。大いに賛同すべき点多々ありました。現今弁護士会が抱える最重要問題だと考えます。

日弁連が過日発表した「司法試験・法曹養成制度改革に関する日弁連の提案──抜本的改革案の策定に向けて──案」は一応合格者数一、五〇〇名、修習期間一年案については反対意見を述べていますが説得力に欠ける面があります。貴意見書のように実証的反論が必要だと思います。

弁護士会は法曹養成制度には自治権はありませんが登録・綱紀・懲戒については自治権を持っています。弁護士資格を得るための司法試験・司法修習制度については強い発言権を持つことは勿論であります。

法曹人口問題・法曹にふさわしい法曹三者の養成問題は弁護士会の最重要課題であります。ご意見のとおり「この問題は日弁連全会員が一致団結し総力をあげて取り組まなければ解決し得ない問題」であります。他の弁護士会とも十分な連繋をとり（特に東弁とは十分意思の疎通をはかる必要があると思われます）活発な運動を展開して下さい。微力ながら私もご協力申し上げます。

草　々

11-2　藤井英男氏より松浦武氏への手紙（藤井英男）1995年7月19日

貴会から「司法試験合格者一五〇〇人・研修期間一年案の問題性」をお贈りいただきありがとうございました。早速拝読させていただきました。

御意見については、私も全く同感です。「弁護士人口増加必要論に対する検討」などは全国弁護士必読の御意見かと思います。このような具体的な検討をふまえて、全国の弁護士が「改革素案」について検討すべきものと思います。現在、東京では、法曹人口増加必要論がかなり優勢です。

東京弁護士会では、法友全期会が、司法試験の丙案回避のため試験合格者の千名増加を提唱して以来、いっせいに増員論が高まりましたが、私ら一部の者は、合格者の急激な増加は必ずや法曹養成の変質を来たす、として反対して参りました。丙案回避の手段として法曹人口増加論を打ち出すのは危険な考えで間違っている、丙案回避は正面からの反対論（事実経過と理論的な批判）で対処すべきであって法曹人口論を手段的に主張するのは間違っている、と繰り返し主張し、さらに合格者増加は必ずや法曹養成の変質を招く、として反対して参りました。

昨年の日弁連の臨時総会でも、私は執行部案に反対でしたが、土屋会長の選対委員長であった立場からやむを得ず辻誠先生らを説得して、日弁連内の対立意見調整のため、関連決議の成立に努力した次第です。

法曹人口の増加論者は、私らの予想通り、やはり合格者増加をする代り法曹養成の一年案を提唱してまいりました。全くの便宜案です。合格者を増加して、法曹養成のための予算増加や施設の増設その他を提案するならともかく、養成期間を一年にして対処しようなどとは全くの便宜案です。現在の日本の財政上、法曹養成予算の増加は無理だ（国民の支持を得られない）とするならば、急激な合格者の増加も無理です。国民の支持というのは、法曹人口の増加に対して養成予算を増加することも必要だ、やむを得ない、とするのが本筋です。そこまでの支持は得られないから、養成期間を短縮するというのは全くの便宜案です。

私たちの先輩は、日本の司法民主化は現在の官僚制司法ではだめだ、真の国民のための民主化は法曹一元だ、と主張して在野の世論となりました。戦後の司法改革において法曹一元の声は大きくなりその第一段として、法曹養成における法曹一元ということで現在の研修所や養成制度が生まれました。

二年間で、裁判官・検察官・弁護士の三者のいずれにも通ずる法曹を養成する、というのがその理念でした。勿論、研修所の運営責任が予算関係で最高裁の独占となったこと、そのため養成方針が裁判官養成中心となっているなどの批判はありますが、法曹一元の精神は、とりあえずは現在の二年間の養成制度によって保たれているのだと思います。

現在私どもは、幾多先輩の主唱された法曹一元を、司法民主化、国民のための司法の目標と考えています。

このときに当って、法曹人口増加のため養成期間を一年に短縮するなど、法曹一元の目標を捨てることになります。今後私どもは何をもって司法の民主化をめざし司法改革を推進するのでしょうか。益々法曹一元などの目標から遠ざかることを憂えます。

日弁連が、内紛回避のため、このような進路をとることを懸念しています。

なお、当番弁護士制度は、私が会長当時、松江での人権大会やシンポジウムで、被疑者段階での弁護士活動の重要性を指摘し強調してから、その後大きな波となって生まれたものです。その当番弁護士制や被疑者国選弁護制度のため法曹人口の増大が主唱されていますが、地方の小単位会はともかく、東京弁護士会などにおいては、当番弁護士の登録は全会員の一〇%台に止まっている現状です。法曹人口が不足しているとの主張は、現実には根拠を欠いています。

大阪の有志の皆様には、その主張を拡げていただき是非とも日弁連の方向を誤らせないよう、頑張って下さい。

御健闘を祈ります

七月一九日

元日弁連会長

弁護士　　藤　井　英　男

法曹人口問題を考える大阪弁護士会有志の会　御中

11-3　藤井英男氏の意見書　1995年9月28日

益々御多忙のことと存じます。

先日は、歴代会長を新会館に御招待いただき、正副会長御出席の下に、当面する司法試験・法曹養成問題につき意見をきく機会を与えていただき感謝いたします。当日、時間が短くて、十分意見を申し上げることが出来ませんでしたので、文書で意見を申し上げます。

1. 我が国で司法の容量が狭く、ことに民事訴訟事件が少ない原因について、私共は次の様に考えます。

(1) たしかに法曹人口の少ないこと、ことに判検事数の少ないことが大きな原因であることは事実です。これは過去20数年間、最高裁や法務省などの官僚的司法政策（合理化政策）が、司法試験合格者を500 名以下に抑え、司法予算の増額につき消極的で、判検事や裁判所などの施設を極力抑制してきたこと、そのため訴訟は遅延し長期化し、結局費用がかかり、国民が利用し難いものとなったことです。

弁護士数が少ないことも一因ですが、それは大阪弁護士会有志の会の意見書や昨年の中弁連有志の意見にあるごとく、昭和37年度と平成５年度を比較（地簡裁合計）すると弁護士一人当り刑事公判事件数はほぼ１／４程度と大激減を示し、民事事件（地裁第一審民事・行政事件）新受件数は昭和44年度から平成２年度まで20年ほぼ横ばいであるが、この間弁護士数は65％も増加している。いずれにせよ、この20数年間刑事、民事の裁判事件の弁護士一人当り事件数は減少しているのである。また弁護士数については、この間、東京、大阪などの大都市集中傾向が著しく、全国弁護士数よりもむしろ大都市と地方との大きな格差（地域的偏在）の方が大きな問題である。例えば、当番弁護士制にせよ、地方では多忙で弁護士の絶対数が足らないというのに、東京弁護士会などでは登録弁護士数は20％台であり、弁護士が全国的に足らないのではなく、弁護士数の問題ではないことを示している。

(2) 次に、我が国の司法の容量が狭いのは、こと民事についていうと、本来の司法機構（裁判所等）の外に、準司法機関始め、公的私的紛争処理機関が多数存在し、国民く

－1－

企業を含めて）の多くがこれらの簡易・手近かな紛争処理手続を利用していることである。

交通事故紛争のごときは、かつては訴訟等によって解決することが多かったが、示談代行保険の普及と共に、これによって大部分は解決し、一部の紛争が裁定センター（現在の交通事故紛争処理センター）に持ち込まれ、僅かなものが訴訟となるにすぎない。医療事故については、その多くが医師会の紛争処理委員会で解決されており、その他各業界には私的紛争処理機関が多数存在している。製造物責任紛争についても、大部分が訴訟よりも、簡易・迅速な紛争機関の整備に向けられており、その他、地方公共団体や公益団体の多くが、住民のため法的紛争の解決に力を入れ、法律相談、人事・家事相談、また信託会社までが財産相談・管理まで進出している。弁護士会までが、仲裁センターを設け、紛争を訴訟外で法的に解決するような努力をつくしている。

(3)　これらの裁判外の紛争処理システム（ＡＤＲ）について土屋会長は、これらの処理システムは、むしろ司法の基盤を拡充し、司法の容量を拡大し、これらの裁判外システムを廃止する方向へ努力すべし、との見解に賛成されているようであるが、その見解は日弁連でも、すでに克服されているのです。　かつての交通事故裁定センターの設立と法人化をめぐって、日弁連ことに東弁の一部に、このような紛争処理機関は司法権を侵害するもので、その設立や法人化に対し強い反対運動があった。日弁連ではこれら裁判外の私的紛争処理機関の調査及び検討をするため私的紛争処理特別委員会を設けてこの問題を討議検討するとになり、全国から委員を集め３年間調査研究の結果、意見書を作成提出した。これによると、これらの紛争処理システムは、交通事故のみならずあらゆる業界で増加拡大しつつあり、国民の多くも紛争を訴訟により解決するよりも、これら身近にある紛争処理システムを利用する傾向にある。すべての法的紛争を訴訟によって解決するのは好ましいが、訴訟は手続が繁雑で、期間も長くかかり、金もかかり、国民は紛争処理を必ずしも訴訟にのみ期待していない。これら身近にある簡易な手続で、早期・安易な解決を望んでいる。

訴訟を促進し、手続を平易化し、司法を拡大することは望ましいが、それには限界がある。

紛争処理機関については、軽易・早急な解決の反面、公平、中立性等に問題があり、今後法律家が積極的に関与して、できるだけこれらの欠点を是正すべきである、との意見が集約されている、のである。

(4) 司法の限界、ＡＤＲの拡大は日本のみならず、アメリカでも大きな傾向となっている。いまや紛争の法的解決は裁判や訴訟のみに限定されない、というのは先進国では一般的な常識といってよい。

私は1990年、日弁連会長当時アメリカのＡＢＡの大会に招待され、約10日間、ＡＢＡの大会、委員会に参加したが、その時のテーマは裁判とＡＤＲであった。私は日本におけるＡＤＲの状況を報告し、委員会の討論にも参加した。訴訟王国といわれるアメリカでさえも、いまや訴訟によって紛争が解決される比率が少なく、ＡＤＲによって紛争解決される比率が高く、将来益々この傾向は強まるであろうとの意見が多かった。

(5) 我が国でも、このような大きな傾向を阻止し、否定することは困難であろう。

その上我が国では、司法の基盤を拡大し、法曹ことに弁護士の役割や職域を拡大する要件が全く整っていない。

欧米等では法律扶助制度が我が国の数倍、数十倍、数百倍の規模で発達している。我が国の法律扶助制度の現状は全く弁護士のボランティア活動の域を出ない。

また我が国では、独英やアメリカにみられる法律相談保険や権利保護保険の制度もない。

また我が国の弁護士法の特質から、弁護士の広告や宣伝などが厳に禁ぜられている。これでは国民は弁護士の所在さえ知り得ないであろう。

3. 法曹人口をめぐって、現在日弁連内では大きく意見がわかれている。

増加論は、司法改革促進のためには量的拡大が急務であり、法曹人口をともかく急激

－3－

に拡大すべきであるというのに対し、漸増論は、もっと現実の基盤の上に立って具体的に着実に増加すべきであると主張する。従来、司法試験の合格者数を過去20年以上年500名以下に抑えながら、これを一気に1000名、1500名とするのは大きな混乱と弊害を招く、諸条件を整備しながら漸増すべきである、というのである。

日弁連は現在まで、あまりこのような問題を審議したことがないのに、昨年から一気に丙案試験の阻止の手段として、この問題が論議されることになったのである。

従って、全会員はこの問題を真剣に、また冷静に検討し審議するにいたっていないのである。

4. 今回、改革協の他に行政改革委員会（ことに規制緩和小委員会）が法曹人口大幅増加論を発表し、日弁連に対するヒヤリングまで行ったことが重要視されているが、それは改革協の鈴木良男委員（旭リサーチセンター社長）が行政改革委に持ち込んだ、という裏事情がある。

鈴木委員の見解は、すでに発表されている主張を総合すると、弁護士を完全なサービス業と見て、サラリーマンと異なるところはなく、法曹人口や弁護士数について日弁連が意見を述べたり主張するのは論外だ、弁護士数の多いか少ないかは国民人口と弁護士人口の比率によるべきで、その他の要素は何ら考慮しない、という極論である。そして、自己の見解を国民の声だと主張しているのである。

その誤りは、私が何度も指摘しているとおりである。ことに今回の規制緩和論は全くピントが外れている。規制緩和は、日本経済の発展を阻害している多くの行政的規制を緩和ないし撤廃し、経済を活性化させるため必要であり、従来の規制のための行政機関・官僚を整理し行政改革を遂行するため提唱されているもので、紛争の法的解決を使命とする法曹、ことに弁護士の人数がどうして規制緩和の対象として現在採り上げなければならないのか、その理由がハッキリしない。日本経済がそれで活性化するのか、一少し筋道が違うのではないか、と思う。

資格試験というものは、何のためにあるのか、弁護士のみならず、多くの領域に資格試験があり、またそれが必要視されるのは、結局国民のため、また消費者のため、有資格者に一定水準の質的確保を図ろうという趣旨に外ならない。

弁護士の急激な増加と研修の短縮がその質の低下を来すであろうことは多くの識者によって指摘されている。

現に、司法試験合格者数を、過去20数年間、年500名以下に限定してきた状況から、ここ３、４年で700名、また今年からは800名（従来の60%増）、さらに1000名以上とすることは、当然法曹の質的低下を来し、また判検事は予算の制約で制限されるのに、弁護士人口ばかり増加することは果たして国民の利益につながるのであろうか。
若し国民が支持するならば、先ず司法予算も法曹養成予算も画期的に増加すべきである。しかし、そのような国民の支持は得られそうにないので、合格者数は増加させるが、その代わり予算は拡大せず、研修期間を短縮しようなど、全く御都合主義であり、便宜主義である。

5. 要するに問題は、合格者数を急激に大幅増大するか、現実を踏まえながら漸増するかの主張の対立である。急激な増加は、やはり大きな混乱と摩擦を生じる。

私は、ここ２、３週間、多くの会合に出席しているが、先週、若手会員の会に出席し、その声を聴いて大変参考になった。出席者のうち、４６、７期の会員から、最近の合格者の就職状況として、２、３年前は弁護士登録して既存の法律事務所に就職するについて、東京では年俸700万円（渉外法律事務所は除く）位であったが、最近は500万円位となり、しかも一般法律事務所も経営内容が悪化しているため、それでも就職は容易でない。ことに、女性合格者に厳しく、また全部ではないが、入所２、３年の弁護士に対して「肩叩き」の現象が起きている、との現状報告があったのが印象的であった。合格者700名の今年でさえ、このような窮状なのであるから、合格者がさらにふえる２、３年後はどのような状況になるのであろうか。

このような現象を指摘することは、「弁護士エゴ」だと反論されているが、今後競争が激しくなり、法律事務所の経営も、若年合格者の就職も困難となるような事態になれば、弁護士の生活難や法律事務所の経営難から不祥事や濫訴、事件あさりなどの傾向が生じるのではないかと危惧する。これからの弁護士は益々サービス業の側面が強くなり、広告・宣伝も大幅に活発になり、われわれが従来目指してきた国民のための人権擁護とか社会正義の実現などの活動も次第に低下し、やがては権力に対抗する在野精神や活動なども弱まって行くことを恐れる。そのような傾向が、果たして国民の利益につながるのであろうか。

6. 規制緩和小委員会から日弁連に対するヒアリングの中で、最も許せない見解は、オウム関係の国選弁護を多くの弁護士がやりたがらないことを指摘し、「弁護士を増やせば、喜んで、これらの事件をやる弁護士が出てくる」との主張である。オウム関係事件は、国民の常識を超えた超凶悪事件であり、その国選弁護をするためには弁護方針の決定や膨大な記録の検討などのほか、坂本事件など許しがたい事件もある。オウム真理教に対しては、多数の弁護士が、その解散請求や被害者からの損害賠償請求事件などに加わっている。国民感情もすべてそのような方向を支持している。

　その弁護を引受けるには大きな覚悟と犠牲が必要である。それを「弁護士数を増やせば、喜んでこれらの事件をやる弁護士が出てくる」など全くの皮相的意見である。国選弁護料の低額に対しては、東京の各弁護士会は会員から寄付を求め基金を設けて対処しようとしている。それでも弁護士は事件の反社会性や規模の大きさ等からその弁護活動には慎重である。弁護士も人間である。自己の良心に反する弁護活動に誰も名乗りをあげようとしないのは当然である。弁護士の数をふやせばどんな事件の弁護活動もやるだろう、というのは全く弁護士を無節操な存在とみた皮相的な見解で、弁護活動の何たるかを知らない無責任な主張である。

　いずれにせよ、規制小委のこのような見解に、日弁連は振り回されてはならない。堂々と反論すべきは反論すべきであろう。

7. 改革協の委員の一人である清水鳩子氏（主婦連合会会長）は「消費者からみた司法改革への期待」（「自由と正義」平成七年九号）で、法曹人口増加を主張されているが、その内容は、むしろ都市と地方の間の著しい弁護士数の格差〈地域的偏在、過疎問題〉が大きな問題であることを指摘されている。そして法曹人口問題に関しては、裁判官・

検察官、弁護士を含め総体的に増員することが求められており、そのためにも司法予算を思い切って拡充することが必要だ、と主張されている。それが国民の率直な意見ではあるまいか。

日弁連も、法曹人口の急激な増加をいう前に、大都市と地方の大きな格差を問題とし、どうして地域的偏在を是正するかに、全力をもって取り組むべきではないのか。法曹人口、ことに司法試験合格者数を増加すれば、このような偏在問題は解決する、というような安易な問題ではないのである。

8. 今回、日弁連を混乱させているのは、丙案阻止の問題を法曹人口増加問題とリンクさせ、法曹人口増加のみを司法改革の中核に置き、丙案阻止の手段として持ち出した点にある。本来これはリンクさせる問題ではなく、昨年の関連議案二の提案者である高山俊吉弁護士も指摘されているごとく、本来別個の問題である。丙案阻止は独自の方法と運動によって闘うべき問題である。もしも、丙案阻止のため現在言われている修正案（合格者数一千名、修習期間の短縮）を採るならば、日弁連としては、丙案阻止のために、よりわれわれ弁護士にとり、ひいては国民にとってもより大きな利益を失うことになるであろう。

9. たしかに、日弁連は改革協と行革委員会や法務省、最高裁の提案によって、苦境に立たされているが、会内の意見集約は未だできていないのである。日弁連の自主的意見が形成されていないのに、小手先だけでこの問題と取り組み、解決を試みて、後世に悔いを残すことにならなければよいがと憂えています。

平成７年９月２８日

日本弁護士連合会

会長　土屋公献先生

東京弁護士会

藤井英男

12　第16回司法シンポジウム「市民のための司法へ――法曹の在り方と法曹人口」の基調報告の要旨（鈴木秀幸）1996年11月29日

日弁連第１６回司法シンポジウム

「市民のための司法へ　――　法曹のあり方と法曹人口」

１９９６年（平成８年）１１月２９日　　於　大宮市

基　調　報　告

鈴木秀幸・名古屋弁護士会

１　弁護士の業務と人口に関する会員アンケートについて報告致しますが、報告に先立って、毎年、どの程度弁護士が増加するのかを申し上げておきます。これは重要な前提事実ですから、頭に入れて下さい。

司法修習生５００人時代は、減少を差し引いて２５０人程度の増加でした。７００人時代には、毎年４５０人程度の増加となります。これは、東北の６県の単位会の会員数と同じです。次に、１０００人時代になりますと、毎年７５０人程度増加します。これは、名古屋弁護士会の会員数と同じです。そして、更に１５００人案が強く唱えられています。バブル経済が崩壊し、加えて経済の空洞化が進行している時代です。この時代に、何の財政措置も伴わずに弁護士の大量増員という政策だけが行われようとしています。

このような状況にあって、今、我々にとって最も重要なことは、第１に、正しい事実認識にもとづいて議論がなされること、第２に、一般会員の意思が十分に反映されることだと思います。そのために、今回のアンケート調査や単位会からの意見が十分に生かされることが大切であると考えます。

２　では、本論のアンケート調査の報告に入ります。

お手元の基調報告書の１４５頁をご覧下さい。アンケートの関係の資料がこの頁から始まっています。１４６頁に設問用紙があります。次に、１５０頁以下にアンケート集計にもとづいて結果報告書が作成されています（回収率１６．８％、１６２頁）。１６３頁以下に日弁連全体の集計表とそれに続いて図表があります。単位会別の集計表は各単位会に送付してあります。１７２頁以下に、特に重要な設問について単位会別の比較集計表があります。また、基調報告書の７６頁から１４４頁までの箇所でアンケート調査の結果に触れられています。

３　以上の通りですので、基調報告書に目を通していただければ十分ですが、本日配布されたばかりですので、手短に説明致します。今から、１６７頁以下の図表と単位会別集計表を見ながら、私の話をお聞き下さい。

（１）まず、１６７頁の問１の弁護士の業務量の増減傾向ですが、バブル経済が崩壊し、業務量は増加の傾向にありません。回答状況からすると、表面的には横ばい傾向に見えますが、一人当りの業務量は減少傾向にあるように思われます。１６７頁の図表を見て下さい。黒塗り部分が減少の回答です。黒色の斜線部分がやや減少の回答です。二つの回答が多いことのご注目下さい。普通なら仕事がどんどん増えるはずの弁護士歴２０年未満の層において、「やや減少」と「減少」の回答が結構多く、次の弁護士歴２０年以上３０年未満の層になると、この減少傾向が極めて強く出てきています。業界としては、悪い傾向にあると言えます。このような回答状況に加えて、後で述べますように、一人当りの裁判事件数が減少していること。稼働率の低い人が多く存在すること。所得の減少、就職難、初任給の減少、弁護士過剰が予想されていることなどを考え合わせると、業界としては、冬の時代に入っている、１年で言うと、ちょうど今の時期の晩秋か初冬と言えるのではないかと思います。

次に、この状況を単位会で見るために、１７２頁をご覧下さい。業務量が少しばかり増加傾向にあると言えるのは、１３単位会にとどまっています。しかし、他の３９単位会は、横ばいか減少傾向です。バブル崩壊の痛手は、東京、大阪、名古屋だけが受けているわけではありません。東北では、山形、岩手、秋田、青森が減少傾向であり、北海道でも、札幌、函館が減少、旭川、釧路も増加傾向ではありません。四国も、徳島を除き全て減少傾向です。

（2）次に、問２の裁判所利用事件の手持ち件数について、１７３頁の単位会の一覧表をご覧下さい。平均３３．６件です。東京は２０件程度です（名古屋３６件)。小さい単位会でも、事件数の少ない単位会があることに注意して下さい。事件数が少なければ、一般的には単価が高いということになります。事件数の内訳は、１６３頁の問２の集計欄にあります。刑事、少年事件は１．７件にすぎません。

司法統計によって、弁護士一人当りの手持ち件数を割り出してみました。昭和４０年と現在とを比較すると、驚くほど減少しています。民事訴訟事件が約３０％減少しています。また、刑事私選弁護事件は８０％減少しています。実態としては、もっと事件が欲しいという会員が多いということになります。

（3）次に、裁判所利用事件の業務が占める割合について問３があります。１７３頁を見て下さい。平均値は６１．６％です。東京と大阪を除けば、６５％から７０％です。依然として、裁判所利用事件が高い割合を占めています。要するに、バブル経済時を過ぎれば、裁判外業務の業務量や収入の割合はほとんど増加しなかったという結果です。裁判事件数も、バブル崩壊後のトラブルで数年間増加しましたが、それも沈静化し、昨年からは逆に事件数が減少しています。まだ気づいておられない方が多いと思いますが、最も新しい司法統計では、そのようになっています。

（4）次に、同じく１７３頁の問５の稼働率を見て下さい。平均は７９．１％ですが、７０％以下の回答者が約３８．９％も存在します。この点は、１６３頁の問５の集計にあります。稼働率の低下は、今後、弁護士の人口問題、偏在問題、事務所体制やワークシェアリングの問題に重要な意味を持つことになります。また、弁護士自治、会費問題、懲戒問題などにも重大な影響を与えると見なければなりません。

（5）次に、１６８頁の問６の所得を見て下さい。平均値が１４１０万円、中央値が１

１００万円です。平成元年度と比較して、１割程度の減少です。この点は、本文の９８頁以下に書いてあります（２０００万～３０００万円未満１１．８％、３０００万円以上６．２％）。次に、所得格差ですが、１６８頁に幾つも図表があります。弁護士歴が１０年を経過すると、どんどんと所得格差が広がっています。

裁判官の給与、賃金センサス、企業の部長クラスの給与、勤務医師の給与を１０１頁以下に載せておきましたので、弁護士の所得と比較してみて下さい。

（６）次に、１６９頁の求人、求職のバランスに移ります。問９、問１０，問１１の図表をご覧下さい。７００人時代の初年度において、既に就職難の時代に突入していることが分かります。平成２年に、７００人増員と丙案の合意をしたときと比較して、状況は様変わりです。弁護士の新規登録者の約９０％が勤務弁護士からスタートしています。この業界のこれまでの歴史を考えますと、今後、極めて深刻な事態になって行くことが予想されます。

（７）同じ１６９頁に、弁護士人口と弁護士需要のバランスの現状と予想について図表があります。黒塗り部分が「弁護士が大変過剰」という回答です。斜線部分が、「弁護士がやや過剰」の回答です。この二つの回答が、まず現在、次に７００人時代、更に１０００人時代と移るにつれ、飛躍的に大きくなって行く様子をご確認下さい。

２年前の日弁連総会において、修習生の合格者数について、８００人を限度とする方針が会内合意されました。ところが、その１年後に、意見が大きく分かれる中で方針変更がなされ、１０００人を認める決議がなされました。ところが、実態としては既に就職難であり、早晩ほぼ全国的に弁護士過剰になるという回答が圧倒的に多いという結果になっています。

１７７頁をご覧下さい。７００人時代が続いた場合に、それでもまだ弁護士不足であるとする回答が多い単位会は、和歌山、山口、島根、釧路の四つの単位会だけです。不足と過剰の回答が同率なのは、奈良と旭川です。残る４６単位会は、弁護士過剰を予想しています。

（８）７００人時代でこのような状況ですから、更に１０００人時代になれば、弁護士過剰を予想する回答が圧倒的に多くなります。１７８頁の表をご覧下さい。上から東京、第一東京、第二東京、横浜と四つの単位会が並んでいます。６０％から７０％の者が弁護士過剰を予想しています。弁護士不足の回答は数％にすぎません。

次に、上から２０列目の名古屋の欄を見て下さい。名古屋は、弁護士大量増員に反対の強い単位会の一つですが、７６％の弁護士が過剰を予想しています。東京などの四つの単位会と名古屋の回答状況を比較した場合、名古屋の方が、弁護士過剰の回答が５％から１０％多いだけです。このことからすると、一般の会員レベルの認識では、それほどの差がないということです。問題は、単位会を母体とする役員や委員の意見が、一般会員の考えに依拠しているのか、そうではないのかという違いが大きいことになります。

（9）次に、最も重要なことに移ります。１０００人時代となった場合、弁護士の業務や活動にどのような影響が出るかという問題です。１７０頁の問１５の図表をご覧下さい。どの回答率が高いのか、一目瞭然です。要するに、弁護士過剰が何をもたらすのかという答えが、ここに明白に出ています。要するに、「過当競争となる、職務の公共性・独立性が損なわれる、倫理と業務の質が低下する、国民の信頼も低下する、濫訴・不適切な業務が増加する、人権・公益活動が低下する、勤務弁護士の採用数はそれほど増加しない、企業内弁護士が増加する、共同化・専門化が進む」ということです。

要するに、裁判官の独立、裁判官の身分と経済の保障と同じように、弁護士も職務の独立性が保障されないと、適正な司法作用を担うことができないということです。そして、弁護士大量増員に対し、多くの会員が、弁護士全体の、ひいては司法全体の変容、変質を危惧しているということです。

（１０）もう一度１７０頁を見て下さい。他の影響について少しコメントします。まず、弁護士報酬については、低額化するという回答が多くなっています。潜在的需要が顕在化するか否かについては、「顕在化する」との回答はそれほど多くありません。「弁護士偏在の解消が進む」という回答も少ないと言えます。

（１１）次に、問１６の合格者１５００人案に対し、賛成か反対かの集計結果を１７１頁の図表でご覧下さい。黒塗りの部分が反対の回答です。どの世代も圧倒的に反対が多くなっています。全体では７３．１％が反対しています。賛成は１２．２％にすぎません。

次に、１７９頁の単位会別の表を見て下さい。参考までに申し上げますと、例えば、仙台は１５００人案に反対８３．３％、賛成９．３％です。また、以前、最初に１０００人案を打ち出した東弁でも、この１５００人案については反対７０．８％、賛成１４％です。大阪も反対７０．１％、賛成１８．２％です。また、第二東京も福岡も、多少数字が違うだけで、傾向は同じです。

（１２）アンケートの最後の設問は、公益的活動の割合についてです。１８０頁をご覧下さい。平均は１９．８％でした。この平均値は、欧米諸国の一般の弁護士のプロボノ活動や公益的活動の割合と比較すると、かなり高率であると思います。

4　時間の都合で、この程度で報告は終わりますが、最後に、重ねて申し上げます。

今、日弁連において重要なことは、議論が正しい事実認識に基づいてなされること、そして、一般会員の意思が十分に反映されることだと思います。このことは、日弁連のような専門的な知識集団で、強制加入の自治組織である団体において、生命線であります。この生命線が断ち切られるならば、組織としての求心力を失い、自治は形骸化し、専門化集団としての力は失われて行きます。

最後に、今の危機的状況下における私の実感を申し上げましたが、以上で発言を終わらせていただきます。どうも、ありがとうございました。

13 「日弁連会員に訴える」2000 年 1 月高山俊吉（東京弁護士会所属）

一九六〇年、大学一年生の私は、安保改定阻止行動に参加した民衆のうねりの中にいました。樺美智子さんの死、新安保条約自然成立、連日のデモ、浅沼社会党委員長の刺殺…。その中に、「司法試験を受け弁護士になっては。」と勧める労働者たちがいました。民衆に求められる職業「弁護士」。私の弁護士観の原点はそこで作られました。

弁護士になった私は、公害被害住民とともに闘う弁護団の一員に加わり、高利貸しから生活保護者を守る事件に関わり、交通労働者の労働現場にも頻繁に通いつつ、宮本裁判官の再任拒否、一三期修習生の大量新任拒否に反対する法律家運動や市民・学生の運動などにも参加しました。また、たくさんの法学生や司法修習生と話し込み、一緒に現場に出かけました。後に続く諸君たちに、次代を担う法律家の生き甲斐を実感する場を提供することが私の喜びでした。「民衆とともに、後輩とともに。」それが私の生き甲斐だったと言って過言でありません。

時代が変わります。一九八七年に発足した「法曹基本問題懇談会」の場で、法務省は、法曹人口増や合格者若年化の必要などを強調しました。一九九〇年、中坊公平日弁連執行部の歴史的な妥協を契機に、司法試験制度は「丙案」導入に一気に走ります。「中坊司法改革路線」の始まりでした。私は、合格者のいびつな若年化策が法律家の質を変える危険性を訴え、「丙案」の導入反対と廃止を主張しました。一九九七年、鬼追明夫日弁連執行部は修習期間の六カ月短縮の方針を決定しましたが、私はこれにも反対しました。修習期間の短縮は、法曹三者の統一修習という司法研修所の本質的な特性を弱め、確実に研修所廃止に向かうと考えたからです。

そして昨年七月にスタートした「司法制度改革審議会」（司法審）です。国家構造の中で司法が果たす役割を転換させ、法律家とりわけ弁護士の役割を根底から変える新体制の鳴り物入りの発足です。

司法審の背景にある日本の現状を直視したいと思います。寺西和史裁判官への懲戒。安田好弘弁護士フレームアップと同氏に対する超長期勾留。新ガイドライン法、盗聴法、国旗・国歌法、国民総背番号法、団体規制法など、憲法違反の諸法律が立て続けに生まれ、国家予算の三七パーセントが借金でまかなわれ、三一〇万人を超える労働者が路頭に迷い、働き盛りの五〇歳代の男性自殺者が年間六〇〇〇人にものぼる国です。

私がかねて期待し追求してきたことは、憲法を守り憲法を具現する法律家が増え、そのような弁護士によって日弁連が支えられることでした。しかし、現実はそれとはかけ離れた方向に向かい始めています。放置しておいては、いつの間にかすべてが手遅れになってしまうでしょう。いま黙っているのは、許されないことです。

日弁連の明日を懸念する多くの人々から強く求められた私は、熟慮のすえ、今回の日弁連会長選に立候補することを決意しました。その動機は、この時代に生きる弁護士は誰しもその生き方を後世に誇れる弁護士でありたいということに尽きます。

司法審迎合に反対する

司法審は憲法と弁護士会に突きつけられた刃

司法審は、二年間の予定で、「二一世紀のわが国の司法のあり方」を審議するとされます。審議会のメンバーは、行政改革で腕を振るった佐藤幸治氏、盗聴法の推進論者井上正仁氏、日本財団（笹川財団）の現会長曽野綾子氏はじめ、公安審査委員会現委員長、財界有力者、ロースクール構想を提言する大学審議会委員など、すべて政府任命の委員からなっています。

佐藤司法審会長が、昨年一二月の審議会で発表した「今後本格的に調査審議すべき具体的論点」（論点整理）は、司法審の方向性を明確に示すものです。司法改革を「政治改革、行政改革などの諸改革の最後のかなめ」と位置づけています。司法は「犯罪の検挙・処罰が的確に行われ」ることや「この国が自らの正当な利益を主張すること」に寄与すべきであるとも言います。かねてから財界や自民党が強調してやまなかった文字通り国家秩序と財界のための司法改革です。

今後、検討が予想されるいくつかの論点について、私の考えを簡単に述べます。

弁護士の大幅増の問題性と弁護士自治の大切さ

日弁連現執行部が打ち出した「国民が必要とする弁護士の増加と質の確保」（基本的提言）は、二年前の臨時総会における司法試験合格者の増加限度に関する「歯止め」外しを意味しており、それ自体総会決議違反というべきものです。

また、経済的基盤の裏付けのない弁護士人口の極端な増加は、弁護士の質を低下させるだけでなく、広告の自由化や法律事務所の法人化と相まって、国や企業などの法務を一手に扱う巨大ローファームを形成させて顧客層を異にする二極に弁護士を分化させます。その結果、共通の職業理念が失われ、弁護士自治の基盤が崩れます。その被害を受けるのは経済的弱者の立場にある民衆です。弁護士が幅広く人権活動を行うことができるのも、経済基盤があってこそです。経済基盤を懸念することは、断じて「エゴ」ではありません。

統一修習と司法研修所教育の堅持

統一・公正・平等の司法試験の合格者に、公費で法曹三者の統一修習を行い、法曹三者による実務修習教育を行うという現行法曹養成方式の意義は、今日もまったく失われていません。この法曹養成の中心を自費によるロースクールに委ねることは、法曹への道を資産家階層の出身者に絞り込み、有為の人材を締め出すとともに、統一・公正・平等の理念を確実に失わせます。

第二東京弁護士会執行部が提起した研修所廃止論を、現職の司法研修所民事弁護教官全員が、司法研修所教育の積極的意義を無視した独善、偏狭の議論と断じ、また刑事弁護教官全員も、二弁執行部の指摘を強く批判する見解を発表しています。正しい指摘であると考えます。研修所教育の現状の問題点は、最高裁当局による独断的運営の打破によって克服すべきであって、研修所廃止の方針は、司法の担い手の変質という重大な誤りを冒すものです。

綱紀・懲戒手続の外部依存の危険性

弁護士自治の核心である綱紀・懲戒の手続は、弁護士会により行われるべきです。弁護士自治は基本的人権を擁護する目的に奉仕する制度です。弁護士・弁護士会がいかなる権力にも支配・介入されない状態になければ、民衆の権利を守り抜くことはできません。

弁護士に対する不信の表明には真摯に耳を傾けるべきですが、これを利用して弁護士自治にくさびを打ち込み、弁護士会の自律の崩壊をねらう動向があることを忘れてはなりません。弁護士の非行への対処は、その温床となる要素を取り除く諸方策を会内で講じるなどあくまで私たち自身の自主的な努力によるべきです。

法曹一元論の錯誤

司法への市民参加を標榜する最近の法曹一元論は、給源を弁護士に限らず、検察官や法務担当社員にまで広げるものであり、真の一元論とは似て非なるものです。民衆の権利の救済や人権の擁護に役立たない裁判の現状との対決を回避する口実として用いられる危険もあり、極めて問題です。

弁護士会役員のもくろみを許さない

弁護士の「商品化」を推進する広告規制撤廃に反対

弁護士の広告規制撤廃が日弁連の臨時総会の議題になると伝えられています。規制撤廃を断行したアメリカでは、収益の多寡が弁護士の価値評価の尺度になった結果、倫理よりも利益優先の傾向が強まり、弁護士の最大の関心がもっぱら金儲けに集中し、依頼者の「召使い」になり下がって生きがいを喪失し、パブリックサービスも低下し、結局弁護士の分化と自治の弱体化がもたらされた、と報告されています（「自由と正義」九九年八月号吉川精一氏論稿）。

決して他人ごとではありません。依頼者のための情報の提供は、あくまで弁護士会を通じてなされるべきであると考えます。

弁護士法三〇条、弁護士偏在の憲法的意味

急増する弁護士の働き場所として、行政庁や企業などが盛んに示唆されています。いずれも弁護士の独立や自治との関係で極めて問題です。弁護士法が兼職を認めない趣旨に思いを致す必要があります。兼職規制の緩和がもたらすものは、弁護士に対する行政庁や企業などからの統制とこれへの服従です。

弁護士の偏在は、様々な要因に規定された社会現象です。弁護士が増えさえすれば人権擁護がより進むというような単純な問題ではありません。大切なことは、法的支援を求める人々が容易に弁護士にたどりつけない真の理由を明らかにし、その改善策を国や自治体に確実に実行させることであり、その上で弁護士会がこれに対処する態勢を整備することです。

安田弁護士に対する弾圧をはねかえそう

安田弁護士の逮捕、起訴、三〇〇日におよぶ勾留は、憲法と刑事訴訟法に則った原則的な弁護活動に対する攻撃であり、権力とたたかうすべての弁護士に対する脅しです。公共的使命を強調して国策の担い手に弁護士をとりこもうとする狙いを見抜き、安田弁護士の無罪獲得を支援しましょう。

刑事法制の大転換に反対する

自民党・司法審の方針への警戒

自民党と司法審は、司法取引・有罪答弁、付帯私訴、公訴時効期間の延長・仮釈放なしの終身刑、起訴陪審・検察行政の国会報告義務等々、刑事法制の大転換をもくろんでいます。基本的人権尊重主義に立つ現行の刑事法原理を根本から覆すものとして、強く警戒する必要があります。

陪・参審制度論の危うさ

陪・参審制度は裁判過程に主権者自身が参加するという意味で民主的な基盤を持つ制度です。しかし、形骸化著しい現行刑事訴訟法の運用を改めないままの制度論には重大な問題があります。制度づくり論議が当面する刑事人権侵害への対処を棚に上げる傾向を強めさせてはならないと考えます。

少年法の改悪阻止

広範に検察官関与を認め、身柄拘束期間を一二週間まで延長し、検察官に抗告権を与える政府案は、少年審判が責任追及の場に変り、少年審判や少年法の保護主義の理念の崩壊を導きます。廃案に追い込む必要があります。

団体規制法（新破防法）の適用反対

政府は、オウム真理教に対する世論を利用し、ほとんど実質的な審理をせず、新破防法ともいえる団体規制法を成立させました。「結社の自由」「住居の不可侵」「事前抑制禁止の法理」などに真っ向から挑戦する違憲の極致の悪法です。発動を許さず、廃止を求める取り組みが求められています。

戦争は最大の人権侵害である

経済的・社会的な危機が深まるなかで、日本は再び戦争への道を走り出しています。今春の通常国会から衆参両院に「憲法調査会」が設けられます。「憲法の基本的人権保障を一時停止する」有事立法、船舶検査（臨検）法やＰＫＦ（国連平和維持軍）参加の凍結解除が急がれています。沖縄はこのような戦争体制の犠牲と負担の集中点です。戦後補償裁判などで表明されるアジア民衆の声は、「戦争放棄の国」から「戦争のできる国」への日本の変貌に対する、心底からの危惧と怒りの発言です。

私たちは、戦争に翼賛した戦前の弁護士会の轍を踏んではなりません。憲法問題は本質的に「高度の政治性」を持ちます。憲法が時の政治によって冒されようとしているとき、進んで会内論議を積み重ね、当該政策や法律案の違憲性を指摘して警告を発し、世論を喚起することは、法律専門家集団としての日弁連の責務です。

力を合わせて憲法と人権の日弁連を

私たちがめざす司法は、憲法と人権擁護の役割を十分に果たす司法です。これと司法審のねらいとは、根本的に相容れません。私たちのこうした姿勢に対し、司法審での論議を入口で拒否することは日弁連の「年来の夢」を実現する機会を自ら放棄するものという意見があります。

しかし、右に述べてきたように、司法審は真の法曹一元や陪審の実現の場ではありえないのです。あたかもその機会であるかのごとき宣伝をすることは、政府・財界の攻撃に化粧を施すものに外なりません。私たちは、司法審に幻想を抱くのではなく、そこで行われている議論を直視し、そのねらいを人々に暴露してゆきます。日弁連の代表も送り込めていない場に「参加」しようとして何が勝ち取れるというのでしょう。

さらに重大なことは、この間執行部が司法審に甘い期待を持って関わってくる中で、日弁連の基本姿勢自体を変質させつつある点です。昨年一二月の司法審で、小堀現会長は「これからの社会における弁護士は、単なる法律実務家たる自由業者としての立場を去り、本来負っている公的責務を自覚しこれを果敢に遂行する。弁護士は社会全体の奉仕者」と説明しています。また、「われわれの自己改革の道程と司法改革の道程とはまさに一体のものであり、両者は共鳴し相乗して『あたらしい正義のしくみ』を創り出す」とも発言しました。第二次世界大戦・アジア侵略戦争の末期、全日本弁護士報国会結成にあたり「これまでのいわゆる弁護士臭を脱ぎすて、特に弁護士ならびにその制度に厳正な自己批判を加え、在野法曹の新性格を確立し、戦列の中へ」と報道された（東京朝日新聞一九四四・一二・一六）当時の弁護士会の姿勢と酷似しています。日弁連の大政翼賛宣言ではないでしょうか。

あるべきは、権力や財力の理不尽に涙する人々のためにたたかう会員弁護士をあくまでも支える日弁連であり、戦後憲法体制の破壊に抗して立ち上がる日弁連です。そのような日弁連をこそ民衆は期待しています。司法審路線に対しても、日弁連がまずこれと対決する姿勢を確立し、その危険性を広く訴え、多くの民衆や団体とともに司法審を包囲することによって司法の改悪を阻止し、その上に憲法と人権の司法を着実に構築していきましょう。

（略歴）

一九四〇年生まれ

六五年　東京大学法学部公法コース卒業

六七年　同学部私法コース卒業

同　年　司法修習生（二一期）

六九年　東京弁護士会登録

同　年　東京弁護士会司法制度臨時措置委員会委員

七七年　東京弁護士会司法修習委員会幹事

同　年　東京弁護士会刑法改正問題特別委員会委員

八五年　青年法律家協会議長

八七年　東京大学教養学部非常勤講師

八九年　日弁連人権擁護委員会特別委嘱委員

九二年　日本民主法律家協会副理事長

九五年　東京弁護士会司法試験改革問題対策本部委員

（司法問題に関する論稿）

司法試験改革に関して

「司法試験改革の方向に疑問」朝日新聞論壇一九八七年一一月四日

「司法試験の現状は本当に深刻か」ジュリスト九〇六号・一九八八年四月一五日ほか

司法審に関して

「自民党提言の司法制度審議会設置に反対する」法律新聞論壇一九九八年七月二四日

「自民の司法改革構想の危うさ」朝日新聞論壇一九九八年九月四日ほか

7

高山俊吉氏について（鈴木秀幸）

青年法律家協会の会員で、憲法と人権の日弁連をめざす会の代表高山俊吉氏は、2008年2月の日弁連会長選挙で、宮﨑誠氏9402票、高山俊吉氏7043票と善戦した。司法改革批判の立場から、4回連続で立候補した4回目の選挙であった。

14 「法学教育と法曹養成に関するアンケート結果について」『名古屋弁護士会会報471号』（鈴木秀幸） 2000年5月

第471号　名古屋弁護士会会報　平成12年5月（26）

法学教育と法曹養成に関する アンケート結果について

司法問題対策特別委員会
委員　鈴 木 秀 幸

一、法曹養成の歴史的流れ

1、我が国における法曹養成は、明治以来、判事・検事は独自に採用され、国費により養成されてきた。一方、弁護士は、養成制度自体が存在せず（弁護士無修習時代）、昭和一一年になって弁護士補制度が作られたが、修習機関もなく、無報酬で単に法律事務所に世話になるだけであった。そのためこの制度はひどく不評で、ほとんど成果をあげられなかったと言われている。

戦後いち早く、戦前の人権抑圧に対する強い反省から、官尊民卑の構造を改善するため、昭和二一年、法曹三者について厳格で平等な統一試験と国費負担による統一修習制度という画期的な改革が行われた。この戦後の民主的な改革については、昭和四〇年代、主に自民党と右翼集団からの偏向判決批判とともに分離修習へ戻す動きが起こり、これに日弁連は全力で反対運動を展開し、戦後の民主的改革を守った。

2、このような歴史的な統一・平等の司法試験と司法修習制度に対し、大きな影響を与える可能性のあるロースクール（法科大学院）構想が、最近急激に唱えられるようになった。

一九九八年（平成一〇年）六月という同じ時期に、大学審議会の「二一世紀の大学像と今後の改革方向について」の諮問に対する答申のための中間報告」と自由民主党の「司法制度特別調査会報告　二一世紀の司法の確かな指針」が発表され、ロースクール（法科大学院）が本格的に構想されるようになった。

大陸法の我が国と違って、法学部も司法修習制度もないアメリカを母国とするロースクール制度の日本版だと称する法科大学院構想が、結局のところ、どのような制度となり、我が国の伝統ある大学法学部や司法試験と修習制度にどのような影響を与えることになるのであろうか。我々は、今、この問題に重大な関心を抱かざるを得ないと思う。

3、今回のアンケートは、四月二二日の司法問題シンポジウム「法曹養成のあり方とロースクール　アメリカ・イギリスの実情」（藤倉皓一郎教授、戒能通厚教授の講演と質疑討論）に間に合わせるため、回答期間が短く（四月四日から四月一八日まで）、宣伝も不十分であったこともあって、回答数は一三四と少なかった。しかし、自由記載欄に極めて多くの意見が記述されていた。

二、法学教育と法曹養成に関するアンケート集計結果

1、統一修習と法科大学院

現行の統一司法修習制度を廃止することについては、反対九三・三％、国費負担制の廃止についても反対八五・一％であり、廃止に賛成はいずれも四・五％であった。法律実務教育を法科大学院に移すことについて、反対七六・九％、賛成六・〇％であった。

一方、法科大学院構想―法科大学院（法学部卒業者の場合二年間）の定員を年間二〇〇〇～四〇〇〇人とし、法科大学院修了者の司法試験の合格率を七～八割とする構想―については、反対七三・五％、賛成五・三％、わからない一四・四％、その他六・八％という回答状況であった。

現行の国費負担による統一修習制度を強く支持し、現在提唱されている法科大学院構想に反対する意見が多い。

2、法科大学院制下の司法試験

法科大学院が設置された場合、その修了を司法試験の受験資格とすることについて、反対六八・二％、賛成一八・九％、わからない一一・四%であり、司法試験の合否判定に法科大学院の学業成績を含めることに、反対六三・九%、わからない一七・三%、賛成一五・〇%であった。

試験制度において大切なことは公正・平等であると考えている。

3、統一司法修習の将来

法科大学院制度が実施されると、将来、現行の統一修習制度がどのような影響を受けるかについて、いずれ全面的に廃止される五〇・四%、一年に修習期間が短縮されて維持される二一・八%、わからない二〇・三%という回答状況であった。

国費負担制度については、廃止される四七・〇%、わからない三七・九%、維持される一〇・六%という回答状況である。

現行の国費負担による統一修習が廃止される危険性を強く感じている。

4、司法試験合格者数一五〇〇～三〇〇〇人の影響

法科大学院制度下で司法試験合格者が一五〇〇～三〇〇〇人となった場合、弁護士の質について、低下する六四・一%、低下しない一二・二%、法曹資格者の需給バランスについて、過剰となる五五・二%、過剰とならない一一・九%、司法修習について、不十分になる六三・九%、必要な修習はできる九・〇%という回答状況である。

弁護士の過剰、質の低下、修習のレベルダウンを心配している。

5、法曹一元、日弁連の関与

法科大学院構想と法曹一元制の関連性について、ほとんど関連性はない四九・二%、ある程度は関連性がある二五・八%、大変に関連性がある一〇・六%、日弁連の関与について、司法研修所方式が深く関与し得る五九・七%、法科大学院方式が深く関与し得る七・五%という回答状況である。

法科大学院制と法曹一元は、特に親和的な関連性があるわけではないし、日弁連の関与を深くできるわけでもない。むしろ、文部省の管轄に入り、口出しは困難になるのではないかと思われる。

6、法科大学院の入学試験

法科大学院の入学試験において、受験資格として大学法学部修了を要件とすることに、反対五九・〇%（賛成一七・二%）、合否の判定に大学法学部などの学業成績を含めること（内申書方式）に反対四八・九%（賛成二五・二%）、入試科目を主に教養や語学にすることに反対六六・四%（賛成六・一%）という回答状況である。

右のほか、法科大学院については、授業料と生活費の負担の問題、社会人で法曹を目指す人の道を閉ざす問題などがある。

7、予備校利用と法学部教育の空洞化

右は、法科大学院構想を浮上させている理由として挙げられているが、今回のアンケートでは、法科大学院を新設し司法試験を変えても、受験戦争や予備校利用を減少させる効果がないとする回答が五九・一%である。

法学部教育の空洞化への対応としては、「現行の法学部教育の仕組みを基本的に維持しつつマスプロ教育や安易な学位授与を改善し、法学部教育と司法試験の乖離を少なくするなどの改善をする」（複数回答で七〇）、「現行の司法試験制度を基本的に維持しつつ改善し、法学部教育と司法試験を近づける」（同五〇）という回答が多かった。

三、全国アンケートの実施決定

このアンケートについては、日弁連の法曹養成センターの五月二三日の委員会において、集計結果が配布され、全国的にも会員の意識は名古屋の結果と同じではないかという意見が多数出され、それだからやれ、それだからやめろと激しい議論がなされ、賛成一九票、反対一二票により、全国の会員に対し、同種のアンケートを実施することが決定された。このような重大な問題について、会員の意見を聞くことは、自治組織として最低限実施すべきことである。日弁連執行部が握り潰さないことを願う。

15　ロー・スクールは「人権」を教えられるか（藤倉皓一郎）『日弁連新聞』2000年7月1日、及び鈴木秀幸連絡文2000年10月13日

●2000年（平成12年）7月1日・第318号【日弁連新聞】毎月1回1日発行

論壇

ロー・スクールは「人権」を教えられるか

東京大学名誉教授
帝塚山大学法政策学部教授
藤倉　皓一郎

　司法制度改革の一つとして、ロー・スクール構想が論じられている。法学部をもついくつもの大学がそれぞれの法科大学院構想を打ち上げている。いずれも学部と大学院を結んで法学教育の充実を図ることを謳っている・大学院では先端法分野と法実務を教えるという。しかし、法科大学院はするどい人権感覚を身につけた法曹を養成できるのであろうか。私には、現在の改革論議をみるかぎり、できるとは思えないのである。

　これまでの日本の法学教育・法曹養成は官が支配する大学、研修所を中心に行われてきた。そこで教えたのはおもに官僚のための法学である。私学の法学部は多くの学生を教育したが、官学とは違った特色のある教科課程を組み、市民のための法学を教えることはなかった。「人権」を教えるとは、法の主人が官僚ではなく、市民であると教えることである。

　官の一元的支配の下で、法学教育・法曹養成が行われきてたことが、現在の司法制度改革を必要とする問題の根である。モデルとして論じられているアメリカのロー・スクールは人権感覚を身につけた弁護士を教育することに成功しているのか。大多数の卒業生が高給を求めて、大ロー・ファームに就職し、大きな弁護士費用を払える企業顧客のために働くのをみると、人権教育の成果があがっているとは思えない。

　改革論議の争点の一つは、だれが法学教育・法曹養成を行う責任を負うのかである。文部省が予算を握り、それを配分する十数校の法科大学院で行うのか。私には現在の法科大学院化構想が、大学の内発的、自主的な要請から生まれたとは思えない。文部省が予算をつければ、法科大学院はできるであろう。しかし、そこでは官の支配の下に官僚の法学が教えられることに変わりはない。多くの私学は法学教育・法曹養成の市場から実質的に締め出されるおそれがある。法科大学院に配分する予算をまとめて、法曹三者が運用の主体となる司法研修所を三つか四つに増やす方が、はるかに効率的で責任ある法曹養成ができると私は思う。

　司法制度を設計する基本原則は、第一に、法曹が法曹を養成すること、第二に、複数・複線・複合の養成機関とコースを並存させ、第三に、これらの間での競争を図ることである。選択と競争の中からこそ官僚法学に対抗する市民法学が生まれるのではなかろうか。

（注）　藤倉先生は、東大の法学部の教授として、十数年間英米法の講義をされ、早稲田大学に移られ、現在は、帝塚山大学の教授をされています。アメリカのロースクールで長い間教鞭をとられた経験をもち、日本で最もロースクール事情に通じている方とされ、改革審でも意見表明をされました。

（法科大学院構想の本質的性格について）

1、ヨーロッパの主要国及び我が国は、法曹養成制度として、大学における法学教育と、司法研修所などにおける司法修習という二段階方式を採用してきたが、この方式を変え、アメリカ型の一段階方式に近づけ、いずれ、それに一本化することになる。

2、我が国では法学部を残すと言っているから、現在の大学の法学部修了者年間約五万人を、大学院出身の高等法学学士と法学部出身の普通法学学士に二分することになる。

3、司法政策として、司法試験の合格者数をコントロールすることが困難になる。所定の大学院の設置基準を充たせば、どの私立大学に対しても、どれだけの人数でも法科大学院の設置を認可しなければならず、全国の法科大学院の入学者の数を制限することは不可能である。

4、新しい司法試験も、金と時間をかけた大学院修了者を対象とし、合否の基準も、大学院での教育プロセスを重視すると言うから、厳しい合格率にはならない。

結局、法曹資格は、金力で取得できる資格となり、弁護士として生きるには、縁故関係や特定の組織を地盤とする傾向が強まることになる。

※一一月一日の日弁連臨時総会の執行部案反対の委任状をお願いします。

平成一二年一〇月一三日

鈴　木　秀　幸

16「司法改革」の現状と問題点について（鈴木秀幸） 2002年1月22日

２００２年1月２２日

名古屋弁護士会会員　各位

「司法改革」の現状と問題点について

鈴　木　秀　幸

司法改革の現状を素直に見るならば、「改革」を声高に叫び続けてきた人達の手によって、本当に為されるべき改革（改善）が行われる状況にあるとは、とても思えません。司法審意見の司法改革案は、平成２年５月に日弁連が宣言した司法改革とも、平成１２年の１００万人国民署名運動の司法改革とも大きな隔たりがあり、本質的には、異質で対立する性格にあると思います。

司法審意見は、日弁連と国民署名が求めた法曹一元と陪審制を否定するとともに、裁判所の人的・物的拡充、裁判官統制・差別待遇の廃止、裁判官の市民的自由の保障、司法救済の質的・量的拡充、刑事司法の抜本的改革（身柄拘束、調書裁判、有罪推定など）、民事・刑事事件の国庫負担金の飛躍的増額などについても、全く触れないか、具体的な提案をしていません。むしろ、これからも守り発展させる必要のある現行制度、すなわち戦前の歴史を踏まえて戦後に改革された民主的制度までが、心なく破壊されようとしているのではないかと思います。

端的に言えば、この司法改革の結果として、以下の改悪をもたらす危険が十分にあります。

① 法科大学院設立によって、法学部が教養学部化し、公正厳格な司法試験制度が改悪され、国庫負担による統一司法修習制度が廃止される。

② 法科大学院は、教育産業の論理により、乱立、増殖し、法曹資格者の質を低下させ、大量な数を生み出す。法曹資格が、学力不足でも、親の１０００万円程度の金の力で取得できる資格に大幅にレベルダウンする。

③ 毎年５０００人程度の大量の法曹資格者が出現し、司法界に就職口がなく、法曹資格者の多くが会社、行政官庁などに就職する状況となる。どこにも就職できない者も多く出る。企業法務や大ローファームに所属する法曹資格者が力を持ち、日弁連を支配し、自律し独立した弁護士層が衰退し、弁護士集団が変質する。

④ 人権擁護・社会正義実現とプロフェッションをアイデンティティーとした弁護士論から、国家・企業・社会・私的奉仕を強制して歯車の働きを期待する弁護士論に転換する。

⑤ 弁護士の職務の独立を保障する民主的な自治組織としての弁護士会から、管理と奉仕を強要する代官的な弁護士会に転換する。

⑥ 裁判所、検察庁、法務省の権限が増大し、弁護士・弁護士会が弱体化する。

⑦ 司法の独立が更に後退し、司法の政・官・財への従属と奉仕の体制が確立する。

今、我が国の弁護士集団は、明治以来の在野法曹、戦後の弁護士法第１条の人権擁護と社会正義の弁護士から、歴史的な大転換を外と内の勢力から強いられている状況にあるのではないか。今、大変に注目されている元裁判官の安倍晴彦氏の『**犬になれなかった裁判官**―司法官僚統制に抗して３６年』という本のタイトルにヒントを得て表現するならば、「**犬になった弁護士**」と言われる時代が、早晩来るのではないだろうか。弁護士集団が、国民の権利の擁護と救済に努める職業集団から、国民に「法の支配」を押し付ける職業集団に移行して、国民の信頼が得られるとは思われません。

政治的・経済的な力に影響された専門家は、国民にとって危険な存在です。専門家は、独立していてこそ、国民に大きな価値をもたらす。国民は、独立した専門家を失う前に、それに気づく必要があり、専門家は、それを訴える必要があります。

〔本のご紹介〕

このような流れの中で、今一度、民主制との関係で、立憲主義、司法とその独立制、各種の自治制、司法試験、統一修習制などの原理と価値に思いを致す必要があると思います。

１、『個人と国家―今なぜ立憲主義か』（樋口陽一著　集英社新書　６８０円）

２、『犬になれなかった裁判官』（安倍晴彦著　ＮＨＫ出版　１５００円）

17 「税理士脱税指南無罪事件から裁判員制度の問題点を考える」『刑事弁護ニュース 27 号』（鈴木秀幸） 2003 年 4 月 30 日

刑事弁護ニュース

27

2003.4.30

無罪率の変遷 ――司法統計年報より――

	有罪・無罪合計(全国)	否認人員(全国)	東京	大阪	名古屋	有罪人員(全国)	東京	大阪	名古屋	無罪人員(全国)	東京	大阪	名古屋
平成4年	46,409	3,409	18,013	8,428	4,375	46,356	17,998	8,413	4,371	53	15	15	4
平成5年	48,123	3,547	19,315	8,230	4,445	48,019	19,290	8,218	4,439	104	25	12	6
平成6年	49,325	3,648	20,738	8,265	4,642	49,280	20,723	8,256	4,637	45	15	9	5
平成7年	50,816	3,493	21,815	8,389	4,694	50,777	21,804	8,376	4,693	39	11	13	1
平成8年	54,221	3,694	24,051	9,024	5,021	54,186	24,045	9,015	5,019	35	6	9	2
平成9年	56,544	3,800	24,458	9,804	5,328	56,494	24,440	9,795	5,327	50	18	9	1
平成10年	57,406	3,833	25,076	10,553	5,288	57,367	25,063	10,541	5,283	39	13	12	5
平成11年	60,792	4,058	25,776	11,936	5,742	60,755	25,766	11,923	5,736	37	10	13	6
平成12年	67,033	4,504	28,448	13,289	6,064	67,002	28,439	13,286	6,062	31	9	3	2
平成13年	70,122	5,035	29,999	13,292	6,323	70,074	29,983	13,284	6,320	48	16	8	3
合計	560,791	39,021	237,689	101,210	51,922	560,310	237,551	101,107	51,887	481	138	103	35

	無罪率(全国)	否認人員中の割合(全国)	東京高裁管内	大阪高裁管内	名古屋高裁管内
平成4年	0.11%	1.55%	0.08%	0.18%	0.09%
平成5年	0.22%	2.93%	0.13%	0.15%	0.13%
平成6年	0.09%	1.23%	0.07%	0.11%	0.11%
平成7年	0.08%	1.12%	0.05%	0.15%	0.02%
平成8年	0.06%	0.95%	0.02%	0.10%	0.04%
平成9年	0.09%	1.32%	0.07%	0.09%	0.02%
平成10年	0.07%	1.02%	0.05%	0.11%	0.09%
平成11年	0.06%	0.91%	0.04%	0.11%	0.10%
平成12年	0.05%	0.69%	0.03%	0.02%	0.03%
平成13年	0.07%	0.95%	0.05%	0.06%	0.05%
合計	0.09%	1.23%	0.06%	0.10%	0.07%

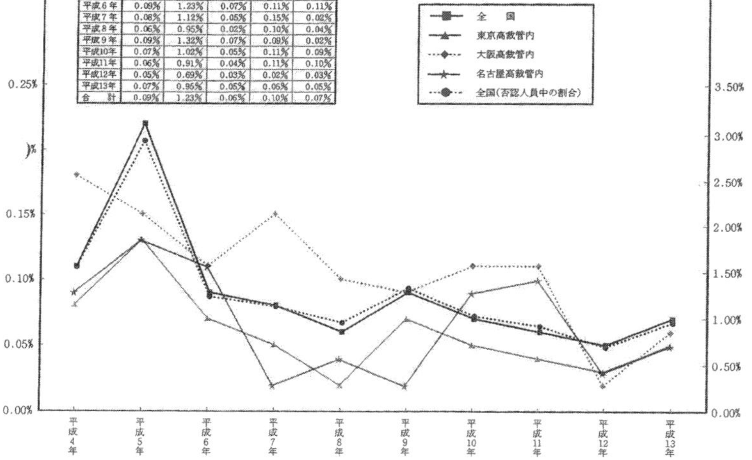

名古屋弁護士会・刑事弁護委員会

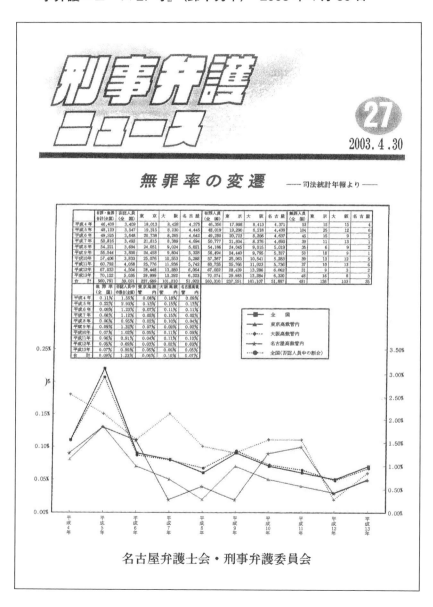

税理士脱税指南無罪事件から裁判員制度の問題点を考える

会員　鈴木秀幸

1．事案と裁判員制度

(1) 事案と裁判

小規模な税理士事務所の所長(60代後半)が、税理士資格のある若い従業員に担当させていた茶葉製造販売業の顧客(夫が職人、妻が経理担当)の脱税事件で、所長自ら脱税の指南をしたとして、平成10年9月1日に逮捕され、同月21日に所得税法違反の共謀共同正犯として起訴された。脱税額は、平成6年分約6800万円、同7年分約6500万円であり、この顧客は、個人の脱税とは別に、法人の平成8年分の所得秘匿も訴追され、その脱税額は約1億1000万円であった(実刑の可能性もあったはず)。法人の脱税については税理士は責任を問われなかった。

この起訴に名古屋地方裁判所は平成12年4月に無罪判決を言い渡し、名古屋高等裁判所も同14年9月に控訴棄却判決を言い渡し、検察官が上告せず、確定した。裁判期間は、丁度4年間であった。受任後間もなくから、税務と刑事事件をも得手とする森山文昭弁護士の力を借りることにし、最後まで貴重な協力を得た。

結果は無罪判決であったが、一審での審理の後半に至るまで、裁判官は、黒々とした心証で臨んでおり、二審でも、簡単に検察立証を認めるという訴訟指揮に直面したが(所得税期限内申告は脱犯の共謀共同正犯は無理としても、幇助犯が成立する可能性を考えてのことか？)、それでも裁判官の一般的な意識状況を乗り越えて無罪判決となったのは、犯罪の性格と幾つかの幸運があったからである(国税が調査したこと、身柄が代用監獄ではなく拘置所であったこと、脱税が資料や数値をめぐる事件であったこと、被告人の知り合いの税理士2名が途中から顧問になっていたこと、押収されず残っていた資料があったこと、捜査側の押収資料の検討が不十分でつじつま合わせなどが不完全であったこと、顧客の取引きの相手で既に取引しなくなった者が真実を証言してくれたこと)。もし、被告人が一度でも自白調書を取られていたならば、駄目であったろうし、被告人が一貫して否認していても、幸運な事情がなかったならば、多分無罪判決は無理であったろう。

(2) 裁判員制度との関係

平成12年11月から高裁での実質的な審理が始まったが、司法制度改革審議会の中間報告が同月に発表され、平成13年1月頃から、国民の司法参加の最終的な審議がなされ、同年3月頃、急に「裁判員制度」が打ち上げられ、同審議会の同年6月の最終報告で、裁判員制度が提案されることになった。この事件で、高裁で再び苦しい戦いを強いられ始めた時期であった。

高裁で、平成13年3月から12月までの間、敵性証人である顧客の夫婦と担当税理士の最重要証人3人について、3回目のサイクルの証人調べが実施されようとした時期であった(敵性証人に対する弁護人の反対尋問が成功した後、後日再び敵性証人を採用し、反対尋問の成功を覆すために、敗者復活戦を認めようとする裁判所の訴訟指揮はつじつま合わせに手を貸すもので、大変な間違いである。地裁で既に2回のサイクルで証人調べがされた)。

そこで、被告人と弁護人2人の間では、しばしば本事件が「裁判員制度」で審理されたらどのようになるのかが話題になった。3人とも、裁判員制度では十分な審理がほとんど不可能であり、どのような判決になるのか予想がつかず、無罪判決を得るのはこれまで以上に困難になるという意見で一致した。

裁判員制度が、今後、冤罪の隠蔽のお先棒をかつぎ、誤判の元凶になる恐れが多分にある。裁判員制度下の審理が、冤罪を暴くことに役立つのか、何の効果も保証もされていない。糾問主義的捜査構造に何等の改善もなされず、人権抑圧的捜査を、これまで以上に迅速ズサンな審理で追認する手続きになる。特に一貫して否認する事件を一気になぎ倒していく威力を発揮し、「自白偏重」という病理より、もっと深刻な問題の「有罪の推定」という病理を悪化させ、否認事件において、「有罪の推定」により被告人の弁解が聞き入れられず、安易に否定されてしまう(当番弁護も公的被疑者弁護も無力である)。

そして、重罪事件に限らず、普通の刑事事件にもその影響が及び、冤罪を暴くことがほとんど不可能となり、問題が表面化せず、その結果、刑事司法の改革自体が全く進まないことになる。

本当は、「裁判員制度」というえたいが知れない制度を提唱する前に、これまでの数多くの冤罪事案に構造的検討を加え、その原因をつきとめ、それを除去する方策を確立して実行することこそが刑事司法改善の基本であるはずである。

本稿での私の担当した事件の紹介がこの裁判員制度を考えるうえで、役立つような内容になればと思う。

2．事案の具体的内容

(1) 国税の査察と特捜、共犯者の捜査協力と被告人の否認

平成10年2月から、国税の査察が開始され、当初から、所長税理士の脱税指南を追及摘発するという方針が打ち立てられて(その理由が顧客の税理士への責任転嫁の供述のためか、国税の方針だったのか)、顧客と担当税理士が査察に協力し、所長の被告人が、脱税指南を否認し続けた。逮捕までの約7ケ月間にわたって膨大な調査資料と質問顛末書などが収集、作成された。この査察段階での問題は税理士を摘発しようとする目的のために顧客の税理士への責任転嫁の言い逃れを鵜呑みにし、いわゆる共犯者の供述に対する点検が極めて甘いものとなったことである。犯罪の張本人が犯罪摘発の協力者の扱いを受けたことが原因である。実は、初動捜査において、捜査する側が、「真実尊重義務」を十分に自覚し、偏見なしに物と人を慎重に点検するならば、最も真実を知り得る立場にあると言える。誰が本当のことを言い、誰が嘘を言っているのか容易にわかり得る立場の者が、もう一人犯人を仕立て上げるために、共犯者の供述を疑わないことにし、むしろ利用しようとしたことが間違いの始まりである。

(2) 逮捕、マスコミ発表、長期勾留

平成10年9月1日に逮捕され、大々的にマスコミ発表がなされた。当時、被疑者が全く納得できないと弁護人に訴えたことは、脱税の張本人が在宅起訴、担当者が不問で、悪事を働いた憶えのない自分が身柄を拘束されるというアンバランスである。平成11年3月までの6ケ月半の間、或る証人調べが終わる毎に何度も保釈申請したが却下され、検察官の立証終了段階まで、保釈が認められなかった。しかも、裁判所から弁護立証計画の提出(弁護活動制約が目的)が保釈の条件であると言われ、保釈許可決定には事件関係者との接触禁止が条件につけられた。マスコミ発表と長期勾留により、被告人は顧客の約半数を失った。弁護人との打ち合わせは、経理処理を細かく検討する必要があるのに、拘置所の接見室の窓越しであり、不都合極まりないものであった。被告人の防御権、弁護人の活動に対する過重な負担、不当な制約である。

(3) 税理士、弁護士職責に対する検事の説教

税理士である被疑者は、否認中、少なくとも、顧客の巨額な脱税を見逃した点を強く責められ、弁護人は若い検事から、どういう弁護士だ、これだけ証拠がそろっているのだから、弁護士には否認する被疑者を説得する責任があるなどと説教された(事件は税理士が顧客の脱税に巻き込まれた事件であるが、官との関係が変われば弁護士も危ない職業である)。

(4) 不平等、不公平な状況

被告人が長期勾留され、自ら十分に防御権を行使できない環境におかれ、証拠は訴追側に全て握られ(被告人の税理士事務所の関係書類を全部押収—本来被告人に写しが交付されるべき)、関係者から事情を聞くことさえままならない。ほとんどの関係者は、検事から呼ばれれば出頭するが、弁護人が面談を申し出ても断られることが多く、逆に手を回されてしまう。裁判官からは、尋問時間について毎回短縮せよと強く要求される。無理に短縮しようとするから、余分に準備時間が掛かる。時間制約という不当な抑圧の中でギリギリの弁護活動を強いられているというのが現実である。裁判所が誤判しないように、懸命に(他の仕事を犠牲にし、大幅に採算割れの報酬額で)真実発見のために弁護活動をしているのに、悪いことに時間を使わしているのかのように、始終文句を言われる。何かが狂っていると言わざるを得ない。裁判の「迅速化」は弁護人に大きな負担をかける。

(5) 検察官の姿勢

一審担当の検察官は、被告人の事務所から押収した証拠にすぎないが、証拠開示を認めてくれ、真実発見に役立った。検察官の控訴趣意書の中身は、ヒッカケモッカケとヤクザの言いがかりのような内容の繰り返しで、一読した被告人が常識の無さと品の悪さに驚いた。弁護人は二審の検察官立証終了段階で控訴取り下げの要求書を出した。そして、担当検事は最後の証拠調べ期日を空転させた上、転勤してしまった。

３．有罪の推定と弁護の立証の過剰負担

(1) 裁判官の心証形成、自覚

本当に「無罪の推定」、「疑わしきは被告人の利益に(罰せず)」の原則が守られているならば、これほどまでに弁護活動が厳しく、辛いものにはならず、弁護活動がもっと楽になるであろう。しかし、現実には、「無罪の推定」を受けるはずの側が、大変な反証活動を強いられる。それは、起訴までに、有罪立証の証拠が固められているからだけではない。お上に弱い日本人の中で証人の協力を得ることが大変に難しいことも一因であるが、裁判官が、「この被告人はひょっとしてやっていないかも知れない」「知らなかったかも知れない」と考える余地を狭くしているという心証形成の問題が大きな原因である。要するに、「無罪の可能性があれば無罪判決をする」という人権尊重感覚、絶対に冤罪を出さないという自覚が欠如しているところに問題がある。

(2) 無罪の推定とは何か

無罪判決において、「被告人が犯行を行ったと認定するには合理的な疑いが残っている」とか、「検察官が合理的な疑いを超える程度の証明をしたと判断できない」とかの表現がされる。果たして、無罪を言い渡すのに、必ず有罪立証の証人、証拠の信用性が否定されたり、疑問が認められたりする必要があり、被告人の弁解に矛盾や破綻がなく、虚偽と言い切れない場合であっても、有罪立証の供述に信用性がない、又は信用性に疑問があるとされない限り、無罪にならないのか。即ち、有罪立証の証拠に対する弾劾に成功しない限り、無罪を勝ち取れないのか。

また、もし被告人が犯行を行ったか否かを可能性の次元で考えるのであれば、冤罪の場合であっても多くのケースでそれを完全に否定することは不可能である。このような可能性論から完全に脱却しなければ冤罪は避けられない。

冤罪という、絶対に避けるべき過ちを犯さないためには、単純に、被告人の弁解に矛盾や破綻のない場合に、もっと無罪を認めるべきではないか。そして裁判官は、もっと素直に被告人の弁解を聞くべきである。特に、共犯事件において、共犯者の虚偽を暴かないと無罪が勝ち取れないという現実を経験すると、裁判官は、「ひょっとして被告人が真実を述べているのかも知れない」ということにもっと心を寄せるべきで、制度としては、外国のように全員一致又は絶対多数を有罪判決の要件とし、無罪判決に対する控訴を制限すべきである。

それ以前の改善としても、裁判官を増員し、刑事裁判官が刑事事件ばかりを担当して裁判官人生を送ることをせず、半分の期間は民事・家事を担当すべきであり、弁護士任官も、刑事裁判こそ担当すべきである。改革は、足元の改善からなされるべきである。

(3) 弁護活動の所要時間と裁判員制度

事実上、弁護活動を「糾問的捜査」と「有罪の推定」下で行わなければならないことから、冤罪事件での被告人、弁護人の負担が極めて大きくなっている。本事件において、一審の約1年６ケ月の審理期間に、主任弁護人の私が約800時間、森山弁護士が約450時間を使い、二審の約1年10ケ月の審理期間に、私が約550時間、森山弁護士が約170時間を使った。

私は平成10年９月の逮捕から平成14年６月の二審の結審までの約４年間に合計約1350時間を使ったとことになり(年平均約340時間)、この期間の自分の事件処理の年間労働時間1800時間の約30%をこの事件に振り向けたことになる。人証調べが３～４週間に１回の割合で午後一杯行われ、弁護士の質問が予定された場合には、１週間から10日前からかかりっきりで準備をする必要があった。

裁判員制度の連日的開廷方式がとられた場合には、準備も困難で、相当な報酬を期待できないことから事務所経営に支障をきたし、難しい刑事弁護は受任が困難となる。裁判員制度の議論で、この現実が踏まえられていない。

18 あるべき司法政策と今回の司法改革（鈴木秀幸） 2003年5月17日

２００３．５．１７

（青法協）

あるべき司法政策と今回の司法改革

鈴 木 秀 幸

昭和39年の臨時司法制度調査会の意見を経て、「司法反動」と言われた昭和40年代、当時大学生だった私は、我が国の司法が危ないと思うようになり、以来現在まで「司法問題」に関心を寄せてきた。司法政策で私が最も根本に据えてきたことは、次の３点である。

① 司法に携わる者が、役割を正しく果たすために、何より職務の独立性が保証されること、国民から信頼される公正で質の高い法曹資格であること。

② 経済界は、営利活動をして利益を獲得できるのに対し、司法界はこれと違い、本来的に非採算部門であり、公金でもって司法の基盤整備がなされる必要があること。

③ 司法判断が権利救済、損害補償に積極的で国民にとって利用価値が高いこと、併行して法制度一般の改善に法曹が積極的にかかわること。

この３点は、要するに司法が経済的には援助・保護を受ける一方、精神的には独立性を保障された体制にあり、利用価値が高く国民に広く利用され、法制度の改善にも積極的であるという考え方である。

ところが、今回の司法改革においては、司法は、「甘えている」、「エゴ」、「専門家の独善」などと非難を浴びせられ、一定方向の国家政策の遂行に協力することを求められ、自由競争と公益奉仕が強調され、司法内部においても、汗や血を流して市民のために働けという勇ましいかけ声が幅をきかし、自己改革という主観的な政策が唱えられてきた。

しかし、これらの世間受けするイデオロギーに基づく改革は、結局のところ、貧弱で統制され消極的な司法から抜け出すことなく、法曹資格の拡散、格下げをもたらし、弁護士業界は一般の業界と同質化する方向に進み、弁護士が弁護士会と外部からの統制を受け、官製・公認の公益活動に対する滅私奉公を強制され、「独立した司法」、「自由で独立した質の高い弁護士集団」の崩壊をもたらす制度改悪となった。

日弁連は、いわゆる市民主義、利用者主義からの司法批判について、民主主義論で迎合するのではなく、天賦人権思想、立憲主義、三権分立を立脚点に置き、司法における真理と正義の追求の重要性、独立した専門家の大切さ、財政的裏付けのある司法基盤整備の必要性を基本に据えた客観的な司法政策を提言し続けるべきであった。しかし、日弁連の臨司意見書反対運動は間違いであったとする中坊日弁連執行部の登場以後、協調路線を取り続け、批判精神を喪失し、結局のところ妥協と迎合を重ねてきた。

19 「裁判所制度改革のあり方と司法審意見」『名古屋弁護士会会報513号』（鈴木秀幸） 2003年11月

(20) 平成15年11月　　名古屋弁護士会会報　　第513号

特集2　裁判所改革の行方

裁判所制度改革のあり方と司法審意見
―その否定したこと、狙ったこと―

司法問題対策特別委員会
委員　鈴木秀幸

1．真の改革課題から隔絶した司法審意見

裁判所制度改革として、これまでの我が国の裁判所に何を望み、どのような改革を要求すべきなのか。それを端的に言うならば、民事行政事件では、権利救済の範囲を拡大し、救済内容の程度を飛躍的に充実、高額化して、利用価値を高め、刑事事件では、捜査機関から被疑者被告人の権利を擁護し、裁判においては、絶対に冤罪を見逃さないことである。

このことは余りに当然であるが、我が国の裁判所に対しては、この当り前のことを明確に認識し提言した改革論でない限り、ほとんど改革の意味を持たないように思われる。

ところが、司法制度改革審議会意見書とその後の制度化においては、本当に我が国の裁判所に求められることを、改善されるべき課題としておらず、今後、我が国の裁判所が、権利救済に積極的になり、レベルアップを図り、刑事では、身柄の拘束、捜査官作成の供述調書の取扱い、有罪推定などを根本的に変えるとは思えない。今回の改革は、そのようなことを目的としているのではない。

2．司法の理念と司法審意見書の改革論

意見書は司法の役割を「司法部門が政治部門と並んで『公共性の空間』を支える柱とならなければならない」と言うが、行政改革と規制緩和に突っ走りながら、国家主義・治安強化の傾向を強める現在の我が国の政治部門に対し、司法がこれと並んで「公共性の空間」を支える柱となれとは、どういうことか。これは、弱者切り捨ての経済効率優先、市場原理万能の新自由主義的改革をめざす政治部門の政策遂行を「法の支配」という理念で司法がスムースに後押しせよということである。

しかし、あるべき司法の理念（憲法的司法像）としては、多数決原理によって支配される立法・行政と異なり、司法は真理と正義の追求、人権擁護という別の原理によって支配されるべきで、そのために司法の独立が保障され、司法内部において官僚的統制が排斥され、構成員の良心と知性に依拠した完全な自治と構成員の職務の独立が保障されるべきである。

我が国の裁判所について、日本研究家のウォルフレンが「最高裁事務総局の司法官僚群が日本の司法全体を監督している。裁判実務に携わる裁判官ではないこうした官僚が、裁判官の任命・昇格人事、給与の決定、解任を牛耳っている」と指摘しているが、この裁判官・裁判統制の打破こそ、裁判所改革の中心的課題である。ところが、審議会意見は、裁判所内の司法官僚制による支配の実態や弊害を無視し、認識も批判も示さず、単に裁判官給源の多様化、任命手続の透明化・客観化、説明責任、国民の参加等を打ち出し、裁判所改革の主目的を裁判の迅速化・効率化とした。

3．裁判官の増員抑制、過重労働

裁判官定員は1964年1760人、2000年2160人と、36年間に23%400人増（年平均11人増、弁護士はこの間に約3倍）にすぎない。2003年に2333人となり、最近は平均約50人増加である。

最高裁は迅速化、専門分野のため今後10年間で450人増加が必要、加えて仮に事件数が3割増加の場合300～400人増加が必要とする。35年間で地裁通常事件は5割増にすぎず今後10年の3割増は、最大値であろう。近時、日弁連は「裁判官倍増論」を言うが、本年10月、任官希望者111人のうち100人を内定、8人を不採用にした。裁判所予算と裁判官数の抑制が続き（省力迅速化とＡＤＲを指向）、裁判官が過重労働で歯車のように働く状態は解消されない。

4．法曹一元、陪審の否定

法曹一元は、裁判官の給源の多様化という次元の問題でなく、一言で言えば、司法の文化は弁護士集団の文化により支配されるべきであるとする制度であり、裁判官の独立を守るのに適した制度である。

中坊氏が日弁連会長に登場した平成２年以後の日弁連の司法改革は、次第に変質を重ね、その途中で変調子にも法曹一元と陪審を司法改革の現実的課題の中心に据えた。司法審意見は、裁判官の給源に限った矮小化した法曹一元（大規模な弁護士任官）すら葬り去り、法曹一元という言葉を死語にし、陪審は裁判員制度という奇妙なものに摩り替えた。

5．裁判官指名諮問委員会

下級裁判所裁判官指名諮問委員会と高裁単位で地域委員会が置かれることになった。判事補新任、判事補からの判事、判事再任の選考を審査し、これまで裁判官統制の手段としてきた異動、補職、昇給にはかかわらない。

裁判官の評価は、これまで通り各部の総括裁判官→地裁所長（高裁長官）→最高裁事務総局と資料が上げられ、諮問委の作業部会に「経歴、執務状況、地裁所長や高裁所長の所見をまとめた１枚の報告書だけ」が提出され、「重点審議対象者」を絞り込み、全体会の当日に案が提出され重点対象者以外はその場で決定され、重点対象者のみ地域委の情報を加え、次回の諮問委で決定され最高裁に答申されるが、拘束力はない（毎日新聞10月21日）。このような制度は、最高裁の気に入る裁判官は最初から審議対象者から外され、排除したい裁判官のみ審議対象者にされ、最高裁の不当な人事政策をチェックする機能は期待できず、むしろ、大量の任官拒否にお墨付きを与え、裁判官10年任期制を実際化させ、裁判官の独立に悪影響を及ぼすことになる。

もともと裁判官の評価は、法曹内部の人間でさえ、なかなか困難な問題である。かつて、裁判官の評価・人事は、各裁判所の裁判官会議の審議事項とされていたが、1955年の「下級裁判所事務処理規則」の改定、1956年実施の裁判官の勤務評定により、地裁所長、高裁長官、最高裁（事務総局）が掌握することになった。裁判官の独立を守るためには、まず、裁判官会議が裁判官の評価・人事を行うことにし、将来的には、裁判官を含む弁護士集団全体での権限とすべきである。それが法曹一元の理念である。

フランスの思想家トックビルは、民主主義における「多数の専制」の脅威を強く指摘したが、我が国でも問題は専門家の独善より独立した専門家のもたらす価値の軽視である。

6．裁判官の市民的自由

意見書は、裁判官の給源の多様化や判事補の他職経験制度を提言するが、裁判官の市民的自由の確保に触れていない。しかし、裁判官が国民の権利と裁判官の独立を守るには市民的自由を保障することが極めて重要である。そして、それを絵に描いた餅にしないためにも、過重労働体制を改善すべきである。

7．裁判員制度

司法審は、陪審制を採用することなく、刑事重罪事件に限り量刑を含め職業的裁判官と素人裁判官（裁判員）の合議体の裁判を提唱した。その目的が被告人の権利の擁護や誤判の防止ではなく、「国民参加」であると言う。なぜ、国民の司法参加が重罪事件からなのか甚だ疑問であるが、糾問的捜査構造にメスを入れず、また、国選弁護の極めて低額な報酬を改善せず、連日的開廷方式を実施したならば、これまでのような弁護活動は困難となり、冤罪を暴くことは、不可能となる。裁判員制度が、冤罪の隠蔽の「砦」になり、今後、刑事司法の改善の道を遠のかせる恐れがある。裁判員制は国民の参加という美名のもとに、拙速、重罪化にとどまらず、自由偏重、有罪推定という病理を深刻化させるであろう。

20　法科大学院に関する意見書（愛知県弁護士会司法問題対策委員会、委員長鈴木秀幸）2012年5月7日と添付アンケート2012年4月19日等3枚

意　　見　　書

２０１２年５月７日

愛知県弁護士会会長　殿

愛知県弁護士会司法問題対策委員会
委員長　　鈴　木　秀　幸

当委員会は，日弁連の「法科大学院制度の改善に関する具体的提言（案）」について，下記の通り，意見表明する。

記

第１　意見の趣旨

１　法科大学院制度について

法科大学院制度は，「多様で高い質の法曹養成」という目的のために創設されたが，その創設目的を達成していないこと及び元々制度上，我が国の法学部制度，司法修習制度及び研究者養成などと整合しないものであることから制度自体に反対であり，そのために法科大学院を廃止して以前の２年間の司法修習制度を復活させるべきである。しかし，法科大学院が存続する間は，法科大学院の修了を司法試験の受験資格にしないことにすべきであり，もし，この受験資格の制限を撤廃しない場合には，司法試験の予備試験は簡略化し（早い時期に短期間で実施し，同じ年度に司法試験を受験できるようにするなど），門戸を広げるべきである（合格者数増加など）。

２　法科大学院の改善提言案について

（１）法科大学院の適性試験で一定基準を下回ると如何なる法科大学院にも入学できない制度（足切り制）には反対である。

（２）法科大学院の校数及び学生数は，入試倍率と合格率で減少させるのではなく，各大学の自主的な判断に任せるべきである。法科大学院の入学者数は，上限を定めなくとも３０００人を大幅に下回ることになり，下限を定めることもしない。

（３）法科大学院において，法律実務教育の単位及び実務家教員を増加させるべきではない。実務教育は，本来司法修習の過程で行われるべきであり，早期に少なくとも前期修習（例えば１２月から３月までの４ヶ月）の復活を図るべきである。法律実務家は，司法修習制度における法曹養成に努めることを第一義とすべきであり，日弁連は，法科大学院に実務家を派遣することを言い出すべきではない。

（４）司法試験の合格率をこれまでより高くすること及び受験回数を設けることには，反対である。

３　司法試験の改善提言案について

司法試験を簡易な問題に変更することには，反対である。司法試験の短答式試験は，必要な知識を修得するのに適した試験であるので，出題範囲を限定したり，比重を下げるべきではない。また，論文式試験の論点を少なくすると，当たり外れが大きくなるので，適当ではない。

第２　意見の理由

１　法科科大学院に関するアンケートの調査結果の結論部分

（１）本意見書の意見の趣旨を確定するために，当アンケート調査（問１～問１１）結果の結論として，多数意見を次の通りまとめた。

イ　圧倒的に多数の意見（逆の意見との％比が２対１以上で過半数を占めている）は，次の６つの問の回答であった。

法科大学院は，高い質についても多様性についても，その目的を達成していない（問１，問２）

法科大学院を廃止し，２年間の司法修習制度を復活させる（問４）

法科大学院の修了を司法試験の受験資格にしない（問５）

司法試験の合格率を現在より高くすることに反対（問７）

司法試験の回数制限については，制限を撤廃する（問11）

ロ　明確に多数の意見（逆の意見との％比が２～１．５対１であるが，過半数を占めていない）は，次の３つの問の回答であった。

法曹養成に特化した法科大学院制度に反対（問３）

予備試験の合格者数を増加させる（問６）

法科大学院入学の適性試験で一定基準を下回るとどの法科大学院にも入学できない制度に反対（問10）

ハ　多数の意見（逆の意見との％比が１．２対１で，４０％程度の多数にすぎない）は，次の１つの問の回答であった。

法科大学院の校数と学生数を入試倍率と合格率を基準として減少させる（問８）

ニ　僅かに多数の意見（逆の意見との％比が１．１対１以内で，３５％程度の多数にすぎない）は，次の１つの問の回答であった。

法科大学院制度の実務教育の分量を増加させることに反対（問９）

（２）新６０期以後の弁護士層の回答傾向と全体集計において特に注目すべき調査結果

イ　新６０期以後の会員（新法曹）は，旧６０期及びそれ以前の期の会員（旧法曹）と，法科大学院制度自体の評価について著しく異なった回答傾向にある。

①　新法曹は，問３の法科大学院に５１％（旧法曹１１％）が賛成し，問５の受験資格制限に４９％（旧法曹１３％）が賛成しているが，「わからない」が多いために賛成は５０％前後にとどまる。

②　問６の予備試験の合格者増加に３８％（旧法曹１６％）が反対し，問４の法科大学院廃止・２年の司法修習制度の復活に３５％（旧法曹８％）が反対しているが，「わからない」と「賛成」が合計で６０％近くを占めている。

旧制度は，研修所１９９９年入所の５３期約８００人まで２年修習で，２０００年入所から１０００人以上で１年６ヶ月の修習となったが，旧制度の司法試験と修習制度を経験していない世代にとって，二つの制度の比較は難しいことかもしれない。また，もともと新制度のために合格した者が多いので，新制度を否定的に評価できないのかもしれない。

ロ　全体集計において，問４の法科大学院制度を廃止して以前の２年間の司法修習制度を復活させることに賛成の回答と，問５の司法試験の受験資格の制限に反対の回答は，ともに５７．５％程度であるが，問５の受験資格制限に賛成の回答は２６．１％であり，問４の修習制度復活に反対の回答１７．２％より多い。

その理由として考えられることは，制度論として，法科大学院と受験制限をセットに考え，また，法科大学院は存続させるが受験制限は撤廃されるということは混乱を生じさせ，新たな問題を生じさせる可能性があることを心配し，再改革するならば，中途半端なことをせずに，すっきりと元に戻した方がいいと考えるからではないかと思われる。

従って法科大学院について，受験資格の制限の撤廃を唱えるならば，「法科大学院の教育と司法試験等との連携等に関する法律にもとづく」法曹養成に特化した法科大学院制度の廃止を唱えるべきである。

2　法科大学院制度について

（1）法科大学院制度提唱時の日弁連と名古屋弁護士会の対応の違い

法科大学院構想は，司法制度等改革協議会の外部委員が１９９４年に言い出したが，弁護士会では，１９９８年に第一東京弁護士会が続いたのみであっった。ところが，２０００年4月１５日，全く会内議論を経ることなく，日弁連正副会長会の５項目からなる「いわゆるロースクール構想について」と題するＡ４１枚のメモが確認された。

名古屋弁護士会は，１９９９年9月に「徹底討論『日本の司法』パートⅠ　弁護士人口問題と法曹養成制度」と題するシンポジウムを開き（会長那須國宏），２００１年9月に「徹底討論パートⅡ－司法改革の現状と展望」と題するシンポジウムを開いた（会長奥村　軌）。その間の２０００年４月に「法学教育と法曹養成に関するアンケート」を実施し，司法問題対策特別委員会（委員長奥村　軌）は法曹養成に関する意見書をまとめ，同会の会長を介して日弁連に同年６月に提出した。

上記のアンケートでは，現行統一修習制度廃止に反対９３．３%，給費制廃止に反対８５．１%，法科大学院構想に反対７３．５%（賛成５．３%）であり，意見書は，法科大学院（ロースクール）構想に賛成できないとし，加えて法科大学院の修了を司法試験の受験資格とすること及び合格率を７～８割にすることなどに反対する旨を内容とした。同年７月には日弁連法曹養成センターも，ほぼ全国的なアンケートを実施し，ほぼ名古屋弁護士会と同じ調査結果であった。

法科大学院構想は，研修所教官の大半も反対の意見表明をし，研究者の多くが反対であった。

一方，司法制度改革審議会は，同年５月には法科大学院構想に関する検討会議の発足を要請し，同年８月の審理日にはロースクール構想の採用を決定するという極端に拙速な決着を図った。

そのために，日弁連執行部は，２０００年１１月１日の臨時総会において，一つ二つの質問のあと審議を打ち切り，意見表明希望者５０人以上の意見表明を一切認めず，強行採決した。

大多数の者（９０%以上）が制度の廃止に反対しているにもかかわらず，これほど強引に廃止された制度が他にあるだろうか。

（2）現行の法科大学院制度の根本的問題

イ　法科大学院制度は，我が国の法学部教育と司法修習という二つの制度との整合性に欠ける。

法科大学院中核論は，法学部教育及び司法修習を軽視し，その空洞化を進行させるものである。法学部の教授の質が落ち，手薄となり，法学部生が犠牲になっている。司法修習も，修習期間が2年から１年になり，就職活動に追われる者が多く，しかも給費制も廃止された。法学未修者コースは，２年目から既修者と同じ課程になっていて，法律の理解が不十分なまま進学し，本当の法学未修者の司法試験合格率は１０%を大きく割り込んでいる。

ロ　法科大学院制度は，教養と専門性を重点的な教育目的としているが，実際には基礎法等の受講は少なく，一方で基本法の基礎的理論的理解が不十分となっていて，計画倒れになっている。

また，司法試験に合格するレベルにほど遠い人に実務教育をしても効果的ではなく，司法試験に合格するかどうか分からない段階での実務教育の導入は無駄で不合理である。

ハ　我が国の大学の法学部を修了した者が，そのまま司法試験を受験できないというのは，全く不可解な制度である。法学部教育，共同学習，独学を否定するものである。

２０１０年度の旧司法試験の受験者は1万６０８８人で，合格者は５９人，合格率０．３７%であった。２０１１年度の予備試験の受験者は６４４７人，合格者１１６人，合格率１．７%であった。受験者が著しく減少しているうえで合格率が極めて低いことは，制度の公平さを強く疑わせる。

法曹資格の場合，国家試験の司法試験によって資格の付与者を公正に厳選すべきであり，医師資格のように，医学部入学者の８～９割が資格を取得するような制度にすべきではない。

ニ　研究者は，予備校の教員のような仕事に多くの時間を割かれる法科大学院の教員になることを望んでおらず，良い質の教員の確保が困難になっている。

法科大学院制度発足以後，法学研究科の修士課程の入学者が約２０００人から約１０００人に半減し，博士課程の入学者は約３００人から約２００人へと３分の２になっている。法学研究と研究者養成が犠牲となり，このことが判例批判の弱体化，判例重視の傾向を強め，司法にも悪影響を及ぼすことになる。多様性が発展しない。

ホ　最高裁判所は，合格者５００人時代に成績が中位より上でないと裁判官に採用しないとし，現在は３００番以内でないと裁判官に採用しないとしている。２０１１年の新司法試験（満点１５７５点）の結果は，平均点が７３８．９１点で，それより僅かに上の７６５点の２０６３番が合格している。合格ラインは，１００番の９９２点（２２７点差）のみならず，５００番の８９２点（１２９点差）とも極めて大きな点差がある。現状の合格ラインは，低すぎて，高度な専門家として「一律一定の質が求められる」という要請を満たさず，資格試験と言い難い。合格者の質については，議論する前に，まず修習担当の多くの弁護士が修習生をみているので，全国的にアンケート調査をすればすぐに分かる。

ヘ　法学部の志願者が減少し，法学部４年の優秀な学生が法科大学院を志望しなくなり，有為な人材が司法を敬遠する傾向を強めている。法科大学院の入学者は，生活費と授業料に負担，修習生の給費制の廃止及び弁護士過剰などの理由から，高額所得者層，法曹及び弁護士隣接業種の子供の比率が高くなり，幅広く優秀な人材を求めるという当初の目的と逆の結果に陥っている。このままでは，司法試験は不平等，不公平な試験となり，法科大学院の入学者は富裕層出身者に偏り，世襲の傾向を強める。合格者数を増加させることで表面上は自由競争，市場原理に見えるが，実際は，資金が物を言う世界となり，司法が多様性と批判精神を失い，経済主義に陥り，有為な人材が来なくなり，質を低下させることになる。

3　法科大学院制度個別の運用上の改善策に関する提言案について

（１）提言案の（１）の①の学生定員の上限及び下限の設定，②入試選抜の競争性の確保，③教員体制，④法科大学院の統廃合などの改善策

①②　これらの改善策は，深刻な法科大学院問題の解決策となるものではなく，アンケート結果では，改善策に極めて消極的である。法科大学院の学生定員の上限（３０００人）及び下限の設定を言うが，入学希望者の激減が進行中で，入学者が３０００人を大幅に下回ることが予想されるので，現状に問題意識が合致していない。法曹資格の価値を著しく低下させたうえ，高コスト構造の法曹養成制度に変更したこと自体が矛盾した政策であり，制度設計上のミスである。このような高いコストとリスクの改革に付き合える層は極めて限定される。入学者数を強制的に絞り込む必要はない。

③　実務教育は，本来，司法試験合格者の司法修習制度の中で行われるべきことである。従って，実務教育及び実務家教員を増加させることには賛成できない。

④　校数については，各大学の自主的判断に任せるのが原則である。

（２）同（２）の①ないし③の法科大学院の地域適正配置の対策のあり方

地方在住者の資格取得機会の保障の問題は，法科大学院制度を採用したことにより発生した問題である。従って，法科大学院制度を廃止するか，受験資格制を廃止するか，それらが存続する間は予備試験の合格者数を大幅に増加させることが一番良い対策である。

（３）同（３）の①ないし③の法科大学院のカリキュラムのあり方

①　もともと，法科大学院では，法律基本科目の基礎的理論の修得が一番の目的になることは当然のことである。ところが，法科大学院導入時，豊かな素養と高度な専門性を身につけた人が

法曹になる制度であると高邁な説明がなされた。しかし，教養を身につける努力は一生のことであり，基本法の基礎的な知識と理論が身についていないのに，受験科目にない高度な専門分野を身につけようというのは空論である。また，司法試験に合格するかどうかわからない者を対象とする法科大学院の課程において，実務基礎科目群の単位を増加させることは，不合理である。「文書作成指導」は，大切なことである。

このように，法科大学院制度においては，基本の法律の知識と理論の修得と，同時に文書作成能力が向上されることが中心となり，本来，紹介程度を越える実務教育は司法修習制度で行うべきである。このように考えると，法科大学院の教育は，法科大学院制度発足以前の時代の法学部の授業，ゼミナール，勉強会，答案練習会，予備校などにおける学習の内容と方法に接近することになる。

② 法科大学院の入学選抜において，法律を修得する適性を確実に判別できる試験にする必要がある。我が国には法学部があり，法学部卒業者が法科大学院に圧倒的に多く入学することから，適性試験で法科大学院の入学の当否を判断するよりも，法律科目で試験をすべきである。

③ 本当の法学未修者が，１年間の教育を経て２年目から法学既修者と同じカリキュラムに入るのは大変に無理がある。本来，法学未修者は，法学部に入学するか，予備校か，独学かで，数年間，事前に法律の基礎的学習をしてから法科大学院に入学することが合理的である。この場合には，法科大学院の３年コースは廃止することになる。

（４）同（４）の①②の経済的負担の軽減

①② 国の財政としては，法科大学院のために１４００億円を投入し，今後も毎年補助金として，修習生に対する給費に匹敵する５０～１００億円程度を必要とすると思われる。

司法試験に合格するかどうかわからない段階で，他の法科大学院より有利な奨学金制度を新設する理由があるとしたら，司法試験の受験資格を制限しているためであるが，それ故，受験資格制限を撤廃すべきである。

③ いわゆる飛び級制は，弊害が大きすぎる。それよりも，予備試験の時期を早め，試験期間を短くし，１年を無駄にしないで司法試験を受験できるようにすべきである。

（５）同（５）の法科大学院の情報提供義務

各法科大学院に対する情報提供義務は，最小限度にとどめるべきである。

4　司法試験制度の改善策に関する提言案について

（１）短答式試験，論文式試験

教育制度及び試験制度は，歴史的に手を加えられることがよく発生しているが，ほとんどのケースで成功していない。司法試験は，法曹として「必要な学識及びその応用能力を有するかどうかを判定することを目的とする国家試験とする」（司法試験法１条）と定められている。法科大学院の教育は，この法的に必要な知識及び論理的思考力を修得させるものであり，司法試験は，その修得度をみるものである。司法試験は，法科大学院の修了試験ではない。試験レベルを下げれば，後で苦労することになる。

短答式試験の比重の軽減は，昔から言われ，かなり改良されてきた。論文試験の論点を少なくすると，当たり外れが多くなる。

（２）試験の合否判定基準

合否判定の基準等については，司法試験委員会に任せるより仕方のないことである。問題は，今回の司法改革で，同委員会に対し，日弁連が弁護士を出せなくなっていることである。

（３）司法試験の受験回数制限

撤廃されるべきである。

法科大学院に関するアンケート調査

１　実施方法，状況

２０１２年４月１０日，愛知県弁護士会司法問題対策委員会は，愛知県弁護士会の全会員１５５１人（旧１１３９人，新４１２人）に対しアンケート調査を行い，５月２日現在，回答数４０９人，回答率２６．４％（旧２２．８％，新３５．２％，不明を除く）である。旧が２６０人（６３．６％），新６０期以後が１４５人（３５．５％），不明４人であった。

旧制度の会員の回答率が，新制度の会員並になれば，もっと新制度に対する反対の回答率が高くなる。

２　アンケート集計結果の概説

（１）法科大学院は，「多様で高い質の法曹の養成」を目的として２００４年４月に創設された。多様性と高い質は別のことであるから，設問を別にした。

問１の法科大学院の法曹養成における質の向上の達成度について，達成していない３２．８％，余り達成していない３１．１％，合計６３．９％であるのに対し，達成している０．７％，相当程度達成している９．３％である。法曹の質の向上の達成度について極めて低い評価をしている。

（２）問２の多様性の達成度について，達成していない３４．３％，余り達成していない３３．３％，合計６７．６％であるのに対し，達成している１．２％，相当程度達成している１５．２％である。多様な人材の確保について，極めて低い評価をしている。

（３）問３の法曹養成に特化した法科大学院制度について，反対４３．７％，賛成２５．６％，わからない２３．８％である。

ところが，法科大学院出身の新６０期以後の会員（以下，新法曹と言う）に限ると，反対１３．３％，賛成５１．０％，わからない３０．１％と，全体集計と逆になるが，過半数ぎりぎりに過ぎない。実際に法科大学院を経験した者の評価として，賛成の回答が多数を占めることに注目すべきか，反対とわからないを合わせると４３．４％もあることに注目すべきか，見方が分かれるところであるが，後者の見方が正しいのであろう。。

（４）問４の法科大学院を廃止し，２年間の司法修習制度を復活させることについては，賛成５７．６％で，反対は１７．２％にとどまる。

但し，新法曹は，反対の回答が３４．０％で一番多い回答になっているが，賛成２６．４％とわからない３１．９％を合わせると５８．３％に達し，反対を大きく上回る。

（５）問５の法科大学院の修了を司法試験の受験資格としていることについては，反対５７．４％，賛成２６．１％である。

但し，新法曹は，賛成が４９．３％で一番多い回答になっている。しかし，反対２５．０％とわからない２２．９％を合わせると４７．９％に達し，賛成の回答に接近する。

（６）問６の予備試験の合格者数の増加について，賛成４３．２％であるが，反対２４．３％とわからない２７．０％を合わせると５１．３％となり，賛成より多くなる。

簡単な設問であるため，回答しにくかったかもしれない。法科大学院自体に反対の人は，予備試験を認める立場にはないので，この考えの人が「賛成」ではない選択肢に回答した可能性がある。また，法科大学院制度が存続する以上，予備試験の合格者を余り増加させるわけにはいかないと考えた可能性もある。

但し，新法曹は，反対が３８．６％で一番多いが，増加に賛成２５．５％，わからない３１．０％を合わせて５６．５％となり，反対より多くなる。

新法曹が旧法曹と回答傾向を大きく違える設問は，問５，問３，問６，問４の順である（但し

「わからない」の回答が多い）。

（7）問7の合格率を高くすることについては，反対６８．６％と賛成１０．０％で，極めて反対が多い。新法曹も同様である。

（8）問8の入試倍率と合格率で法科大学院の校数と学生数を減少させることについては，強制的にでも実行するA説が４１．０％で，各大学の判断に任せるB説が３５．９％と，かなり接近した回答になっている。

（9）問9の法科大学院の実務教育の分量を増加させることについては，反対が３３．１％　賛成が３１．８％で接近している。わからないも２７．１％と高い。

この設問も，簡単であるため，回答しにくかったかもしれない。前期修習がなくなっているから，実務修習の効果を上げるために実務教育を増加させる必要があると考えるか，実務教育は，本来，法科大学院ではなく司法修習で行うべきであるとする考えがあるからである。

（10）問10の適性試験で一定基準を下回ると法科大学院に入学できない制度（いわゆる足切り制）をつくることについては，各大学の自主的判断に任せる（B説）という反対説が４９．３％，賛成説が２８．６％，わからないが１６．３％である。

（11）問11の司法試験の回数制限については，制限の撤廃６３．１％，５年以内3回までが１３．８％，５年以内5回までが１３．０％である。

法科大学院に関するアンケート【集計】

（H24.5.2現在）

愛知県弁護士会所属弁護士数	1551　人	旧	1139　人	新	412　人
本会：1,306人	西三河：111人	東三河：68名		一宮：41人	半田：26人
アンケート回答数	409　人	回答率	26.4%		

【修習期別回答率】

1～19	20～29	30～39	40～49	50～59	旧60～	新60～	不明
29　(7.1%)	35　(8.6%)	46　(11.2%)	42　(10.3%)	77　(18.8%)	31　(7.6%)	145　(35.5%)	4　(1.0%)

問1　法科大学院の目的として「高い質の法曹養成」と説明された。質の向上の達成度について。

		修習期別								合計					
		1～19	20～29	30～39	40～49	50～59	旧60～	新60～	不明	旧	(%)	新	(%)	合計	(%)
イ	達成している	1	0	0	0	1	0	0	1	3	(1.1%)	0	(0.0%)	3	(0.7%)
ロ	相当程度達成している	1	5	5	3	0	1	23	0	15	(5.7%)	23	(16.0%)	38	(9.3%)
ハ	余り達成していない	11	8	17	10	22	5	53	1	74	(28.0%)	53	(36.8%)	127	(31.1%)
ニ	達成していない	10	17	20	22	32	9	22	2	112	(42.4%)	22	(15.3%)	134	(32.8%)
ホ	わからない	6	3	2	6	22	16	43	0	55	(20.8%)	43	(29.9%)	98	(24.0%)
ヘ	その他	0	2	2	1	0	0	3	0	5	(1.9%)	3	(2.1%)	8	(2.0%)
合　計		29	35	46	42	77	31	144	4	264	(100%)	144	(100%)	408	(100%)

問2　法科大学院の目的として「多様な人材の法曹養成」と説明された。多様性の達成度について。

		修習期別								合計					
		1～19	20～29	30～39	40～49	50～59	旧60～	新60～	不明	旧	(%)	新	(%)	合計	(%)
イ	達成している	1	0	0	0	1	0	2	1	3	(1.1%)	2	(1.4%)	5	(1.2%)
ロ	相当程度達成している	3	4	3	5	3	3	40	1	22	(8.4%)	40	(27.6%)	62	(15.2%)
ハ	余り達成していない	10	8	20	12	20	5	60	1	76	(28.9%)	60	(41.4%)	136	(33.3%)
ニ	達成していない	11	18	19	19	37	11	24	1	116	(44.1%)	24	(16.6%)	140	(34.3%)
ホ	わからない	4	5	3	5	16	11	13	0	44	(16.7%)	13	(9.0%)	57	(14.0%)
ヘ	その他	0	0	0	1	0	1	6	0	2	(0.8%)	6	(4.1%)	8	(2.0%)
合　計		29	35	45	42	77	31	145	4	263	(100%)	145	(100%)	408	(100%)

問3　法曹養成に特化した法科大学院制度について。

		修習期別								合計					
		1～19	20～29	30～39	40～49	50～59	旧60～	新60～	不明	旧	(%)	新	(%)	合計	(%)
イ	賛成	3	7	6	4	6	2	73	2	30	(11.5%)	73	(51.0%)	103	(25.6%)
ロ	反対	21	20	25	26	45	18	19	2	157	(60.4%)	19	(13.3%)	176	(43.7%)
ハ	わからない	1	3	10	9	20	10	43	0	53	(20.4%)	43	(30.1%)	96	(23.8%)
ニ	その他	3	5	5	2	4	1	8	0	20	(7.7%)	8	(5.6%)	28	(6.9%)
合　計		28	35	46	41	75	31	143	4	260	(100%)	143	(100%)	403	(100%)

問4　法科大学院制度を廃止し，以前の2年間の司法修習制度を復活させることについて。

		修習期別								合計					
		1～19	20～29	30～39	40～49	50～59	旧60～	新60～	不明	旧	(%)	新	(%)	合計	(%)
イ	賛成	24	24	36	33	57	20	38	2	196	(74.8%)	38	(26.4%)	234	(57.6%)
ロ	反対	1	5	6	3	2	2	49	2	21	(8.0%)	49	(34.0%)	70	(17.2%)
ハ	わからない	1	3	3	3	14	8	46	0	32	(12.2%)	46	(31.9%)	78	(19.2%)
ニ	その他	2	3	1	3	3	1	11	0	13	(5.0%)	11	(7.6%)	24	(5.9%)
合　計		28	35	46	42	76	31	144	4	262	(100%)	144	(100%)	406	(100%)

問5　法科大学院の修了を司法試験の受験資格にしていることについて（予備試験合格者は除く）

		修習期別								合計					
		1～19	20～29	30～39	40～49	50～59	旧60～	新60～	不明	旧	(%)	新	(%)	合計	(%)
イ	賛成	6	8	9	5	4	1	71	2	35	(13.4%)	71	(49.3%)	106	(26.1%)
ロ	反対	21	24	34	30	61	25	36	2	197	(75.2%)	36	(25.0%)	233	(57.4%)
ハ	わからない	1	2	3	6	9	5	33	0	26	(9.9%)	33	(22.9%)	59	(14.5%)
ニ	その他	1	1	0	1	1	0	4	0	4	(1.5%)	4	(2.8%)	8	(2.0%)
合　計		29	35	46	42	75	31	144	4	262	(100%)	144	(100%)	406	(100%)

問6　2011年度の予備試験は受験者6447人，合格者116人であったが，予備試験の合格者を増加させることについて。

		修習期別								合計					
		1～19	20～29	30～39	40～49	50～59	旧60～	新60～	不明	旧	(%)	新	(%)	合計	(%)
イ	賛成	16	18	25	21	38	20	37	1	139	(53.1%)	37	(25.5%)	176	(43.2%)
ロ	反対	7	8	8	4	11	3	56	2	43	(16.4%)	56	(38.6%)	99	(24.3%)
ハ	わからない	6	7	7	15	22	7	45	1	65	(24.8%)	45	(31.0%)	110	(27.0%)
ニ	その他	0	2	4	2	6	1	7	0	15	(5.7%)	7	(4.8%)	22	(5.4%)
合　計		29	35	44	42	77	31	145	4	262	(100%)	145	(100%)	407	(100%)

問7　現在の司法試験の合格率(20数%)につき，低すぎるので高くする考え方について。

		修習期別								合計					
		1～19	20～29	30～39	40～49	50～59	旧60～	新60～	不明	旧	(%)	新	(%)	合計	(%)
イ	賛成	6	4	1	3	0	2	23	2	18	(6.8%)	23	(16.0%)	41	(10.0%)
ロ	反対	18	25	41	29	63	22	80	2	200	(75.8%)	80	(55.6%)	280	(68.6%)
ハ	わからない	3	3	2	5	8	3	29	0	24	(9.1%)	29	(20.1%)	53	(13.0%)
ニ	その他	2	3	2	5	6	4	12	0	22	(8.3%)	12	(8.3%)	34	(8.3%)
合　計		29	35	46	42	77	31	144	4	264	(100%)	144	(100%)	408	(100%)

問8　教育の質の向上のために入試倍率と司法試験合格率を基準にして強制的に法科大学院の校数と学生数を減少させる考え方(A説)と各大学の自主的判断に任せる考え方(B説)のどちらを支持しますか。

		修習期別								合計					
		1～19	20～29	30～39	40～49	50～59	旧60～	新60～	不明	旧	(%)	新	(%)	合計	(%)
イ	A説	11	5	20	14	19	12	85	1	82	(31.2%)	85	(59.0%)	167	(41.0%)
ロ	B説	14	22	18	13	25	11	40	3	106	(40.3%)	40	(27.8%)	146	(35.9%)
ハ	わからない	2	5	3	11	22	6	15	0	49	(18.6%)	15	(10.4%)	64	(15.7%)
ニ	その他	2	3	4	4	11	2	4	0	26	(9.9%)	4	(2.8%)	30	(7.4%)
合　計		29	35	45	42	77	31	144	4	263	(100%)	144	(100%)	407	(100%)

問9　法科大学院において，実務教育の分量を増加させる考え方について。

		修習期別								合計					
		1～19	20～29	30～39	40～49	50～59	旧60～	新60～	不明	旧	(%)	新	(%)	合計	(%)
イ	賛成	8	11	15	10	14	5	64	1	64	(24.7%)	64	(44.8%)	128	(31.8%)
ロ	反対	14	11	15	14	25	11	43	0	90	(34.7%)	43	(30.1%)	133	(33.1%)
ハ	わからない	3	11	10	11	31	15	27	1	82	(31.7%)	27	(18.9%)	109	(27.1%)
ニ	その他	3	1	5	6	7	0	9	1	23	(8.9%)	9	(6.3%)	32	(8.0%)
合　計		28	34	45	41	77	31	143	3	259	(100%)	143	(100%)	402	(100%)

問10　法科大学院入学の適性試験で一定の基準を下回るとどの法科大学院にも入学できないようにする考え方（A説）と各大学の自主的判断に任せる考え方（B説）のどちらを支持しますか。

		修習期別								合計					
		1～19	20～29	30～39	40～49	50～59	旧60～	新60～	不明	旧	(%)	新	(%)	合計	(%)
イ	A説	11	7	13	11	23	9	42	0	74	(28.4%)	42	(29.0%)	116	(28.6%)
ロ	B説	11	19	23	14	31	13	86	3	114	(43.7%)	86	(59.3%)	200	(49.3%)
ハ	わからない	5	6	4	13	17	8	12	1	54	(20.7%)	12	(8.3%)	66	(16.3%)
ニ	その他	2	3	4	4	5	1	5	0	19	(7.3%)	5	(3.4%)	24	(5.9%)
合　計		29	35	44	42	76	31	145	4	261	(100%)	145	(100%)	406	(100%)

問11　司法試験の回数制限について。

		修習期別								合計					
		1～19	20～29	30～39	40～49	50～59	旧60～	新60～	不明	旧	(%)	新	(%)	合計	(%)
イ	制限の撤廃	17	23	34	36	54	19	72	2	202	(69.9%)	72	(49.7%)	257	(63.1%)
ロ	法科大学院修了後5年以内3回まで（現行）	5	3	4	2	7	5	30	0	31	(10.7%)	30	(20.7%)	56	(13.8%)
ハ	法科大学院修了後5年以内5回まで	5	6	6	2	3	0	29	2	22	(7.6%)	29	(20.0%)	53	(13.0%)
ニ	わからない	1	2	1	0	10	7	12	0	28	(9.7%)	12	(8.3%)	33	(8.1%)
ホ	その他	1	0	1	2	2	0	2	0	6	(2.1%)	2	(1.4%)	8	(2.0%)
合　計		29	34	46	42	76	31	145	4	289	(100%)	145	(100%)	407	(100%)

法科大学院に関するアンケート（日弁連全会員）

２０１２年4月１９日

法曹人口問題全国会議の有志代表
伊澤正之（栃木）、鈴木博之（愛知）、及川智志（千葉）
坂野真一（大阪）、田中重仁（埼玉）、武本夕香子（兵庫）
事務局長武本・ＴＥＬ072－787－8010

法科大学院制度の諸問題について，法曹の養成に関するフォーラム（政府），法科大学院の評価に関する研究会（総務省），日本学術会議法学委員会等及び日弁連の法科大学院センター，法曹養成検討会議が，重要な課題として検討しています。日弁連執行部は，５月末を締切として全単位会に意見照会しており，７月頃に意見をまとめることが予定されています。

そこで，今回は、法科大学院制度について，日弁連の全会員に意見を伺い，今後の審議に反映させようと考えました。お手数ではありますが、ご記入の上ファックスにてご返信戴ければ幸いです。

【回答方法】４月２７日までにデータ処理業者ＦＡＸ（０４５－９１２－３３９９）に送信願います。

（旧　　　　　）期，（新　　　　　）期　※ご記入願います。
（　　　　　）弁護士会　氏名（　　　　　　　　　）匿名可

問１　法科大学院の目的が「多様で質の高い法曹養成」とされているが，質の向上の達成度について。
イ　達成している　　ロ　相当程度達成している　　ハ　余り達成していない
ニ　達成していない　　ホ　わからない　　ヘ　その他（　　　　　　）

問２　法曹養成に特化した法科大学院制度について。
イ　賛成　　ロ　反対　　ハ　わからない　　ニ　その他（　　　　　　）

問３　法科大学院制度を廃止し，２年間の司法修習制度を復活させることについて。
イ　賛成　　ロ　反対　　ハ　わからない　　ニ　その他（　　　　　　）

問４　前期修習の復活について
イ　賛成　　ロ　反対　ハ　わからない　　ニ　その他（　　　　　　）

問５　法科大学院において，実務教育の分量（現在，必修６単位）を増加させる考え方について。
イ　賛成　　ロ　反対　　ハ　わからない　　ニ　その他（　　　　　　）

問６　法科大学院の修了を司法試験の受験資格にしていることについて。
イ　賛成　　ロ　反対　　ハ　わからない　　ニ　その他（　　　　　　）

問７　２０１１年度の予備試験において受験者６４４７人，合格者１１６人であったが，予備試験制度と予備試験合格者数について。
イ　廃止すべき　　ロ　合格者を削減　　ハ　この程度の合格者数が妥当
ニ　合格者を増加　　ホ　わからない　　ヘ　その他（　　　　　　）

問８　現在の司法試験の合格率（２０数％）が低すぎるので高くすべきとの考え方について。
イ　賛成　　ロ　反対　　ハ　わからない　　ニ　その他（　　　　　　）

問９　教育の質の向上のために入試倍率と司法試験合格率を基準にして，補助金カット及び調査・指導などで法科大学院の校数と学生数を減少させる考え方（Ａ説）と大学の自主的判断に任せる考え方（Ｂ説）があるが，どちらを支持しますか。
イ　Ａ説　　ロ　Ｂ説　　ハ　わからない　　ニ　その他（　　　　　　）

問10　司法試験の回数制限ついて。
イ　法科大学院修了後５年以内３回まで（現行）　　ロ　法科大学院修了後５年以内５回まで
ハ　制限の撤廃　　ニ　わからない　　ホ　その他（　　　　　　）

※アンケート結果は，５月１０日頃ホームページ(http://jinkoumondai.housou.org/)に掲載予定。
※メーリングリストにご加入希望の方は，氏名・所属・期を明記のうえ件名「法曹人口全国会議ML」で「veritas7@abeam.ocn.ne.jp」にメールして戴きますようお願い申し上げます。
※カンパのご協力をお願い申し上げます。（振込先）三菱東京ＵＦＪ銀行大宮支店，普通預金，口座番号「０１７８５３１」「法曹人口問題全国会議　弁護士　小出重義」名義

法曹養成制度検討会議・中間的取りまとめに対する批判意見の要旨

この提言では弁護士大幅過剰と法曹の質の低下の問題が解決せず、一層悪化する！

（取りまとめのパブリックコメントに意見表明を！　締め切り５月１３日）

２０１３年４月１５日

法曹人口問題全国会議　代表　伊澤正之（栃木）　小出重義（埼玉）　立松　彰（千葉）　辻　公雄（大阪）
事務局長　武本夕香子（兵庫）TEL 072(787)8010　次長　及川智志（千葉）TEL 047(362)5578

第１　「法曹有資格者の活動領域の在り方」について

１　法曹有資格者を社会の隅々に配置することが国民の幸福に結びつくかの如き理念自体を，根本的に見直すべきである。また，法学部のある我が国において，時間も金もかかる法科大学院を上乗せする制度も，設計ミスである。

２　活動領域について「広がりがいまだ限定的」としているが，もともとそれほどニーズが無いのである。「社会がより多様化複雑化する中，法曹に対する需要は今後も増加していくことが予想される」との推測のもとに大増員が行われたが，嘘で間違いであった。中間とりまとめには，誠実な総括と反省が一切なく，同じ誤りを繰り返そうとしている。

３　「関係機関，団体が連携して有資格者の活動領域の開拓に積極的に取り組むことが重要である」と言うが，法曹に対するニーズがあるとして増加させたはずで本末転倒である。また，法曹の増加（供給）が需要を顕在化させるという主張が間違いであることは，既に実証されている。専門家に対する費用支払の財源が無ければ需要は拡大しない。

４　企業法務，地方自治体，福祉分野，海外での活動領域の拡大と言うが，法曹資格が必要な領域ではない。司法試験や司法修習で要求される資質ではなく，法科大学院及び司法研修所で修練される分野でない。基本的には法学部の教育課程で対応すべき分野である。これまで平均年間約４万人合計約200万人の法学部修了者と約20万人の弁護士隣接業種などが，適材適所に役割を分担し，それで十分足りる。

５　法テラス常勤，企業内，地方自治体，海外での活動領域の拡大と言っても，大幅な供給過剰は全く解消しない。財源の問題があり，多くが期限付きで立場が不安定である。

第２　「今後の法曹人口の在り方」について

１　司法試験合格者の年間3000人目標の大増員は大きな間違いであったが，この間違いを犯した原因を全く検証していない。法曹に対する需要拡大はなく，弁護士が大幅な過剰状態にある。今後も需要が増加する見込みがほとんどなく，法曹に対するニーズが増えるとする記述は虚偽である。

２　3000人目標は撤廃するが，新たに数値目標を設けずに，「その都度検討する」と言うが，無責任である。事件数と法律相談が減少し，就職難が年々厳しくなっている現状からして，合格者数1000人以下の方向性を明示すべきである（1000人合格でも毎年500人増加し，法曹人口は５万人以上になる)。そうしなければ，法曹の職業的魅力（法曹資格の価値）が著しく低下し，そのために志願者激減という危機的な事態に歯止めをかけられない。今後，有為な人材が益々司法に来なくなり，法曹の質が低下し，独立して職務を適正に行うことが困難となり，司法の機能を低下させる。法曹過剰は司法と国民の権利と生活に重大な影響を及ぼす。

３　このような，極めて深刻な法曹の質の低下と弁護士過剰による過当競争の弊害について，全く議論されていない。法曹志願者の激減，就職難及び法律事務所の経営破綻に対する危機感が不足し，委員によっては，全く欠如している。

４　司法拡充のための財政的裏付けがない。裁判官や検察官の採用が減少傾向に転じ，司法予算は１割も減少している。

５　裁判所改革が全く触れられてない。裁判が被害救済に不十分で利用価値が低いままでは，弁護士需要は増加しない。

第３　法曹養成制度の在り方について

１　法曹志願者激減の分析が行われていない。旧試験で合格率が約2%でも志願者が非常に多く，志願者激減の原因は，低い合格率ではなく，弁護士の大幅な供給過剰である。

２　法学未修者の法的知識を受入時に問わず，１年で既修者と同じレベルになることを求める制度設計自体が無理であり，未修者コースにおいても，法学既修者の割合が70%を越えること（全体では87%）について，検討が行われていない。

成文法の我が国において，ソクラテスメソッド等双方向の議論を重視した教育は法曹養成課程として合理性がない。

３　受験資格要件は撤廃すべきである。予備試験受験者が多いので将来見直しを検討すると言うが，予備試験組の司法試験合格率が大学院組より約３倍も高いので，合格率が均衡するように予備試験合格者を拡大することが公平である。

４　受験回数制限の「緩和も考えられる」としたが，制限する理由に合理性がなく，制限を撤廃すべきである。「法科大学院の教育が薄れないうちに」と言うが，５年しか教育効果が持続しないなら法科大学院の教育を改善すべきである。

５　実務家の法曹養成の中核は，法科大学院ではなく司法修習である。ＯＪＴも重要である。法科大学院創設のための「点からプロセスへ」というスローガンは，誤導である。法曹養成全過程を検証し制度を根本的に見直す必要がある。

６　司法修習について「多様な分野について知識，技能を修得する機会がより多く設けられていることが望ましい」と言うが，専門性の高い養成を行うべきであり，広く浅い教育をしかも１年で行おうとすること自体が間違いである。

７　前期修習は，実務修習の効果を上げるために必要不可欠である。強い復活の要求があるのに，十分検討していない。

８　司法修習生の貸与制を維持するとしたが，司法制度を担う法曹養成は国の責務であり，給費制は絶対に必要である。

法曹人口・法曹養成問題シンポジウム
検討会議中間取りまとめの批判的検討と養成制度再構成問題
２０１３年６月８日(土)　午後１時~４時
場所　主婦会館プラザエフ（東京中央線四ッ谷駅麹町口前）
講師　弁護士和田吉弘（法曹養成制度検討会議委員）
ほか２名ほど予定

※カンパのお願い。（振込先）三菱東京ＵＦＪ銀行大宮支店・普通預金・口座番号　０１７８５３１　口座名義「法曹人口問題全国会議 弁護士 小出重義（コイデシゲヨシ）」

※メーリングリストにご加入希望の方は，氏名・所属・期を明記のうえ件名「法曹人口問題全国会議ML」で「veritas7@abeam.ocn.ne.jp」にメールして下さい。

法曹人口と法曹養成制度の日弁連全会員アンケートの調査結果とシンポジウムのお知らせ

２０１３年７月２４日

今回のアンケート調査は、本年７月１日から１７日まで実施し、３１１３７名に送達され、２９６５名から回答を得た（回答率 9.5%）。調査結果を概観すると、６月２６日の法曹養成制度検討会議取りまとめ及び７月１６日の同関係閣僚会議推進案の内容と全く逆の回答が多数です。仕事が減少合計 68%、弁護士が過剰合計 84%、他の分野へ就職のための合格者増に反対 90%、合格者 1000 人以下合計 84%、弁護士供給過剰は悪い 79%。前期修習復活 91%、２年修習 77%、給費制復活 91% が賛成の回答。一方、合格率が低すぎるの回答は 8%、法科大学院廃止反対 21%、予備試験合格者増加反対 27%に過ぎない。志願者激減の原因は、弁護士の職業的魅力低下 78%、就職難 77%、時間と金がかかる 73%であり、低い合格率の回答は 36%に過ぎない。この調査結果に最も近いのが、６月１８日の自民党政調会司法制度調査会の中間提言です。

今後、この調査結果を政府、政党、審議会、日弁連、マスコミ等に配布、説明し、理解を得るよう努める次第です。
ご協力ありがとうございました。８月２４日のシンポジウムに、是非、ご参加下さい。

法曹人口問題全国会議　代表　小出重義（埼玉）　伊澤正之（栃木）　立松　彰（千葉）　辻　公雄（大阪）
事務局長　武本夕香子（兵庫）TEL 072(787)8010　次長　及川智志（千葉）TEL 047(362)5578

問１　あなたの相談及び受任の件数は、今後どのような増減傾向になると予想されますか。

イ　大幅に増加　1.8%　ロ　少し増加　6.6%
ハ　変化なし　9.9%　ニ　少し減少　28.3%
ホ　大幅に減少　39.6%　ヘ　わからない 13.7%

問２　あなたの所属弁護士会の現在の弁護士の過不足について

イ　不足　0.3%　ロ　少し不足　1.0%
ハ　需給均衡　5.4%　ニ　少し過剰　21.7%
ホ　過剰　62.1%　ヘ　わからない　9.5%

問３　司法試験に合格しても、法曹にならず、他の分野に就職すればよいから、合格者を多くするという政策について

イ　賛成　4.1%　ロ　反対　90.2%
ハ　わからない　5.7%

問４　法曹有資格者の活動領域の今後の拡大を加味したうえで、適正な司法試験の合格者数は、年間何人程度だと思いますか

イ　５００人　17.8%　ロ　８００人　26.3%
ハ　１０００人 39.4%　ニ　１５００人 10.0%
ホ　２０００人　2.8%　ヘ　わからない　3.8%

問５　弁護士需要を上回って弁護士が供給されることは、国民にとって良いことだと思いますか、悪いことだと思いますか

イ　良い　3.6%　ロ　悪い　79.3%
ハ　どちらとも言えない 17.2%

問６　法科大学院制度の廃止について

イ　賛成　57.1%　ロ　反対　21.0%　ハ　わからない　21.9%

問７　法科大学院修了を司法試験の受験要件から外すことについて

イ　賛成　70.0%　ロ　反対　15.7%
ハ　わからない　14.3%

※カンパのお願い（振込先）三菱東京ＵＦＪ銀行大宮支店・普通預金・口座番号　０１７８５３１　口座名義「法曹人口問題全国会議 弁護士 小出重義（コイデシゲヨシ）」
※メーリングリストにご加入希望の方は，氏名・所属・期を明記のうえ、件名「法曹人口問題全国会議ＭＬ」で「veritas7@abeam.ocn.ne.jp」にメールして下さい。

問８　予備試験合格者と法科大学院修了者の司法試験の合格率を均衡させること（予備試験合格者が増加）について

イ　賛成 45.5%　ロ　反対　27.0%　ハ　わからない 27.6%

問９　今の司法試験の合格率（昨年約２５%）につき、法曹の質の確保の観点から、どのようにお考えですか

イ　低すぎる　8.1%　ロ　適当　12.7%
ハ　高すぎる　54.8%　ニ　わからない 24.4%

問１０　前期修習の復活について

イ　賛成 91.2%　ロ　反対　2.7%　ハ　わからない　6.1%

問１１　修習期間を２年間に戻すことについて

イ　賛成　76.6%　ロ　反対 11.2%　ハ　わからない 12.2%

問１２　給費制の復活について

イ　賛成　91.2%　ロ　反対　3.3%　ハ　わからない 5.4%

問１３　法科大学院の志願者の激減は、何が、根本的な原因だと思いますか（複数回答可）

イ　法科大学院に時間と金がかかる　73%
ロ　法科大学院の教育が評価できない　29%
ハ　司法試験の合格率が低い　36%
ニ　司法修習生の就職難　77%
ホ　弁護士過剰のために職業的魅力が低下　78%
ヘ　わからない　0%　ト　その他　4%

法曹人口・法曹養成問題のシンポジウムと懇親会のお知らせ

【シンポジウム】２０１３年８月２４日(土)　午後１時~４時
場所　主婦会館プラザエフ（東京中央線四ッ谷駅麹町口前）
メッセージの紹介『司法改革の挫折とその「再改革」の必要性』
（小田中聰樹東北大学名誉教授）
講演　「プロセスとしてのプロフェッション教育について
ー 医科大学の片隅から」小沢隆一（憲法 慈恵医大）
報告　「法科大学院の理念と実態」研究者（予定）
「弁護士の売上からみる需要動向」弁護士鈴木秀幸（愛知）
「自主独立の弁護士制度を守る」弁護士小出重義（埼玉）
【懇親会兼出版記念パーティ】続いて同じ会館で。
花伝社出版の『アメリカ・ロースクールの凋落』『法曹養成制度の問題点と解決策』『司法崩壊の危機』
※懇親会にご参加戴ける方は、上記事務局にご連絡下さい。

21「新聞の再販廃止問題　危険な規制緩和万能論」『毎日新聞』1997年10月27日（本間重紀）

（第3種郵便物認可）　毎日新聞　1997.　オピニオン ワイド

争点論点

新聞の再販廃止問題

危険な規制緩和万能論

「思想市場」になじまぬ

静岡大学教授　本間　重紀さん

規制緩和の動きの中で新聞や書籍など著作物の再販（再販売価格維持制度）の廃止が論議されている。著作物だけに独占禁止法で例外的に認められている、メーカーが決めた小売価格（再販売価格）を小売店が消費者に売るときに守らせる制度で、政府の行政改革委員会は12月にも存廃について最終結論を出す予定だ。国民の知る権利などと関係する重大な問題である。新聞の再販も「例外なき規制緩和」の対象にすべきかどうか、学者、企業人に聞いた。【聞き手・論説室＝編集委員・土屋繁】

一般商品はたくさん売れたものが「良質廉価」という考えで市場原理に任せています。しかし、新聞という商品、これをめぐる市場では、こういう市場の経済的な単純多数決原理は通用しません。新聞の市場は「思想（精神）の市場」であり、この市場では、新聞の「品質」とは思想の多元性（多様性）を保障することにあります。

どんな思想も最初は少数派から始まり、やがて多数派を形成して、改革・変革の思潮を作ります。単に多数決原理、商業主義で割り切っては、精神文化の生命力を失うことになります。「思想（精神）の市場」では、商業主義に染まらない少数意見を政策的にも残し、市場の中で流通させることが必要なのです。

多数派意見の大量流通だけでは、言論の自由、国民の知る権利は守られません。「思想（精神）の市場」は、多元的な民主主義社会を維持するための特殊な市場であって、経済的市場論には置き換えられないのです。

新聞再販は精神、文化の問題であり、憲法的には精神的自由の問題です。市場、競争、効率の問題と考える規制緩和側からの再販廃止には反対です。理論的に間違いであるだけではなく、この誤謬《ごびゅう》は精神的自由にとっては危険でもあります。

いま規制緩和万能論の中で、「効率」という価値がほとんど唯一の優先的価値として、社会を覆うという不思議な現象が起きています。これは20世紀全体に対するアンチテーゼといってもいいでしょう。19世紀を支配した自由、競争、市場という価値への反省から、生存、平等という価値が20世紀をリードしてきました。

生存、平等が置き去りにされてきた労働・消費者問題、公害環境、そして精神的自由とかかわる教育、出版物再販などの分野で、すべて効率に置き換える動きが出てきたのです。経済から社会へ、社会からさらには精神の世界でも、経済的市場主義と効率が一元的に貫かれる必要があるというわけです。これが最も粗雑で乱暴な形で流行する現象になってしまったのです。

再販を廃止したら戸別配達制度はどうなるでしょうか。新聞は基本的には特殊な商品で、特殊な市場を形成しており、一種の公共性を持っています。この公共性の本質的な意味は、ユニバーサル・サービスということです。ここでは平等主義の原理が優越しますから、みんなが一定の水準で最低限同じサービスを受けることになります。

このサービスを保障するのが「全国あまねく同一料金」ということで、これが再販という形で保障されているのです。消費者ニーズがある限り、再販を廃止しても戸別配達は維持できるということは、一般論としては正しいともいえますが、新聞は全国あまねく、全国一律というネットワークがないと、サービスが出来ない特殊なものです。

価格の自由競争になれば、効率優先となって、配達コストのかさむ地方では宅配がなくなる恐れがあります。地方では、多元的思想を伝達する多様な新聞を購読することが困難になりますし、穴の開いたネットワークは急速に品質を落とし、復元することは至難の業となります。

サービス一般論の枠組みで議論していると、ネットワークサービスとしての配達という特質を見落とすことになります。

再販廃止の議論は思想という特殊な商品、新聞の特殊性を全く理解しないで、ただ市場の一般原則を述べているだけです。

新聞はメディア全体の中で言えば、活字という形で固定化され、毎日、速報的に情報が届けられるという特殊性があります。メディアの多様化が進んでも、基幹メディアの位置は今後も失われないでしょう。他のメディアには代替性がありません。民主主義社会では、基幹メディアに対する平等なアクセスが保障されることが必要です。そうでないと、例えば、電子メディアを使えるか使えないかで、情報弱者が生まれてしまいます。

と言っても、新聞の流通システムが現状でいいと考えているわけではありません。重大な欠陥があります。この点を再販廃止論者は自説の正当化、理屈付けに使っているのです。各新聞社の購読料の同調的値上げと、景品の過剰提供など販売促進の不正常さの二つです。

独禁法の目でみれば、これらの原因は再販にあるのではなく、寡占と系列化の問題なのです。しかし、良心的な人はこの2点に不満を持っており、新聞社は自己改革を急がないと、再販廃止論に対する反論は説得性を失うことになると思います。

いま国立大学のいわば民営化、教授の任期制導入などが浮上していますが、実現すれば大学の自治、学問の自由など精神的自由は吹き飛んでしまいます。

競争原理や効率性を導入して、失われるものは何か。当該者だけではなく、各界各層が相互に理解し合うことが必要です。

再販廃止は多元的社会をつくるうえで、新聞などマスコミが果たしてきた役割を奪ってしまうのではないか、と危ぐしています。だからこそ、マスコミは同じく規制緩和の否定的影響を受けている大学人、地方住民、弁護士、労働者、消費者などとの相互交流、連帯を作り上げるためにも、その影響力を発揮してほしいと思うのです。

撮影　米田　堅持

ほんま・しげき　1944年新潟県生まれ。静岡大人文学部教授。専門は経済法、商法、独禁法。政府規制の緩和、司法改革などに取り組む。著書に「現代経済法」「企業結合と法」。静岡県県史編さん委員会専門委員も務める。

■■聞いて■■

さらに慎重な論議必要

土屋　繁・編集委員

新聞週間特集で掲載した筆者の記事「新聞の再販廃止に異議」を読んだ読者から、こんなご批判を頂いた。

「新聞を使って再販維持のキャンペーンを行うことは、二つの意味でアンフェアだ。再販が撤廃された業界に対して、またキャンペーン費用を要する他業界に比べ無料で紙面が使えることについて」

「自由社会の旗手たるべき新聞社が独禁法適用除外と系列流通、全国配給を主張するのは奇異な感じがする」

この批判は率直に受け止めたい。私たちの再販維持の主張がまだ読者に理解されていないということでもあり、公平であるべき紙面作りが偏っているという指摘でもあるからだ。

規制緩和万能論の中で、著作物の再販見直し問題が浮上してから、私たちは新聞の文化性、公共性という商品特性、とくに戸別配達制度（宅配）の確保などの点から再販維持の必要性を訴え、新聞の流通システムは報道の自由、国民の知る権利の観点から憲法の保障を受けている、と主張してきた。

ところが独禁法学者を中心に、法定再販となってから、すでに40年も経過しており、さらに存続させる積極的な理由はない、規制緩和に例外はない、一般の商品と同じ経済的競争主義の市場にまかせるべきだと、廃止論が展開されるようになった。

再販問題を難しくしているのは、この文化論と競争論の対立であり、賛否両論がすれ違いになるのもこのためだ。

規制緩和は消費者利益がキーワードだが、本間教授の「思想（精神）の市場」では単純な商業主義は適用しない。逆に牧野副会長は「安い新聞が消費者メリット」と市場原理の効用を優先させる。

作家の井上ひさし氏は「新聞は言葉と思想を運ぶもの」と文化論の立場をとり再販存続を訴えるとともに、賛否両論が衝突する「文化」の意味をさらに突き詰める必要があると語っている。新聞再販の見直しには、さらに冷静で慎重な論議が求められると思う。

左面につづく

22　弁護士も格差拡大『毎日新聞』2013 年 5 月 9 日

（第３種郵便物認可）　毎日．2013．5．9

所得100万円以下2割
1000万円超 3割以上
弁護士も格差拡大

弁護士の大半は個人事業主として活動しているが、その２割は、経費などを引いた所得が年間１００万円以下であることが国税庁の統計で分かった。５００万円以下だと４割にもなる。弁護士が急増したうえ、不況で訴訟などが減っていることが主原因とみられる。一方、１０００万円超の弁護士も３割以上おり、かつては「高給取り」ばかりとみられていた弁護士業界も格差社会に突入したようだ。【渋江千春】

急増を背景に　国税庁調査

国税庁は自営業者ら個人事業主の「総所得金額等」を業種別にまとめている。総所得金額等は収入から必要経費などを引いた金額で、サラリーマンの「手取り給与」に近い。

弁護士の中で対象となるのは、２００８年、２万３４７０人▽09年、２万５５３３人▽10年、２万６４８５人▽最新の11年、２万７０９４人で、登録弁護士の８割を超える。

国税庁の統計によると、このうち08年は、１００万円以下が２８７９人（全体の約12%）、１００万円超５００万円以下が４６８４人（同20%）だった。しかし、09年は、１００万円以下が５１８９人（同20%）と急増。11年は、１００万円以下６００９人（同22%）、１００万円超５００万円以下５２０８人（同19%）だった。

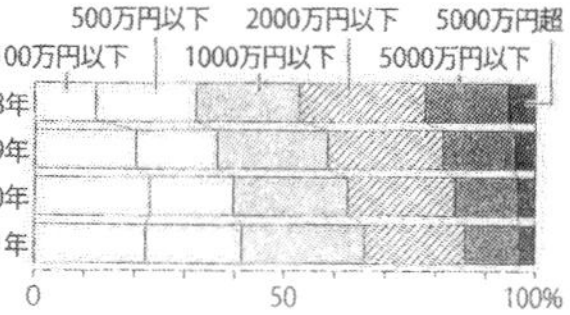

弁護士の総所得金額等
（国税庁の統計より）

一方、１０００万円を超える高収入の弁護士の割合は年々減っているが、11年でも約34%に上る。

統計の対象となるのは、事務所を自分で開く弁護士や、他人の事務所に間借りして個人営業する「ノキ弁」（軒先弁護士）ら。勤務先の法律事務所から給与だけをもらい、所得税を源泉徴収されている弁護士は含まない。

低所得の弁護士はなぜ増えるのか。弁護士会などは司法制度改革による弁護士の急増を要因に指摘している。同改革は訴訟数増加や役所・企業への弁護士進出で弁護士の仕事が増えると想定していたが、景気低迷などの影響で、実際にはそのようになっていない。最高裁によると、裁判所が新たに受理した訴訟などの事件数は03年の６１２万件から、11年には４０６万件に落ち込んだ。

こうした需給のアンバランスを受け、日本弁護士連合会は司法試験合格者数を現在の年約２０００人から１５００人程度にすべきだと提言している。

司法制度見直しを議論してきた政府の法曹養成制度検討会議は今年３月、年３０００人程度としていた合格者数目標を撤廃する案を公表した。

23　下位校、「崖っぷち」の危機感『朝日新聞』2014年9月20日

朝日新聞　2014年(平成26年)9月20日　土曜日　14

文科省、補助金見直しへ

法科大学院 ランク公表

下位校、「崖っぷち」の危機感

法科大学院への補助金を実績などに応じて見直すため、文部科学省は19日、これまでの司法試験の合格率などを基に法科大学院を5段階に分け、公表した。最下位ランクの7校は上位ランクの大学院と連合しないと、2015年度の補助金が半減し、16年度はゼロになる。

募集を停止したなどの22校を除く52校が対象。司法試験の「累積合格率が全国平均以上なら12点」「全国平均の半分未満が3年連続したら0点」など合格率や直近の入学定員の充足率など五つの指標を点数化した。

最上位ランクの大学院は、従来支給されてきた補助金の90%、2番目は80%などを基礎額とする。ただ、「早期卒業や飛び入学を活用した優秀者養成コース」「企業や自治体と連携した就職支援」など、ランクに応じて教育内容を充実させれば加算される可能性がある。9月末までに提案し、有識者の審査委員会が年内をめどに評価を決める。

補助金の傾斜配分は成績不振校の連合と質の向上を図るねらいで、文科省が昨年11月に決めた。（上山健志）

■5段階に分けた法科大学院の一覧

基礎額	加算率	該当校数	該当大学
90%	＋5〜20%	13校	北海道、東北、筑波、東京、一橋、名古屋、京都、大阪（以上国立）学習院、慶応、上智、中央、早稲田（以上私立）
80%	＋5〜50%	7校	千葉、横浜国立、神戸、九州（以上国立）成蹊、創価、愛知（以上私立）
70%	＋5〜50%	5校	岡山、琉球（以上国立）立教、同志社、甲南（以上私立）
60%	＋5〜50%	20校	金沢、静岡、広島、熊本（以上国立）青山学院、東洋、日本、法政、明治、神奈川、山梨学院、中京、南山、名城、立命館、関西、近畿、関西学院、西南学院、福岡（以上私立）
50%	＋50〜60%	7校	北海学園、国学院、駒沢、専修、桐蔭横浜、愛知学院、京都産業（以上私立）

学生募集を停止した7校、15年度の募集停止を表明した13校、国の補助金を受けていない公立の2校は除く

募集に影響危惧■連携模索も

「学生に六法全書を擦りきれるほど読ませるような指導が必要だ」

文部科学省が19日に公表した5段階の「ランク付け」で、明治大（東京都）は、補助金4割カットに相当する下から2番目だった。この日の法科大学院の定例会議で、教員らが危機感をあらわにした。「まさに崖っぷち。学生募集への影響も避けられない。司法試験合格率を上げるのが一番の対策だ」。河内隆史・法科大学院長は、ため息交じりでそう漏らした。

同じランクに評価された南山大（名古屋市）の丸山雅夫・法科大学院長は「撤退させるための分類で、良い気持ちはしないが、気にしても仕方がない」と話した。今年度の入学者は定員30人に対し、わずか6人。「全国でこういう事態になることは最初から想定された。努力不足だと、我々だけの責任を言うのはおかしい」と不満を示した。

2〜4番目のランクの大学は、他大学と連携や連合をすれば加点要素になる。同志社大（京都市）は、京都大（同）と連携を考えている。来年度から互いの授業を受けられるようにし、質向上を目指す。占部裕典司法研究科長は「世間には、類型分けが法科大学院の質を測るものと見られるかもしれない」と心配する。「小中規模の大学は人数が少なく、司法試験合格率が大きく変動する。長期的、客観的な評価ができているのか」

最下位ランクの駒沢大（東京都）。14年の司法試験合格率は4・3%で、3年連続で10%を切った。對《つい》馬直紀・法曹養成研究科長は「小規模校なので、きめ細かい教育ができる。合格率だけでなく、教育プロセスも評価してほしい」と話す。東海3県では、愛知学院大（愛知県日進市）が最下位ランクになった。14年の司法試験の合格者はゼロで、入学者も今年度は2人だけだった。

法務省 歓迎の声

「募集停止を決断する法科大学院がさらに増えるだろう」。ある法務省幹部は文科省のランク付けが成績不振校の「退場」につながると歓迎する。「法科大学院は法律家を育てるのが役割。司法試験の合格者を出せないなら閉鎖も当然だ」

ランク付けは、過去3年間の司法試験の合格率などに基づく。一橋大の79・5%を最高に15校が5割を超えたが、16校は2割未満にとどまった。「人材や教員が集まらず、環境も不十分なためで、法科大学院が74校もできたのは多すぎた証拠だ」と指摘する。

司法試験の改革を

法曹養成制度に詳しい京都大名誉教授の棚瀬孝雄弁護士（現代司法論）の話　小規模で合格率も低いと大学院としての教育が成り立たず、公的支援の見直しはやむを得ないだろう。ただ、社会に入り込める法律家を育てる当初の理念と、予備試験を残して受験主義になった制度とのずれが大きい。自ら社会の問題に取り組む法科大学院ならではの学びを、司法試験での評価に反映させるような改革が必要ではないか。

24 「司法試験3000人合格を実現する国民大集会」のご案内　2014年10月27日

「司法試験3000人合格を実現する国民大集会」のご案内

LAW 未来

～「見えやすく、分かりやすく、頼りがいのある司法」の実現に向けて～

皆様

2014年9月

【呼びかけ人】（五十音順）

泉　徳治	園部　逸夫
川本　裕子	中村　芳夫
久保利　英明	濱田　邦夫
後藤　昭	松田　憲幸
堺屋　太一	三宅　伸吾
新堂　幸司	保岡　興治

ほか

呼びかけ人の一覧は、裏面「呼びかけ人リスト」記載のとおりです。

拝啓　時下ますますご清栄のこととお慶び申し上げます。

さて、「ロースクールと法曹の未来を創る会」（Law 未来の会）は、ロースクール（法科大学院）の基盤を強化し、新人弁護士を支援すること等を目的とする団体です。当会の設立趣旨・理念や、規約の内容・活動方針などにつきましては、当会のホームページ（http://www.lawyer-mirai.com/）をご覧いただければ幸いです。

当会は、来る10月27日（月）、次の四角囲みのとおり「司法試験3000人合格を実現する国民大集会」を開催します。

今、政府は、法曹養成制度改革推進会議を設置して、法科大学院制度や司法試験制度のあり方の方向性を検討しており、来年夏にも決定しようとしています。この時期に、国民の立場から法曹養成制度のあるべき姿について声をあげることが極めて重要です。私たちは、多様な経歴、能力をもつ多数の法曹をつくり出すには、かつて閣議決定されたように、司法試験の合格者を3000人程度とすることが必要だと考えています。

そこで、皆様に、是非、本集会にご参加いただきたくお願い申し上げる次第です。

敬具

「司法試験3000人合格を実現する国民大集会」

（日　時）　2014年10月27日（月）午後6時から午後8時まで

（場　所）　弁護士会館（東京都千代田区霞が関1－1－3）講堂クレオA

最寄駅：東京メトロ丸の内線、日比谷線、千代田線「霞ケ関駅」

（主　催）　ロースクールと法曹の未来を創る会

（テーマ）　「ロースクールと日本の未来」

スピーカー：泉　徳治氏（弁護士、元最高裁判所判事）

池谷保彦氏（メディアスホールディングス株式会社　代表取締役社長）

逢見直人氏（UAゼンセン(全国繊維化学食品流通サービス一般労働組合同盟）会長）

川本裕子氏（早稲田大学大学院ファイナンス研究科 教授）

三宅伸吾氏（参議院議員、元日本経済新聞編集委員）　ほか

（参加料）　無料

（問い合わせ先）　ロースクールと法曹の未来を創る会・事務局

（法律事務所フロンティア・ロー内　担当：弁護士　宮島　渉）

TEL 03-3596-0271　FAX 03-3596-0272　Email:info@lawyer-mirai.com

（呼びかけ人リスト　計41名）

氏名	事務所名／会社名等
池田　直樹	関西学院大学法科大学院教授、弁護士法人あすなろ法律事務所
池永　朝昭	アンダーソン・毛利・友常法律事務所
石川美津子	初風法律事務所
泉　徳治	TMI総合法律事務所（元最高裁判所判事）
磯山　友幸	株式会社経済戦略構想 代表取締役
岩田　航介	三井物産株式会社法務部
占部　裕典	同志社大学法科大学院 司法研究科長
大久保史郎	立命館大学名誉教授
大澤　恒夫	大澤法律事務所
岡田　和樹	フレッシュフィールズブルックハウスデリンガー法律事務所
柏木　俊彦	柏木・田澤法律事務所
川本　裕子	早稲田大学大学院ファイナンス研究科 教授
君塚　正臣	横浜国立大学法科大学院長
久保利英明	日比谷パーク法律事務所
小早川光郎	成蹊大学法科大学院 法務研究科長
後藤　昭	青山学院大学法務研究科（法科大学院）教授
斎藤　浩	弁護士法人ＦＡＳ淀屋橋総合法律事務所
堺屋　太一	作家
下條　正浩	西村あさひ法律事務所
新堂　幸司	新堂・松村法律事務所　東京大学名誉教授
鈴木　幹太	弁護士法人キャスト
鈴木　穗人	奄美ひまわり基金法律事務所長
千賀　修一	虎ノ門法律経済事務所
園部　逸夫	虎ノ門法律経済事務所（元最高裁判所判事）
武田　誠	國學院大学法科大学院 法科大学院長
田中　早苗	田中早苗法律事務所
辻本　雄一	辻本法律事務所
遠山信一郎	山下・遠山法律特許事務所
中村　光央	中央法律事務所
中村　和夫	静岡大学法科大学院 研究科長
中村　芳夫	日本経済団体連合会 顧問・参与（前副会長・事務総長）
野村　武司	獨協大学大学院 法務研究科長
濱田　邦夫	日比谷パーク法律事務所（元最高裁判所判事）
馬場　健一	神戸大学法学部教授
藤川　忠宏	元日本経済新聞論説委員、弁護士法人東京パブリック法律事務所
松田　憲幸	ソースネクスト株式会社　代表取締役社長
三木　義一	青山学院大学法学部長
水野　泰孝	水野泰孝法律事務所
三宅　伸吾	参議院議員（元日本経済新聞編集委員）
元榮太一郎	弁護士法人法律事務所オーセンス
保岡　興治	衆議院議員

25 『公正な裁判を守るために裁判官・検察官・弁護士養成の分離修習に反対する国民の皆さんへ』（日本弁護士連合会）1970年10月

日本弁護士連合会

東京都千代田区霞が関1−1−1
電話(581)0953・1844−5

関東弁護士会連合会
近畿弁護士会連合会
中部弁護士会連合会
中国地方弁護士会連合会
九州弁護士会連合会
東北弁護士会連合会
北海道弁護士会連合会
四国弁護士会連合会

公正な裁判を守るために

裁判官・検察官・弁護士養成の

分離修習に反対する

国民の皆さんへ

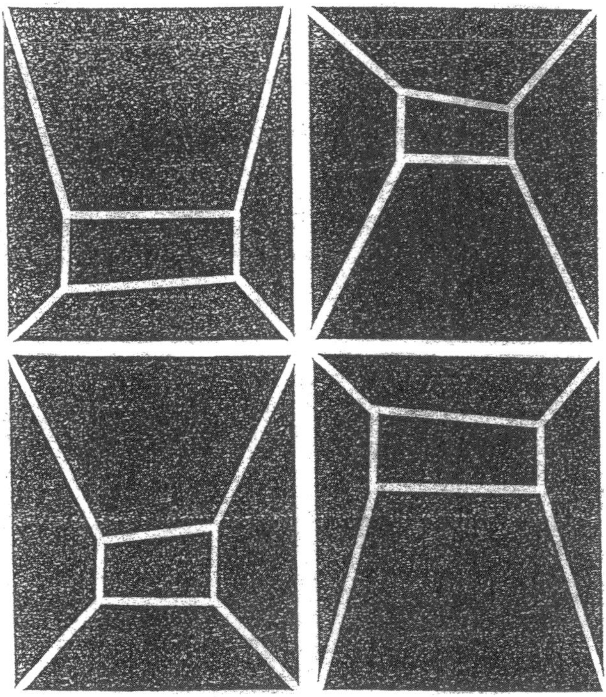

1970. 10

ことのおこり

いま、司法界で大変なとんでもないことが起りつつあります。それはこういうことです。裁判官・検察官・弁護士の三者を法曹といいますが、ここ二〇余年のあいだ、この法曹三者の志望者はおなじ司法試験に合格した後、おなじ司法修習生として二年間一緒に実務修習をおこない、それがおわると、それぞれの志望によって三者に分かれる制度がおこなわれてきました。ところが、さいきん裁判官・検察官の志望者がへる傾向にあるので、これら任官志望者と弁護士志望者とを分離してべつべつに修習させるように改めるというのです。また、これまで司法修習生は、将来の志望いかんにかかわらず、二年間国から給与を受けて修習していたのを改めて、任官志望者にだけ給与をあたえ、弁護士志望者には支給しないなどの差別をつけるというのです。

この改正案は、さる五月二八日の新聞紙上に、小林法務大臣の談話として突然発表され、さらに、六月一〇日の衆議院法務委員会でも、小林法相はおなじ答弁をおこない、目下事務当局に早急に具体案を作るように命じているとのことです。

このように、この問題は急にもちだされ、しかも急いで具体化されそうなもようです。しかしこの改正は、民主主義憲法に反し、司法制度を戦前の姿に改悪するもので、国民の皆さんにとって、実はあなたがた国民の基本的人権を守るうえから深刻な大問題なのです。われわれは、いまあらゆる手段をつくして、この改悪を阻止しようと決意していますが、この反対運動を成功させるためには、国民の皆さんのご理解と絶大なご支援が必要です。そこで、この問題がなぜそれほど重要なのかをこれから簡単に説明したいと思います。

現行司法修習制度のしくみ

裁判官・検察官・弁護士の三者は、裁判において欠くことのできない存在です。この三者なくして裁判はなりたちません。ところで、この三者のいずれかを志望する者は、まず国の司法試験をうけます。合格したものは、司法修習生となり、二年間裁判官・検察官・弁護士の各実務の修習をおわるとふたたび試験をうけます。これに合格しますと、はじめて法曹資格があたえられ、ここでそれぞれの志望によって、裁判官・検察官・弁護士になります。司法修習生は二年間の修習期間中は志望をきめる必要はありません。また、この二年のあいだ、国から一定の給与をあたえられます。以上が昭和二二年からおこなわれてきたわが国の法曹養成制度のしくみで、現在の法曹のうち、半数以上がこの制度によるもので占められています。

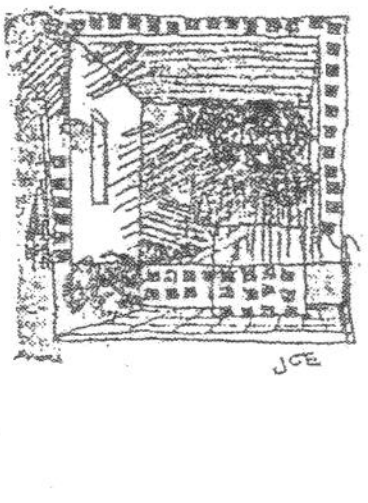

戦前の法曹養成制度と国民の権利

現在の制度は、外国の専門家も激賞しているすぐれた制度であるといわれていますが、どのようにすぐれているかは、昔の制度と比較するとはっきりします。

わが国も、明治になって、諸外国にならい、近代的裁判制度をとりいれましたが、官尊民卑の風潮が根づよくのこっていました。国民の権利は軽視され、これを守る弁護士の地位は、判事・検事とくらべると低くみられていました。当時の弁護士には、いまのように自治権もなく検事正の監督下におかれていたのです。裁判所の法廷で判・検事がヒナ壇に並び、弁護士だけが一段低い席に坐らされていた一事を考えても、このことはよくご理解願えるでしょう。弁護士の地位がこんなありさまでしたから、その養成制度にも差がありました。判・検事志望者は、明治二三年から、裁判・検察だけの実務修習がおこなわれ、弁護士の方は、ながらく修習がおこなわれず、ようやく昭和一一年から、弁護だけの実務修習が実施されたにすぎません。このように昔の制度は、任官志望者と弁護士志望者とを区別して任官志望者を優位におき、それぞれまったく別のコースの修習をおこなっていたのです。

こういった制度で、はたして当時の国民の権利が十分に守られていたのでしょうか。答は否です。戦前に思想弾圧・不当拘束・ごうもんなどの人権侵害が、平気でおこなわれていたことはよく知られています。このような人権侵害によって作られた警察や検事局の調書などが、裁判で証拠として効力を認められるという、おそろしい結果を招くことがしばしばありました。当時の国民には今日ほどの自由もなく、官憲の力におびえていたといえますが、その原因が司法制度（法曹養成制度を含む）の欠陥にあったといってもいいすぎではありません。帝人事件、治安維持法違反事件などは、人権じゅうりんのよい実例であります。

このような弊害は、当時の判・検事が分離修習によって官僚としてのみの教育を受け、国民の立場に立つことがなかったことが大きな原因となっています。裁判官は事件の当事者である国民の立場をよく理解し、国民の中に身をおいてものごとを判断できる人でなければ、国民の権利を十分に守ることができません。官僚生活の経験しかない人に、そのことを期待することはとてもできないことです。そこで、わが国でも明治以来、裁判官は、国民の中にあって直接国民にふれ、国民の悩みをじかに体験している弁護士経験者の中から任用するという制度（これを法曹一元制度とよんでいます）の採用が叫ばれてきました。この制度は英米では古い伝統をもっていますが、わが国でもけっして昨今とりあげられた問題ではないのです。昭和一三年には衆議院でこの制度の採用が決議されましたが、いま一歩のところで実現されなかったのです。しかし、司法制度の理想として戦後もうけつがれ、その土台として今日の司法修習制度が実施されてきたのです。

現行司法修習制度の特色

現在の司法修習制度は、修習期間の二年のあいだは、志望をきめる必要がなく、すべてのものが、法曹三者の実務修習を統一して平等におこなうしくみですから、任官志望者も弁護士実務を学び、弁護士志望者も裁判官・検察官の実務を修習することができます。この結果、すべてのものの力がおなじになり、後に裁判にたずさわった場合に、バランスが保たれることになります。法曹三者の力に差があると、戦前のように国民の人権は十分に守られないおそれがでてきますから、今日の制度は、法曹三者の力を高い水準で、しかもおなじに育てる点で、すぐれた効果を発揮しています。

つぎに、三者を統一的に養成することによって、おたがいの職務についての理解を深めることに役立ち、かつ、それぞれの役割にちがいはあっても、おなじように国民の権利を守るという責任感と連帯感を養うことになります。

さらに、この制度は、法曹の教養をたかめることに大きな役割をはたしています。はじめから自分の志望する部分の修習だけにかたまるよりも、広く三者についての修習をおこなう方が法曹としての見識をたかめ、視野をひろげる効果のあることはあきらかでしょう。

しかも、この制度では、二年間の修習がおわったときに、はじめて志望をきめればよいことになっていて、二年間はすべてにわたって修習にはげむことができるのが大きな長所になっています。そればかりでなく、おなじ修習を終えたものに、おなじ法曹資格があたえられているのですから、一たん弁護士をはじめて、その経験をつんだ人の中から、裁判官・検察官を採用することができ、また、逆に裁判官・検察官をやめた人は、弁護士を容易に開業できるという長所もあります。

このように、現在の制度は、制度としてきわめてすぐれたもので、法曹一元制度のための大切な土台になっており、ここ二〇年あまりの実績からみても、国民の人権擁護に大きくこうけんしているものです。したがって、この制度の本質や実施の状況からいって、このために任官志望者がへるようなことはとても考えられません。任官志望者がへっているのは、この制度のせいではなく、原因は他にあります。

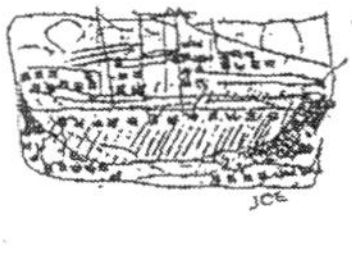

弁護士志望者を国費で養成することの意味

小林法相は、また、公務員でない弁護士を国費で養成することは適当でないとのべています。しかし、これは弁護士の職務の本質をまったく理解しないための暴言です。弁護士の職務は、弁護士法によって「基本的人権を擁護し、社会正義を実現することを使命とする」とされていますし、刑事事件における弁護人の職務は、憲法にはっきりと定められています。すなはち、すべて刑事被告人には資格のある弁護人を依頼する権利を保障し、弁護人を依頼する資力のない人には、国の費用で弁護人を付することが定められています。このように、国費で弁護人（国選弁護人）が選任されて、刑事被告人の弁護に尽力している事件は、第一審事件のうち約五〇％に達しています。また、さいきん激増している交通事故や公害問題などにみられるように、弁護士の仕事は、国民の日常生活に直結するものであり、さらに、具体的訴訟を通じて、社会制度の不合理が是正され、より住みよい社会のために、弁護士がこうけんしているという事例はけっして少なくありません。実際の活動をみても、裁判官・検察官とならんで、公正な裁判に協力するものであり、貧困な人のため法律扶助協会、交通事故になやむ人のために交通事故相談センターから委嘱された事件を、奉仕的に処理するほか、いろいろの公職について社会のためにつくしているものも多く、その職務の公共性は、国家公務員である裁判官や検察官となんら異なりません。弁護士の報酬が依頼者から支払われている点だけをとらえて、民間企業とおなじように考えるのは、大きな誤りです。

このように、弁護士は公的な職務をおこなうものですから、これを国費で養成するのは当然のことです。これについては、現行制度の発足にさいして、政府もはっきりいっています。

もし、法相のねらいが、任官志望者だけに給与を支給し、弁護士志望者にはこれをあたえないことにより、つまり、待遇面で差をつけることによって、任官志望者をふやそうというのであれば、これは余りにもこそくな、近視眼的な考えといわねばなりません。

昭和四五年度の国家予算によると、裁判所予算は国の総予算のわずか〇・六一％にすぎず、このうち全司法修習生（任官志望者と弁護士志望者）に支給される手当と旅費は、そのまた一・六六％（全体の予算の〇・〇一％）にすぎないことをみると、小林法相の考えかたの狙いが、予算の節約というより弁護士の公的使命の軽視にあることが、いっそうはっきりすると思います。

任官志望者が少ない理由

それではいったいどうして任官志望者が少ないのでしょうか。たしかにさいきんの現象として、裁判官・検察官への任官を志望するものが少なく、弁護士志望者が非常に多くなってきました。この点は、小林法相のいうとおりで、われわれもともに深く心配しています。

かつて、司法研修所と日本弁護士連合会で司法修習生に対し、志望の動機についてアンケートをとったことがあります。その結果によりますと、修習生になった当時には、相当数の任官志望者があるのに、終了時にはぐっとへっていくことがわかりました。その理由はひとことでいえば、予想したよりも裁判所・検察庁という職場の空気に魅力がとぼしいというのです。また、年令や性別・身体障害、あるいは思想的な理由によっても裁判官に採用されないようですが、これらの任用基準を考えて志望を変更したと答えたものも相当あります。さらに、待遇についても、九割以上のものが、給与が少ないと答え不満を訴えています。住宅事情や職場の施設も大部分の修習生はわるいとみているようです。たとえば、東京・大阪などの裁判所では、いまだにひとつの机を二人の裁判官が一日交替で使用しているという信じられないようなありさまです。

さらに、さいきんの新聞紙上でみられているように、裁判官の思想を問題にする気配がみられ、戦前の独善的官僚主義の復活のような傾向が現実におこってきますと、若い修習生にとって、裁判所の空気がいよいよ魅力のないものとなっていくこともよくわかります。

任官志望者がへってきた本当の理由は、じつは司法修習制度にあるのではなく、いままでのべたような点にあるのです。

裁判官・検察官に任官したものでも、かなりの人が途中退官して弁護士になっており、逆に弁護士を経験した人で、途中から任官する人はきわめて少なく、結局、裁判官・検察官のなり手がますます少なくなっている原因も前記の諸点にあると思われます。

日本弁護士連合会は、早くからこのような点をあげて当局の反省をもとめてきたのですが、まだそれが改められていない現状で

志望別分離修習に断固反対する

このように、　林法相の考えかたは、どう考えても、支持できないばかりか、戦後二〇余年もつづいた民主的法曹養成制度を根底からくつがえすものであり、国民の人権擁護と、よりよい社会生活の維持・向上に重大な支障をもたらす改悪であります。われわれは、戦前のにがい経験から、裁判官・検察官の官僚化を防ぎ、公正な裁判・検察を保障するため強く反対するものです。

国民の皆さんも、われわれの意のあるところをご理解いただき、この反対運動にご協力下さるようお願いいたします。

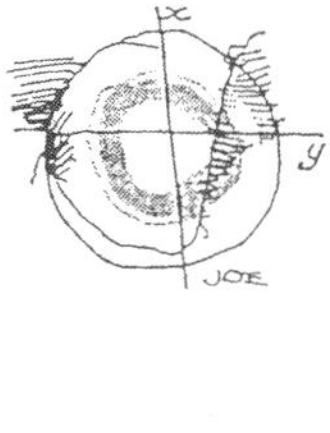

27 『弁護士自治の歴史』（上野登子）1998年8月

一九九八年八月

弁護士自治の歴史

—第二東京弁護士会創立五十周年記念
「弁護士自治の研究」より—

弁護士
上野登子

抜刷にあたって

一九七六年（昭和五一年）三月、第二東京弁護士会は創立五〇周年記念として「弁護士自治の研究」を編み、日本評論社から出版しました。

弁護士制度調査会特別委員会自治部会（一九七一年五月、最高裁の宮本裁判官再任拒否、坂口修習生罷免処分の撤回を求める第二東京弁護士会臨時総会決議とともに附帯決議により、司法の独立等特別委員会が設置され、弁護士自治、弁護権の部会が設けられ、その活動を継承した。）の研究成果をとりまとめたもので、石井成一会長（当時）は「序文」で「今日の弁護士自治は、先輩の長く困難な闘いと努力の賜であることと常に心しなければならない。」「弁護士自治の問題が弁護士職業全体と弁護士会の存立と発展にとって、極めて基本的なものである。」と述べておられます。

「弁護士自治」は、弁護士に関する諸方面の規律（資格取得、会運営、規律、規則等）が国家をはじめ外からの介入無しに弁護士会が自主的に行う制度であり、

①懲戒権が核心部分であることは異論なく、

②より広く監督権の面で国家機関との関係での独立性、非従属性を有する事とし、

③更に、専門職としての職責からくる学識・倫理面での研鑽、鍛練における自主性、厳格性を要する。

こととされています。

「弁護士自治」の根拠は、弁護士法制定時の国会法務委員会で日弁連への監督権を強く主張する最高裁や法務省との論争で勝利した弁護士側の主張が「弁護士の使命が法案一条に示された『基本的人権を擁護し、社会正義を実現する』こ

とにありとすれば、時に及んでは、裁判所・検察庁等の国家機関の非違を正す職責を有するものであり、それが国家機関から職務の遂行に関し監督を受けるのでは、十分に責務を果たす事が出来ない、弁護士に限り完全な自治を必要とする職種である」と述べるとおり、本質的には弁護士の職責に内在するものでしょう。

しかし、我が国の弁護士自治の歴史的根拠として、明治二六年以来、各地の弁護士は自由民権運動の流れを汲むものとして、また天皇制絶対主義的国家体制の下で司法権の独立が制度的にも現象的にも保障されなかった司法の暗黒時代に、唯一、人権擁護運動の担い手として、①司法権の独立②刑事被告人の人権擁護、と共に③弁護士会を自治団体とし懲戒権を弁護士会へと自治権獲得運動を続けて成果として、更には、弁護士自治がなく懲戒権を権力が行使し、弁護士会が検事正や司法大臣に監督される時に司法は歪められ、人権抑圧と国策遂行の機能だけを果たし、遂には一九三七年、治安維持法違反事件を弁護した布施辰治弁護士が同法違反で弁護士資格を失ったことを最後に、弁護士界あげて国策遂行に翼賛協力するに至った、その深刻な反省の上に立って、一九四九年、弁護士は自らの努力により、現行弁護士法を制定させ、自治権を獲得したものであることが特筆されなければなりません。

更に憲法的根拠として、司法権の独立と司法の範囲を拡大（違憲立法審査権と行政機関による行政裁判の否定）した日本国憲法は司法権の独立の担い手として、裁判官の独立とともに在野にあって、それを求め支える弁護士の独立を必要とし、その基礎として、弁護士の自治を必要としたものであること、憲法によって弁護士の役割が規定され、弁護士は憲法上の職責をもつものとなった（三二条、三四条、三七条のいう資格を有する弁護人とは、実質的に基本的人権を擁護しうる実態を有する独立した弁護人である）ことが銘記されるべきでしょう。

今、憲法の諸原則（平和と民主主義、基本的人権の尊重、司法の独立）とともに「弁護士自治」は戦後最大の危機を迎えています。

一九九八年六月、自民党司法制度調査会報告書は「司法は安全な国民生活の確保と公正で円滑な経済活動という国家の基礎を支える」との方向付けの司法改革を提起し、「明治以来、また戦後創り上げてきた我が国の司法について、抜本的な検討を行うことが必要である。」として、政府に「司法制度審議会」の設置を提言しました。

国会に対する弁護士会の説明責任の新設など弁護士自治の見直しの方向が議論されると共に、企業の法務部、行政府、自治体内行政職員や国会議員スタッフ等に司法試験や司法修習を経ずに法曹資格を付与し、独立性のない弁護士を輩出させる方向が示されています。

「弁護士自治」に対して、

①弁護士会の活動に対し、その抑制を求める。

②弁護士活動を理由とする懲戒権に対する直接の干渉。

③弁護士自治の基盤である弁護士の職務や生活基盤の独立性を喪わせる。

との三種類の攻撃が準備されていると言えましょう。

歴史の真実を振り返る中から「弁護士自治」の根拠と今日的意義を再確認する必要を痛感します。

第二東京弁護士会と日本評論社のお許しを得て「弁護士自治の研究」から、私が執筆した第二章「弁護士自治の歴史」を抜刷しました。

戦後司法改革の一つとして「弁護士自治」が獲得された歴史的真実を見るとき、先輩弁護士の苦闘だけではなく、弁護士自治は憲法九条と同じく、今次侵略戦争で流された日本人民を含む多数のアジア人民の血で購われたものであることが銘記されます。自治権獲得のために闘った弁護士の歴史は他方、「国家総動員法」制定の後は「新しい時代の司法的機能に参加しよう。国家組織の中に深く進出しなければならない。」となだれを打って翼賛体制に参加し、アジア侵略戦争に協力した歴史でもありました。今、「新国家総動員法」といわれる「新ガイドライン有事立法」が準備され、司法が国策遂行に奉仕するものとしてたち現れようとしている時、私たちは二度と誤らないよう「弁護士自治」を護り発展させる一層の責務を感じるものです。

この抜刷では、戦後「弁護士法改正」を獲得するに至った、戦前からの先輩弁護士の苦闘の歴史に光を当てたつもりでした。

振り返ってもう一つの歴史的検証が足りなかった事に気が付きました。

一九三二年（昭和七年）治安維持法違反事件を弁護した布施辰治弁護士への懲戒裁判に対し、東京弁護士会は臨時総会を開いて厳しく抗議しています。しかし、河上教授検挙や京大滝川事件などの思想弾圧は黙認し、翌一九三三年には帝国弁護士会は「治安維持法違反事件は特別手続きをもって迅速に処理すべし」と決議しています。

この弱点の克服が私たち弁護士には求められていることを痛感します。

松井康浩著「昭和史における弁護士の活動と今後の課題」（自由と正義・弁護士制度百年の歩み特集号、一九九六年一月号）が、この点について、現時点で、新鮮な示唆を与えて居られることを付言いたします。

一九九八年八月

弁護士　上野登子

目次

弁護士自治の歴史

第二章　弁護士自治の歴史

第一節　概　論

昭和二四年現行弁護士法（法律二〇五号）の制定により、それまで司法省の監督下にあった弁護士は弁護士会の監督下におかれることになり、「弁護士の自治」が実現した。これは、長年弁護士が自らの権利として主張しつづけたものであり、弁護士の地位および権利に、ひいては裁判を受ける国民の地位および権利に画期的な影響を及ぼすものであった。「弁護士の自治」は「司法権の独立」、「刑事訴訟法の改正」とならんで、戦後の司法改革の三つの柱の一つとも言いえよう。「弁護士自治」を法制化させた要因および力は何であったろうか。概括的には次の四点に分けられる。

㈠　基本的にはポツダム宣言受諾によって天皇制国家権力機構が解体され、「民主主義」、「基本的人権の尊重」を基本とする憲法が制定されて、民主主義国家体制になったことである。民主主義国家体制のもとでは、国民の司法権に対する関係が「天皇のための司法」から理念的には「国民のための司法」へと大きく転換し、戦後改革のなかで「国民のための司法」を保障する諸制度が論議された。

㈡　次に、特に日本の歴史的な特殊性として終戦前の司法の暗黒時代[1]への深刻な反省があった。警察国家・特高政治といわれる状況のなかで検察権が強大すぎたことへの反省から、とりわけ刑事被告人の弁護権の保障が憲法条項として規定されたことである[2]。

㈢　以上は、司法改革全般に共通した要因であるが、「弁護士自治」については最も直接的な力として明治二六年以来四分の三世紀にわたり弁護士界の中に蓄積されてきた自治要求運動の成果をあげることができる。これは、司法省側の強力な反対の中で議員立法といういわば下からの力で裁判所法や検察庁法に二年以上遅れてようやく弁護士法を制定させえたことに端的に現われている。

(四) さらには、前述の上からの大きな変革の流れと下からの具体的運動の接点にあって、弁護士自治を具体的な立法にまで結実させた秀でた人材の力に負うところも多い。

弁護士会代表の真野毅・柴田武・水野東太郎氏ら各委員の時宜を得た奮闘と、それをささえた弁護士会の活動が中心であった。他方、これら弁護士会内の要望や運動を正当に評価し助力を惜しまなかった衆議院法制局の福原忠男氏、衆参両議院の猪俣浩三・鍛冶良作氏ら弁護士出身議員、GHQリーガル・セクション担当のアルフレッド・C・オプラー、アーサー・J・マコーミック氏らの功績も大きい。

本章では「弁護士自治」がどのような歴史過程を経て要求され獲得されたものであるか、戦前の暗黒時代における先人の苦闘の足跡と、戦後改革期に先人の弁護士自治獲得運動を正当に継承して「弁護士自治」を法制化することに成功した弁護士界の努力の足跡をたどるものである。

(1) 戦前を司法の暗黒時代と極言するゆえんは、一つには司法権の独立が制度的にも現象的にも保障されていなかったためであり、二つは刑事被告人の権利が無視されたためである。司法権の独立につき、家永三郎著『司法権独立の歴史的考察』は、裁判所関係の公文書等を豊富に引用しつつ「司法権の独立は歴史的事実として、制度的にも、実際的にも、かつて一度も確立されなかった」ことの実証を試みている。

(2) 刑事被告人・被疑者の人権が蹂躙されている実情については、刑訴法の改正が企てられるごとに、在野法曹はその実情を訴え、捜査官の便宜を第一とするのではなく、人権保障を強化するよう主張しつづけている。

その例として、大正五年、刑訴法改正案公表に対し、各地弁護士会は一斉に、捜査手続中の弁護人の選任権、弁護人の接見交通権、保釈請求権、黙秘権、捜査官検査官の取調時の裁判所書記の立会、尋問時間の制限、拘束時間の制限等を主張し、かつ、被告人の人権蹂躙の実情を訴えた（家永・前掲書一九六頁以下参照）。

また大正五年、第三七回帝国議会衆議院に議員高木益太郎らは「人権保護に関する法律案」を提出し、「検事、警察官、憲兵らが被嫌疑人らの取調を為すときは市町村の公民権を有する隣佑の立会あることを要す。弁護士を以て代えることを得。捜査上作成した文書は断罪の証拠と為す事を得ない」等の案文を提案し、その提案理由を「……殊に近来、犯罪捜査の職権を有する役人が其職権の濫用の事実は益々甚だしくて、甚だしきに至っては、取調上拷問、凌辱、脅迫、詐言等を用ゐ、人権蹂躙の声は甚だしいのであります」と述べている（『大日本帝国議会誌』）。

その他官憲の人権侵害に対する弁護士団体の抗議を掲載するものとしては、『正義』（昭和一一年九月号、同一二年四月号、同一七年二月号）、『法曹公論』（同一二年五月号、同一五年三月号）。

第二節　弁護士法制の変遷

弁護士の権利・義務・身分が、どのように規制されるかは、第一義的には国家が国民の権利をどう位置づけているかによる。したがって、弁護士自治――弁護士がどこまで権力の規制を脱することができたか――の歴史は、換言すれば、裁判制度ないし裁判（法廷）における国民の権利の歴史であり、さらには、社会活動・経済活動における、市民の権利の歴史である。(1) したがって国民は被治者であり「天皇のための裁判」が行なわれていた戦前、すなわち現行弁護士法制定以前は、弁護士自治は完全に否定され、弁護士法制は規制ないし取締のための法制であった。

一　無資格代言人時代

明治五年八月、明治維新政府は「司法職務定制」（太政官無号達）を定めその四三条に「代言人」の見出しをつけて「第一　各区代言人ヲ置キ自ラ訴フル能ハサル者ノ為メニ之ニ代リ其訴ノ事情ヲ陳述シテ冤枉無カラシム」と定めた。維新以前の伝統的な「代訟禁止の原則」を廃したものであるが、いまだ代言人について資格の制限・認定に関する規定がなかった。明治七年五月「裁判所取締規則」（司法省甲九号達――甲一九号達で改正）が制定され、本人・代言人に適用されたが、「裁判官ニ対シ尊敬ヲ欠クモノアルトキハ裁判官直チニ譴責ヲ加フ可シ若シ之ヲ再犯スル者ハ違式ノ軽重ニ問ヒ相当ノ罰金ヲ科ス可キ事、但右譴責等ハ断獄課ニ付スルニ及ハス其裁判官直チニ申渡ス可シ。但、代言人此ヲ犯シ譴責ヲ受ケシトキハ其事件ニ付代言人タル事ヲ得ス」(五条)、「裁判官ヲ罵ル者アル時ハ前条ノ如ク其裁判ヲ中止シ之ヲ断獄課ニ付シ本律ヲ科スヘキ事、但代言人此ヲ犯スモノハ本律ヲ科スルノ後三月ヨリ多カラサル時間代言人トナリテ裁判所ヘ出ル事ヲ得ス」(七条) と裁判官への服従をきびしく強制するものであった (傍点、筆者)。

二　免許代言人時代

(1)　代言人規則

司法省は明治九年二月「代言人規則」(甲一号布達) を定め、ここにはじめて代言人を免許制とし、その資格の得喪、懲戒手続等について定めた。すなわち資格の取得については、

第一条　願書ヲ記シ所管地方官ノ検査ヲ乞フヘシ地方官之ヲ検査スルノ後、状ヲ具シテ司法省ニ出ス、然ル後其許スヘキ者ハ司法卿之ニ免許状ヲ下付ス。

第四条　既ニ免許状ヲ与フレハ之ヲ司法省並ニ各裁判所ノ代言人名表ニ登載ス。

と司法省の専権下にあることを規定し、懲戒については、

第一四条

一、訟廷ニ於テ国法ヲ誹譏シ及ヒ官吏ヲ侵陵スル者。

二、訟廷ニ於テ臆察詐偽ノ辯ヲ為ス者。

三、相手方ヲ悪口陵罵シ其面目名誉ヲ汚ス者

四、謝金ヲ前収シ又ハ過当ノ謝金ヲ貪ル者

五、他人ノ貸借取引等ノ詞訟ヲ買取リ自己ノ利ヲ図ル者

六、詞訟ヲ教唆スル者
七、徒ラニ時日ヲ遷延シテ訴訟本人ノ妨害ヲ為ス者
右ノ如キ者ハ其軽重ヲ量リ、裁判官直チニ之ヲ罰スルヲ得其罰目左ノ如シ
一、譴責
二、停業　一月以上一年以下
三、除名

と定めて、懲戒権は、事件担当裁判官の専権下においた。[2]

ここに見られる代言人規制の姿勢は、徹底した官尊民卑の姿勢であり、懲戒理由の第一に、法律を批判し、官吏を侮辱することと定め、しかも懲戒権者が目の前の担当裁判官であることが、いかに代言人の弁護活動を圧迫したか、想像に難くない。[3]

(2)　改正代言人規則

明治一三年「改正代言人規則」(甲一号布達)が改正された。代言人に対する管理体制が整備され、若干の地位向上が見られるのと引き換えに、規制は、代言人組合を通じて、むしろ強化された。改正点は次の七点である。

(一)　資格取得には、司法省の法律に関する試験を受け合格した者が司法省の免許を受ける。
(二)　登録は、営業地の裁判所および検事がつかさどる。
(三)　裁判所の所管ごとに組合を設立し、加入強制する。
(四)　代言人および代言人組合は、検事の監督を受ける。(「組合ノ規則ハ必ズ検事ノ照閲ヲ経可シ、其改正増補モ亦之ニ同シ」「代言人組合ノ分合ハ検事ノ見計ヲ以テスル」「臨時会ヲ開カントスル時ハ必ズ検事ノ認可ヲ受ク可シ」(「代言人ハ総テ其他ノ検事ニテ監視シ、代言人規則ニ照シテ之ヲ取扱フベシ、若シ反則ノ者アル時ハ、其処分ヲ裁判所ニ求ムベシ、訟廷ニ於テノ犯則ハ裁判官直ニ之ヲ処分シ後検事ニ通知スヘシ」—代言人取扱手続」)

㈤ 懲戒は各代言人が会長に報告し、会長がこれを検事に告発した。会長が告発を遷延し、または所犯会長に係るときは、代言人が直接告発した。

㈥ 懲戒理由が附加された。（「議会組合ノ他、私ニ社ヲ結ヒ号ヲ設ケ営業ヲ為シタル者」「議会ニ於テ定メタル取締規則ヲ犯シタル者」）

㈦ 代言人組合は議会を設けて規則を定める。

この代言人組合は、取締のため、代言人に対して、監督を徹底させるための便宜的措置であった。そのため、一方では組合加入を強制し、他方では自主的に社を結ぶことを禁止した。そのため、北洲舎など、後進に法学教育を行ないつつ合同法律事務所となっていた自主的結社（後日法律専門学校に発展）は解散せざるをえなくなった。(4)

同規則は、代言人組合は次の目的で規約を定めなければならないとして、「互ニ風儀ヲ矯正スル事、名誉ヲ保存スル事、法律ヲ研究スル事、誠実ヲ以テ本人ノ依頼ニ応スル事、強テ本人ノ権利ヲ捏造セサル事、妄リニ言詞ヲ変改セサル事、故ナク時日ヲ遷延セサル事、相当謝金ノ額ヲ定ムル事」の八項目をあげている。

一見すると、代言人組合の自治をある程度認めているようであるが、組合自身が検事の強力な監督を受けており、また、懲戒権者が検事であることからも、組合による自治はないにひとしい。

しかし、このように間接統制の手段として創設された代言人組合であっても、組合が作られたことは、代言人の団結のきっかけとなり、自治要求運動の拠点ともなった。

明治一三年、同一九年、東京代言人組合は、東京地方裁判所等に対して、

㈠「呼出状は可成三日以前に御発送相成度事」

㈡「呼出状には何日午前又は午後何時より何々事件に付出頭可至旨御記載下度事」

㈢「御門出入の名刺を要せず、通行御差許被下度事」

㈣「御掛り官又は訴所の証印を要せずして退出仕度事」との請願を行なっている（奥平昌洪『日本弁護士史』三三二頁）。このような請願を必要とするほど、司法当局の官尊民卑政策は厳しく、また、代言人（弁護士）の地位向上の運動は最底辺から始めなければならなかった。

しかし、東京代言人組合は、明治一五年の秋期総会では早くも「一、代言人免許料廃止ノ件、二、毎年引続キ免許ノ手続ヲナスノ煩ヲ廃スルノ件、三、代言人ハ検事ノ管轄ヲ離レテ司法卿ノ直轄トナルノ件」との決議をしている（『東京弁護士会史』七一頁）。

三　弁護士時代（旧々法および旧法）

(1)　旧々弁護士法時代

明治二六年三月三日、旧々弁護士法（法律七号）が公布され、同年五月一日より施行された。同法制定以前にも明治二三年に弁護士法案が帝国議会に上程されたが、同法案は、弁護士の階級を設け、営業区域を限定し、多額の免許料・保証金の納付を義務づけたため、全国に反対運動が起り、右法案は葬られた。代言人組合を中心に、そこまでの力が貯えられていたといいえよう。

旧々弁護士法は、制定時の政治情勢を反映して開明的な近代法典の形式と絶対主義的な抑圧法の実質との二面性を有していた。すなわち、明治政府は、一方では、不平等条約改正のため近代的裁判制度を早急にととのえる必要があり、他方、当時盛んだった自由民権運動の指導者である代言人層に対して官僚的取締・監督の必要があったからである。

このような旧々弁護士法の体質は、「国民の身体及び権利を保護するは、裁判官の保護の下に立ちて之を為すのみならず、外に弁護士の学識経験に富み、道徳廉恥を重んじ、当事者の権利を維持するに当り、裁判官弁護士相須て始めて能く司法事務の完全なるを得るなり。因て弁護士の資格を厳正にして其権利を保護し、その位置を尊重し、其行為を監督するは国家の必要にして欠くべからざるものなり」との同法制定趣旨（奥平・前掲書五九一～二頁）に如実に現われている。ここに描かれている弁護士像は、国民の側に立って国家の専権と闘う姿ではなく、国家の監督下におかれた、裁判所の下級補助機関であった。

旧々弁護士法を、「代言人規則」に比べて、検事の監督を検事正の監督に引き上げたこと、および弁護士会の会則は司法大臣の認可を受けることをとらえて、弁護士会の地位が高く評価されて一歩前進したとする見解もあるが、監督権・懲戒権が強化・整備されており「弁護士自治」のためにはむしろ改悪である。

これら弁護士自治の否定に対し、各地の弁護士は任意団体である日本弁護士協会（明治三〇年創立）に結集して、あるいは懲戒権乱用の実害を論じ、あるいは国民のための司法制度はいかにあるべきかを論じ、「弁護士の自治」を求めて世論に訴え、弁護士法の改正を求めてきた。[5] その活動については第三節で詳論するが、その活動の一定の成果であり、また限界でもあるのが旧弁護士法の制定である。

(2) 旧弁護士法時代

旧弁護士法（昭和八年法律五三号）は、昭和八年五月一日公布され、同一一年四月一日施行された。明治二六年の旧々弁護士法制定以来、弁護士界では、①弁護士会を法人とすること、②弁護士会の監督は司法大臣がなすこと、③弁護士の懲戒は弁護士会が自らなすこと、④弁護士の職務権限を明確にし、非弁活動に対する制裁を設けること、という法律改正を求める運動がさかんであった。これらの声を取り上げ、弁護士会に法人格を認め、監督権者を司法大臣とし、判検事と同一試験を行なうなど、形式面での弁護士の地位向上をはかったのが、旧弁護士法である。しかし、弁護士会が一致して要求しつづけてきた懲戒権は全く認められなかった。[6]

(3) まとめ

以上のように、各時代の法制の変遷を見ると、若干の変化はあっても、そこに一貫している基本姿勢は、弁護士活動に対する取締・規制の姿勢である。懲戒手続が整備され、懲戒権者が具体的事件の担当裁判官または担当検事から検事正―検事長―司法大臣と上級機関に格上げされてはきたが、依然として弁護士会には自主的権限を与えず、議事内容の事前報告、臨席、決議の取消など、およそ近代法治国家の体面からは想像できないほどの前近代的な強力な監督・規制のもとにおかれていた。

（1）古賀正義「日本弁護士史の基本的諸問題」（『講座現代の弁護士』三巻、日本評論社）は、奥平昌洪『日本弁護士史』など従来の弁護士史が弁護士を時代の政治的・経済的・社会的背景のもとにおける発展としてみるのではなく、対象を弁護士・司法の世界に限定して法律家的視点からのみ観察する誤りをおかしていることを鋭く指摘する。

（2）奥平昌洪『日本弁護士史』参照。

（3）この点につき、森長英三郎「在野法曹八五年小史」（法律時報一九六〇年四月号）、同氏「弁護士自治の獲得と地位向上の歴史」（自由と正義二六巻八号）。古賀・前掲論文参照。

（4）高梨公之「五大法律学校の創立と代言人たち」（自由と正義二六巻八号）に詳しい。

（5）日本弁護士協会『録事』（創刊号）の巻頭には、「我日本弁護士協会録事は、在野法曹が法律問題に関する気焔を呑吐すべき唯一の機関である」と記してある。

（6）旧弁護士法の制定に至るまでの経過については、大野正男「職業史としての弁護士および弁護士団体の歴史」（『講座現代の弁護士』二巻、日本評論社）参照。

第三節　弁護士自治をめざす弁護士界の諸運動

一　弁護士自治否定の弊害

戦前の懲戒事例については、森長英三郎「在野法曹八五年小史」（法律時報一九六〇年四月号）および高橋修「弁護士倫理の歴史的検討」（『講座現代の弁護士』第一巻）に詳しいが、そこに見られる懲戒事例の特徴は、忌避申立や証拠申請理由の陳述等の弁論が官吏を侮辱し弁護士の品位を落したとされていることであり、弁護士として、その職責を果そうとする熱意にもとづく訴訟活動が懲戒事由とされていることである。星亨・花井卓蔵・布施辰治・山崎今朝弥ら、有能な弁護士として著名な各氏が懲戒裁判を受けている。

不当な懲戒がいかに弁護権を侵害し法廷を暗いものにしているかについては、日本弁護士協会の会誌である『録事』および『法曹公論』誌上に、痛恨をこめて訴えられている。その一例を紹介すれば、田坂貞雄は「懲戒事件に顕はれた裁判所の態度」（法曹公論大正一二年七月号）において「現在の懲戒制度で不当なのは、当の被害者とも云ふべき普通の裁判官や検事が裁く立場にあることである。とかく当事者は感情に捕はれ勝ちであり特に国家の名において仕事をする人々には、その傾向が強い。現実に『報酬問題が社会的に無理な多額のとり方をした事件』と他にだれも居ない閉廷後の法廷で『小僧のやうな判事』と口走ったと云ふT氏の過言問題への処理を比較すると、以上の想像は全く当ってゐる。T氏の不能犯的で実害のない事件に対して峻酷な論告どほりの刑を課してゐる。又懲戒裁判官は被告たる弁護士の言を始めから疑ってかかり、虚心に聞こうとしない。裁判官が不信用な弁護士を補助者として仕事をしてゐる事は我が国司法制度のため憂ふべきことである」。「懲戒事件に立会って痛切に感じたことは其の法廷の空気の如何にも暗黒で険悪で不愉快なことである。裁判官の脳裡に誠の生きる時は必ず一脈の清味を見るはずである。事実自体に争ひや疑ひがある場合は常識上不通の弁解以外は一応信用して云ひ分を聞くのが当然であるが、懲戒事件においては弁護士の弁明は逆の扱ひを受け弁明は聴かれず虚偽として操つられた。S氏の事件について、従来弁護士として何の欠点もなく、公務についてゐるS氏の、家庭における談話の断片をとらへて問題にすることは自由としても、その言葉を信じないで他の言葉をただ一つの材料として事実を認定したことは残念である。日本の弁護士の信用、地位のために悲しいことであり、司法制度のためうれふべきことである。懲戒事件において法廷が暗いのは裁判官が被告人である弁護士を疑ひ悪み賎しんでゐるからである」と述べ、結論として「弁護士会自治の問題については、多年の懸案で十分に論議され研究せられた許りでなく、時代の進歩と弁護士の社会的地位や国家的職分から見ても殆んど異論の余地がない。自治制度の骨子は懲戒権を挙げて自治体たる弁護士会に授くるにある」と主張する。

また、監督権者の代言人組合もしくは弁護士会に対する懲戒以外の介入例を見ると、次例のとおりであるが、特徴的なことは、弁護士自治がなかったこと、すなわち、検事・司法省が会内の論争に介入したことが、かえって会内の内紛を激化させていると見受けられることである。『録事』の論説も、「自治権が否定され、形式上の体裁のためにだけ会長等の機関を設けてゐるため会員を堕落させてゐる」と喝破している（後述）。

㈠　明治一三年五月、東京府在住の免許代言人は、星亨の提唱により代言人総会設立の議を進めたが、司法省附属代言人の組合加入につき議論が沸騰し、いったん司法省附属代言人を加えない規則案を議決したが、検事は、附属代言人を加入させない不都合を詰責して差し戻し、附属代言人を加えて一組合とし、新たに会長・副会長を選挙したうえ組合規則を議決することを命じた。

選挙の結果、司法省附属代言人の星亨と目賀田種太郎が副会長に当選している。[1]

㈡　明治二〇年、東京代言人組合で会長不信任の声があがり、信任投票の提案が可決されたが、会長が検事に伺いを出したところ、「伺面ノ事項ハ組合会議ニ於テ議スベキ者ニ非ズ」と指令した。提案者らは、その指令にかかわらず開会しようとしたが、検事は会長に対し、議事の差止命令を出している。

その後、信任投票の提案者らは、信任有無の投票をすることに決めたのに、会長が検事に伺出てこれを蹂躙したのは越権である、辞職を勧告すべしと主張し、さらに、検事の指令や議事の差止命令の取消を求めて抗告したが、東京控訴院検事長（代理）に棄却された。しかし、同月末、会長は辞職し、抗告派が会長に就任している。[2]

㈢　その後も、役員選挙をめぐって、東京代言人組合や大阪代言人組合は紛争し、ついに大会議場に検事が臨席する事態を招いている。

しかし、興味深いことは、大阪代言人組合においても、検事が臨検した後、「代言人たる者其議場の不整理のため、検事の臨監を求めたりとすれば、実に議会を蔑視するものにして、共に歯するを恥づ」「是は議会の体面を汚し、議会を蔑如するものなり、宜しく事実を調査すべし」との建議を可決し、選出された調査委員が検事に面会して、臨席の事由を問いただし、検事に臨席を求めた者の氏名が判明するや、満場の議場で謝罪を要求し、「検事に臨席を哀願せし事実ありとすれば不当である」旨の決議を多数で行なっている。[3] そして、翌日、検事の臨席を求めた理事者は辞任している。

従来、弁護士会（代言人組合）の議場に検事の臨席を招いたことをもって、会内の内紛がいかに激しく、弁護士に自治能力のないことの証左とする議論も多いが、検事臨席の前後の議場内の議論を見ると、激論ではあるが、互いに手続的民主主義の手段を尽くして議論し、議論で決着をつけようとの意気ごみに溢れているように見受けられる。また多くの会員が検事・司法省の介入を快しとせず、臨席を求めた理事者は、そのことをもって責任追及されている例が多い。

㈣　東京弁護士会は、明治二六年五月創立総会を開いたが、会則の可決につき、多数決に敗れた選挙派（英法派）が退場し、抽籤派の人々のみでその他の原案を可決した。選挙派は、総会員の中から抽籤をもって役員を定めその中から正副会長を選挙することは弁護士法に規定する選挙に違反するものとして、司法大臣に上申し、司法大臣は選挙派の説をとって東京弁護士会会則を却下した。抽籤派は激怒し、第二回創立総会も、検事正が、二、三の検事をひきいて臨席しているにもかかわらず紛糾し、抽籤派は「司法大臣ハ、会則ヲ否認スル権利ヲ有スト雖モ選挙方法ノ解釈ニ付判定ヲ与フル権利ヲ有セス」「司法大臣ハ社会ノ安寧秩序ヲ害セサル限リハ弁護士会ノ自治ニ干渉スル権利ヲ有セス」との要旨の陳情書を司法大臣に提出している。その後両派の協定が成立した。[4]

㈤　明治二七年、大阪弁護士会が、広告自粛の会則をつくったが、司法大臣から却下された。[5] これは、退官者が在官中の官位を誇り、また参内謁見の図などと題して盛服の肖像を誇る風潮を慨いてのことであった。

二　代言人時代の待遇改善運動

明治一三年「改正代言人規則」が制定され、これによって、専門職としての代言人が、職業団体として組織された。[6]

代言人が組織的に待遇改善運動を行なったのも、代言人組合が設立されてからである。明治一三年、東京代言人組合が、「呼出状は可成三日以内に御発送相成度事」その他の待遇改善の請願を行なったのが、その第一号である。[7] その余りの地位の低さに驚くとはいえ、請願項目は、代言人の職責を全うするために必要最小限の要請であり、共通の職業意識に裏づけられていたともいえよう。

職業団体としての代言人組合の成長には目ざましいものがあり、毎年春秋に総会を開いていたが、明治一五年秋季総会では、「代言人ハ検事ノ管轄ヲ離レテ司法卿ノ直轄トナルノ件」を議決している。[8]

代言人時代の運動は、「自治要求」というよりは、地位向上・待遇改善要求運動というべきであろうが、職業意識にささえられ、また、代言人としてのプライドにささえられていた点で、[9] 自治要求運動の萌芽ともいうことができよう。

明治一六年、大阪代言人組合は、有罪判決を受けた代言人が控訴中にもかかわらず検事によって除名されたことに抗議して、総会の議を経て司法卿に資格剥奪しないよう請願している。

また、明治一七年三月、大阪代言人組合は、司法卿あて、「代言人懲罰手続の議に付請願」を行なった。これは、堺の代言人和田久太郎が裁判官と交際したとして除名のうえ免許状を剥奪された事件につき組合の懲罰規則を制定前に遡及させて罰したことが、後日明らかになったが、その発端は、懲罰手続が完備せず、被懲戒者の弁護権が保障されず、かつ、直接の被害者である法官が処罰者になっていることの不合理を指摘して、懲罰手続の整備を請願するものであった。[10]

三　日本弁護士協会・各地弁護士会を中心とする組織的運動

「弁護士自治」が、明確に、かつ、組織的に要求されたのは、明治三〇年二月、任意団体である日本弁護士協会が設立されてからであった。

明治三〇年から大正年間にかけては、日本弁護士協会・各地弁護士会を中心とする弁護士自治の要求が最も力強く主張された時代であるが、その理論的水準も高く、「国民のための司法制度は、いかにあるべきか」、「弁護士としての職責を、いかに果すべきか」との観点から論じられていた。司法のあるべき姿に関する、今日に至るまでの論点が、当時すでにすべて出そろっているかのようである。

社会的背景として、自由民権運動・大正デモクラシーの高揚があり、活発な弁護活動が行なわれるのに比例して懲戒事例も続発し、自治権をもたないことの矛盾が浮き彫りにされたからであろう。

(1) 日本弁護士協会の設立と活動

明治二六年制定の弁護士法は、各地方裁判所ごとに、強制加入の弁護士会を設立することにしたが、弁護士会の審議事項を限定していたこと、全国的な弁護士団体の設立にはふれていないこと、弁護士の自治が認められていないことの不満があったため、全国的任意団体の設立を望む声が、全国の有力な弁護士の中に起きてきた。職業的自覚が、そこまで高められていたものである。明治二六年一〇月に東京弁護士会の有志が呼びかけたときには、機が熟していなかったが、明治二九年六月には、鳩山和夫・菊地武夫・磯部四郎・岸本辰雄らが集まって発起人となり、翌三〇年二月一五日、創立総会を開いた。参会者二百余名、創立時の会員は維持会員一五〇名、普通会員五四六名で、全国の弁護士の半数に達していた。[11] そして、その活動としては、毎月一回評議員会を開いて、司法制度の改善に関する事項を討論し、議決している。また、月一回『録事』を発行して、討論の経過や論文を掲載して、全国会員に配布した。

明治三一年一二月、協会の評議員会は、満場一致で「弁護士に対する法廷内に於ける自由を保障する件」を可決した。

明治三三年四月、日本弁護士協会は、臨時総会を開き、百五十余名が参加して、司法改革に関する事項として、次の三つの決議をした㈠・㈡は、満場一致で決議するとともに、併せて「目的貫徹するため委員に付託して、その方法を調査すること」

を決議し、㈢は、賛成多数で決議した)。

㈠　弁護士会ヲ自治体トナスコト(提出者＝花井卓蔵・原嘉道・石山弥平他二四名)

提出理由につき、原は、「現行法では、弁護士会は検事正の監督下にあり、検事正が臨席して、弁護士会は、不都合なる行動をなすものの如く取扱はれている。弁護士は、各自自治の能力を有するものにして、その団体を検事正の監督下に、置かねばならない道理はない。弁護士会が検事正の監督下に置かれるのは不条理である」旨、説明している。

㈡　司法大臣ノ裁判官ヲ監督スルノ制度ヲ廃スルコト(提出者＝前項と同じ)

提出理由につき、花井は「帝国憲法の下に於ては、裁判官と行政官は、明確に区別せられ裁判官は独立の保障を有するに拘はらず、裁判所構成法に依れば行政官たる司法大臣が裁判官を監督することとなれり、是れ憲法違反なりと謂ふことを得べし。人間は多少弱点あるものなるが故に、現行裁判所構成法の下に於ては裁判官は司法大臣を長官なりと思惟し、其鼻息を窺はざれば立身出世を為す能はざるものの如く心得、自家の職分と資格とを全然忘却し居る者少からざるは今日の実例に徴して明白なり、此の如く行政権を裁判権の上に居らしめんか、裁判権の独立は決して之を保つこと能はざるなり」と述べている。

㈢　判検事弁護士ノ資格ヲ同一ニスルコト

提出者高木豊三の説明によれば「判検事と、弁護士の間には、職務の差はあるが、学術、智識の必要上は、差異がない。現行の受験資格の差は、何の道理もない。差等がある結果、種々の問題を生じている」とされている。[12]

この三つの決議は、戦前の司法制度の病根を本質的についたものであり、戦前・戦後を通じる弁護士運動・司法改革運動の目標を正しく設定したものであり、歴史的意義の大きい決議であった。創立後三年目のことである。

なお、右の臨時総会においては、そのほかにも「予審弁護ニ関スル決議」、「刑事被告人ノ取扱ハ改良ヲ要スヘキモノ多シト認ム」、「上告裁判所ノ合議ヲ公開スルコト」などの決議が採択されている。このように弁護士自治の要求が司法制度全体の改革・改善とともに意識されていることが特徴的であり、そのことは誇りとすべきである。
明治三六年四月の臨時総会においては、前記三三年総会の決議の具体化として、調査委員から改正法案が示された。弁護士法案については、基本的に賛意が表明されたうえ、その実現につき再調査が調査委員会に付託され、司法権独立の議案については、修正案が提出されたが否決され、原案賛成多数で、この実行のため委員が選任された。なお、そのほか、「司法警察官ヲ検事ニ隷属セシムル制度ニ改正スルノ件」が提案され、調査委員に付託された[13]。
弁護士法改正案は次のとおりである。

第一章　弁護士ノ資格及職務

一　第一条乃至第六条旧法ノ通

第二章　弁護士会及弁護士名簿

二　各地方裁判所々在地ニ弁護士会ヲ置ク
三　各弁護士会ハ弁護士名簿ヲ備フ
四　弁護士タルモノハ弁護士会ノ弁護士名簿ニ登録セラル、コトヲ要ス
五　弁護士ハ其氏名ヲ登録シタル弁護士会ノ所属トス
六　登録ヲ請求スル者ハ登録手数料トシテ金弐拾円ヲ納ムヘシ但他ノ弁護士会ニ登録換ヲ請求スル者ハ手数料トシテ金拾円ヲ納ムヘシ
七　弁護士会ニハ会長ヲ置ク又副会長ヲ置クコトヲ得
八　弁護士会ハ毎年定期総会ヲ開ク又臨時総会ヲ開クコトヲ得
九　弁護士会ニハ常議員若干名ヲ置ク
十　弁護士会ハ其会則ヲ定メ司法大臣ニ届出ツヘシ
十一　弁護士ハ登録ヲ受ケタル後ニ非サレハ其職務ヲ行フコトヲ得ス
十二　弁護士ハ事務所ヲ定メ所属会長ニ届出ツヘシ

十三　弁護士会則ニハ会長副会長常議員ノ選挙及其職務総会常議員会及其議事ニ関スル規定弁護士ノ風紀ヲ保持スル規定並ニ謝金手数料ニ関スル規定其他会務ノ処理ニ必要ナル規定ヲ設クヘシ

十四　会長副会長常議員ハ投票ヲ以テ之ヲ選挙ス

十五　弁護士ハ他ノ弁護士会ノ所属地内ニ事務所ヲ設ケ職務ヲ行ハントスルトキハ其職務ヲ行フヘキ地ノ弁護士会則ヲ遵守スヘシ

十六　弁護士ノ監督及懲戒処分ハ各弁護士会ニ於テ之ヲ行フ

第三章　懲戒

十七　弁護士ニシテ弁護士法又ハ弁護士会則ニ違背シタル行為アルトキハ会長ハ総会又ハ常議員会ノ決議ニ依リ懲戒ヲ求ムルコトヲ得

十八　弁護士会ハ毎年総会ニ於テ懲戒委員若干名並ニ補充懲戒委員若干名ヲ選挙ス委員長ハ其互選ニ係ル

十九　懲戒ハ左ノ四種トス

一　譴責　一　過料　一　停職　一　除名

二十　懲戒委員ノ懲戒ニ対シテハ大審院ノ懲戒裁判所ニ抗告スルコトヲ得

廿一　懲戒処分ニ関スル手続ハ判事懲戒法ノ規定ヲ準用ス

なお、このような意見統一に至るまでに、『録事』には不当な懲戒事例が多く紹介され、弁護士自治の必要性について次のような論説が展開された。

㈠　石山弥平「弁護士会の自治制」（録事一〇一号）は、「各地弁護士会の風尚を達観すれば……大体に於ては品位高尚に赴きたる事実あり、……威圧を以て臨みたる監督官も、今は概ね温容を以て協諧的に事を処せんとす。然れども一朝意見の衝突を来せば則ち侮蔑を受くるの観念を以て動もすれば権力に依りて威圧せんとす、小吏の弊古今其軌を一にするも、立憲政下法治国家の公職、豈此の如き窮屈なる制抑を忍ふへけんや。即ち知る今の弁護士を以て永く微々たる検事正の監督に委するの失当なることを」と論じ、自治の方法として全国単一の弁護士会を設けることを提案する。

㈡　高窪喜八郎「懲戒裁判制度」（録事一二八号）は、裁判官は弁護士界の実際を全く知らないから、懲戒裁判官の中に必ず弁護士数名を加えるべきであると提言する。

その他、次の論文がある。

㈢　高窪喜八郎「弁護士法改正の急務」（録事二五三号）

㈣　岸本辰雄「法廷ニ於ケル弁護士ノ言論」（録事一二号）

㈤　平岡万次郎「法廷ニ於ケル言論ノ自由」（録事二〇号）

㈥　石山弥平「弁護士の法廷に於ける職務関係」（録事四八号）

(1)　各地弁護士会の活動

㈠　懲戒事例に対する抗議

東京弁護士会は、明治四一年、会員横山勝太郎が横浜地裁で弁論禁止の懲戒処分を受けたことに対して、臨時総会で東京・横浜の検事正・検事長・検事総長宛に、弁護権侵害に抗議する決議文を送付することを定めた。(14)

また、同会は、昭和七年の臨時総会で、会員布施辰治に対する懲戒事件で（五・一五事件の弁護団長であった布施が、同事件の法廷活動で、刑事訴訟法の条文をめぐり裁判所と応酬した、被告席が騒然となったところ「弁護士の体面を汚す」として昭和四年東京検事長より懲戒申立された事件。昭和六年六月、東京控訴院で除名の判決があり、昭和七年一一月、大審院判決により除名が確定した）、大審院が証拠調・弁論のために指定してある七回の口頭弁論期日を一方的に打切り弁護権を剥奪したこと、被告人の最終陳述権を無視して結審し即決をもって除名判決を言い渡したことについて、「右ハ被告人及ヒ弁護人ノ弁護権ヲ蹂躙スルモノニシテ斯クノ如キ不法ヲ看過センカ民刑各般ノ事件ニ付キ大審院ハ最終審ニシテ、上訴制ノ方法ナキニ職権ヲ暴用シ各種事件ニ臨ムニ不当ヲ主張スル虞レアルモノト認ム。遺憾ナキ監督権ノ発動ヲ要求ス」と決議している。(15)

帝国弁護士会は、昭和六年六月、会員今村力三郎が東京地方裁判所における忌避申立・退廷・不出頭の行動につき懲戒申立を受けるや、会の名で慎重な調査をなし、その結果、昭和七年一月二五日の総会において懲戒以前の問題としてとりあげ、忌避申立を受けた原審裁判所および抗告裁判所が、忌避申立事由を十分に審理せず独断で即時に申立を却下し、抗告中の弁護人の立場を無視して公判を進行せしめたことは、職権乱用であり、弁護権を蹂躙したものであると決議をなし、司法当局に厳重抗議を申し入れている。[16]

このような個々の懲戒事例に対する抗議は、各地の弁護士会が行ってきたものでもある。

(2)　弁護士法改正運動

明治四四年一二月、東京弁護士会は次の弁護士法改正案要項を決議し、調査委員を選んで、調査・起草させた。[17]

一　弁護士会を法人とすること。
二　弁護士会の監督は司法大臣之をなすこと。
三　弁護士の懲戒は弁護士会自ら之を為すこと。
四　弁護士の職務権限を明確にし、弁護士に非ざる者の法律事務取扱に対する制裁を設くること。

懲戒問題が最も切実なものであったこと、および、当時の弁護士の意識の最大公約数として会に対する司法省の監督はやむをえないとしていることを示している。この改正案は、明治四五年三月、帝国議会に提出され衆議院では修正可決されたが、貴族院の議事には上らないまま会期切れとなった。その後大正二年・大正一〇年にも同一法案が提案され、いずれも審議未了となっている。これら法案の提案者は日本弁護士協会・東京弁護士会所属弁護士の衆議院議員花井卓蔵らであった。[18]これに対する司法当局の態度について『録事』二七五号（大正一一年六月）の論説は、「司法当局は再び前の態度を繰返し、改正案に対する賛否の意見を陳べ、之が成案を得んとすることを避け反って提出者に対して数項の質問を提出せり。惟うに、弁護士法は司法当局が監督行用の位置に在る法律なり、其改正案が被監督者より提出せらるること已に司法当局の不信認を意味す、然るに此政治道徳上の責任を解せず之を対岸の火災視し質問を提出して意見の開陳を回避するが如きは、吾人被監督者より見れば公明なる態度と為すことを得ず」と批判している。(19) また『録事』一六二号は、「政府は、弁護士法改正案の骨子である自治制に反対して、外国に於てはかかる立法例なしと平沼次官に断言させているが、英、独、仏、諸国共、皆自治制である」と各国の弁護士法の条文を抄訳して紹介している。

ここに至って、ついに司法省も世論を無視できず、大正一一年四月、司法省は弁護士法の改正につき各弁護士会に諮問してきたが、諮問事項は次のとおり弁護士会の自治要求とはかけはなれた規制強化の方向であった。

第一、弁護士たるには判事たる資格を有する者及試験に合格し、一定の期間、実務の修習を為し考試を経たることを要するものとすべきや

第二、弁護士の遵守すべき事項を明示し、宣誓を為さしむべきや

第三、身体又は精神の衰弱に因り職務を執ること能はざるに至りたる弁護士の登録取消の途を開くべきや

第四、弁護士の所属を本とし、職務を執ることを得べき裁判所を限定すべきや、其限定の標準如何、大審院の所属弁護士を定むべきや

第五、弁護士は成功謝金を受くることを得ざるものとすべきや

第六、弁護士に対しては懲戒裁判に依る外弁護士会に於て、或限度の懲戒を為すことを得べきものとすべきや、懲戒の決議に対しては懲戒裁判所に不服の申立を為すことを得べきものとすべきや

これら司法省の諮問に対して、日本弁護士協会は

第一、本項ノ弁護士試験合格者ニ付、実務修習ヲ為シ、考試ヲ経ヘキモノトナスノ必要ヲ認メス。

第二、第三、本項ノ必要ヲ認メス。

第四、本項ハ国民ノ弁護士選択ノ自由ヲ剝奪シ弁護士ノ職務執行ヲ不当ニ制限スルモノニ依リ之ニ反対ス。

第五、成功謝金ハ我国固有ノ美俗タル謝恩ノ精神ニ基ク報酬ナルヲ以テ之ヲ禁止セントスルハ不可ナリ、依テ反対ス。

第六、弁護士懲戒ニ関スル事項ハ全部弁護士会ニ於テ決定スルヲ相当トス、仍テ之ニ反対ス。

との意見を発表している。[20]

司法省は大正一一年一〇月、弁護士法改正委員会を設置し、昭和三年、弁護士法案を公表した。司法省の動きに対応して、大正一一年から昭和八年にかけて、日本弁護士協会は毎号『録事』で「弁護士自治」と「非弁活動の取締」を要求する大論陣をはり、さらには全国の弁護士会と連合して弁護士法改正に反対するための全国弁護士大会を二回にわたって開き、議会に陳情を続けた。

政府も弁護士会の反対を無視できず、ついに非弁活動を公認する改正案を撤回し、「法律事務取扱ノ取締ニ関スル法律」案を提出し、「弁護士ニ非ザル者ハ報酬ヲ得ル目的ヲ以テ他人間ノ訴訟事件ニ関シ、又ハ他人間ノ非訟事件ノ紛議ニ関シ鑑定、代理、仲裁若ハ和解ヲ為シ、又ハ、此等ノ周旋ヲ為スヲ業トスルコトヲ得ズ」と定めた。そして、右の法律とともに、昭和八年、旧弁護士法（法律五三号）は公布され、同一一年四月一日より施行された。

ここに弁護士法改正に対する弁護士会の運動は「弁護士自治」の要求は通らず、「非弁活動取締」の要求だけ成果を得たものである。

昭和八年法の意義について『法曹公論』大正一一年四月号は、「改正弁護士法の実施に際して」と題して、「弁護士の職務の範囲を拡張したことは、時宜を得ている。複数事務所の禁止と、秘密保持の権利義務を認めたことは、弁護士道維持の目的を達するために当然に必要なことである。弁護士会に法人格を認め、弁護士の品位の保持、及弁護士事務の改善進歩を図ることにしたのは喜ぶべきことである」と評価したうえで、「弁護士の懲戒は、弁護士会の自治に委すべきもので、官設の懲戒裁判所で為さしむべきものではない。また旧法の通り判事懲戒法の規定を準用することにしてゐるが、これは幾多の欠陥があるので、新しい革袋に古い酒を入れたも同様である。弁護士の欠格条項も、新法が『禁錮以上の刑に処せられたる者』としてゐる点も、旧法が犯罪を特定してゐることに比し、実際上過酷である。我々は、これを以て満足すべきではなく、幾多の改正事項が残されて居ることを忘れてはならぬ」旨、主張している。

ここに、「弁護士自治」要求の運動は、さらに戦中・戦後と引き継がれて行くのであるが、大正年間から昭和に入り終戦に至るまでは、弁護士層の運動の中心課題は「陪審法制定」、「法曹一元」、「弁護士の職域確保――非弁護士の取締」、「人権蹂躙事件への抗議」、「刑事訴訟法改悪反対」となり、「弁護士自治」要求はなぜか運動の前面から後退した。経済不況、ファッシズム、戦時体制の社会情勢のなかで、弁護士の活動基盤が経済的にも思想的にもせばめられてきたことと密接に関連しているように思われる。

弁護士会内の内紛・分裂（大正一二年の東京弁護士会の分裂と第一東京弁護士会の設立、大正一五年の第二東京弁護士会の設立、大正一四年の日本弁護士協会の分裂と帝国弁護士会の設立）が、弁護士界全体の力量を弱め社会的発言力を失ったとする有力な見解もある。[21]

(3)　「弁護士自治」の主張

日本弁護士協会の会誌『録事』および『法曹公論』には、明治四〇年代から昭和一一年にかけて「弁護士自治」を求める理論的論文、議会の報告、大会記事、運動のよびかけが毎号のように掲載されており、当時の在野法曹の熱意と気迫を後日に伝えている。その特徴を見ると、明治年間には、具体的な懲戒事例から出発して自治権の否定がいかに弁護士・当事者の弁護権を奪い司法の運用を誤らせているかを論ずるものが多かったが、大正年間になると、司法制度の本質、民主主義の本質から弁護士の任務を論じ、弁護士自治がいかに国家にとって必要であるかとの堂々の論説が見られる。大正デモクラシーの理論的到達点であろうが、すでに大正年間に弁護士自治の理論は完成し、弁護士層の運動もまた最大限の規模で組織されていたことが見受けられる。

これら先人の努力・遺産が戦中・戦後を通じて継承され、終戦後の国家体制の変革期に時宜を得て現行弁護士法に結実したものであることを、『録事』は証言している。

以下に、主な論文を要約しよう。

㈠　時評「弁護士法改正の急務」（録事二五三号・大正九年六月号）および平松市蔵「弁護士法改正について」（録事二七五号・大正一一年六月号、二七六号・大正一一年七月号）は弁護士の向上のために自治が不可欠であるとして次のように論ずる。①弁護士は司法権運用の一機関であり、国民の権利・自由保護の任に当るものであり、その向上・発達は国家社会の重要事である。②ところが、現行弁護士法は弁護士団体の自由活動を拘束し、向上・発達を犠牲として、官憲が取締の便宜のために強制・禁圧の消極的立法を行なっている。このように自治権を否定し、形式上の体裁のためにだけ会長・総会等の機関を設けているため、会員をして空名争奪に狂奔せしめ貢献的活動を閉塞して堕落・低調を招いているのである。③弁護士はすでに弁護士会・日本弁護士協会に組織されており、社会的団体として存在し、かつ、意識的・貢献的活動を欲求しており、自治能力は十分にある。④弁護士がその職責を果すためには、自治が不可欠である。弁護士の地位を承認する以上は弁護士の自治を承認せざるをえない。

㈡　近代国家の司法制度の位置づけから論じるものとして、小室春富「弁護士及弁護士会の性質を論じて弁護士法改正問題に及ぶ」（録事二七九号・大正一一年一〇月号）は次のように論ずる。①近代国家においては、国家の発展は社会の充実発展により、社会の進化は個人の発展と尊重によらねばならない。②したがって司法という個人の利害・身上に重大至難な国家作用を行なう場合は、個人側に立って十分その個人の意思と立場を明瞭にし、その社会的・法律的・国家的価値を主張する機関がなければならない。③特に近代のように各人の自覚が促され、デモクラシーの思想が深い根底を有するに至り、その社会的・国家的観念に非常な進化をきたしており、かつ、社会は複雑化して、統一に支障を感ずる状態にあるのであるから、特に国家の行為のうち司法は非常な注意を要する。昨今、弁護士の職能と責任は重大な意義と理想のもとに立たねばならない。④弁護士は具体的案件について司法機関たる職能を有するものであるから、当然の結果として、一般的に司法行政・司法的立法に関して意見を述べ、かつ干与すべき権利と責任を有する。弁護士は、社会学的見地からすれば権利擁護の機関である。弁護士は国家機関である裁判所・検事局に対立して社会人の権利を擁護すべき直接の機関たる使命を有する。したがって、弁護士が裁判所や検事局の監督を受けることは、性質上許さるべきではない。⑤弁護士が国家的・社会的機関である以上は、その共同の利益を維持・増進し、かつ、弁護士の職能を達成し、統一を保持するためには、対外的にもその団体的行動を認めることが国家・社会の進化・充実上必要である。弁護士会は国家の機関である。その職能を全うさせるため、これを完全な自治団体とし、公法人として国家がその費用の一部を負担すべきである。弁護士会が独立した国家の機関として、対内的には構成員を規律し、対外的には団体意思を十分に発表させれば弁護士制度を設けた国家の目的を達することができる。弁護士会は独立した司法の機関であるから、これを検事正や裁判所が監督するということは許すべきことではない。⑥内に完全なる自治制を行ない、外にその機能を実現するには、弁護士の団体的活動によらなければならない。共同の理想を有する団結力が強固ならば弁護士の地位は侵害されない。最近の懲戒問題の傾向は団結力の薄弱・無気力なることを示している。

㈢ その他『法曹公論』に次の諸論文がある。

田坂貞雄「弁護士法改正の要諦」大正一五年五月号
吉田三市郎「弁護士会の自治権を如何」大正一五年七月号
岸井辰雄「弁護士法改正案観――弁護士道への晩鐘」昭和二年一一月号
増島六一郎「改正弁護士法案に就いて――弁護士会を自治体にせよ」昭和四年三月号
田坂貞雄「非弁護士問題に対する司法当局の態度――改正弁護士法第二条空文たらんとす」昭和四年三月号
吉田三市郎「弁護士法案変更せられて弁護士制度破壊し去られんとす」昭和四年三月号
上村進「衆知を守れ」昭和四年三月号
猪股淇清「弁護士法案論評」昭和六年一月・二月・三月号
松尾菊太郎「弁護士法改正問題」昭和七年一一月・一二月号

鈴木多人「弁護士法改正問題の焦点」昭和八年一月号
松尾菊太郎「改正弁護士法成る」昭和八年四月号
奈良正路「弁護士法の懲戒に於ける除名処分の効力について」昭和八年六月号

(1)『東京弁護士会史』三六頁。
(2) 奥平『日本弁護士史』五一〇頁以下。
(3)『大阪弁護士史稿』上五二八頁以下。
(4)『東京弁護士会史』一〇四頁以下。
(5)『大阪弁護士史稿』上四九八頁。
(6) 大野・前掲書一五頁以下参照。
(7)『東京弁護士会史』五六頁以下。
(8) 同右七一頁。
(9) 明治一四年三月、東京日々新聞に「健訟の弊風を矯正すべし」との代言人を誹謗する社説がのるや、同年六月、東京代言人組合は総会の議決を経て、新聞社社長を被告にして、名誉回復の訴を提起している（『東京弁護士会史』五九頁以下）。
(10)『大阪弁護士史稿』上七三一頁。
(11) 奥平・前掲書七八〇頁以下。
(12) 録事三二号。
(13) 録事六七号。
(14)『東京弁護士会史』一四八頁。
(15) 同右三四三頁。
(16) 帝国弁護士会『正義』（八巻三号）。
(17) 日本弁護士連合会『日本弁護士沿革史』一三一頁。
(18) 大野・前掲書七六頁以下参照。なお、この改正弁護士法案は次のとおりである（録事一六二号参照）。

第一章　弁護士ノ資格及職務

第一条　弁護士ハ当事者ノ委任ヲ受ケ又ハ裁判所ノ命令ニ基キ法律ニ関スル職務ヲ行フモノトス

第二条　弁護士タラント欲スルモノハ左ノ条件ヲ具フルコトヲ要ス

第一　帝国臣民ニシテ民法上ノ能力ヲ有スル男子タルコト

第二　弁護士試験規則ニ依ル試験ニ及第シタルコト

第三条　弁護士試験ニ関スル規則ハ司法大臣之ヲ定ム

但試験委員ハ司法省高等官判事検事弁護士中ヨリ之ヲ銓衡ス

第四条　判事検事又ハ弁護士タリシ者ハ試験ヲ要セスシテ弁護士タルコトヲ得

第五条　左ニ掲クル者ハ弁護士タルコトヲ得ス

第一　無期又ハ六年以上ノ懲役又ハ禁錮ニ処セラレタル者

第二　刑法第二編第一章第二章第三章第五章第七章第八章第九章第十章第十一章第十六章第十七章第十八章第十九章第二十章第二十一章第二十二章第二十三章第二十五章第二十六章第三十五章第三十六章第三十七章第三十八章第三十九章第四十章ノ規定ニ依リ懲役又ハ禁錮ノ刑ニ処セラレタル者

第三　破産又ハ家資分散ノ宣告ヲ受ケ復権セサル者

第四　懲戒ノ処分ニ依リ免官又ハ免職セラレタル者又ハ本法ニ依リ除名セラレタル者

第二章　弁護士ノ権利及義務

第六条　弁護士ハ法廷ニ於テ職務上陳述シタル言語ニ付キ其責ヲ負フコトナシ

但法廷ノ秩序維持ニ関スル裁判所構成法民事訴訟法及刑事訴訟法ノ規定並ニ本法ニ因ル懲戒規定ノ適用ヲ妨ケス

第七条　弁護士ハ正当ノ理由アルニ非サレハ司法大臣又ハ裁判所ノ命シタル職務ヲ行フヲ辞スルコトヲ得ス

第八条　弁護士ハ左ニ掲クル事件ニ付其職務ヲ行フコトヲ得ス

第一　職務上相手方ノ協議ヲ受ケテ之ヲ賛助シ又ハ委任ヲ受ケタル事件

第二　官吏公吏在職中取扱ヒタル事件

第三　仲裁手続ニ依リ仲裁人トナリテ取扱ヒタル事件

第三章　弁護士会

第九条　各地方裁判所管轄区域毎ニ弁護士会ヲ置ク
　司法大臣ハ土地ノ状況ニ依リ数個ノ地方裁判所管轄区域ヲ合シテ一組ノ弁護士会ヲ設ケシムルコトヲ得
第十条　弁護士会ノ目的左ノ如シ
　一、司法上又ハ弁護士ノ利害ニ関スル事項ノ処理
　二、法律命令又ハ弁護士会々則ニ規定シタル事項ノ処理
第十一条　弁護士会ハ之ヲ法人トシ司法大臣之ヲ監督ス
第十二条　弁護士会ニ会長及副会長ヲ置ク会長又ハ副会長ハ其会ヲ代表ス
第十三条　弁護士ハ弁護士会ニ加入シテ其会員名簿ニ登録セラル、コトヲ要ス
第十四条　弁護士会ハ左ニ掲クル事項ヲ定メ司法大臣ノ認可ヲ受クヘシ
第一　会長副会長懲戒委員下調委員其他役員ノ選挙及其職務
第二　入会退会及ヒ登録ニ関スル規定
第三　総会又ハ役員会ノ議事ニ関スル規定
第四　弁護士ノ風記及懲戒ニ関スル規定
第五　報酬ニ関スル規定
第六　財産ノ管理及出納其他会務ノ処理ニ必要ナル規定
第十五条　所属弁護士会以外ノ地ニ事務所ヲ設クル弁護士ハ其地弁護士会ノ会則ヲ遵守スヘシ

第四章　懲戒及罰則

第十六条　弁護士ニシテ其法律又ハ弁護士会々則ニ違背ノ処為アルトキハ其所属弁護士会ノ懲戒裁判ニ付ス
第十七条　弁護士ニ対シ懲戒事犯アリト認ムル者ハ弁護士会ニ申告スルコトヲ得
第十八条　弁護士会長前条ノ申告ヲ受ケタルトキハ直チニ下調委員会ニ付スヘシ
　但下調委員会ノ組織及手続ハ会則ノ規定ニ依ル
第十九条　下調委員会ノ決定ハ会長ニ報告スヘシ

下調委員会ニ於テ懲戒裁判ニ付スヘキモノト決定シタルトキハ会長ハ直チニ其手続ヲ為スヘシ

第二〇条　懲戒事件ニ付テハ各弁護士会ニ五名以上ノ懲戒委員ヲ設ケ之カ裁判ヲ為ス

所属弁護士会ニ於テ定数ノ懲戒委員ヲ選定スル能ハサル場合ニハ司法大臣ハ他ノ弁護士会員中ヨリ之ヲ補充ス

第二一条　懲戒裁判ニ付テハ判事懲戒法及民事訴訟法第三十二条第三十三条第三十四条第三十五条第三十六条第七百九十四条第七百九十五条第七百九十六条第七百九十八条第七百九十九条第八百条ノ規定ヲ準用ス

第二二条　懲戒罰ハ左ノ四種トス

第一　譴責

第二　千円以下ノ過料

第三　五年以下ノ停職

第四　除名

前項第二号ノ過料ハ国ノ収入トス

第二三条　所属弁護士会ノ懲戒裁決ニ不服アルモノハ裁決書ノ交付ヲ受ケタル日ヨリ七日内ニ復審ヲ求ムルコトヲ得

此場合ニ於テハ裁判ヲ為シタル弁護士会ニ申立書ヲ提出スヘシ

司法大臣ハ又第一項ノ期間内ニ復審ヲ求ムルコトヲ得

第二四条　覆審裁判ハ大審院判事及弁護士ヲ以テ組織シタル委員会ニ於テ之ヲ為ス委員ノ数ハ大審院判事四名弁護士三名トシ司法大臣之ヲ任命ス

但予備委員ヲ置クコトヲ得

第二五条　覆審ニ関スル裁判手続ハ司法大臣之ヲ定ム

第二六条　弁護士ニ非スシテ法律ニ関スル事務ヲ取扱フコトヲ業トスルモノハ一年以下ノ懲役又ハ千円以下ノ罰金ニ処ス

（19）平松市蔵「弁護士法改正について」。

（20）「弁護士法改正ニ関スル評議員会決議」（録事二七五号・大正一一年六月）。

（21）大野・前掲書七五頁

第四節　現行弁護士法の画期的意義

一 「弁護士自治」制定までの経過

弁護士法制の改革は戦後司法改革のなかの一つの支柱である。戦後司法改革の基本理念は「司法の民主化」、「基本的人権の保障」であり、究極的には国民主権主義により基礎づけられるものである。

これは、一つには、裁判において適用される法に対する国民の統制（議会主義）であり、二つには、司法制度に国民の意思を反映させること（国会・内閣による裁判官の選任、裁判官の弾劾制度、検察審査会、裁判の公開等）であり、三つには刑事被告人の弁護権の保障であった。

新憲法により、各個人はたとえいかなる犯罪を犯そうとも「理由を直ちに告げられ、且つ直ちに弁護人に依頼する権利が与へられなければ、抑留又は拘禁されない」とともに抑留拘禁の理由は、「直ちに本人及びその弁護人の出席する公開の法廷で示されなければならない」（憲法三四条）、さらに犯罪のために裁判を受ける際には「いかなる場合にも、資格を有する弁護人を依頼することができる」（憲法三七条二項）。

このように弁護士は、国民各自が自分の言い分を十分に主張するための協力者として憲法上認められた一種の機関となったものである。換言すれば弁護士は、国民の基本的人権の擁護者として不当な権力の行使に対する防波堤の役目を果すとともに、権力に対する監視者の役目を担う憲法上の機関になったと言いえよう。

ここでは、司法改革の全体の流れを概括しながら、弁護士層は、どのような方向での司法改革を志向しつつ、「弁護士自治」を獲得したのか、また、「弁護士自治」に反対する勢力は、どのような司法改革を望んでいたのか、「弁護士自治」制定の動きをたどるものである。

(1) 戦後司法改革の流れと在野法曹

昭和二〇年八月一四日、日本政府は、ポツダム宣言を受諾したが、同宣言は、「民主主義的傾向の復活強化」を基本的な国策として要求するものであった。さらに、同年一〇月一一日、連合国最高司令官マッカーサーは幣原首相に対し、司法の民主化をふくむ憲法の改正を示唆している。この見解は、「秘密の諸制度の廃止」（佐藤達夫『日本国憲法成立史』二四六頁）と、司法改革の方向を明確に指摘したものであった。

政府は、これらの見解に対応して、同年一〇月一三日、国務大臣松本烝治を委員長とする憲法問題調査委員会を設け、さらに同年一一月には、司法大臣岩田宙造を会長とする司法制度改正審議会を設けた。

憲法問題調査委員会は昭和二〇年一〇月二七日から同二一年二月二日までの間に七回の総会と一五回の調査会を開いているが、「司法」についての結論はきわめて現状維持的なものであった。

論議された問題点は次のとおりである（東京大学社会学研究所編「戦後改革・司法改革」参照）

㈠ 大日本帝国憲法五七条は司法権は「天皇ノ名ニ於テ」行なうと規定しているが、改正の必要はない。

㈡ 裁判官は独立にして、ただ法律のみに服するとの規定の必要については現行条文でよい。

㈢ 法令審査権を規定すべきかどうかについては解釈にまかせることとし、現行のままとする。

㈣ 検事について考慮を要するかどうかについては現行のままでよい。

㈤ 帝国憲法六〇条に関連して、特別裁判所の禁止規定をおくべきかについては、改むべき点はない。

このように、政府部内においては、帝国憲法下の司法制度およびその運用についてなんら深刻な反省がなされていなかったと言えよう。

しかし、在野法曹を中心として司法制度の改革を求める声は強く、占領軍の民主化政策に下から呼応して弁護士会・各種民間団体・各政党は、次のように司法制度改革案を一斉に提唱・公表した。

㈠ 昭和二〇年九月二四日、大日本弁護士会連合会は「司法制度改革に関する建議」を決議し、東久邇宮内閣に提出した[1]。これは裁判所と検事局の分離、司法警察と行政警察の分離、法曹一元など五項目からなるものであるが、敗戦直後の混乱期に最も早く改革の基本をまとめえたのは、戦前の長年の運動の成果でもあった。

㈡　昭和二〇年一〇月、司法改革同志会（大日本弁護士報国会の後身）は、不法逮捕や拷問などの防止・根絶の方策として、職権濫用罪に関する起訴独占主義の修正と、拷問による供述の証拠排除を提唱し、改革意見をＧＨＱに提出した[2]。

㈢　昭和二〇年一〇月、自由法曹団は、司法制度の徹底的革新を行動綱領で強調した[3]。

㈣　昭和二〇年一二月、布施辰治弁護士は「憲法改正私案」を発表し、「司法権ノ行使ニ拠ラザル」逮捕・監禁・処罰の拒否、陪審制、裁判所および検事局長官の訴訟関係者等による公選制、裁判公開の徹底等を主張した[4]。

㈤　昭和二〇年一二月第八九臨時帝国議会において、弁護士出身議員全員は、職権濫用罪につき弁護士会にも公訴権を付与する旨の刑事訴訟法一部改正案を提出した（同案は衆議院で修正可決、貴族院で審議未了となった）。

㈥　昭和二〇年一二月二六日、憲法研究会（高野岩三郎・鈴木安蔵ら）は憲法草案要綱を発表し、拷問の廃止、陪審制、検事総長公選、検察官の行政機関からの独立、無罪判決を受けた者に対する国家補償を提唱した[5]。

その他、各政党も憲法改正案の中で司法制度の改革を主張した。これらはいずれも、明治一〇年代からの司法権の独立、司法の民主化、刑事被告人の権利保障を求める国民各層の声が、前述の戦時体制下の司法の暗黒時代の教訓を経て、さらに一層強く主張されるに至ったものである。司法省を中心とする政府当局は上からの占領政策と下からの在野法曹を中心とする国民各層の声の間にあって、司法改革を最小限にとどめるべく努力しながらも、一定限度の改革には応ぜざるをえなかったものである。

昭和二〇年一一月二四日、岩田宙造を会長とする司法制度改正審議会は、司法省、裁判所、検事局、貴衆両院、学界、弁護士会、関係官庁から三五名の委員を選び、第一回総会を開き、引き続き「新情勢ニ鑑ミ、裁判並ニ検察ノ機構ニ付改正スベキ具体的事項如何」との諮問に応えて第一諮問事項関係委員会では、司法権の独立を全うするために、裁判所と検事局の分離、司法省の存続、判検事の任用資格の問題が論じられた。弁護士会選出の高橋義次・豊原清作両委員は、判事または検事に任ぜられるためには、一定期間弁護士の実務に従事したことを要件とする、いわゆる法曹一元制度の採用を強く主張したが、この時期には司法制度の改革として論議されたなかに弁護士制度の改革案は未だ含まれていない。

弁護士制度の改革がはじめて論議されたのは昭和二一年六月設置された司法省の臨時司法制度改正準備協議会においてである。[6] 同協議会において弁護士側委員は、次のとおり画期的な意見を述べている。

豊原〔清作〕委員（第一東京弁護士会）　今の弁護士は、依頼人から報酬を貰って、誠実公正に職務を行うことになっている。それを、人権の擁護、法律秩序の維持等、公共的性質を持たせることとし、弁護士法第一条をその趣旨に改める必要がある。次に、弁護士というものが職業になっていて、判検事等の公職に就くと、弁護士の登録を取り消さなければならないことになっているが、これは、弁護士の登録と、その業務に従事することとは区別するようにしたい。「弁護士」を一つの資格として、弁護士の登録は、弁護士たる資格のある者がする。そして、弁護士の業務に従事する者は、弁護士会に入会するというようにする。

弁護士の資格を得るための試験は、必要である。試補の制度は、司法官と弁護士を区別しないで設け、国家がその養成に当るようにする。判検事、弁護士がその養成の委員となるようにする。

弁護士会の公的性質を強くし、自治、懲戒を十分にさせて、弁護士の品位の向上をはかるようにしなければならない。また、弁護士会は、公的な機関として、司法法規の立案の調査、審議をするようにすべきである。

いわゆる法曹一元を実行して、弁護士を何年かやった者から判検事を任命する。その任命には、弁護士会が責任を負って、最高裁判所に候補者を推せんすることにする。

弁護士会は、各地方裁判所所在地におくとともに、中央に全国の聯合会を設けることにする。

水野〔東太郎〕幹事（東京弁護士会）　法曹一元を実現するために弁護士の性格を改めなければならない。弁護士会の入会にも、資格を厳重にする必要がある。弁護士に定年を設けてもよいと考える。

しかし、右準備会では、弁護士法については弁護士側の意見が出たにとどまり、裁判所法・検察庁法が論議の中心となった。

裁判所・検察庁の改革については、司法省各局、在京各裁判所、検事局、行政裁判所、在京各弁護士会からそれぞれ改革案が提出され協議された。

次いで同年七月、司法省設置の司法法制審議会が、内閣設置の臨時法制調査会第三部会とともにスタートし、両会の委員は兼任であり、一体となって憲法改正に伴う司法制度の整備を急いだ。

司法法制審議会は昭和二一年七月一二日から九月一一日までの間に、九回の総会と一四回の小委員会を開いて、裁判所法案を司法省民事局案としてまとめた。同案はＧＨＱとの間で意見調整のうえ、最終的には第九二回通常議会に提出され、衆議院、貴族院で可決され昭和二二年四月一六日法律第五九号として公布され、同年五月三日施行された。

裁判所法案の審議にあたって弁護士委員（豊原清作・長谷川多一郎・田多井四郎治ら）からは再三法曹一元が主張されたが、司法法制審議会の総会において、「判検事は一定の年限、弁護士の業務に従事した者よりこれを任用することを将来実現することを希望する」との附帯決議を附したにとどまり、結局、法曹一元の構想は否定され、判事補制度を中心とする官僚裁判官制がとられた。

ここで注目されることは、弁護士側は「司法の民主化」の観点から一貫して「司法権の独立」、「法曹一元」、「弁護士自治」および「陪審制——国民の直接参加」を主張しつづけたことである[7]。

(2)　弁護士法案の確定

昭和二一年九月一一日、司法法制審議会第九回総会で、裁判法案の審議が終ったのち、同年九月二〇日に司法省に弁護士法改正準備委員会が設けられ、ここにはじめて、政府も弁護士法の改正に着手した。同委員会は司法次官、同政務次官、参与官、判事、検事、弁護士、学識経験者の二七名の委員（うち弁護士は一四名）と司法事務官八名、判事一名、弁護士五名、計一四名の幹事から構成され、委員長は豊原清作氏（第一東京弁護士会会長）であった。

宿願の実現に一歩近づいた弁護士側委員の努力は日夜を分たないものであった。弁護士会側では東京三弁護士会共同で弁護士法制定委員会を作り改正案を練った。準備委員会の第一回会合（昭和二一年九月二五日）に持ち寄られた東京三会の改正意見を上げて作成された改正要綱案は次のとおりである。(8)

(1) 監督機関　最高裁判所長官とする。

(2) 懲戒

(イ)案　弁護士の懲戒は弁護士会がこれを行い、その再審は全国弁護士会が行うものとすること。

弁護士会の役員が故意に会員の懲戒事犯を看過したときは、その役員もまた懲戒に付しなければならないものとすること。右の懲戒は全国弁護士会が行うものとすること。

懲戒の種類は停職、除名の二種とすること。

(ロ)案　弁護士の懲戒は弁護士会及び弁護士会連合会が懲戒委員会の議を経てこれを行うものとすること。これに対する異議の申立は最高裁判所にこれをなすこと。

弁護士の懲戒は最高裁判所長官もまたこれをなすことができるものとし、この場合には最高裁判所に設けられた懲戒裁判所の裁判を経ることを要するものとすること。懲戒の方法は譴責、二年以下の停職、除名の三種とすること。

(ハ)案　弁護士の懲戒は弁護士会においてこれを行い、その決定に不服あるものは日本弁護士会連合会に再審査の申立をすることができるものとすること。

このように、東京三会の当初の意見は、「弁護士自治」に関して完全に一致していたとはいえない。しかし、その後、東京三会の代表は、徹底した討論により意見を完全に一致させ、さらには意見が一致したところから直ちに条文化の作業を行なって、昭和二一年一〇月一五日、現行弁護士法とほぼ同一趣旨の改正案を完成して司法省の弁護士法改正準備委員会の討議に付した（意見をまとめ条文化するに際しての真野委員らの功績については、第二東京弁護士会編『第二東京弁護士史』三七九頁に詳しい）。

同委員会発足後、わずか一ヵ月足らずで東京三会は新弁護士法法案を当初の意見の相違を克服し、しかも弁護士の使命と弁護士自治を格調高くうたい上げて完成させたのである。当時、その任に当った各委員の英断と努力もさることながら、その背後に長年にわたる弁護士自治獲得運動の蓄積があればこその成果である。

また、当時は弁護士会として、あるいは弁護士個人として改正試案を発表するものも、二、三にとどまらず、これらはすべて準備委員会における立案の資料に供された[9]。

司法省の弁護士法改正準備委員会においては、右の弁護士側案に対し、司法省、裁判所側委員から強い反対意見が出されたが、弁護士側はこれに反論と説得をして同年一二月一五日、右準備委員会は全員一致で弁護士側の案を承認し、真野・柴田氏らの起草委員により、七〇ヵ条の改正弁護士法案が作成された。右の改正弁護士法案は、昭和二一年一一月一五日の最終委員会において可決され、同年一二月一三日に司法省に答申された。

しかし、右改正弁護士法案に対し裁判所、検察庁は、弁護士会の自主独立に対する反対、特任判事、副検事の弁護士資格否定に対する反対、および退職判検事の任地登録の制限に対する反対を強硬に主張し、最高裁判所は、弁護士法は憲法七七条により最高裁規則で制定されるべきであり、法律をもって制定するのは憲法違反であると主張した[10]。また、商工省、大蔵省、弁理士会、税務代理士会は、弁護士が弁理士、税務代理士の業務を行ないうることに強く反対した。

そのため政府は、これら各方面の反対論を理由に、改正弁護士法案を国会に提出する意欲を持たなかった。

昭和二二年一二月、前記案の修正案として日本弁護士会連合会案が発表されたが、これに対する裁判所・司法省の反対意見と、連合会の反論は、いずれも文書やパンフレットで各方面に配布された。

日本弁護士会連合会[11]は、議員立法として新弁護士法案を立法化することに方針を決め、昭和二三年七月一日、衆議院法務委員会に連合会案を提出・付託した。

昭和二三年一二月三〇日、衆議院法制局（担当者福原忠男第二部長）の整理案が完成し、同案をもとに、法務委員会内小委員会では裁判所・検察庁の反対意見との調整をはかり、判・検事の任地開業の制限につき現行法一二条二項のとおり修正して、ここに弁護士法案が確定された。

国会における弁護士法案の審理経過については前掲『第二東京弁護士会史』に詳しい。衆議院法務委員会、同院本会議で満場一致で可決され、参議院法務委員会、同院本会議では修正案が可決されたが、結局昭和二四年五月三〇日、第五回国会衆議院本会議で、憲法五九条二項にもとづき、原案どおり可決され、成立した。採択の結果は、ほぼ全員の賛成であった。ここに、新弁護士法は、裁判所法・検察庁法に二年遅れ、昭和二四年六月一〇日、法律第二〇五号として公布され、同年九月一日から施行された。

(3)　弁護士自治をめぐる論争

弁護士法案確定および成立までの主な論争点は次の諸点であった。

㈠　弁護士会および日本弁護士連合会に対する監督権について、「新憲法下における司法の優越の理念から、最高裁に司法に関する最高の権威を持たせるのが相当であり、弁護士も当然その監督権の範囲に入れるべきである」との主張、および「弁護士会や日弁連が強力な権限を与えられているこの法案において、その本質は国の行政作用の一部をなすのであるから、法務総裁の監督下におくべきである」との主張が、法務委員会での調整段階で最高裁判所および法務庁から強く論じられたが、これに対し「弁護士の使命が法案第一条に示された〝基本的人権を擁護し、社会正義を実現する〟ことにありとすれば、時に及んでは、裁判所検察庁等の国家機関の非違を正す職責を有するものであり、それが国家機関から職務の遂行に関し監督を受けるのでは十分に責務を果すことが出来ない、弁護士に限り完全な自治を必要とする職種である」とする弁護士会側の主張が論争で勝利した。[12]

また、参議院本会議で、「従来弁護士に関する一種の行政については国会は法務総裁に責任を追及できた筈である。しかるに国家に監督権がないとなると政府は勿論責任を追及できる機関がないではないか」との質疑がなされ、これに対し、弁護士会の役員が公務員の資格を有している場合にはそれぞれの機関から責任追及ができる筈で、それ以外のことになると自治に委せて差支えないし、又犯罪等はそれ自体追及できるので問題とすることはない」との答弁がなされている。

（二）憲法七七条に認められた最高裁判所の弁護士に関する規則制定権に関して、最高裁判所およびGHQのリーガル・セクションは弁護士法を国会で制定するのは違憲であるとの見解を有していた。

これに対し、弁護士会・衆議院法制局側が法律の優位性と弁護士の使命の基本にもとづく憲法論争で反論したことは後述のとおりである。

当時、ブレークニー氏（元極東裁判所弁護人）が、法律雑誌に論文を発表し、英米両国の規則制定権は成文の憲法的基礎を有しているものでないこと、英国においては裁判所の制定した規則を国会が廃止・変更でき、米国においても裁判所の作成した規則の原案は国会の審議を受けるものであり、かつ原案修正権があることを論じたことも、大いに参考にされた[13]。

（三）GHQのリーガル・セクションから「弁護士会への強制加入は好ましくない。さらに日本弁護士連合会の会員が、弁護士会とその会員との二重構造である必要はない」との疑義が出された。

これに対し、水野東太郎氏（東京弁護士会）、柴田武（第二東京弁護士会）らがGHQの説得に当り、「強制加入を認めないと少くとも刑罰に至らない程度の非行の責任、又は弁護士一般の信用を害すべき行為に対する責任の追及を断念するか、他の機関に委ねなければならない。このことは、せっかく確立した弁護士会の自由独立を捨てるか、あるいは、弁護士一般の信用の危殆を傍観する外ないことになる。弁護士会側としては官庁の指揮監督を離れ、独立自由を獲得するためにこれを強制加入であがったものである。強制加入をとることにより団体自治が確立されて、真の法的自治が出来る」と論駁し、日本弁護士連合会への二重加入については「弁護士の団体自治を全うするには弁護士に対する懲戒手続を各地弁護士会が追行しない場合には日弁連が直接懲戒する必要も生じる」と説得した。[14]

二 「弁護士自治」を確立させた要因

(1) 新弁護士法の特色

新弁護士法の特色は、次の諸点である。

第一に、明治二六年来の悲願であった弁護士自治の原則をうちたてることに成功したことが、諸改革の中心である。すなわち、①司法省ないし裁判所の指揮監督権を脱して日本弁護士連合会を設立し、各弁護士会および弁護士に対する連絡・指導・監督を日本弁護士連合会が最高の統一機関として行なう。②弁護士登録を日本弁護士連合会の所轄とし、国家機関から完全に切り離した。③弁護士会および日本弁護士連合会が弁護士の懲戒、資格審査を行なう。④弁護士および弁護士会の法的性格を明瞭にするため、弁護士会および日本弁護士連合会は法人として登録され、会長・副会長等は公務に従事する職員とみなされる。また弁護士資格の素質向上と入会審査を厳正に規定し、会員の綱紀保持を規定した。

第二に、弁護士法一条において、弁護士の公共的な使命が確認された。これらの使命を実現するためにも、弁護士の地位・職責の向上および弁護士の自治が不可欠であるとの位置づけが明確になった。共通の職業的使命感を持つことは自治のための必要的条件でもある。

第三に、弁護士の活動領域が著しく拡大した。憲法三四条・三七条は、国民の基本的人権を保障すると同時に、刑事訴訟の面で弁護士の活動領域を拡大させる基本的な規定ともなった。民事面においてもあらゆる法律的争訟が裁判所の手続を通じて解決されるべきであるとの原則が確認され、民事の領域でも弁護士の活動領域が拡大された。

第四に、司法修習制度により、弁護士の資格養成方法が判・検事と均一化された。これは弁護士の地位を向上させるうえで画期的な役割を果し、官尊民卑思想を排除するうえで弁護士自治の確立と相まって大きな成果をもたらした。

(2)　新弁護士法制定の経緯

現行弁護士法制定の経過については、現行憲法のそれに関する議論と同じく、さしたる論証もなく、弁護士自治は占領軍によって上から与えられたものであるとする議論がかなり有力に主張されている（その代表的なものとして三ヶ月章編『現代の法律家』岩波講座・現代法六巻）。

しかし、右の三ヶ月氏に代表される見解は、第一に事実経過について誤解があり、第二に議員立法の積極的意義を無視しており、第三に「弁護士自治」の位置づけと戦後改革期における諸勢力の志向の分析が不十分であり、第四に弁護士自治獲得運動の歴史の評価が不十分であるため、総じて、きわめて一面的な弊に陥っていると思われる。

すなわち、昭和二四年五月七日、衆議院法務委員会は満場一致で改正弁護士法案を可決し、五月九日、ＧＨＱの諒承を得て五月一〇日、衆議院本会議は満場一致で同法案を可決したのであるが、昭和二三年七月一日同法案が法務委員会に付託されてから同年一二月三〇日衆議院法制局の整理案が作成されるまでの間、および整理案作成後、法務委員会が可決するまでの間、いずれも五ヵ月の日時を費やして反対論者と十分な論争を行なっている。特に法務委員会では昭和二四年三月二八日に改正法案起草小委員会をつくり、弁護士会代表、法務庁・裁判所等当局者の出席を求め十数回の懇談協議をつづけ、説得と妥協の結果、成案を得たものである。[15]ＧＨＱの諒承を得る前にすでに反対意見を克服していたものである。

また、最高裁判所・法務府側と弁護士会・衆議院法制局側の論争の中心は、ルール・メーキング・パワーの問題であった。「憲法七七条一項により弁護士に関する条項は、最高裁判所の規則制定権の範囲に属することを憲法が明定したのであり国会が弁護士法を制定するのは違憲である」とする最高裁判所の見解（ＧＨＱのリーガル・セクションも同一見解）

に対し弁護士会・衆院法制局側は、①憲法七七条一項の規定にかかわらず法律をもって弁護士に関する事項を制定できる。右憲法の規定は法律事項を制限するものと解すべき成文の根拠がない。国会が国の最高機関であり唯一の立法機関であることの明文があり、憲法一一条・三四条・三七条の規定との対照上法律をもって制定するのが憲法全体の趣旨から正当である、②弁護士に関する事項につき裁判所規則が弁護士法と抵触するときは弁護士法が優先すべきである、なぜならば、法律の制定については憲法は慎重な手続規定をおいており国会における法律案の審議は国民各階層の意見を通じて進められる仕組になっているのに反し規則制定手続は憲法上なんらの保障がないし、また、法律は違憲の場合は最高裁判所が審査し宣言する道があるが規則は最高裁判所が制定したならば違憲なものの救済方法がない。基本的人権に関する事項を規則にまかせることはできない、③裁判所規則は法律が基本的な規定をおいた範囲内でその細則的手続を規定するにとどまる、と堂々の憲法論争で論破したのであった。

ＧＨＱに対しても同一趣旨で反対意見を説得したことは、前に述べたとおりである。ＧＨＱの権力を借りて反対意見を沈黙させたのではなく、まさに正論の勝利であると言えよう。

改正弁護士法が政府提案ではなく議員立法により成立したことは、むしろ議会制民主主義のあるべき姿であり、まさに権力側からのお仕着せではなく、下からの運動の成果として制定されたことを物語っており、「司法の民主化」のためには改正弁護士法の制定過程そのものも誇りうることである。

次に、戦後の司法改革に関連する一連の法規の中で、弁護士法のみ毛色の変ったルートで成立し、他の法律のように法曹一般に祝福されつつ生まれたのではないとの見解があるので、これにも反論しておこう。

そもそも、新弁護士法の根幹をなす「弁護士自治」は、「司法権の独立」と相まって「司法民主化」の一翼としてとらえられるべきものであり、また「司法権の独立」を補完し完成させるものとしてもとらえることができる。

しかして、政府当局者は、「司法の民主化」、とりわけ「司法権の独立」に対してどのような態度をとってきたかを戦後改革期の事実に即してみると、決して「弁護士自治」のみが冷遇されたのではないことが明らかとなる。[16] たとえば憲法問題調査委員会（昭和二〇年一〇月二七日—二一年二月二日）における論議も、①司法権は「天皇ノ名ニ於テ」行なうとの帝国憲法は改正の必要がない、②裁判官は独立にして法律のみに服するとの規定を置く必要はない、と現状維持的であった。敗戦直後の司法制度改正準備会においても、「従来の司法省を廃止し、大審院長に司法行政の権限をも委ねることが司法権独立の為必要である」との高橋義次東京弁護士会長の意見に対し、「今日迄司法省の監督下に在ることにより裁判権の独立が妨げられたことはない」（小原直貴族院議員元検事）との司法省存置意見が多数を占めている。司法法制審議会においても「裁判事務に関する限りは一切司法省の関与を排するが良い。予算も裁判所に関する分は裁判所にやらせたが良い」との三野昌治判事の意見と「予算及び行政監督事務は司法大臣の所管にした方が良い」との意見とが対立し、昭和二一年一一月にはこの問題をめぐっての大審院対司法省の衝突が新聞報道されるなど、対立が表面化している。

司法法制審議会は、同年八月七日の第一小委員会において、裁判所法案要綱に「裁判所の予算は司法省から独立させること」との一項目を定めたが、同月一四日の総会においては多数意見をもって「裁判所の予算は従来通りとすること」と修正された。

最終的には、裁判所の行政権からの独立は、日本国憲法下において、形式上は、人事・監督・予算のすべての面につきほぼ完全に実現されるに至ったが、そこに至るには細野大審院長ら独立派の不屈の努力とＧＨＱ当局の大審院構想支持の力があり、司法省および大審院内の反細野派は最後まで頑強な反対を行なった。

戦後の司法改革を推進したものは、一つは占領政策であり、二つは司法の民主化を求める国民各層の声（治安維持法下の司法の暗黒時代への反省から出発している）であり、[17] 三つは在野法曹の中に長年蓄えられた弁護士自治獲得運動の力や一部良心的裁判官の中に蓄えられてきた裁判所独立運動の成果である。

この間にあって、司法省を中心とする政府当局は、「司法の民主化」に対しては、一貫して民主化を歓迎せず、阻止する態度をとりつづけたものである。戦後司法改革に対する政府当局の志向は、裁判所法に対するものと、弁護士法に対するものと、基本的には同一のものであった。現象的には「司法権の独立」を認めて裁判所法を政府提案立法となしたが、「弁護士自治」を含む弁護士法は、議員立法として下からの力で制定せざるをえなかった。それは、「司法権の独立」は国家権力内部の分権の問題であるのにくらべ、「弁護士自治」ないし「法曹一元」は、「陪審制」とともに、国家権力に対する国民の側の力の強化であるため、最小限の改革にとどめるべく、とりわけ必死の抵抗が行なわれたためである。

ちなみに昭和二二年八月四日、新裁判所法にもとづき最高裁判所が発足したが、初代事務総長本間喜一氏を除き、初代の事務次長・各部課長および二代目以降の事務総長以下部課長は、それまで頑強に「司法権の独立」に反対していた司法省官僚の出身である。[18]

戦後司法改革の中から生まれた、いわば同根の最高裁判所が「弁護士自治」に反対しつづけた理由も、最高裁事務総局の人脈を見れば納得できることであろう。

当時、GHQのリーガル・セクションにあったアルフレッド・C・オプラー氏は『自由と正義』座談会（昭和三二年六月二九日）において、弁護士法の成立過程につき、次のように語っている。

「(1)改正案がG・H・Qに来た時には、弁護士側ですでに大きな成果を得たのちで非常に良い説得をやられた後のように感じた。G・H・Qに来た時には内部的にある程度の了解が成立していた。法務庁は既に完全独立に好意的であった。最高裁判所はルールメーキングパワーについて最後まで主張していた。

(2)占領軍の立場としては『司法の独立』は裁判所が行政官庁から独立しても未だ半分しか達成出来ない。弁護士会が完全にフリーバーになる事により司法の独立が完成出来る、との観点から弁護士自治に全面の賛意を表した。

(3)弁護士法案は非常に有能な人たちが立案しただけあって非常に優秀な法律である。占領軍が目的とする司法の民主化との目的の結晶とも考えられた。」

このオプラー氏の言が、最も的確に弁護士法を制定させた諸要因を物語っていると思われる。

三ケ月氏は、前掲論文において「ＧＨＱに迎合的な不備な規定——法七条——の餌をまいてＧＨＱの承認をとりつけた」旨主張するが、基本的には、「弁護士自治」は、司法の民主化という占領目的に合致したからこそ、また、ＧＨＱ提出の疑問は論争により解消したからこそ、ＧＨＱは諒承したのである。また、前記座談会において、当時衆議院法制局にあって立案・折衝の任に当った福原忠男氏が次のように語っていることも、弁護士自治の本質にふれるものである。

「裁判所法、検察庁法を振りかえると、もっと検討を要する点をあまりに早く結論を出しすぎてしまった感じで、もう少し考えて作っておいた方がよかったということがあり、戦後十年間で大きくゆさぶられていると思う。ところが弁護士法は関係者の苦心惨たんの結果出来上った。」

「私は学校卒業後すぐ検事になったが他の検事、裁判官も同様であると思うが、自分の正義心を満足させられなければ、いつでもその仕事を離れ弁護士に戻るつもりでいる。弁護士が法曹の母体であるということは、そういう面からも言えると思う。それだけに弁護士法の成立に情熱をかたむけ今に至っていささか慰められる気持です。」

(3)　まとめ

新弁護士法案が国会を通過した昭和二四年は、対日占領政策が大きく転換した時期であった。国際的には同年一〇月一日、中華人民共和国が成立し、同年七月四日、「日本は反共の防壁になろう」とのマッカーサー声明が発表されている。同年一月の衆議院議員総選挙では民主自由党が第一党となり、長期保守政権の基礎を築いたが、他方共産党も議席を一挙に躍進させている。同年夏には下山・三鷹・松川事件が相次ぎ、八月には裁判所職員に対するレッド・パージが開始された。いわば戦後の歴史が逆コースを歩みはじめた厳しい時期に、戦後諸改革最後のものとして、弁護士法改正が行なわれたわけである。

このような厳しい時期に、共通の職業的利益があるとはいえ、弁護士法制定のために、弁護士出身議員が、所属政党の別や、思想信条の別をこえて一致協力できたのは、なにゆえであろうか。ここにこそ、三ケ月氏のいう、「現行弁護士法制定のいきさつと、内容は、過去の弁護士の歴史の決算であり、拡大である」との視点が生かされるのではないだろうか。

明治年間からの、弁護士自治獲得運動の成果、しかも、単に、狭い職業的利益にもとづくものでなく、司法のあるべき姿を考え、人権擁護のあるべき姿を考えて、、弁護士の地位向上を訴えつづけてきた運動の蓄積と、戦争末期には、大勢においては戦争協力等、国家権力に迎合せざるをえなかったとはいえ、具体的な人権擁護に関しては、細々ながら灯をかかげつづけた弁護士会の活動[19]、および、少数ではあるが、最後まで権力に抵抗したいわゆる「抵抗法曹」の闘いの歴史が、「あるべき弁護士像」についての共通の認識を、かなり広範に、弁護士層のなかに定着させえたからではないだろうか[20]。いわゆる「在野精神」、「人権感覚」というものが、ヴィヴィッドなものとして、思想信条をこえて弁護士層の中に息づいていたからではないだろうか。

（1）（2）　刑事訴訟法制定過程研究会「刑事訴訟法の制定過程」法学協会雑誌九一巻一〇号。

（3）　自由法曹団編『自由法曹団物語』。

（4）　東京大学社会科学研究所編『戦後改革4―司法改革』。

（5）　佐藤達夫『日本国憲法成立史』第二巻七八四頁以下。

（6）　昭和二一年二月一三日、マッカーサー憲法改正草案の発表により、憲法の改正に伴って、司法制度は根本的な改正が要請されることになった。司法省では同年六月、臨時司法制度改正準備協議会を設けて「憲法改正に伴い、司法制度について考慮すべき事項」を協議した。

（7）　陪審制については、昭和二一年六月、日本弁護士協会と東京弁護士会は、「政府の憲法改正案に対する修正案とその理由」のなかで、

「被告人又は弁護人が請求した場合には、第一審の裁判所は、事件を陪審に付さねばならない。
陪審員は、裁判の対審に立会ひ、事実、証拠の取調を終った後に、有罪か無罪かを表決する。
無罪の表決があった場合には、事件はこれによって終結する。
陪審員が有罪の表決をした場合には、裁判所は、事実及び法律の点について、自由な心証によって判断し、判決する。
陪審員は、国民に選挙させる。……」
との条文の制定を主張し、その理由として、「裁判も国民のものでなければならない。裁判所の行ふ裁判に民意を採り入れることは絶対に必要である。このことは、この憲法改正案の全体を流れてゐる精神に照して一層明かである。……」と述べる。

（8）　第一次弁護士法改正要綱案（昭和二一年九月三〇日）は、その他の事項については次のとおり定めている。三案が併記されているのは、東京三弁護士会の意見で多少差異があるのを併記したものである（福原忠男「弁護士法の成り立ちと将来の改正点」法律時報三二巻五号）。

弁護士法改正要綱案（昭和二一年九月三〇日）

第一　弁護士の職務

(イ)　弁護士の職務は次のようにすること。弁護士の自由なる立場に於て国家に協力して社会秩序を保持し、民衆が安全なる法治生活を営み得るよう社会に奉仕すること。
国民の人権を擁護し幸福を増進するため絶えざる研究と努力を傾注すること。真実発現のため裁判所に協力する義務あること。

(ロ)　弁護士法（旧）第一条に規定する職務に更に附加えて、弁護士は裁判官又は検察官に任命せられる用意をなし且つ裁判及び検察の改善に協力しなければならないものとすること。

(ハ)　弁護士並びに弁護士会の理想と公共的性格を明規すること。

第二　弁護士の資格

弁護士となるためには次の条件を具えていなければならないものとすること。

1日本国民にして成年者たること。

2司法官及び弁護士試補として二年以上の実務修習を了え考試を経たること。
3判事又は検事たりし者

第三　弁護士試補制度

修習期間　二年又は二年以上
修習方法　司法官と共通にすること
所　管　最高裁判所

第四　弁護士試験

全国弁護士会がこれを行うものとすること。

第五　特別弁護士制度

最高裁判所及び高等裁判所において推選せられた弁護士のみ右各裁判所に於てその職務を行うことができるものとし、その他の弁護士はこれを行うことができないものとすること。

第六　弁護士たる資格の欠缺

弁護士法（旧）第五条第二号中「二年」を「五年」に改めること。

第七　監督機関　略

第八　弁護士会

(イ)　地方弁護士会は地方裁判所管轄区域毎に一個とすること。
全国弁護士会は各地方弁護士会を単位とすること。

(ロ)　地方弁護士会は現行法通りとすること。
日本弁護士会連合会は全国の各弁護士会及びその会員を会員とすること。
日本弁護士会連合会についてはおおむね弁護士会の規定を準用すること。
各弁護士会は評議員を選出し、評議員は互選により理事を推選し、理事は理事長を互選するものとすること。
理事長は連合会を代表するものとすること。

(ハ)　全国各地方弁護士会は日本弁護士会連合会を組織するものとすること。

第九　懲戒　略

第一〇　その他

(イ) 官公吏の人権蹂躙及び瀆職に対して弁護士会にも公訴権を認めること。

(ロ) 成功報酬制を全廃すること。

(ハ) 官選弁護士を重要なる職務とし、これに対し十分なる報償を給与すること。

(ニ) 弁護士は当然弁理士、計理士及び税務代理士の資格を有するものとすること。

(ホ) 判検事を推選する方法を定め被推選者は特別の理由なき限り辞退することを得ざるものとすること。

(ヘ) 弁護士は公証人法第一条の公正証書を作成することができるものとすること。

(ト) 弁護士が官吏に任ぜられた場合には弁護士名簿の登録取消の必要なきようにすること。

(チ) 法律事務の取締に関する規定を弁護士法中に吸収しこれを強化すること。

(9) 前掲「弁護士法の成り立ちと将来の改正点」より。

(10) ちなみに昭和二一年一〇月一八〜一九日に開かれた控訴院長検事長会同で司法制度改革につき論議されたが、弁護士会につき自治を主張したのは名古屋控訴院長佐々木良一、福岡控訴院長岩松三郎の二氏だけで、弁護士会の監督を裁判所の所轄とすべきものとするのは大阪控訴院長藤田八郎、広島控訴院長中島登喜治、宮城控訴院長垂水克巳の三氏、司法省の所管とすべきであるとするのは東京控訴院長坂野千里、札幌控訴院長斉藤直一の二氏であった（前掲『戦後改革4―司法改革』）。

(11) 日本弁護士会連合会は旧弁護士法五二条「弁護士会ハ共同シテ特定ノ事項ヲ行フ為規約ヲ定メ司法大臣ノ認可ヲ受ケ聯合会ヲ設立スルコトヲ得」の規定にもとづいて昭和一四年五月一九日全国弁護士会長打合会において設立の件が議決され、同年一〇月三一日設立された。弁護士法にもとづく弁護士会をもって組織され、各弁護士会は会長が代表し、その目的は司法の改善発達を図るにあった。戦後の変革期に、よく弁護士界の声をまとめ、新弁護士法制度の推進役となった。

新弁護士法施行により、旧弁護士法は失効し、日本弁護士会連合会は日本弁護士連合会に発展的に解消した。

(12) 福原忠男「裁判所規則か弁護士法か」（『自由と正義』二巻九号）。

(13)(14) 座談会「弁護士法の成立過程を語る」（自由と正義八巻九号所収）。

(15) 昭和二四年五月一〇日衆議院本会議における法務委員長の提案理由説明より（第五回国会議事録）。

(16)(17) 裁判所法制定の経過については、前掲『戦後改革4—司法改革』、前掲『司法権独立の歴史的考察』、根本松男「続司法権独立運動の証言」(法学セミナー昭和四五年一〇月号〜四六年四月号)、丁野暁春「私の歩んだ道」(『丁野先生と私』所収)参照。

(18) 最高裁人事をめぐる司法省出身官僚の活躍については、前註記載の資料に詳しい。

(19) 新体制全国弁護士連盟や大日本弁護士報國会の結成等時局迎合的な動きと、國家総動員法に対する反対決議等権力批判の動きは前掲『日本弁護士沿革史』に詳しい。

(20) 清水誠「戦前の法律家についての一考察」(前掲『現代の法律家』)は、戦前の法律家を「権力的法曹」「國民法曹——司法のファッショ化を防ぎ得なかった挫折した層」「抵抗法曹」の三者に分けるが、本稿は「國民法曹」のささやかな復権をはかるものである。

(上野登子)

弁護士自治の歴史（抜刷）

発行日	1998年8月
著　者	上　野　登　子
住　所	〒167-0051
	東京都杉並区荻窪5-27-6
	荻窪法律事務所
	TEL　03-3391-3061
	FAX　03-3391-3071

あとがき

この本は、書いた本人は、様々なデータ及び考え方を十分に取り入れた内容になっていると思うが、いろいろな人に対する悪口全集であることも分かっている。この出版は、自分にとって得にもならず、むしろ強い反発を受けると思う。私は、スポーツと想像力はまあまあかと思っているが、電子事務機器等には全く不向きで、しかも、急なことであったので、出版にこぎつけるまでには、本当に周りの人に大変な迷惑をかけた。また、これまで研究者及び旧友には貴重な時間を割いていただき、状況を伝え、意見交換をさせていただいた。本当に感謝している。

弁護士過剰下の「法の支配」は、強者のためのイデオロギーではないか。経済抜きの制度論は、害悪ではないか。法科大学院が法曹養成の中核であると言うならば、必須課程と言うことだから、優れた者、努力した者の誰もが公平に入学できるように、生活費も含め、国家が税金でまかなう制度にすべきではないのか。多くの法曹志願者にとって、前の法曹養成制度の方が有り難いのだ。法科大学院を再設計し、法曹資格取得と関係のない、高度専門職の養成機関に作り替えて、社会の要請に応えたらどうかと思う。

行政のみならず、経済界と大学、法科大学院の力は強大で、官僚司法も強い。弁護士はますます弱い存在になっている。顧問会議の経団連の阿部氏と座長の納谷氏が、弁護士の「地域会」から書類を送られて困っていると言い、座長が、「日弁連が一つにまとまってくれないと収拾がつかない、このことは避けたいと思う」と発言している（顧問会議の議論を知って欲しい）。日弁連から派遣される人が、昔とは違って、一般会員の意見を代表しようと思っていない。学者が弁護士人口調査をするならば、まず、過去のいくつかの調査で間違ったことを正しく総括することが先ではないか。そのうえで、供給側である弁護士達を無視せずに、何故仕事に結び付かないのかを調査すべきではないだろうか。加えて、需要側に、裁判所のことも質問すべきではないか。このような検討制度で、そこから提案される方策で、果たして司法の危機を回避できるのであろうか。

私の高校と大学の教養部の時代は、憲法裁判が多かったように思う。そして、偏向判決批判が起きた。学部では学園紛争があり、その後、裁判官の再任や新任拒否が大きな話題となった。弁護士になってからは、ずっと司法問題対策特別委員会の委員をやめずに続けてきた。戦後の憲法と司法改革を高く評価することは、自分にとって当り前のことであったからである。

1990 年 4 月に中坊氏が日弁連会長になって日弁連の体質が変わるまで、自分が反執行部派だと思ったことはない。日弁連執行部と対立するようになってからも、4 回の日弁連臨時総会において、名古屋では、執行部案反対票は、賛成票の約 4 倍であった。日弁連の委員会や司法シンポジウムでも、意見は支持された。それは、会員の有志の側が、何よりも、日弁連の一般の会員とほとんど同じ気持ちで「司法改革」を考えていたからだと思っている。

約 15 年後、もともと強く批判されてきた司法改革が、予想された通り、極めてひどい結果になっているのに、何故、根本的な見直しを行おうとしないのか。怒りと絶望の感情が交差する。

それでも、これまで、我が国の司法のことを思い、懸命に努力し、貴重なことを教えて下さった研究者、先輩や友人達と、苦しくとも、次に来る人のために給費制の復活の活動をしている若い弁護士に感謝の気持ちを伝えるとともに、今後も、できる限りのことをしようと思う。

私が本書の出版を考えたのは、学生時代から、また弁護士を始めてから現在まで、心を通わせてきた友人、知人に対し、特に、委員会及び会員の有志の会で互いに理解し協力し合ってきたメンバーに対し、今また、自分の考えを伝え、何とか司法改革の失敗から脱却し、司法崩壊の危機を回避したいと思ったからである。

この本を世に出すことができたのは、「司法改革」が早く正しく見直されないことに対し、心を痛め協力を続けて下さった、花伝社の平田勝氏のお陰である。研究会に参加していただき、編集を担当して下さった水野宏信氏には、非常に無理なスケジュールでお願いをし、大変なご尽力とご協力をいただいた。この場を借りて、心からの感謝を述べる。

鈴木秀幸（すずき・ひでゆき）

1970年、東京大学法学部卒業。1973年、司法研修所入所（27期）。1975年、名古屋弁護士会登録。現在、愛知県弁護士会所属。鈴木秀幸法律事務所所長。日本弁護士連合会司法問題対策委員会委員、日弁連司法シンポジウム委員（第11回、第16回大会基調報告者）、日弁連法曹養成センター委員、愛知県弁護士会司法問題対策委員会委員長、同会憲法問題委員会委員、戦争と平和の資料館ピースあいち理事・運営委員

世紀の司法大改悪 ―― 弁護士過剰の弊害と法科大学院の惨状

2015年1月10日　初版第1刷発行

著者 ―― 鈴木秀幸
発行者 ― 平田　勝
発行 ―― 花伝社
発売 ―― 共栄書房
〒101-0065　東京都千代田区西神田2-5-11 出版輸送ビル
電話　03-3263-3813
FAX　03-3239-8272
E-mail　kadensha@muf.biglobe.ne.jp
URL　http://kadensha.net
振替　00140-6-59661
装幀 ―― 澤井洋紀
印刷・製本 – 中央精版印刷株式会社

ISBN978-4-7634-0726-9　C3036

緊急提言 **法曹養成制度の問題点と解決策**

——私の意見

法曹養成制度検討会議委員・弁護士
和田吉弘　著

定価（本体 1000 円＋税）

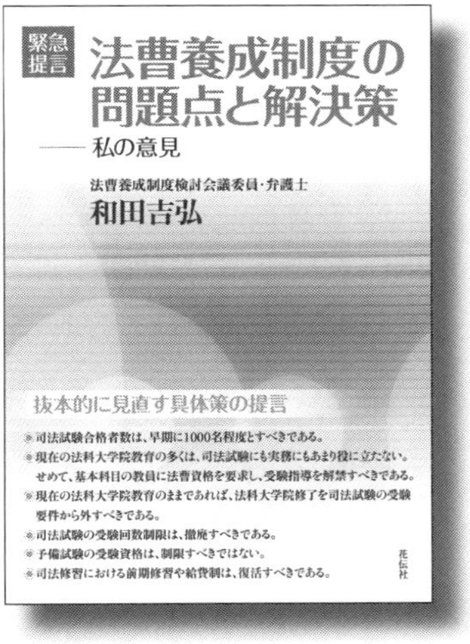

●抜本的に見直す具体策の提言

・司法試験合格者数は、早期に 1000 名程度とすべきである。

・現在の法科大学院教育の多くは、司法試験にも実務にもあまり役に立たない。せめて、基本科目の教員に法曹資格を要求し、受験指導を解禁すべきである。

・現在の法科大学院教育のままであれば、法科大学院修了を司法試験の受験要件から外すべきである。

・司法試験の受験回数制限は、撤廃すべきである。

・予備試験の受験資格は、制限すべきではない。

・司法修習における前期修習や給費制は、復活すべきである。